高等学校商科教育应用系列教材

统计学原理与实务

林　侠　张欣蕾　主　编
赵　娜　李　娇　副主编

清华大学出版社
北　京

内 容 简 介

本书根据高校经济管理类专业的特点，以"理论适度、注重方法、强化应用"为原则，从统计学的基本原理和基本方法出发，系统地介绍了社会经济管理中常用的统计分析方法，并进一步阐释方法的实用性，特别是利用 SPSS 软件来实施具体的计算过程，从而使复杂的计算简单化，更便于进行分析和应用。主要内容包括统计数据的收集、整理与显示，统计数据的静态分析，概率与概率分布，参数估计，假设检验，时间序列分析，相关与回归分析，指数；另外，还详细介绍了 SPSS 在各种方法中的应用。本书配有引导视频、SPSS 实例操作视频，读者可以使用移动终端扫描二维码观看学习。

本书可作为高等院校经济管理类专业统计学教材，也可作为广大统计工作者的参考书。

本书封面贴有清华大学出版社防伪标签，无标签者不得销售。
版权所有，侵权必究。举报：010-62782989，beiqinquan@tup.tsinghua.edu.cn。

图书在版编目(CIP)数据

统计学原理与实务/林侠,张欣蕾主编. —北京：清华大学出版社,2020(2023.1 重印)
高等学校商科教育应用系列教材
ISBN 978-7-302-54057-1

Ⅰ.①统… Ⅱ.①林…②张… Ⅲ.①统计学－高等学校－教材 Ⅳ.①C8

中国版本图书馆 CIP 数据核字(2019)第 241342 号

责任编辑：左卫霞
封面设计：傅瑞学
责任校对：刘　静
责任印制：曹婉颖

出版发行：清华大学出版社
网　　址：http://www.tup.com.cn, http://www.wqbook.com
地　　址：北京清华大学学研大厦 A 座　　　邮　编：100084
社 总 机：010-83470000　　　　　　　　　 邮　购：010-62786544
投稿与读者服务：010-62776969, c-service@tup.tsinghua.edu.cn
质量反馈：010-62772015, zhiliang@tup.tsinghua.edu.cn
课件下载：http://www.tup.com.cn, 010-83470410

印 装 者：三河市龙大印装有限公司
经　　销：全国新华书店
开　　本：185mm×260mm　　印　张：20.5　　字　数：492 千字
版　　次：2020 年 2 月第 1 版　　　　　　　印　次：2023 年 1 月第 4 次印刷
定　　价：58.00 元

产品编号：085547-01

前言

现代社会中,统计的科学理论和分析方法在企业中得到了广泛应用。尤其是应用于经济管理中的统计学,与以往被按照研究对象或研究方法分门别类的经济学、管理学、计算机科学互相渗透,互相结合,特别是随着信息科学的进步,统计应用范围越来越广。

本书按照"技能型,应用型"人才培养目标,本着"学以致用"的原则编写。主要特色如下。

(1) 有较宽的理论基础,主要内容包括:导论、统计数据的收集、统计数据的整理与显示、统计数据的静态分析、概率与概率分布、参数估计、假设检验、时间序列分析、相关与回归分析、指数。各章知识安排以统计学基本概念—统计数据收集—统计数据整理—统计数据分析为主线,具有较强的逻辑性。

(2) 内容深入浅出,难易适度,书中引用大量读者比较熟悉的情境和具体实例,具有"入口浅,寓意深"的特色。此外,每章章首还设置了知识目标和能力目标及以二维码形式呈现的引导视频,使读者的学习过程更加有的放矢。

(3) 突出与现代信息技术的整合,增强读者自觉运用现代信息技术解决问题的意识和能力。各章中有详细的以二维码形式呈现的 SPSS 实例操作视频,使读者不仅掌握基本的统计学原理及知识,并具有利用现代计算机技术进行数据处理与分析工作的能力,这也是本书区别于其他统计学书籍的最大特点。

(4) 整本书充分考虑不同层次读者的学习需求,配有不同类型、不同难度,既有理论性又有实践性的课后练习题,不仅为读者的不同发展提供较大的选择空间,而且使读者可以获得全方位的发展。

本书由林侠、张欣蕾担任主编,赵娜、李娇担任副主编。第 1、2 章由李娇编写,第 3、4、5、7 章和第 9 章 SPSS 操作部分由林侠编写,第 6、8 章理论部分由丁洁编写,第 9 章理论部分、第 10 章由张欣蕾编写,第 6、8 章 SPSS 操作部分由赵娜编写;引导视频由王硕、宋楠制作,SPSS 操作视频由林侠制作;全书由林侠最后修订统稿。

本书在编写过程中参阅了大量参考书和文献资料,主要参考资料目录已列在书后。在此对相关作者表示衷心的感谢。

由于编者水平有限,书中难免存在不足之处,欢迎广大专家和读者批评指正。

编 者

2019 年 8 月

目 录

第1章　导论 ·· 1
　1.1　统计学的产生和发展 ·· 1
　1.2　统计的含义、研究对象、研究方法 ······································ 3
　　1.2.1　统计的含义 ·· 3
　　1.2.2　统计的研究对象和特点 ·· 5
　　1.2.3　统计的研究方法 ·· 7
　1.3　统计学中的几个基本概念 ·· 8
　　1.3.1　统计总体与样本 ·· 8
　　1.3.2　标志与标志表现 ·· 9
　　1.3.3　变量与变量值 ··· 10
　　1.3.4　统计指标和统计指标体系 ··· 11
　小结 ··· 13
　习题 ··· 14
　拓展阅读 ·· 16

第2章　统计数据的收集 ·· 17
　2.1　统计数据的类型 ·· 17
　　2.1.1　分类数据、顺序数据、数值型数据 ·························· 17
　　2.1.2　观测数据和实验数据 ··· 18
　　2.1.3　截面数据和时间序列数据 ······································ 18
　　2.1.4　全面调查数据和非全面调查数据 ····························· 18
　2.2　统计数据的来源 ·· 19
　　2.2.1　统计数据的间接来源 ··· 19
　　2.2.2　统计数据的直接来源 ··· 19
　2.3　统计调查方案 ··· 26
　　2.3.1　统计调查方案的设计 ··· 26
　　2.3.2　统计数据的质量 ··· 28
　小结 ··· 29
　习题 ··· 29

拓展阅读 …………………………………………………………………………… 31

第3章　统计数据的整理与显示 ……………………………………………………… 32

3.1　统计数据整理概述 …………………………………………………………… 32
　　3.1.1　统计数据整理的意义 ………………………………………………… 32
　　3.1.2　统计数据整理的目标和要求 ………………………………………… 33
　　3.1.3　统计数据整理的步骤 ………………………………………………… 33
3.2　统计分组 ……………………………………………………………………… 36
　　3.2.1　统计分组的原则 ……………………………………………………… 36
　　3.2.2　统计分组的步骤 ……………………………………………………… 36
3.3　分配数列 ……………………………………………………………………… 38
　　3.3.1　分配数列的概念和种类 ……………………………………………… 38
　　3.3.2　变量数列的编制 ……………………………………………………… 39
3.4　统计数据的显示 ……………………………………………………………… 44
　　3.4.1　统计表 ………………………………………………………………… 44
　　3.4.2　统计图 ………………………………………………………………… 46
3.5　统计图表的SPSS绘制 ……………………………………………………… 52
　　3.5.1　分类数据的整理和显示 ……………………………………………… 52
　　3.5.2　数值型数据的整理和显示 …………………………………………… 58
　　3.5.3　问卷数据的整理和显示 ……………………………………………… 71
小结 …………………………………………………………………………………… 84
习题 …………………………………………………………………………………… 84
拓展阅读 ……………………………………………………………………………… 90

第4章　统计数据的静态分析 ………………………………………………………… 91

4.1　绝对指标 ……………………………………………………………………… 91
　　4.1.1　绝对指标的概念、作用和计量单位 ………………………………… 91
　　4.1.2　绝对指标的种类 ……………………………………………………… 92
　　4.1.3　计算和应用绝对指标应注意的问题 ………………………………… 93
4.2　相对指标 ……………………………………………………………………… 94
　　4.2.1　相对指标的概念和作用 ……………………………………………… 94
　　4.2.2　相对指标的种类及计算方法 ………………………………………… 95
　　4.2.3　计算和运用相对指标应注意的问题 ………………………………… 98
4.3　平均指标 ……………………………………………………………………… 99
　　4.3.1　平均指标的概念和作用 ……………………………………………… 99
　　4.3.2　平均指标的种类 ……………………………………………………… 99
　　4.3.3　平均指标的基本应用原则 …………………………………………… 107
4.4　标志变异指标 ………………………………………………………………… 108
　　4.4.1　标志变异指标的概念和作用 ………………………………………… 108

  4.4.2 标志变异指标的种类 ········· 109
 4.5 利用 SPSS 计算平均指标及标志变异指标 ········· 115
 小结 ········· 116
 习题 ········· 117
 拓展阅读 ········· 125

第 5 章 概率与概率分布 ········· 126

 5.1 随机变量及其分布 ········· 126
  5.1.1 随机现象和随机事件 ········· 126
  5.1.2 随机变量的定义及概率分布 ········· 128
  5.1.3 随机变量的数字特征 ········· 129
 5.2 几个重要的概率分布 ········· 130
  5.2.1 正态分布 ········· 130
  5.2.2 χ^2 分布 ········· 132
  5.2.3 t 分布 ········· 133
  5.2.4 F 分布 ········· 133
 5.3 抽样分布 ········· 134
  5.3.1 抽样分布的概念 ········· 134
  5.3.2 样本均值的抽样分布特征 ········· 136
  5.3.3 样本成数(比例)的抽样分布特征 ········· 138
  5.3.4 两个样本均值之差的抽样分布特征 ········· 139
  5.3.5 两个样本成数(比例)之差的抽样分布特征 ········· 140
  5.3.6 样本方差的分布特征 ········· 141
 小结 ········· 141
 习题 ········· 142
 拓展阅读 ········· 144

第 6 章 参数估计 ········· 145

 6.1 参数估计的基本概念 ········· 145
  6.1.1 参数估计的一般概念 ········· 145
  6.1.2 参数估计的基本概念 ········· 146
 6.2 总体均值和总体成数(比例)的区间估计 ········· 151
  6.2.1 参数估计的置信度 ········· 151
  6.2.2 参数估计的基本方法 ········· 152
  6.2.3 总体均值的区间估计 ········· 153
  6.2.4 总体成数(比例)的区间估计 ········· 154
  6.2.5 样本容量的确定 ········· 155
 6.3 利用 SPSS 进行总体均值的区间估计 ········· 157
 小结 ········· 159

习题 ··· 159

拓展阅读 ··· 170

第7章 假设检验 ·· 171

7.1 假设检验的基本内容 ·· 171
7.1.1 小概率原理和假设检验的基本方法 ································ 171
7.1.2 假设检验的步骤 ·· 174
7.1.3 假设检验中的两类错误 ·· 176

7.2 一个总体参数的假设检验 ·· 176
7.2.1 大样本情形下的总体均值检验 ······································ 176
7.2.2 小样本(假定正态总体)情形下的总体均值检验 ····················· 179
7.2.3 总体成数的假设检验 ·· 181

7.3 两个总体参数的假设检验 ·· 182
7.3.1 两个独立总体均值之差的检验 ······································ 182
7.3.2 两个匹配总体均值之差的检验 ······································ 185
7.3.3 两个正态总体方差相等性的检验 ···································· 186
7.3.4 两个总体成数之差的检验 ·· 188

7.4 多个总体参数的假设检验——单因素方差分析 ······························· 189
7.4.1 方差分析的基本思想 ·· 189
7.4.2 单因素方差分析的基本原理 ·· 189
7.4.3 单因素方差分析的应用 ·· 192

7.5 利用 SPSS 假设检验及方差分析 ··· 193
7.5.1 单样本 t 检验 ·· 193
7.5.2 独立样本 t 检验 ·· 195
7.5.3 匹配样本 t 检验 ·· 198
7.5.4 单因素方差分析 ·· 200

小结 ··· 203

习题 ··· 203

拓展阅读 ··· 206

第8章 时间序列分析 ··· 207

8.1 时间序列概述 ·· 207
8.1.1 时间序列的概念 ·· 207
8.1.2 时间序列的种类 ·· 208
8.1.3 时间序列的编制原则 ·· 209

8.2 时间序列的水平分析 ·· 210
8.2.1 发展水平和平均发展水平 ·· 210
8.2.2 增长量与平均增长量 ·· 215

8.3 时间序列的速度分析 ·· 216

8.3.1 发展速度和平均发展速度 216
8.3.2 增长速度和平均增长速度 218
8.3.3 速度分析的注意事项 219
8.4 时间序列的分解 220
8.4.1 时间序列的影响因素 220
8.4.2 时间序列的分解模型 220
8.4.3 长期趋势的测定 221
8.4.4 季节变动的测定 224
8.5 利用SPSS进行时间序列长期趋势及季节指数的测定 226
8.5.1 移动平均法测定长期趋势 226
8.5.2 最小平方法测定长期趋势 228
8.5.3 趋势剔除法测定长期趋势 233
小结 237
习题 238
拓展阅读 244

第9章 相关与回归分析 245
9.1 相关分析 245
9.1.1 相关关系的概念 245
9.1.2 相关关系的种类 246
9.1.3 相关分析 247
9.2 一元线性回归分析 250
9.2.1 回归分析的概念 250
9.2.2 一元线性回归 251
9.2.3 参数 β_0, β_1 的最小二乘估计 252
9.2.4 一元回归方程的评价 253
9.3 多元线性回归分析 257
9.3.1 多元线性回归模型 257
9.3.2 多元线性回归模型的参数估计 258
9.3.3 多元线性回归模型的评价 259
9.4 SPSS相关分析和回归分析 260
9.4.1 SPSS相关分析 260
9.4.2 SPSS一元线性回归分析 264
9.4.3 SPSS多元回归分析 270
小结 272
习题 273
拓展阅读 280

第10章 指数 ………………………………………………………………………… 282

10.1 指数的概念和种类 ………………………………………………………… 282
10.1.1 指数的概念 …………………………………………………………… 282
10.1.2 指数的作用 …………………………………………………………… 283
10.1.3 指数的种类 …………………………………………………………… 283

10.2 综合指数 ………………………………………………………………… 284
10.2.1 数量指标指数的计算 ………………………………………………… 285
10.2.2 质量指标指数的计算 ………………………………………………… 287
10.2.3 综合指数的其他编制方法 …………………………………………… 289

10.3 平均指数 ………………………………………………………………… 290
10.3.1 加权算术平均指数 …………………………………………………… 290
10.3.2 加权调和平均指数 …………………………………………………… 290
10.3.3 固定权数的平均指数 ………………………………………………… 292

10.4 指数体系与因素分析 …………………………………………………… 292
10.4.1 指数体系的概念 ……………………………………………………… 292
10.4.2 指数体系的作用 ……………………………………………………… 293
10.4.3 总量变动的因素分析 ………………………………………………… 293
10.4.4 平均指标变动的因素分析 …………………………………………… 294

10.5 几种常用的价格指数 …………………………………………………… 297
10.5.1 商品零售价格指数 …………………………………………………… 298
10.5.2 居民消费价格指数 …………………………………………………… 298
10.5.3 股票价格指数 ………………………………………………………… 299
10.5.4 农副产品收购价格指数 ……………………………………………… 299

小结 …………………………………………………………………………… 299
习题 …………………………………………………………………………… 300
拓展阅读 ……………………………………………………………………… 305

参考文献 …………………………………………………………………………… 306

附录　有关统计的应用数据 ……………………………………………………… 307
附录1　标准正态分布表 ……………………………………………………… 307
附录2　t 分布表 ……………………………………………………………… 310
附录3　相关系数 $\rho=0$ 临界值表 …………………………………………… 311
附录4　F 分布表 ……………………………………………………………… 312

第1章 导 论

知识目标

了解统计的发展历史；掌握统计的含义、研究对象和特点；掌握统计学的基本概念；了解统计学的研究方法。

能力目标

能够正确区分总体和总体单位；能够正确理解和应用统计标志和指标，能应用统计指标描述社会经济现象。

引导视频

1.1 统计学的产生和发展

统计作为一种人类认识自然、改造自然的实践活动，在原始社会就已经产生，原始人掌握了在洞穴石壁上画线、绳上打结等多种计数方法，这些计数行为可以说是最早的统计实践活动。公元前3000多年前，夏禹把天下分为九州，编纂《禹贡》，就形成了统计的雏形。到了秦朝，秦始皇建立了统一的中央集权制国家，将天下分为三十六郡，经常对农业生产资料、自然资源、土地调整、保甲户口等进行登记统计。

国外的统计实践，始于公元前3000年前的古埃及，为了征集建筑费用，对全国的人口与财产进行了普查。古希腊在公元前600年前就进行过人口普查，建立了出生、死亡登记制度。随着社会的发展，计算的范围逐渐扩展到社会经济生活的各个方面。在欧洲，中世纪时期许多国家利用统计方法来搜集有关人口、军队、世袭、领地、居民职业、财产、农业生产等方面的数据，并编制了详细的财产目录，只不过当时还未用"统计"这个名词。

到了资本主义社会，统计有了广泛发展。16~17世纪，欧洲国家进入了工场手工业时代，工农业、商业、交通航运业都进入了一个空前繁荣发展阶段，统计工作开始从国家管理领域扩展到社会经济活动的很多领域。特别是在欧洲，如英国、法国、荷兰的经济发展迅速，使人口、税收、土地、商业、外贸和工业等许多领域的统计数据的记录和传播达到了空前的规模。很多资本主义国家从18世纪起，先后建立了专业统计机构，搜集各方面的统计资料，定期和不定期地进行人口、工业、农业、贸易、交通等项调查，出版统计刊物，建立统计组织，召开统计会议等。

在统计逐步成为社会分工的一个独立部门和专业的同时，统计方法也得到了迅速发展和完善。在这样的历史条件下，统计学应运而生。统计学作为一门科学，是对统计实践活动的经验概括和理论总结，迄今已有300多年的历史。从17世纪下半叶开始，欧洲出现了一些统计理论著述,并逐步形成了不同的学派。从统计学的产生和发展过程来看,统计学大致可以分为古典统计学、近代统计学和现代统计学三个时期。

1. 古典统计学时期

1) 记述学派

记述学派的代表人物是德国的康令(H. Conring)和阿亨瓦尔(G. Achenwall),他们在大学中开设了新课程——国势学,介绍如何记录国家发展的重要事件。后人把从事这方面研究的德国学者称为记述学派或国势学派。当时记载关于国家组织、人口、军队、领土、居民职业及资源财产等事件的形式主要是文字叙述,基本上没有量的描述与分析。

记述学派对统计学的最大贡献就是它提出了一个世界公认的名词"统计学"(statistics)。另外,该学派在研究各国的重要事件时,采用了系统对比的方法来反映各国实力,统计学分析方法中的"对比"的思想实源于此。有人评价该学派是"有统计之名,无统计之实"的学派。

2) 政治算术学派

政治算术学派产生于英国,其主要代表人物是英国的威廉·配第(W. Patty)和约翰·格朗特(J. Graunt)。

配第于1676年出版了《政治算术》一书,以一系列分析和大量计算手段清晰地描述了英格兰、荷兰、法兰西和爱尔兰等地的经济、军事、政治等方面的情况,为英国称霸世界提供了各种有说服力的实证分析资料。配第在分析时采用了前人未使用过的方法,不仅用数字、重量、尺度来表达问题,还用图表形式来概括数字资料。因此,配第的《政治算术》被后来的学者评价为近代统计学的来源,配第本人也被评价为"统计学之父"。

另外,英国的格朗特于1662年出版了《关于死亡表的自然观察与政治观察》。他根据伦敦市人口自然变动公报,使用大量观察的方法,对人口的出生率和死亡率作了许多分类、计算和研究,发现了人口与社会现象中重要的数量规律性,如新生儿的男女性别比例稳定在14∶13;男性在各年龄组中死亡率高于女性;新生儿的死亡率较高,一般疾病与事故的死亡率较稳定,而传染病的死亡率波动较大等。在研究中,格朗特不但探索了人口变化和发展的一些数量规律,还对伦敦市总人口数量做出了较科学的估计。如果说配第是政府统计的创始人,则格朗特可被认为是人口统计的创始人。

2. 近代统计学时期

1) 数理统计学派

数理统计学派产生于19世纪中叶,创始人是比利时的凯特勒(L. A. J. Quetelet)。凯特勒最主要的贡献是把概率论正式引进统计学,从而使统计学的理论、内容和方法都发生了质的飞跃,奠定了现代统计学的基础。因此他被数理统计学派称为"现代统计学之父"。他认为无论是自然现象还是社会现象都是有规律的,尽管表面上存在着偶然性,但通过大量观察都是可以认识的;但是他又把自然规律和社会规律混同起来,认为是经久不变的。凯特勒把统计方法发展为既可以应用于社会现象研究,又可以应用于自然现象研究的通用方法。从此,统计学就不再是单纯的社会科学了。其后,经过葛尔登(F. Galton)、皮尔逊(K. Pearson)等统计学家的不断丰富和发展,统计学逐渐形成为一门独立的应用学科。1867年,韦特斯坦(T. Wittstein)发表了一篇名为《关于数理统计学及其在政治经济学和保险学中的应用》

的论文,提出"数理统计学"这个术语,该术语遂被推广使用,数理统计学和数理统计学派便由此而得名。

2) 社会统计学派

社会统计学派发源于德国,主要代表人物有克尼斯(K. G. A. Knies)、恩格尔(C. L. E. Engel)和梅尔(G. V. Mayr)。他们认为,统计学的研究对象是社会现象,目的在于明确社会现象的内在联系和相互之间的关系,在研究过程中,要用全面调查,也可以适量地使用抽样调查。恩格尔在1895年发表的《比利时工人家庭的生活费》一文中,提出了著名的"恩格尔法则",从中引申的"恩格尔系数"作为衡量人们生活水平的标准,至今仍被沿用。

3. 现代统计学时期

现代统计学时期是指20世纪初至今的统计学发展时期。这一时期,数理统计学由于同自然科学、工程技术科学紧密结合,被广泛应用而获得迅速发展,进入了鼎盛时期。

首先,英国数学家W. S. 戈塞特(W. S. Gosset)提出的小样本t分布理论,在随机抽样的基础上建立了推断统计的理论和方法。其后,费纳德·爱尔默·费雪尔(Ronald Aylmer Fisher)和波兰统计学家耶日·内曼(Jerzy Neyman)等进一步充实和发展,建立了统计假设理论。后来,美国统计学家A. 瓦尔德(A. Wald)创立了"决策"理论,该理论将统计学中的估计和假设理论加以归纳;美国的S. S. 威尔克斯(S. S. Wilks)、英国的J. 威沙特(J. Wishart)等统计学家对样本分布理论又加以充实和发展;实验设计的理论和方法又由美国的W. G. 科克伦(W. G. Cochran)等提出,进一步拓宽了统计学的范围。

20世纪60年代以后,数学方法被越来越广泛地应用于数理统计学,出现了如抽样理论、非参数统计、多变量分析和时间序列分析等新分支,以及计量经济学、工程统计学等边缘学科,而且计算机的应用与推广更加快了数理统计学的发展。与此同时,社会统计学也有所发展,实质性科学向方法论科学转变成为其发展的基本趋势。

1.2 统计的含义、研究对象、研究方法

1.2.1 统计的含义

统计的含义包括以下三个方面。

1. 统计工作

统计工作是对统计数据进行收集的活动。我国各级政府机构基本上配有统计部门,如统计局,它们的职能主要是从事统计数据的收集。大多数企业也有专门从事统计工作的人员,他们负责企业生产和销售数据的记录、积累以及向上级部门报送数据的任务。

整个统计工作包括统计设计、统计调查、统计整理、统计分析四个阶段。

1) 统计设计阶段

统计设计阶段是指统计工作实际展开前作出计划性安排的阶段,是整个统计工作过程的准备阶段。统计设计是整个统计工作的龙头,它主要解决两个问题:①收集什么样的数据和如何收集这些数据;②拟订设计方案,并对可行性方案进行反复论证和择优选用。

统计设计的结果表现为各种统计设计方案,如统计指标与统计指标体系、分类目录、统计报表制度、调查方案、汇总或整理方案等。

2）统计调查阶段

统计调查阶段是从被调查单位收集基础数据的阶段，它根据统计方案的要求收集所需要的原始资料，这是实际统计工作的起点，也是进一步进行统计资料整理和分析的基础。因此，统计调查也称为统计数据的收集。

统计调查的组织方式分为普查、抽样调查、统计报表三种，根据调查者选取样本的不同方法，又可把抽样调查划分为随机抽样与非随机抽样两大类型，这几种方式各有特点。

普查搜集的数据最全面、详细、准确，但缺点也很明显，费钱、费时、费人工，因为普查要求调查到每一个调查对象，如人口普查，国家每次人口普查都需要消耗大量的社会资源。统计报表是依据国家法律，按照统一规定的表式、统一的指标项目、统一的报送时间，自下而上的逐级、定期提供基本统计数据的调查方法。

随机抽样调查是最经常采用的一种调查方法，原因在于它具有时效强、低成本、高质量、科学性特点，虽然抽样调查的结果存在误差，但这个误差是可以接受、可以控制的。抽样调查有一整套科学方法，是统计学的重要分支。当然，要切实做好统计调查这项工作也决非易事，除了要掌握方法外，人员的责任心至关重要。常用的非随机抽样方法有重点调查与典型调查两种。

3）统计整理阶段

统计整理阶段是对调查搜集到的原始数据进行分类、汇总等一系列的加工整理工作，使数据进一步系统化、条理化，以便进行统计分析的阶段。

统计整理是一个对统计调查结果去粗取精、去伪存真的过程。要对统计调查搜集的原始数据进行"把关"，修匀、剔除一些无效数据。统计整理后的结果就是我们通常看到的各种统计数据。

4）统计分析阶段

统计分析阶段是统计工作出成果的阶段，也是进一步提升统计信息价值的阶段。统计分析是对经过加工整理的统计资料加以分析研究，计算各种统计分析指标，通过定性定量分析，以提示现象所包含的数量特征和规律性。

这一阶段的工作内容充分体现了统计学的精华，主要表现为各种统计分析方法的应用，如统计指标、时间序列分析、统计指数、回归分析等，这实际也是这门课程要讲解的重点内容。我国县以上各级政府均设有专门的统计部门和机构。国家统计局系统是自下而上成体系的，包括县以上各级统计局和三支统计调查的专业队伍（城市社会经济调查队、农村社会经济调查队、企业社会经济调查队，这是我国社会经济发展的主要数据搜集、整理、分析的专业化队伍），它们是最权威的数据发布部门，每年发布大量的社会经济发展的宏观数据。

2. 统计资料

统计资料是统计工作过程中所取得的各项数字资料和其他与之相联系的资料的总称。统计资料包括原始的调查的资料，以及经过整理、分析而成的系统的统计资料。它是统计工作的成果或"产品"。我们在专门出版统计数据的出版物，如各类统计年鉴，在报刊、网络及其他媒体上都能见到大量的统计数据。这些数据就是统计工作成果的体现。

3. 统计学

定义1.1 统计学是对研究对象的数据进行搜集、整理、分析和研究，以显示其总体的特征和规律性的学科。

统计学的研究对象是客观事物总体的数量方面。统计学是以搜集、整理、分析和研究等统计技术为手段，对所研究对象的总体数量关系和数据去伪存真、去粗取精，从而达到显示、描述和推断被研究对象的特征、趋势和规律性的目的。简言之，统计学是以少量的数据（称为样本）所提供的信息推断欲研究对象（称为母体）特征的一门科学。它有两大主要目标，一是由已知的样本数据经由正确有效地分析来推测母体所具有的特性，这其中包括对推论的不确定性的评估；另一目标则是适当地设计样本取得的程序及取样的范围，以便使所观察样本显现的特性能真实反映母体的现象，进而能以简洁的分析做出有效的推论。

统计学的研究需运用大量的数学知识，因此拥有良好的数学基础是每一位从事统计工作者所必备的条件。此外，在进行数据分析时，往往会面对繁杂的数据整理及计算上的困扰，若能善用计算机软件，则常能轻易解决问题。近年来，由于统计软件的快速发展，一些运用 SPSS 和 SAS 超强计算能力的新兴统计方法应运而生，这些方法能处理更为复杂的统计估计及推断，能使统计理论更完善，大幅度地提升了统计学的实际应用程度。因此，善用计算机软件的能力，亦为统计学的研究及应用中一大利器。

统计科学是对统计实践加以总结升华而产生的理论。

由于研究对象的不同，统计学作为一门方法论的科学，可以应用到自然科学领域，也可以应用到社会和经济领域。统计学应用到社会和经济领域就形成了社会经济统计学，应用于物理领域就形成了物理统计学，应用到医药领域就形成了医药统计学等。统计学在不同的领域里又有许多分支。例如，社会经济统计学有原理统计和专业统计之分，如专业统计有财政统计学、金融统计学、证券统计学等。

4. 三者的关系

统计工作与统计资料是活动过程与活动成果的关系，统计工作与统计学是实践与理论的关系，如图 1-1 所示。

图 1-1 统计工作、统计资料、统计学三者的关系

1.2.2 统计的研究对象和特点

统计学的研究对象就是统计研究所要认识的客体。具体地讲，社会经济统计学研究的对象是社会经济现象总体的数量方面，即社会经济现象总体的数量特征和数量关系。

社会经济现象的数量方面所涉及的内容广泛，主要包括：人口数量和劳动力资源、社会财富和自然资源、社会生产和建设、商品交换和流通、国民收入分配和国家财政收入以及金融、信贷保险、居民物质文化水平、科学技术与发展等，这些作为国民经济和社会发展的总体情况，表现出来的基本数量特征和数量关系，构成了人们对社会的基本认识。

统计就其性质而言，是一种认识活动，它是通过数据资料的采集、整理、描述和分析，对客观事物的数量进行观察和探索的过程,在其活动过程中一般表现出以下几个特点。

1. 数量性

统计学的研究对象是自然、社会经济领域中现象的数量方面,这一特点是统计学(定量分析学科)与其他定性分析学的分界线。数量性是统计学研究对象的基本特点,因为数字是统计的语言,数据是统计的原料。一切客观事物都有质和量的两个方面,事物的质与量总是密切联系、共同规定着事物的性质。没有无量的质,也没有无质的量。一定的质规定着一定的量,一定的量也表现为一定的质。但从认识的角度来看,质和量是可以区分的,可以在一定的情况下,单独地研究数量方面,通过认识事物的量进而认识事物的质。因此,事物的数量是我们认识客观现实的重要方面,通过分析研究统计数据,研究和掌握统计规律性,就可以达到我们统计分析研究的目的。例如,要分析和研究国民生产总值,就要对其数量构成及数量变化趋势等进行认识,这样才能正确地分析和研究国民生产总值的规律。

2. 总体性

统计学的研究对象是自然、社会经济领域中现象总体的数量方面,即统计的数量研究是对总体普遍存在的事实进行大量观察和综合分析,得出反映现象总体的数量特征和数据规律性。自然、社会经济现象的数据和数量对比关系等一般是在一系列复杂因素的影响下形成的。在这些因素当中,有起着决定和普遍作用的主要因素,也有起着偶然和局部作用的次要因素。由于种种原因,在不同的个体中,它们相互结合的方式和实际发生的作用都不可能完全相同。因此,对于每个个体来说,就具有一定的随机性质,而对于有足够多数个体的总体来说又具有相对稳定的共同趋势,显示出一定的规律性。例如,对工资的统计分析,我们并不是要分析和研究个别人的工资,而是要反映、分析和研究一个地区、一个部门、一个企业事业单位的总体工资情况和其显示出来的规律性。统计研究对象的总体性,是从个体的实际表现的研究过渡到对总体的数量表现的研究。例如,工资统计分析,要反映、分析和研究一个地区的工资情况,先要从每个职工的工资开始统计,然后综合汇总得到该地区的工资情况,只有从个体开始,才能对总体进行分析研究。研究总体的统计数据,不排除对个别事物的深入调查研究,但它是为了更好地分析研究现象总体的统计规律性。

3. 具体性

统计研究对象是自然、社会经济领域中具体现象的数量方面,即它不是纯数量的研究,是具有明确的现实含义的,这一特点是统计学与数学的分水岭。数学是研究事物的抽象空间和抽象数量的科学,而统计学研究的数量是客观存在的、具体实在的数量表现。统计研究对象的这一特点,也正是统计工作必须遵循的基本原则。正因为统计的数量是客观存在的、具体实在的数量表现,它才能独立于客观世界,不以人们的主观意志为转移。因此,统计数据作为主观对客观的反映,必须如实地反映具体的已经发生的客观事实,才能为我们进行统计分析研究提供可靠的基础,才能分析、探索和掌握事物的统计规律性。否则,虚假的统计数据是不能成为统计数据的,因为它违背了统计研究对象的这一特点。

4. 变异性

统计研究对象的变异性是指构成统计研究对象的总体各单位,除了在某一方面必须是同质的以外,在其他方面又要有差异,而且这些差异并不是由某种特定的原因事先给定的。就是说,总体各单位除了必须有某一共同标志表现作为它们形成统计总体的客观依据以外,还必须在所要研究的标志上存在变异的表现。否则,就没有必要进行统计分析研究了。例如,高等院校这个统计对象,除了都是从事高等教育教学活动这一共同性质之外,各高等院校在隶属主管部门、院校性质、招生规模、专业设置等各方面存在差异。工人作为统计数据对象时,每个工人在性别、年龄、工龄、工作性质、工资等方面会有不同的表现。这样,统计分析研究才能对其表现出来的差异探索统计规律性。

1.2.3 统计的研究方法

1. 大量观察法

大量观察法是统计学所特有的方法。所谓大量观察法,是指对所研究的事物的全部或足够的数量进行观察的方法。社会现象或自然现象都受各种社会规律或自然规律相互交错作用的影响。在现象总体中,个别单位往往受偶然因素的影响,如果只对少数个体进行观察,其结果不足以代表总体的一般特征。只有观察全部或足够的单位并加以综合,影响个别单位的偶然因素才会相互抵消,现象的一般特征才能显示出来。大量观察的意义在于可使个体与总体之间在数量上的偏差相互抵消。

大量观察法的数学依据是大数定律。大数定律是随机现象出现的基本规律,也是在随机现象大量重复中出现的必然规律。大数定律的一般理论是:在观察过程中,每次取得的结果不同,这是由偶然性所致的,但大量重复观察结果的平均值几乎接近总体的该数值。狭义的大数定律就是指概率论中反映上述规律性的一些定理,它所表明的是平均数的规律性与随机现象的概率关系。

2. 统计分组法

统计分组法是根据社会经济现象的特点和统计研究的目的要求,按照一个或几个标志,将统计总体划分为既具有若干不同性质而又有联系的几个部分。统计分组法是统计研究的基本方法,主要用于统计整理阶段。

统计分组的目的,是要揭示现象内部各部分之间存在的差异性,认识它们之间的矛盾。总体内部有各种各样的差异,有的是带有根本性质的差异,不划分就不能进行数量上的描述和研究,就会发生认识上的错误或偏差。有的差异虽然不是根本性质的,但只有应用分组法才能使人们对总体的认识逐步深入。

3. 综合指标法

将大量观察所得的资料进行加工、汇总,就可以得到反映现象总体一般数量特征的综合指标,运用各种综合指标对现象总体的数量方面进行分析,这种分析方法称为综合指标法。一般来说,综合指标主要包括绝对指标、相对指标、平均指标和标志变异指标,它们分别反映现象的总量规模、相对水平、集中趋势和离散趋势。

4. 统计推断法

统计研究中,一些现象所包括的个体是有限的,而另一些现象所包括的个体的量非常大或无限,对于前者可用综合指标法进行分析,而对于后者,采用统计推断法进行分析。统计推断法是以一定的置信标准,采用科学的方法,根据样本数据来判断总体数量特征的归纳推理方法。统计推断法广泛应用于对总体数量特征的估计(即参数估计)和对总体某些假设的检验(即假设检验)。

5. 统计模型法

统计模型法是根据一定的经济理论和假设条件,用数学模型去模拟客观经济现象相互关系的一种研究方法,如相关分析法、回归分析法和统计预测法。利用这种方法,可以对社会经济现象发展变化过程中存在的数量关系进行比较完整和近似的描述,从而简化客观存在的复杂关系,以便利用模型对社会经济现象的发展变化进行数量上的评估和预测。

1.3 统计学中的几个基本概念

1.3.1 统计总体与样本

1. 统计总体

定义1.2 统计总体是统计研究的具体对象,是根据一定的目的和要求所确定的研究事物的全体,它是由客观存在的、具有某种共同性质的许多个别单位构成的整体。

统计总体构成必须具备一定的条件,其客观条件主要有以下三条。

(1)同质性。组成总体的所有个体必须在某些性质上是相同的。例如,我国人口普查统计包括的每一个人,都具有中国国籍和居住在中国境内的共同性质;工业企业总体必须是由工业生产经营的基层单位组成的。

(2)大量性。大量性是指统计总体由许多个别单位组成,少数单位或个别事物是不能构成统计总体的。这一点是由统计研究的目的决定的。统计研究的目的是揭示自然、社会经济现象的规律性。我们只有通过对大量事物的观察、分析和研究,才能发现从其普遍联系中表现出来的规律性。例如,要研究某市职工的工资水平,我们只观察几个职工的工资是达不到目的的,因为这几个职工的工资不能代表该市全体职工的工资水平,它可能偏高或偏低。

如果我们观察许多职工的工资,就可以降低或抵消偶然性的偏差,计算他们的平均工资,就可以反映该市职工工资的一般水平。每个职工工资差别越大,需要观察的职工人数就越多。如果要提高观察的职工工资的代表性,就需要增加观察的职工人数。可见,统计总体的大量性是一个相对概念。总体的大量性与各单位标志表现的差异性密切联系在一起,同时,总体的大量性也与研究目的的要求有关,精确度要求越高,总体单位数也越大。

(3)差异性。差异是指构成总体的各单位除了同质性一面还必须有差异性,否则就不需要进行统计调查研究了。例如,职工这个总体中的每个职工,除了有性质相同的一面,还有差异的一面,如工种、性别、年龄、文化程度、工资等,这样才构成社会统计调查研究的内容。

定义1.3 总体单位是指构成总体的个体单位,它是组成统计总体的基本单位。

总体和总体单位既有联系又有区别,但是它们也会因研究对象的不同而相互转化。同一个研究对象,在一种情况下是总体,在另一种情况下则变成了总体单位。例如,当研究某个地区工业企业生产情况时,该地区所属工业企业的全体便构成统计总体,各个企业是总体单位;当研究一个企业的生产情况时,则企业是总体,而企业下属的各车间为总体单位。

2. 样本

定义 1.4 样本是指在统计总体中按照随机原则抽出来的那部分单位所组成的小总体。

与样本相对应的统计总体称为全及总体。由于样本是从总体中抽取出来并代表总体的,全及总体也可称为母体,而样本称为子体。样本有以下几个特点。

(1) 代表性。抽取样本的目的是推断总体,这就必然要求样本能够代表总体。样本代表总体的程度越高,样本计算的抽样指标与总体指标的误差就越小。因此,抽样推断时,总是要求样本具有较高的代表性。

(2) 客观性。抽取样本要用随机方法抽取,也可以用非随机抽样方法,但必须保证取样的客观性。

(3) 随机性。一个总体可以抽取不同的样本,至于到底抽取的样本是哪一个,完全取决于样本的随机性。

(4) 排他性。样本单位必须抽取自总体内部,而不能抽取总体外部的单位。因为统计推断是利用样本作为总体的代表,用样本数据来推断总体的数据。

1.3.2 标志与标志表现

1. 标志和标志表现的定义

定义 1.5 标志是说明总体单位属性和特征的名称。

总体单位是标志的直接承担者,标志是依附于单位的。例如,每个工业企业表现为规模不同、产品不同、所有制不同、实现产值、利润不同等。

定义 1.6 标志表现是标志特征在各单位的具体表现。

例如,职业——这个品质标志的标志表现为工人、医生、农业、教师、公务员等;工龄——这个数量标志的标志表现为1年、2年、3年、30年等。

2. 标志的分类

1) 标志按特征不同分类

(1) 品质标志。

定义 1.7 品质标志是表明总体单位属性方面特征的标志。

例如,企业的经济类型(国有、集体、私营)、人的性别(男、女)等。

(2) 数量标志。

定义 1.8 数量标志是表明总体单位数量方面特征的标志。

例如,企业的产值、学校的学生数、工人的劳动生产率等。

2) 标志按变异情况分类

(1) 不变标志

定义 1.9 在一个总体中,对于一个标志来说,如果各总体单位具有相同的标志具体表现,则该标志称为不变标志。

例如,对于全国民营工业企业总体,所有制是不变标志。因为标志具体表现在各总体单位都相同,都表现为民营,每个总体必须至少有一个不变标志,正是这个不变标志使总体具备同质性。

(2) 可变标志。

定义 1.10 在一个总体中,对于一个标志来说,如果各总体单位具有不同的标志具体表现,则该标志称为可变标志。

同样是全国民营工业企业总体,因为利润的具体表现在各总体单位不完全相同,有的数值大,有的数值小,所以利润是可变标志。在全国民营工业企业总体中,职工人数、工资总额、注册资本、投资总额等均是可变标志。

3. 标志表现的分类

标志表现分为品质标志表现和数量标志表现。

(1) 品质标志表现:只能用文字表述。例如,国有、集体、私营;男、女。

(2) 数量标志表现:可用数值表示。例如,产值 100 万元、学生 3 000 人、劳动生产率 100 元/人。

1.3.3 变量与变量值

1. 变量

定义 1.11 变量是指可变的数量标志。

例如,企业的产值、学校的学生数、工人的劳动生产率等。

2. 变量值

定义 1.12 变量的具体取值称为变量值。

例如,产值 100 万元、学生 3 000 人、劳动生产率 100 元/人。

3. 变量的分类

变量可按不同的标准进行分类。

(1) 按变量值是否连续,分为离散型变量和连续型变量

定义 1.13 离散型变量的各变量值都是按整位断开的。

例如,学生人数、学校个数、设备台数等,其变量值可以用记数的方法取得。

定义 1.14 连续型变量的各变量值是连续不断的,相邻两值间可作无限分割。

例如,长度、体重、面积、体积、利润、总成本等,连续型变量采用测量和计算的方法取得。

(2) 变量按性质的不同,分为确定性变量和随机变量

定义 1.15 确定性变量是指变量值受确定性因素影响,其变动方向明确呈上升或下降趋势。

例如,扩大商品销售额就能使费用水平下降,这是受确定性因素的影响。

定义 1.16 随机性变量是指变量值受不确定性因素影响,其变动方向呈现偶然性。

(3) 按变量反映对象不同,可分为分类变量、顺序变量、数值型变量

定义 1.17 分类变量是说明事物类别的一个名称,其取值是分类数据。

分类数据是指只能归于某一类别的非数字型数据,是对事物进行分类的结果。例如,"性别"就是一个分类变量,其变量值为"男""女";"行业"也是一个分类变量,其变量值可以为"零售业""旅游业""汽车制造业"等。

定义 1.18 顺序变量是说明事物有序类别的一个名称,其取值是顺序数据。

顺序数据是指只能归于某一有序类别的非数字型数据,是对事物进行分类的结果,但这

些类别是有顺序的。例如,"产品等级"就是一个顺序变量,其变量值可以为"一等品""二等品""三等品""次品"等;"受教育程度"也是一个顺序变量,其变量值可以为"小学""初中""高中""大学"等;一个人对某种事物的看法也是一个顺序变量,其变量值可以为"同意""中立""反对"等。

定义 1.19 数值型变量是说明事物数字特征的一个名称,其取值是数值型数据。

数值型数据是指按数字尺度测量的观察值,是使用自然或度量衡单位对事物进行计量的结果,其结果表现为具体的数值。例如,"产品产量""商品销售额""零件尺寸""年龄""时间"等都是数值型变量,这些变量可以取不同的数值。

1.3.4 统计指标和统计指标体系

1. 统计指标

1) 统计指标的概念

定义 1.20 统计指标是指反映社会经济现象总体数量特征的概念和数值。

统计指标有两个基本要素:指标名称(概念)与指标数值。指标名称反映了所研究现象的质的规定性,指标数值则反映了该现象的量的规定性,完整的统计指标也就是质和量两方面的统一,两者结合起来才有可能对所研究的数量特征及相互关系作出完整的描述。例如,某地区人口有 517 万人、国内生产总值为 380 亿元、钢产量为 868 万吨,地区人口、国内生产总值、钢产量是指标名称,517 万人、380 亿元、868 万吨是指标数值。

2) 统计指标和统计标志的联系和区别

统计指标和统计标志既有联系又有区别。

(1) 统计指标与统计标志的联系表现在:①统计数量标志是许多统计指标赖以建立的基础,许多统计指标的数值是总体单位的数量标志值直接汇总而来的。例如,2019 年我国工业增加值是由全国每个省工业增加值汇总而来的,没有各个省的工业增加值,就难以得到全国工业增加值指标。②由于研究目的的不同,许多统计指标与统计数量标志之间存在变换关系。例如,要研究某一工业企业的生产经营情况,该企业的增加值、净产值、利税额等就是指标;如果现在改为把工业企业所在市作为研究总体,研究该市工业企业的生产经营情况,那么该工业企业的增加值、净产值、利税额就是统计标志——数量标志,而该市工业企业的增加值、净产值、利税额就为统计指标。

(2) 统计指标与统计标志的区别主要是:①两者说明的对象不同。指标说明的是统计总体特征,而标志说明的是构成统计总体的单位特征。②两者在可量性上的表现不同。统计指标具有可量性,所有的统计指标均能用数值表现,而标志只有数量标志能用数值表现,品质标志是不能用数值来表现的。

3) 统计指标的特点

(1) 同质事物的可量性。统计指标反映的是各种现象总体的量,因此统计指标必须可以用数字来表现,不能用数字表现的范畴是不能作为统计指标的。

(2) 量的综合性。统计指标反映的是总体的量,它是许多个体现象的数量综合的结果。一个职工的工资不能成为统计指标,一个企业或一个地区的工资总额或平均工资才成为统计指标。

4)统计指标的分类。

(1)指标按其反应的时间特点不同,可分为时点指标和时期指标两类。

时点指标是反映总体特征在某一时点上的数量表现的指标,常用的是期末数字。例如,2017年年末某地区人口为517万人,2017年年末我国医院共有病床379.5万张,等等。

时期指标是表明社会经济现象总体在一段时期内发展过程的总结果的指标。例如,2017年某地区国内生产总值为380亿元。

(2)指标按计量单位的特点,可分为实物指标与价值指标两类。实物指标是以实物单位计量的指标,由国家统一规定的计量单位(如米、千克、台、千瓦时等)来计量;价值指标是以货币单位计量,反映事物价值量的指标,如产值500万元。

(3)指标按其反映总体特征的性质不同,可分为数量指标和质量指标两类。

数量指标也称为总量指标(或绝对指标),是反映社会经济现象总体规模和水平的统计指标。数量指标一般用绝对数表示,如商品销售额、人口总数、工业企业总数等。

数量指标包括标志总量和总体单位总量。标志总量是用来反映总体单位某一种数量标志值总和的数量指标。例如,工业增加值、工资总额、利税额等。总体单位总量即总体单位数之和,是用来反映总体本身规模的数量指标,也称为"总体总量"。例如,研究全国的工业企业情况,全国所有的工业企业数便是总体单位总量。

质量指标是反映总体强度、密度、效果、工作质量、比例等的指标。

人口密度、劳动生产率、全国每人拥有的粮食数量、资金利率等指标一般用平均数、相对数表示。

2. 统计指标体系

由于现象的复杂多样性,各种现象之间相互联系的性质,只用个别统计指标来反映是不够的,需要采用指标体系进行描述。

定义 1.21 统计指标体系就是各种相互联系的统计指标所构成的一个有机整体,用来说明所研究现象各个方面相互依存和相互制约的关系。

统计指标体系因各种现象本身联系的多样性和统计研究的目的不同而分为不同的类别。

1)按反映内容分类

统计指标体系按其所反映的内容可以分为基本统计指标体系和专题统计指标体系。

(1)基本统计指标体系是反映社会经济发展基本情况的指标体系。它又包括:反映社会生产、分配、交换、使用等方面的经济统计指标体系;反映人口、文化、教育、卫生等方面的社会统计指标体系;反映科学技术机构、人员、投入、成果等方面的科技统计指标体系。

(2)专题统计指标体系是对某一社会经济问题进行调查研究时专门设立的统计指标体系。例如,对残疾人状况的指标体系、农产品生产成本和经济效益指标体系等。

2)按实施范围分类

统计指标体系按其所实施范围分为四大类:国家统计指标体系、行业(或部门)统计指标体系、地方统计指标体系、基层单位的统计指标体系。

(1)国家统计指标体系。是由国家统计局制定的,在全国范围内实施的统计指标体系。它是为满足党中央、国务院管理国家、领导社会主义现代化建设的需要而制定的统计指标体系。它的内容必须包括上述社会、经济、科技等方面的基本情况并反映其运行过程和成果。

(2) 行业(或部门)统计指标体系。是不同行业、不同部门根据生产经营、业务管理需要设计的统计指标体系。它比国家统计指标体系具体要求上要细密得多。例如,对于汽车的产销情况,国家统计指标体系内只要求总数量,或者只要求区分大小客车、货车等。在行业统计指标体系中则要求把不同规模型号和一些技术标准都列为统计指标,才能满足具体业务经营管理的需要。在市场经济和对外经贸日益发展的情况下,行业(或部门)统计指标体系的完整化和科学化越来越重要了。

(3) 地方统计指标体系。是为了满足地方各级,主要是省、市、自治区一级党委和政府领导工作需要而在国家统计基础上补充增加而设立的。例如,沿海开放地区特别是经济特区,在对外经济关系方面就需要一些更细密的指标;而少数民族地区对于少数民族的经济文化状况就需要设立一些必需的指标,这样便形成了地方统计指标体系。在经济改革、对外开放的形势下,发挥各个地方的积极性、主动性至关重要,因此设立地方统计指标体系是十分必要的。

(4) 值得注意的是,行业(或部门)统计指标体系和地方统计指标体系都必须以国家统计指标体系为核心,严格贯彻国家统计指标体系中的各项规定。以上三类统计指标体系的贯彻实施,最后都要落实到各个有关的基层单位,各个基层单位必须以上级下达的统计指标体系为核心,结合本单位生产经营管理的需要,加以补充而形成本单位的统计指标体系。任何一个基层单位的生产经营管理所需要的统计指标体系都要比其上级部门所需要的统计指标体系细密得多,任何一个基层单位的统计工作都不能只满足于完成上级管理部门要求的统计报表,而应当把本单位的生产经营管理的需要列为直接的日常的工作任务,这就需要主动地建立起本单位的统计指标体系(基层单位的统计指标体系)。

小　　结

统计的含义包括三个方面:统计工作、统计资料、统计学。三者之间存在密切的联系。

统计学的研究对象就是客观现象总体的数量方面,即社会经济现象总体的数量特征和数量关系;统计具有数量性、总体性、具体性、变异性的特点。

统计研究的方法主要有大量观察法、统计分组法、综合指标法、统计推断法、统计模型法。

统计总体是统计研究的具体对象,是根据一定的目的和要求所确定的研究事物的全体,它是由客观存在的、具有某种共同性质的许多个别单位构成的整体;总体单位是指构成总体的个体单位,它是组成统计总体的基本单位,总体和总体单位既有联系又有区别;样本是指在统计总体中按照随机原则抽出来的那部分单位所组成的小总体。

标志是说明总体单位属性和特征的名称;标志表现是标志特征在各单位的具体表现;标志按特征不同分为品质标志和数量标志;标志按变异情况可分为不变标志、可变标志;标志表现分为品质标志表现和数量标志表现。

变量是指可变的数量标志;变量的具体取值称为变量值;变量可按不同的标准进行分类,按变量值是否连续分为离散型变量和连续型变量;变量按性质的不同分为确定性变量和随机变量。

统计指标是指反映社会经济现象总体数量特征的概念和数值;统计指标和标志既有联

系又有区别。

习 题

一、名词解释

统计学　统计总体　总体单位　标志　品质标志　数量标志　变量　变量值　分类变量　顺序变量　数值型变量　统计指标　质量指标　数量指标　统计指标体系

二、填空题

1. "统计"一词从不同角度理解可以分为三种意义,即_____、_____、_____。
2. 社会经济统计学的研究对象是_____。
3. 统计总体具有_____、_____和_____三个特点。
4. 标志是说明_____特征的,指标是说明_____特征的。
5. 工人的工种、文化程度是_____标志,产品的等级是_____标志。
6. 企业的机器台数、企业的职工人数属于_____变量,而人的身高、体重、人均收入等属于_____变量。
7. 一个完整的统计指标,从其构成来看,必须具有两个最基本的部分,即_____和_____。
8. 凡是说明社会经济现象总体数量的相对水平或平均水平的统计指标,都称为_____。
9. 学生的性别、民族属于_____标志,而学生的年龄、成绩属于_____标志。

三、单项选择题

1. 统计学的研究对象是( )。
   A. 抽象的数量关系
   B. 社会经济现象的规律性
   C. 社会经济现象总体的数量关系与数量特征
   D. 社会经济统计方法

2. 统计三种含义中作为基础的是( )。
   A. 统计分析　　　B. 统计理论　　　C. 统计工作　　　D. 统计资料

3. 统计总体和总体单位由于研究目的改变,( )。
   A. 任何一对总体和总体单位都在相互改变
   B. 总体单位有可能变为总体,总体也可能变为总体单位
   C. 总体只能变换为总体单位,总体单位不可能变换为总体
   D. 总体单位不能变换为总体,总体也不能变换为总体单位

4. 某大学的一位研究人员希望估计该大学本科生平均每月的生活费支出,为此,他调查了200名学生,发现他们每月平均生活费支出是500元,该研究人员感兴趣的总体是( )。
   A. 该大学的所有学生　　　　　　B. 所有大学生的总生活费支出
   C. 该大学所有的在校本科生　　　D. 所调查的200名学生

5. 在全国人口普查中,总体单位是( )。
   A. 每一户　　　　B. 每个人　　　　C. 每个地区的人　　D. 全国人口数目
6. 某城市工业企业未安装设备普查,总体单位是( )。
   A. 工业企业全部未安装设备　　　　B. 工业企业每一台未安装设备
   C. 每个工业企业未安装设备　　　　D. 每一个工业企业
7. 标志是说明总体单位特征的名称,标志有数量标志和品质标志,因此( )。
   A. 标志值有两大类:品质标志值和数量标志值
   B. 品质标志才有标志值
   C. 数量标志才有标志值
   D. 品质标志和数量标志都具有标志值
8. 以全国的石油工业企业为总体,则胜利油田工业总产值是( )。
   A. 品质标志　　B. 数量标志　　C. 数量指标　　D. 质量指标
9. 专业技术人员的职称是( )。
   A. 品质标志　　B. 数量标志　　C. 数量指标　　D. 质量指标
10. 下列属于数量标志的是( )。
    A. 性别　　　　B. 民族　　　　C. 健康状况　　D. 年龄
11. 下列属于品质标志的是( )。
    A. 工龄　　　　B. 月工资收入　　C. 工种　　　　D. 教龄
12. 全国人口普查中,( )。
    A. 男性是品质标志　　　　　　B. 人的年龄是变量
    C. 人口的平均寿命是数量标志　D. 全国人口是统计标志
13. 一个完整的统计指标,其构成要素是( )。
    A. 指标名称和指标数值
    B. 指标名称、指标数值和计量单位
    C. 指标名称、指标数值、计量单位和计算方法
    D. 指标名称、指标数值、计量单位、计算方法、时间限制和空间限制
14. 研究某企业职工工资水平时,该企业职工工资总额是( )。
    A. 数量标志　　B. 品质标志　　C. 质量指标　　D. 数量指标
15. 下列( )是质量指标。
    A. 工资总额　　B. 平均工资　　C. 国民收入　　D. 粮食总产量
16. 下列指标中属于质量指标的是( )。
    A. 总产值　　　B. 合格率　　　C. 总成本　　　D. 人口数
17. 统计研究客观现象的数量特征前提是总体存在( )。
    A. 大量性　　　B. 同质性　　　C. 差异性　　　D. 数量性
18. 研究某高校全部男教师情况,不变标志是( )。
    A. 教龄　　　　B. 婚否　　　　C. 职业　　　　D. 工资
19. 工业企业的设备台数、产品的产值是( )。
    A. 连续变量　　　　　　　　B. 前者是连续变量,后者是离散变量
    C. 离散变量　　　　　　　　D. 后者是连续变量,前者是离散变量

20. 下列变量中,不属于连续变量的是(　　)。
    A. 学生年龄　　　　B. 公路里程　　　　C. 耕地面积　　　　D. 产品成本
21. 不属于离散变量的是(　　)。
    A. 商业网点数　　　B. 产品销售额　　　C. 经营品种数　　　D. 职工人数
22. 计算某班 40 名学生的平均成绩,这是(　　)。
    A. 对 40 个变量求平均　　　　　　　　B. 对 40 个变量值求平均
    C. 对 40 个数量标志求平均　　　　　　D. 对 40 个指标求平均
23. 某班有三名学生期末"统计学"考试成绩分别是 80 分、90 分、67 分,这三个数值是(　　)。
    A. 指标　　　　　　B. 标志　　　　　　C. 指标值　　　　　D. 标志值

拓 展 阅 读

1. 韩际平,韩凯.统计历史之舟的划桨人——访著名统计学家莫日达[J].数据,2006(3):22-24.
2. 许亦频,杨森.《新中国统计工作历史流变(1949—1999)》评介[J].统计研究,2015,32(10):111-112.
3. 李晨,李小春,吴常虹.浅析统计史在统计教学中的应用与实践[J].铜仁学院学报,2015,17(4):177-180.
4. 邢丽峰.浅析统计思想[J].东方企业文化,2015(15):189.

第2章

统计数据的收集

知识目标

掌握统计数据的概念和类型;了解统计数据的来源;掌握统计调查的组织方式;掌握统计数据收集的方法;掌握统计方案的设计方法;掌握误差的概念及种类。

引导视频

能力目标

能够利用各种调查方法收集统计数据;能够设计统计调查方案。

统计数据的收集是统计分析的前提,如何取得准确可靠的统计数据也是统计研究的重要内容之一。数据收集是按照统计任务的要求,运用科学的方法,有组织、有计划地向客观实际去采集充分的、真实的统计数据的过程。它是统计工作的第二个阶段,即统计调查,是对现象总体认识的开始。

2.1 统计数据的类型

数据是所收集、分析、汇总表述和解释的事实及数字,统计数据是对社会现象进行测量的结果。例如,对人口状况的测量可以得到人口总数的数据,对价格变动的测量可以得到物价指数,对受教育情况的测量可以得到在校学生人数、招生数、毕业生数等的数据。从不同角度来看,统计数据可以分为不同类型。

2.1.1 分类数据、顺序数据、数值型数据

按计量尺度不同,可将统计数据分为分类数据、顺序数据、数值型数据。

定义 2.1 只能归于某一类别的非数字型数据,称为分类数据。

分类数据是对事物进行分类的结果,数据则表现为类别,是用文字来表述的。例如,人口按照性别分为男、女两类;企业按照经济性质分为国有、集体、私营、合资、独资企业等,这些就属于分类数据。

在分类数据中,各类别之间是平等的并列关系,无法区分优劣或大小,各类别之间的顺序是可以任意改变的。因此,分类数据只具有=或≠的数学特性。虽然分类数据只是表现为某种类别,但为了便于统计处理,特别是为了便于计算机识别,我们可以把不同类别用不同的数字或编码来表示。例如,用"1"表示男性人口,"0"表示女性人口;用"1"表示国有企业,"2"表示集体企业,"3"表示私营企业,等等。这些数字只是给不同类别的一个代码,并不

意味着这些数字可以区分大小或进行任何数学运算。

定义 2.2 只能归于某一有序类别的非数字型数据,称为顺序数据。

顺序数据也是对事物进行分类的结果,但这些类别是有顺序的。例如,将产品分为一等品、二等品、三等品、等外品等;考试成绩可以分为优、良、中、及格、不及格等;一个人的受教育水平可以分为小学、初中、高中、大学及以上;一个人对某一事物的态度可以分为非常同意、同意、保持中立、不同意、非常不同意,等等,这些就属于顺序数据。

顺序数据虽然也表现为类别,但这些类别之间是可以比较顺序的。很显然,顺序数据要比分类数据精确一些,它除了具有"="或"≠"的数学特性外,还具有">"或"<"的数学特性。

定义 2.3 按数字尺度测量的观察值,称为数值型数据。

数值型数据是使用自然或度量衡单位对事物进行计量的结果,其结果表现为具体的数值。例如,收入用人民币元度量,考试成绩用百分制度量,温度用摄氏度或华氏度来度量,重量用千克度量,长度用米度量,等等,其结果都表现为具体的数值。因此,数值型数据可以进行加、减、乘、除等运算。

分类数据和顺序数据说明的是事物的品质特征,通常是用文字来表述的,其结果均表现为类别,因而也可统称为定性数据或品质数据;数值型数据说明的是现象的数量特征,通常是用数值来表现的,因而也可称为定量数据或数量数据。

2.1.2 观测数据和实验数据

按照统计数据的收集方法,可以将统计数据分为观测数据和实验数据。观测数据是通过调查和观测收集到的数据,它是在没有对事物人为控制的条件下得到的。有关社会经济现象的统计数据几乎全部是观测数据。例如,对交通流量的统计数据。

实验数据是在实践中控制实验对象收集到的数据。例如,对一种新药疗效的实验数据,对一种新技术对于农作物产量影响的数据。

2.1.3 截面数据和时间序列数据

按照描述的对象与时间的关系,可以将统计数据分为截面数据和时间序列数据。

定义 2.4 截面数据是在相同或近似相同的时点上收集的数据,也称为横向数据。

截面数据描述的是现象在某一时间的变化情况,是间隔一段较长时间进行的调查,但不是指调查只进行一次。例如,2019年我国各地区的国内生产总值数据就是截面数据。

定义 2.5 时间序列数据是在不同的时间上收集到的数据,也称为纵向数据。

时间序列描述的是同类现象随时间而变化的情况,是对调查对象的变化进行连续不断的登记取得的。例如,2009—2019年的私营企业就业人数的数据。

2.1.4 全面调查数据和非全面调查数据

统计调查从调查范围上分,可以分成全面调查数据和非全面调查数据。

全面调查对构成调查对象的总体中的所有个体进行调查登记,无一遗漏;非全面调查则只对构成调查对象的总体中的部分单位进行调查登记。例如,要了解大学生阅读名著情况,只需要在大学生中选出一部分进行调查就可以了。

2.2 统计数据的来源

大量的统计数据来源于两个方面:一种是原始资料,来自直接的调查和科学实验,也是统计数据的直接来源;另一种是次级资料,来自别人的调查和科学实验,这是统计数据的间接来源,即二手资料。

2.2.1 统计数据的间接来源

对于大多数使用者来说,亲自去做调查往往是不可能的,所使用的数据大多数是别人调查或科学实验的数据,对使用者来说这些数据称为二手数据。获得二手数据的主要途径有以下几种。

1. 查阅公开出版物

在我国,公开出版或报道的社会经济统计数据主要来自国家和地方的统计部门,以及各种报刊媒介。例如,公开的出版物有《中国统计年鉴》《中国统计摘要》《中国社会统计年鉴》《中国工业经济统计年鉴》《中国农村统计年鉴》《中国人口和就业统计年鉴》《中国市场统计年鉴》,以及各省、市、地区的统计年鉴等。提供世界各国社会和经济数据的出版物也有很多,如《世界经济年鉴》《国外经济统计资料》,世界银行各年度的《世界发展报告》等。联合国的有关部门及世界各国也定期出版各种统计数据。

2. 向政府统计机构和其他机构咨询

政府统计机构除定期公布或公开出版的数据资料外,还有相当一部分数据资料未公开发布或出版,在不涉及国家机密、商业机密和个人隐私的情况下,可向其了解咨询。学术研究机构、商业性统计调查机构所收集的统计数据,一般需要通过有偿手段进行咨询。

3. 上网查询

随着计算机网络技术的普及和发展,人们可以在网上获取所需的各种数据资料,但要注意方式的合法性和数据资料的真实性。

利用二手数据对使用者来说既经济又方便,但使用时应注意统计数据的含义、计算口径和计算方法,以避免误用或滥用。同时,在引用二手数据时,一定要注明数据的来源,以尊重他人的劳动。

2.2.2 统计数据的直接来源

统计数据的直接来源主要有两个渠道:一是调查或观察;二是实验。调查是取得社会经济数据的重要手段,其中有统计部门进行的统计调查,也有其他部门或机构为特定目的而进行的调查,如市场调查等;实验是取得自然科学数据的主要手段。在本节中,着重讨论取得社会经济数据的主要方式和方法。

1. 抽样调查的组织方式

统计调查是取得社会经济数据的主要来源,也是获得直接统计数据的重要手段。实际中常用的统计调查的组织方式主要有抽样调查、普查、统计报表等。

1) 抽样调查

抽样调查的最大优点是省时、省力和省经费。此外,由于抽样调查的范围较小,调查工作可能做得更加深入细致。错误发生的机会减少,数据的可信程度提高,这也是抽样调查的一个优点。实际上,即使进行普查,也少不了要用抽样调查作为辅助方法,以检验和修正普查数据。在实际中,经常使用抽样调查收集的数据有民意测验、市场行情预测、产品质量抽样检测、人口调查抽样、审计抽样、验血等。

我国官方组织进行的抽样调查主要有以下几类:人口变动情况抽样调查、农产量抽样调查、农村住户抽样调查、乡村社会经济抽样调查、城市住户抽样调查、城镇劳动力抽样调查、规模以下工业抽样调查、流通和消费价格抽样调查、工业品价格抽样调查、农村固定资产投资抽样调查、固定资产价格抽样调查。需要注意的是,抽样调查有广义和狭义之分,广义的抽样调查包括随机抽样和非随机抽样,而狭义的抽样调查只包括随机抽样。

(1) 随机抽样。

定义 2.6 随机抽样又称为概率抽样。随机抽样法是根据调查对象总体中每个部分都有同等概率被选取为样本,即每个个体调查对象都享有"机会均等"的原则,调查过程中被调查总体中的每一个个体都自然存在、自然出现,在不受调查者主观意图的影响下抽取样本的一种抽样方法。

随机抽样调查的特征表现在以下几个方面:a. 按照随机性原则确定观察单位。随机性原则是随机抽样调查的基本原则,遵循这个原则一方面可以避免统计估计的系统性误差,另一方面只有符合随机性原则,才能计算出抽样估计误差。b. 根据部分单位的调查结果,对总体进行科学推断。抽样调查既是搜集数据的方法,又是对统计总体进行认识的方法。用抽样数据对总体进行认识,需要依据统计估计和归纳推断。c. 抽样调查可以用来检验和修正全面调查资料。全面调查的调查单位多、涉及面广,容易出现差错。因而,在全面调查结束后,进行抽样复查,如人口普查后,用抽样调查来检验其准确性,可对调查资料进行有效的补充和修正。d. 抽样误差可以计算。用样本数据推断总体,必然会产生误差,但抽样估计误差的大小可以计算出来,并且能进行控制。

随机抽样调查的抽样方法主要有简单随机抽样、分层抽样、等距抽样、整群抽样、多阶段抽样等。

① 简单随机抽样。

定义 2.7 简单随机抽样又称为纯随机抽样,它是对总体不作任何处理,按随机原则直接从总体中抽取样本,保证总体中每个单位被抽中的机会都相等的一种抽样方法。

简单随机抽样在实际中操作方便简单,但仍有很大的局限性,当总体单位数较多或方差较大时,这种抽样方式就不能有效地保证样本的代表性。

抽样有重复抽样和不重复抽样两种。重复抽样是从全及总体中随机抽取一个样本单位并记录有关标志值后,放回全及总体中。以此类推,按照同样方法,直到抽选 n 个样本单位。不重复抽样是从全及总体中随机抽取并记录有关标志值后,样本单位不再放回全及总体,即不再参加下一次抽选。

② 分层抽样。

定义 2.8 分层抽样又称为类型抽样,它是先将总体各单位按照属性特征分成若干个组(层次或类型),然后在各层或类中随机抽取若干样本单位,由各层样本单位组成一个样本。

例如,对大学生的生活费进行调查,先按照年级分为大一、大二、大三、大四四层,然后在各层抽选样本单位。

分层抽样可分为等比例分层抽样和不等比例分层抽样。等比例分层抽样就是从各层中按相同的比例抽取样本单位的抽样形式。例如,对不同年级的学生都按照10%的比例抽取样本单位,从而组成一个整体样本,等比例分层抽样相对简单易算。不等比例分层抽样就是从各层中按不同的比例抽取样本单位的抽样形式。例如,对不同年龄段(60~64岁、65~74岁、75~84岁、85岁及以上)的老人分别按照不同的比例(5%、10%、10%、5%)抽取样本单位,组成一个样本调查老年人的业余生活情况。

③ 等距抽样。

定义2.9 等距抽样又称机械抽样,它是先将总体各单位按某一标志排队,然后按相等的距离抽取样本单位,直到抽取 n 个单位组成一个样本。

等距抽样为不重复抽样,它的目的是将样本均匀地分布在总体中,以提高样本的代表性。

例如,从5 000件产品中,随机抽取100件进行产品质量检验,按产品入库顺序排列,如果把第6号产品作为起点的第一个调查单位,则以后每隔50件抽取一件,依次为第56件、106件……直到第4 956件为止,总共抽取100件。等距抽样在实际工作中应用较多,目前我国城乡居民收支等调查都采用这种方式。

④ 整群抽样。

定义2.10 整群抽样是先将总体划分为若干群,然后以群作为抽样单位,从总体中抽取若干群,再对抽中的各个群中所包含的所有单位进行调查的抽样方式。

整群抽样的优点在于组织便利,当总体庞大时,这种方式可以节省时间和费用。其缺点是,当调查单位在总体中分布不均匀时,准确性差。

⑤ 多阶段抽样。

前面介绍的抽样方式都属于单阶段抽样,即经过一次抽选就直接确定样本单位的方法。但在实践中,一般调查总体单位数目众多,一次抽样较难确定出有代表性的样本,对此可通过多阶段抽样的方式进一步实现。

定义2.11 多阶段抽样就是把抽取样本单位的过程分为两个或多个阶段进行。先从总体中抽选若干大的样本单位,即第一阶段单位,然后从被抽中若干大的单位中抽取较小的单位,即第二阶段单位。以此类推,直到最后抽出最终样本单位。

例如,对某学院学生第二课堂的活动时间进行抽样调查,该学院有50个班,每班30人,现采用二阶段抽样方法,从50个班中随机抽选10个班,并从中选的班中各抽选5人组成样本。这样可以节省人力、物力和财力,也能提高样本的代表性。

(2) 非随机抽样。

定义2.12 非随机抽样是调查者有意识地主观选择若干具有代表性的个体单位作为样本进行调查,并进而推测样本所代表的总体情况的抽样方法。

随机抽样与非随机抽样有很大的区别,非随机抽样方法在抽样过程中渗入了调查者的主观选择与判断,代表性依赖于调查者的经验,而随机抽样方法在根据样本推断总体时可用概率的方式客观地测量推论值的可靠程度。常用的非随机抽样方法有重点调查与典型调查两种。

① 重点调查。

定义 2.13 重点调查是一种非全面调查，它是在调查对象中，选择一部分重点单位作为样本进行调查，进而了解总体的基本状况的调查方法。

这些重点单位应占全部单位中的很小比重，而就所研究的数量特征而言，这些单位的数量占全部单位的数量比重较大。例如，要了解全国钢铁生产的状况，选择产量较大的少数几家企业，如鞍钢、宝钢、首钢等，作为重点单位进行调查，就可以对总体状况有一个大致的了解。

选取重点单位，应遵循两个原则：一是要根据调查任务的要求和调查对象的基本情况确定选取重点单位及数量。一般来讲，要求重点单位应尽可能地少，而其标志值在总体中所占的比重应尽可能地大，以保证有足够的代表性。二是要注意选取管理比较健全、业务力量较强、统计工作基础较好的单位作为重点单位。

重点调查的主要特点包括：调查单位少，节省人力和时间，调查项目可以相对多一些。根据重点调查的特点，重点调查的主要作用在于反映调查总体的主要情况或基本趋势。因此，重点调查通常用于不定期的一次性调查，但有时也用于经常性的连续调查。

② 典型调查。

定义 2.14 典型调查也是一种非全面调查，它是从众多的调查研究对象中，有意识地选择若干具有代表性的典型单位进行深入、周密、系统的调查研究的方法。

进行典型调查的主要目的不在于取得社会经济现象的总体数值，而在于了解与有关数字相关的具体情况。例如，要研究企业的经济效益问题，我们可以在同行业中选取一个或几个经济效益突出的单位作为典型，进行深入细致的调查研究，从中找出经济效益好的原因和经验，从而达到在同行业中推广的目的。

典型调查的优点在于调查范围小、调查单位少、灵活机动、具体深入，以及节省人力、财力和物力等。其不足是在实际操作中选择真正有代表性的典型单位比较困难，而且容易受人为因素的干扰，从而可能导致调查的结论有一定的倾向性，且典型调查的结果在一般情况下不宜用于推算全面数字。

重点调查与典型调查的区别主要有两个方面：第一，调查目的不同。典型调查的目的主要是认识事物的本质特征，调查单位必须具有代表性或典型性；重点调查的目的主要是了解或估计总体的数量特征，调查单位具有较大的数量比重，而不一定具有典型的特征。第二，具体方式不同。典型调查的具体调查方式只能是面对面地直接调查；重点调查可以是直接调查，也可以是背对背调查，如电话调查、通信调查等。

2）普查

定义 2.15 普查是一种全面调查，它是对调查对象中的全部单位无一例外地进行调查的调查方法。

例如，人口普查、工业普查、农业普查、经济普查等。普查是适合于特殊目的、特殊对象的一种调查方法，它主要用于搜集处于某一时点状态上的社会经济现象总量，其目的是通过对社会经济现象全面准确的描述，来把握其一般状况或全貌，从而为国家或部门制定有关政策和措施提供依据。

普查的组织形式一般有两种：一种是从上至下组织专门的普查机构和队伍对调查单位

进行登记;另一种是利用调查单位的原始记录和核算数据,或者结合清仓盘点,颁发一定的调查表格由调查单位自填上报。例如,2010年我国进行的第六次全国人口普查,就属于第一种情形。我国2018年进行的第四次全国经济普查属于第二种情形。

普查的特点主要包括:①普查通常是一次性的或周期性的。由于普查需要耗费大量的人力、物力、财力及时间,一般需要间隔较长时间进行一次。例如,我国人口普查从1953—2010年共进行了六次,而且从1990年第四次人口普查开始,以后每隔10年进行一次。②普查一般需要统一规定标准调查时点,以便保证普查结果的准确性,避免调查资料的重复或遗漏,如我国人口普查的标准时点一般定在普查年份的7月1日0时,标准时点一般应选择调查对象比较集中、变动相对较小的时点。③普查的资料一般比较准确,标准化程度也较高,普查的结论也具有很高的概括性和普遍性。④普查的适用范围比较狭窄,只能调查一些最基本、最一般的社会经济现象,而且很难对问题进行深入细致的研究。因此,在一般的社会经济调查中很少采用这种方法。

3) 统计报表

定义 2.16 统计报表是按国家有关法规的规定,根据国家统一规定的表式、统一的指标项目、统一的报送时间、自下而上逐级定期提供基本统计数据的调查方法。

用统计报表的方式搜集数据其作用是多方面的。实施统计报表的基本单位根据报表规定项目的要求,相应建立和健全各种原始记录,使统计报表的数据来源建立在可靠的基础上。基层单位也可以利用报表的数据,对生产经营活动进行科学管理。在统计报表实施范围,从基层单位的填报,经过部门、地区及全国的综合汇总,得到管辖范围内的统计数据,了解本地区、本部门经济和社会发展的情况。统计报表的调查项目相对稳定,又是定期进行,有利于经常搜集和积累数据,可以进行动态的比较,研究经济建设和社会发展变化的规律性。

统计报表按照不同的方法可以进行以下的分类:根据管理的部门不同,统计报表可以分为国家统计报表、业务部门统计报表和地方统计报表;按照报送周期长短不同,被称为日报、旬报、月报、季报、半年报和年报等;按填报单位不同可以分为基层报表和综合报表;按照报送方式不同,可以分为邮寄报表和电讯报表等。

我国官方各专业统计报表包括如下几类:基本单位调查统计报表,农林牧渔业统计报表,农业产值综合统计报表,工业统计报表,运输邮电业综合统计报表,建筑业统计报表,批发零售贸易、餐饮业统计报表,工业企业联网直报,农村统计调查直报,固定资产投资统计报表,劳动统计报表,科技统计报表,大中型工业企业科技活动统计报表,国民经济核算统计报表,企业调查统计报表,价格统计报表,3 000家房地产企业直报。

2. 数据收集方法

无论采取何种方式进行调查,在取得统计数据时,都有一些具体的数据收集方法。数据的收集方法归纳起来有以下几种。

1) 问卷调查法

凡是属于第一手资料搜集的调查方法,都离不开问卷设计这一环节,一个出色的、科学严谨的问卷常常是保证调查成功的重要因素之一。

问卷调查是把所要调查的内容设计成一组问题,以设问的方式或表格的形式形成一份问卷,通过让调查对象填写问卷来收集信息的一种调查方法,是一种专门为向特定公众调查对某些具体问题的知晓、态度、意图等情感与行为的反映而设计的书面测验。

根据问卷对问题和答案设计的形式不同,可以把问卷分为封闭式问卷和开放式问卷。开放式问卷答题者可以自由选择答案,封闭式问卷答题者只能在调查者所提供的多项答案中选择一种。

(1) 封闭式问卷。这是一种事先对问题确定了可供选择答案的问卷,被调查者根据各自的情况进行判断,在其中选择一个或多个自认为恰当的答案。这种问卷多用来调查事实、态度、行为等方面的问题。举例如下:

您对自己的职业满意吗?(请在下面各项中适合自己的选项后画√)

A. 很满意　　B. 满意　　C. 无所谓　　D. 不满意　　E. 很不满意

您对下列饮料的饮用情况,如表 2-1 所示。(请在相应的空格中画√)

表 2-1　某地区饮料市场调查问卷

序号	项目	A(经常饮用)	B(偶尔饮用)	C(从不饮用)
1	啤酒			
2	汽水			
3	可乐			
4	茶			
5	咖啡			
6	果汁			
7	果奶			

封闭式问卷调查所获得的答案内容,既规范又统一,便于调查者进行大量的定量分析和计算机数据处理,因而受到调查工作者的欢迎,是统计调查中采用较多的一种问卷设计形式。但封闭式问卷也存在某种缺陷,主要是调查者事先划定了答案,这就有可能遗漏一些很重要的、但尚未被研究者认识到的答案,如果这部分答案的比例较大,那么就会严重影响调查质量;此外,由于事先划定了答案,有可能造成强迫被调查者回答的情况,因为它很容易使一个不知道如何回答或没有具体看法的被调查者随便乱答,所以为了防止被调查者不负责任地回答问题,在答案中往往要加上"不知道"或"其他"等选项。

(2) 开放式问卷。开放式问卷是一种可以自由回答的问卷,实际上是一个比较详细的调查提纲,只有具体的问题,答案完全由被调查对象提供。举例如下:

您对公司的管理有何评价?

请谈一谈您对未来大学教育的展望?

开放式问卷多用于探索性研究,它能给被调查者较多的创造性或自我表达的机会,可以了解到被调查者独特的观点,尤其适用于讨论一些比较复杂的问题。在一些特定的场合下,在少数人群中,在调查某些敏感和具有深度的问题时,开放式问卷往往十分有效。

在一定程度上,开放式问卷可以得到一些在封闭式问卷中得不到的真知灼见和极有价值的细节性信息。但这种提问允许式问卷自由地提供独特的、富有个性的答案,因而对某一问题的回答内容肯定是因人而异,这就给调查者进行资料的整理工作带来了困难,不容易统一数据处理的标准。在进行数据处理之前,统计调查人员必须重新进行整理与分类,否则就难以保证测试结果分析的科学性。对于被调查者来说,回答问题要花费较长的时间和精力,容易引起较高的拒答率,从而影响问卷的回收。

总之,封闭式问卷和开放式问卷在实际应用中各有利弊,调查者要根据具体情况选用,在大多数情况下,是两种问卷形式综合使用,以保证调查效果。

(3) 问卷的发放形式。问卷的发放形式是指问卷采集信息的使用方式。这要根据具体的情况而定,常见的方法有以下几种。

① 邮寄法,就是把问卷邮寄给被调查者,被调查者填写后再寄回来的调查方法。邮寄调查的方式省时、省力,可以大规模地分发问卷,但弊端是回收率可能不高,无法保证问卷质量。

② 组织分配法,即通过已有的组织形式发放和回收问卷。例如,依靠党派团体和其他的组织,以及有较强人事控制能力和社会影响能力的其他个人。组织分配法的优点是回收率高、费用低、省时,但不能保证答案都是被调查者亲自填写,抄写和他人代写的现象屡见不鲜。

③ 当面填写法,即调查人员亲自把调查问卷送到被调查对象的手中,请被调查者当面填好后,立即收回问卷的调查方法。为了提高调查效率,也可把被调查者集中起来,当面填写问卷。当面填写法的优点是可确保问卷答案的真实性,但需投入较多的人力和时间。

2) 电话调查法

电话调查是调查人员利用电话同被调查者进行语言交流,从而获得信息的一种调查方式。电话调查具有时间较快、费用低等特点。电话调查可以按照事先设计好的问卷进行,也可以针对某一专门问题进行电话采访。用电话调查的问题要明确,问题的数量不宜过多。

3) 网上调查法

网上调查法是利用计算机和互联网,向特定人群搜集信息的一种方法。随着互联网技术的迅速发展,许多行业利用这一交互性很高的工具,进行各种各样的调查,如市场产品需求的调查、某种观点的调查等。网上调查法以其快速、便捷、成本低廉而应用得越来越广泛。网上调查法具有费用低、周期短、易于搜集数据、避免人为误差等优点。但网上调查法也有一些缺点,其中最大的缺点就是上网的人不能代表所有人口,另外,网上调查法难免一个人重复填写问卷,促使问题变得更加复杂。

4) 小组座谈法

小组座谈法也称为集体访问法,它是将一组被调查者集中在调查现场,让他们对调查的主题发表意见,从而获取调查数据的方法。通过座谈会,调查者可以从一组被调查者那里获得所需的定性数据,这些被调查者与研究主题有某种程度上的关系,如长期从事某一方面的工作、长期对某一问题进行研究等。调查者通过严格地甄别程序选取少数被调查者,围绕研究主题以一种非正式的、比较自由的方式进行讨论。这种方法适用于收集和研究与课题有密切关系的少数人员的倾向和意见。座谈会的人数不宜太多,通常有 6~10 人,并且是有关调查问题的专家和有经验的人。讨论方式主要取决于主持人的习惯和爱好。通过小组讨论,能获取访问调查无法取得的数据。而且,在彼此交流的环境里,各个被调查者直接地相互影响、相互启发、相互补充,并在座谈会过程中不断修正自己的观点,从而有利于取得较为广泛、深入的想法和意见。小组座谈法的另一优点是不会因问卷过长而遭到拒绝。例如,对一些课题的研讨会,中央电视台的"对话"节目等。

5）观察法

观察法是指就调查对象的行动和意识,调查人员边观察边记录以收集信息的方法。观察法是一种可代替直接发问的方法。运用这种方法,训练有素的观察员或调查者去重要地点(如超市、繁华地段的过街天桥等),利用感官或设置一定的仪器,观测和记录人们的行为和举动。观察法由于调查人员不是强行介入,被调查者无须作出任何反应,因而常常能够在被调查者没有觉察的情况下获得信息资料。在对有些现象的调查中常常使用观察法。例如,有关交通流量规律方面信息的调查,一些对调查结果准确性要求较高的调查等。

6）实验调查法

实验调查法是一种特殊的观察调查方法,它是在所设定的特殊实验场所、特殊状态下,对调查对象进行实验以取得所需资料的一种调查方法。根据场所的不同,实验调查法可分为在室内进行的室内实验法和在市场上或外部进行的市场实验法。室内实验法可用于广告认知的实验等。例如,在同一日的同一种报纸上,版面大小和位置相同,分别刊登 A、B 两种广告,然后将其散发给各位读者,以测定其反应结果。市场实验法可用于消费者需要调查等。例如,新产品的市场实验,企业的一种新产品让消费者免费使用,以得到消费者对新产品看法的资料。

2.3 统计调查方案

2.3.1 统计调查方案的设计

数据收集是一项十分细微的工作,具有高度的科学性和群众性。一个大规模的数据收集工作,往往需要成千上万人的参与。因此,没有科学、严密的工作计划和组织措施,要取得预期的效果是不可能的。所以,在数据收集前,工作人员必须设计周密可行的统计调查方案,它是数据收集工作有计划、有组织、有系统进行的保证,也是进行某项调查活动达到预期目的的指导性文件。统计调查方案一般包括下述各项内容。

1. 调查背景和目的

明确调查的背景是指明确调查的社会环境及调查的原因,明确调查目的是指明确调查在数据收集中要解决哪些问题,通过调查要得到什么样的数据资料,它决定了调查的对象、内容和方法,决定了从什么角度来收集数据。明确了调查目的,收集数据的范围和方法才能确定下来。调查目的不明确,就无法确定向谁调查、调查什么,以及用什么方式方法来调查,结果只会是无的放矢。例如,第六次全国人口普查的目的是查清 2000 年以来我国人口数量、结构、分布和居住环境等方面的变化情况,为科学制定国民经济和社会发展规划,统筹安排人民的物质和文化生活,实现可持续发展战略,构建社会主义和谐社会,提供真实准确、完整及时的人口统计信息支持。

2. 调查对象、调查单位和报告单位

确定调查对象和调查单位,是为了回答向谁调查、由谁来具体提供调查数据的问题。调查对象即统计总体,是根据调查目的需要进行调查研究的社会经济现象的总体。统计总体这一概念在统计数据采集阶段称为调查对象,它是由许多性质相同的调查单位组成的。调查单位即总体单位,是指调查对象所包含的具体单位,是进行调查的标志承担者。例如,调查目的是收集某市某年高等院校招生人数的数据,则该市所有高等院校为调查对象,而构成该市高等院校总体的每一个高等院校是调查单位。调查对象和调查单位的概念不是固定不变的,与总体和总体单位一样,随着调查目的的不同,二者可以互相变换。

在确定调查单位的同时,还要明确报告单位。报告单位也称为填报单位,也是调查对象的组成要素,即由谁负责回答或填报调查所规定的各项问题的单位,一般是基层企事业单位。调查单位是调查数据的直接承担者,报告单位是调查数据的提交者,二者有时一致,有时不一致。例如,调查某市工业企业生产经营情况,该市的每一个工业企业既是调查单位,又是报告单位,二者是一致的;如调查的是某市工业企业设备使用情况,则该市工业每一台设备是调查单位,每一个工业企业是报告单位,这时二者是不一致的。

3. 调查项目和调查表

调查项目要解决的问题是"调查什么",也就是调查的具体内容。通俗地说,调查项目就是一份在调查过程中应该获得答案的各种问题的清单。例如,在进行人口普查时,需要登记的每个人的性别、年龄、民族等标志即为调查项目。

制定调查项目是一件非常重要的工作,调查项目制定得正确程度如何,决定了整个统计工作的成效。调查项目的确定以调查目的和任务为依据,同时考虑到国家管理、经济水平和科学研究对统计数据的需要。在拟定调查项目时要注意以下几个问题:①所选择的项目必须能够取得确切数据。对于不必要或者虽然需要,但没有可能取得数据的项目,应该加以限制,以便获得可靠的数据。②调查的每一个项目都应该有确切的含义和统一的解释,以免调查者和被调查者按照各自不同的理解进行回答,使调查结果无法汇总。例如,对家庭孩子数的调查,就需要对孩子的年龄、孩子和大人的关系(亲生、过继、领养),以及是否和大人生活在一起等问题进行明确,否则被调查者存在一些特殊情况,会导致理解上的偏差,造成所搜集的数据口径不同,难以进行汇总。③各调查项目之间尽可能做到互相联系、彼此衔接,以便从整体上了解各种现象的相互关系,也便于有关项目相互核对,提高调查数据的质量。另外,还要注意现行的调查项目同过去同类调查项目之间的衔接,便于动态对比、研究现象的发展变化。

调查项目通常以表格形式来表现,称为调查表,它是用于登记调查数据的一种表格,由总标题、横行标题、纵栏标题、数字资料四部分构成。一般由表头、表体和表外附加三部分组成。表头是用来注明调查表的总称,填写调查单位的名称、性质、隶属关系等。表体是调查表的主体部分,包括需要收集数据的各个项目、栏号、计量单位等。表外附加包括填表说明、填表人签名,调查日期等,主要用于明确责任,发现问题时便于查询。

4. 调查时间

调查时间包括两种含义,即调查资料所属的时间和调查期限。在统计调查中,如果所调查的是时期现象,就要明确规定调查资料所反映的起始时间和截止时间。调查期限是指进行调查工作的时限,包括搜集资料和报送资料工作所需的时间,应尽可能地缩短。

5. 调查的组织工作计划

在调查方案中,工作人员还必须研究确定调查的组织工作计划。调查的组织工作计划可以使调查工作在业务组织上、措施上得到有力的保证。组织工作计划包括明确调查机构、调查地点、选择调查方法等问题。另外,在调查的组织工作计划中,对调查前的准备工作,宣传教育、调查者培训、文件印刷、调查数据报送办法、调查经费的预算和开支办法,以及提供和公布调查成果的时间等均要有具体的规定。

(1) 调查方式和方法

根据调查对象和调查任务,工作人员要规定采用哪种调查方式和方法取得调查资料。通常的调查方法有普查、抽样调查和统计报表,在进行调研时,调查方法的确定直接影响调查的准确性、及时性和完备性。一般来说,调查的方法应该适应调查课题的需要,但同一个课题也可以采用不同的调查方法,同一调查方法也可以用于调查不同的课题。在选择调查方法时,要明确每种调查方法的优势和劣势及其适用范围,以便提高调查的工作效率。

调查方法和数据收集方法可参照 2.2 节的相关内容。

(2) 调查经费预算

调查方案中要规定调查经费预算。调查范围和调查的难易度决定着经费预算的多少。通常,规定调查经费预算时应该考虑如下问题:①调查方案策划费用与设计费用;②抽样设计费用;③问卷设计费用;④问卷印刷和装订费用;⑤调查实施费用(包括培训费用、交通费、调查者劳务费、礼品费和其他费用);⑥数据整理费用;⑦数据统计分析费用;⑧调查报告撰写费用;⑨折旧、耗材费;⑩项目办公费用。

此外,对于大规模的统计调查,所制订的调查方案往往需要进行试点调查。通过试点,检查调查方案是否切实可行,以便加以修改和补充;还要积累实施调查方案的经验,提高调查人员的业务技能,圆满地完成调查任务。

2.3.2 统计数据的质量

统计数据的准确性和可靠性是统计工作的生命。为确保统计数据的质量,在数据的收集、整理、分析等各阶段应尽可能减少误差。

1. 统计调查误差

统计数据的误差通常是指统计数据与客观现实之间的差距,根据产生误差的原因,可以将调查误差分为登记性误差和代表性误差。

登记性误差是调查过程中由于调查者或被调查者的人为因素所造成的误差。调查者所造成的登记性误差主要有:调查方案中有关的规定或解释不明确导致的填报错误、抄录错误、汇总错误等;被调查者造成的登记性误差主要有:因人为因素干扰形成的有意虚报或瞒报调查数据,这种误差在统计调查中应予以特别重视。登记性误差理论上讲是可以消除的。

代表性误差主要是指在用样本数据进行推断时所产生的随机误差。其产生的原因有:抽取样本时没有遵循随机原则;样本结构与总体结构的差异;样本容量不足,等等。这类误差通常是无法消除的,但事先可以进行控制或计算。

统计误差的计算方法在第 6 章还会进行详细介绍。

2. 统计数据的质量要求

数据的质量包括多个方面的含义,而不仅是指数据本身的准确性或误差的大小。就一般的统计数据而言,可将其质量评价标准概括为六个方面:①精度,即最低的抽样误差或随机误差;②准确性,即最小的非抽样误差或偏差;③关联性,即满足用户决策、管理和研究的需要；④及时性，即在最短的时间内取得并公布数据；⑤一致性，即保持时间序列的可比性；⑥最低成本，即在满足以上标准的前提下，以最经济的方式取得数据。可见统计数据的质量是多个方面要求的综合体现。现在，人们对统计数据的质量提出了越来越高的要求，当我们为某一需要收集统计数据时，在调查方案的设计、数据的收集、数据的处理与分析的各个环节中，都应注意保证数据的质量，以便得出切合实际的客观结论。

小　　结

按计量尺度，可将统计数据分为分类数据、顺序数据、数值型数据；按照统计数据的收集方法，可以将统计数据分为观测数据和实验数据；按照描述的对象与时间的关系，可以将统计数据分为截面数据和时间序列数据；按调查范围，可以分成全面调查数据和非全面调查数据。

大量的统计数据来源于两个方面：一种是原始资料，来自直接的调查和科学实验，也是统计数据的直接来源；另一种是次级资料，来自别人的调查和科学实验，这是统计数据的间接来源，即二手资料。统计数据的直接来源主要有两个渠道：一是调查或观察；二是实验。

常用的统计调查的组织方式主要有抽样调查、普查、统计报表等；数据收集的方法主要有问卷调查法、电话调查法、网上调查法、小组座谈法、观察法和实验调查法。

抽样调查分为随机抽样和非随机抽样调查；随机抽样调查的抽样方法主要有简单随机抽样、分层抽样、等距抽样、整群抽样、多阶段抽样等；非随机抽样方法主要有重点调查与典型调查两种。

统计调查方案主要包括：调查背景和目的、调查对象、调查单位和报告单位、调查项目和调查表、调查时间、调查的组织工作计划。

统计数据的准确性和可靠性是统计工作的生命。为确保统计数据的质量，在数据的收集、整理、分析等各阶段应尽可能减少误差。

习　　题

一、名词解释

分类数据　顺序数据　数值型数据　截面数据　时间序列数据　抽样调查　随机抽样调查　普查　典型调查　重点调查　统计报表

二、填空题

1. 统计调查按组织形式的不同，可分为＿＿＿＿和＿＿＿＿；按调查对象包括的范围不同，可分为＿＿＿＿和＿＿＿＿。

2. 一个完整的统计调查方案的主要内容有＿＿＿＿、＿＿＿＿、＿＿＿＿、＿＿＿＿和＿＿＿＿。

3. 普查是＿＿＿＿＿＿＿＿＿＿＿＿＿＿＿＿＿＿＿。

4. 重点调查所调查的重点单位就是在全部单位中＿＿＿＿的单位，这些单位就数目来讲，可以不多，但就其标志值来讲，在总体的标志总量中占有＿＿＿＿。它能够反映调查对象的＿＿＿＿。

5. 随机抽样调查的特点是_____。
6. 典型调查的关键是_____。
7. 在调查农民家庭生活情况时,调查单位是_____。

三、单项选择题

1. 抽样调查是(　　)。
   A. 非全面调查　　B. 全面调查　　C. 调查重点单位　　D. 调查典型单位
2. 某地为推广先进企业的生产经营管理经验,对效益好的几个企业进行调查,这种调查属于(　　)。
   A. 重点调查　　B. 抽样调查　　C. 典型调查　　D. 普查
3. 在统计调查阶段,对有限总体(　　)。
   A. 只能进行全面调查
   B. 只能进行非全面调查
   C. 既不能进行全面调查,又不能进行非全面调查
   D. 全面调查和非全面调查都可以进行
4. 了解我国城乡居民生活状况,最适合的调查方式是(　　)。
   A. 普查　　B. 抽样调查　　C. 重点调查　　D. 典型调查
5. 统计调查中,调查标志或内容的承担者是(　　)。
   A. 调查单位　　B. 报告单位　　C. 调查对象　　D. 统计报表
6. 普查是专门组织的(　　)。
   A. 一次性全面调查　　　　B. 经常性非全面调查
   C. 一次性非全面调查　　　　D. 经常性全面调查
7. 我国自1953年以来,在全国范围进行的第六次人口调查是(　　)。
   A. 抽样调查　　B. 普查　　C. 重点调查　　D. 典型调查
8. 抽样调查和重点调查均为非全面调查,二者的基本区别在于(　　)。
   A. 组织方式不同　　　　B. 作用不同
   C. 灵活程度不同　　　　D. 选取调查单位的方法不同
9. 普查中规定标准时点是为了(　　)。
   A. 保证统一的普查周期　　　　B. 保证普查在规定时限内完成
   C. 保证普查资料的时效性　　　　D. 避免调查登记的重复或遗漏
10. 重点调查所选取的重点单位,必须是在调查对象中(　　)。
    A. 具有较大标志值的那一部分调查单位　　B. 具有代表性的调查单位
    C. 按随机原则选出的调查单位　　D. 填报调查数据的填报单位
11. 对某地区工业企业职工进行调查,调查对象是(　　)。
    A. 各工业企业　　　　B. 各工业企业的全体职工
    C. 一个工业企业　　　　D. 每位职工
12. 统计报表大多数属于(　　)。
    A. 一次性全面调查　　　　B. 经常性全面调查
    C. 经常性非全面调查　　　　D. 一次性非全面调查

四、分析题

写一篇调查方案,并设计相关问卷,题目自拟。

拓 展 阅 读

1. 张一青,吴慧珊.生育率数据收集方法介绍[J].统计与决策,2016(7):封2-封3.
2. 郭倩.浅析统计分析方法在基层统计工作中的应用[J].中国高新技术企业(中旬刊),2016(11):195-196.
3. 张忠民.公路货物运输量统计方案完善与应用研究[J].交通与运输,2015(z1):186-190.
4. 曹建巍.高校毕业生就业结构化统计方案设计[J].经贸实践,2015(12):274.
5. 陈小兰.市场调查问卷设计与运用的常见误区探讨[J].市场营销,2016(10):71.
6. 刘江林,于卫红.面向舆情监管的大学生微信使用情况调查问卷设计[J].情报探索,2016(9):41-45.
7. 刘扬.员工满意度与工作绩效关系的问卷设计及研究[J].中国商论,2017(10):149-150.
8. 葛东旭,张颖,吴正健.通过问卷调查分析大学生初就业状况[J].现代经济信息,2016(15):128-129.
9. 魏艺婕.浅析调查问卷的设计要点[J].商界论坛,2015(23):289.
10. 职心乐,胡良平.调查研究中的问卷和量表的设计与编制要领[J].四川精神卫生,2017,30(5):405-409.

第3章

统计数据的整理与显示

知识目标

掌握统计整理的步骤;了解统计整理的意义、目标及要求;掌握统计分组的原则及步骤;掌握变量数列的编制方法;掌握统计数据的显示方法。掌握分类数据条形图、饼图的 SPSS 绘制;掌握数值型数据直方图、茎叶图、箱线图的 SPSS 绘制;掌握问卷数据整理和 SPSS 图形显示;熟练运用统计图表对数据进行分析。

能力目标

能够进行统计数据的分组并编制变量数列;能够编制和绘制统计表和统计图;能够利用 SPSS 进行统计资料的整理与显示。

引导视频

3.1 统计数据整理概述

通过各种调查方法和手段将原始数据收集上来,只是完成整个社会经济调查的一部分工作。我们的目的是通过对这些数据作进一步分析与解释,来揭示现象或事物的本质和规律,最终解决具体的实际问题。但调查所取得的原始数据一般是零散的、不系统的,难以直接分析或说明问题,这就需要对数据进行加工或处理,使之成为可用于分析的系统化、条理化的资料。统计数据整理是处于数据收集与数据分析之间的一个必要环节,是统计调查的继续,也是统计分析的前提。

3.1.1 统计数据整理的意义

定义 3.1 统计数据整理,就是根据统计研究的任务与要求,运用科学的方法,对调查得到的大量的原始数据资料进行科学分组、汇总和显示,使之成为系统化、条理化、适用于分析和解释的资料的工作。

数据资料整理的意义主要有以下几个方面。

(1) 统计数据资料整理是进行资料分析的前提。调查得到的原始数据资料往往是比较零散的、粗糙的,不能直接用于分析或说明问题。这就需要对这些数据资料进行分组、加工和汇总,使其具备满足一定需要的形式。资料整理本身虽然不能提供所研究问题的直接答案,但为我们进行科学分析、判断和解释提供了必要的条件。因此,资料整理的正确性直接影响着分析研究所得出的结论。

(2) 统计数据资料整理是社会经济调查从感性认识上升到理性认识的连接点。通过调查取得的数据资料只是对事物表面现象的一种反映,而不能说明事物的本质特征。或者说,这些资料只是我们对事物的一种感性认识,是认识的一个起点。要对客观事物作出正确的分析与判断,并得出科学结论,就需对调查资料进行加工整理,"由此及彼,由表及里",从而由感性认识上升到理性认识。

3.1.2 统计数据整理的目标和要求

资料整理的总体目标,是使调查资料能够说明和反映我们所研究的问题。具体地说,就是要把反映个体特征的原始资料过渡到反映总体特征的分析指标。为实现这一目标,资料整理应符合以下要求。

(1) 资料整理应符合研究目的的要求。这是整理资料的基本要求。我们在研究某一问题时,往往需要搜集大量的有关资料。这些零散的资料只反映了问题的一部分或不同侧面。即使是同一资料,由于研究的问题或研究角度的不同,可以采取不同的方法进行整理,用来说明不同的问题。因此,整理资料必须符合调查研究目的的要求,使其能够用于分析我们所研究的问题。

(2) 资料整理要真实、客观和统一。真实性和客观性要求是指在整理资料时,不能为了某种特定的目的或得出主观上想要得出的结论,而任意增加某些资料或有意剔除某种资料,或者对调查资料作任意改动,以符合自己结论的需要。而应保持原有资料的本来面目,在此基础上进行加工整理,从而得出客观的结论。统一性要求对各项调查指标要有统一的解释,前后一致,避免前后矛盾或概念上不一致。同时要求各调查指标在计量单位、计算口径和计算方法上一致,以便进行比较和分析。

(3) 资料整理要做到条理化、系统化,符合简化资料、扩大信息量的要求。资料整理的目的在于简化资料,使其便于理解、分析和解释。但简化并不意味着剔除、损坏调查资料的某些信息。而是在充分保障原始资料信息的条件下,对调查资料进行必要的归纳、分析或分组、汇总及计算,从而扩大原有资料的信息量,使之能概括性地反映我们所研究的问题。实现这一目的的手段就是使调查资料条理化和系统化。条理化即对资料进行必要的分类,从而简化资料;系统化就是使资料能全面、概括性地说明所研究的问题。

3.1.3 统计数据整理的步骤

统计数据的整理是一项十分复杂而细致的工作,必须有组织、有计划地采用科学的方法进行,通常包括以下几个步骤。

1. 设计统计整理方案

统计整理方案又称统计汇总方案,它将明确规定统计分组的方法和设置汇总的统计指标,并对统计数据整理工作作出统一的安排和布置。

统计整理方案包括:①确定统一的分组方法;②确定统一的汇总内容;③确定统一的工作程序安排;④确定整理结果的统一表达方式。

2. 审核统计数据资料

为保证数据的质量,首先需要进行审核,为进一步的整理与分析打下基础。审核就是对调查取得的原始资料进行审查与核实,其目的在于保证数据与资料的完整性、准确性、客观性。在调查过程中,由于所研究的问题和采取的调查方法不同,所取得的调查资料也是各式各样的。对于不同类型的资料,审核内容、方法和侧重点有所不同,但一般而言,审核主要包括完整性、及时性、准确性三个方面。

(1) 完整性审核。完整性审核主要是审核所有的调查单位是否有遗漏,调查的项目和各项指标是否填写齐全。如不齐全,应查明原因,予以填补。

(2) 及时性审核。审核数据资料的及时性,需要审核以下两个方面:一是要检查数据资料与实际发生的时间间隔长短。一般来说,两者的间隔越短越好,因为对于有些时效性较强的问题,如果调查资料过于滞后,可能失去了研究的意义。二是要检查所填指标的所属时间与调查要求的指标所属时间是否一致。若两者不一致,则不能用来分析所研究的问题。

(3) 准确性审核。资料的准确性也称为正确性,是审核的重点和关键。对资料准确性的审核一般从以下方面入手:一是逻辑检查,主要是审核原始数据资料的内容是否合理,被调查的项目之间有无矛盾的地方。例如,在人口调查表中,"与户主关系"填写的是"父女",而在"性别"一栏填写的是"男",这其中必有一栏填错。二是计算检查,主要是通过计算表中的各项数字有无差错,各项指标的计算方法、计算口径、计算范围、计量单位等是否正确。

3. 统计分组

定义 3.2 根据社会经济现象的特点和统计研究的目的要求,按照一个或几个标志,将统计总体划分为若干不同性质而又有联系的几个部分,称为统计分组。

统计分组的对象是总体,统计分组的标志可以是品质标志,也可以是数量标志。

统计分组同时具有两个方面的含义:对总体而言,是"分",即将总体区分为性质相异的若干部分;对个体而言,是"合",即将性质相同的个体组合起来。就作为分组标准的这一标志而言,同组的个体单位间都具有相同之处,不同组的个体单位则具有相异之处。经过统计分组后,统计总体内部就会形成"组内性质相同,组间性质相异"的各个组成部分,统计分组的实质是在统计总体内部进行的一种定性分类。

4. 统计汇总

在对调查资料进行分类或分组之后,下一步的工作就是汇总整理。资料汇总的技术主要有手工汇总和计算机汇总两种。

1) 手工汇总

手工汇总是用算盘或小型计算器进行的汇总,在信息技术广泛应用以前,一直是我国汇总工作最普遍使用的技术。常用的手工汇总方法有以下几种。

(1) 划记法。这种方法是用点、线等符号代表每个总体单位,汇总时视总体单位属于哪一组,就在那一组的栏内点一个点或画一条线,最后计出各组的点或线的数目,得出各组的总体单位数。目前一般采用画"正"字的办法来进行。这种划记法适合于对总体单位数的汇总。

(2) 折叠法。这种方法是把所有调查表中需要汇总的某一纵栏或横行的项目、数值全部折在边上,并一个一个地叠放在一起,然后将这些调查表同一纵栏或横行的项目、数目逐项汇总。这种汇总方法省时省力,适合对标志数值进行汇总。

(3) 卡片法。这种方法是先要准备好摘录卡片,将每个总体单位需要汇总的项目和数值摘录在一张卡片上,然后根据卡片进行分组和汇总计算。采用这种汇总方法的主要步骤:第一步是编号;第二步是摘录;第三步是分组计数。

当总体单位数目和分组比较多时,采用卡片法汇总是手工汇总中较好的一种方法。手工汇总中的卡片法逐渐发展为机器汇总,后来又发展为计算机汇总。

2) 计算机汇总

电子计算机汇总是在 20 世纪中叶发展起来的进行统计资料汇总的方式,利用现代电子计算机技术进行统计资料汇总和计算工作,是统计汇总技术的新发展,也是统计资料整理工作现代化的方向。电子计算机具有运算速度快、信息量大、丢失资料少、精确度高的特点,因而适用于集中进行大量统计资料的汇总和计算工作。它的应用将使统计人员从大量的数字计算工作中解脱出来,从而集中精力进行统计分析研究工作。电子计算机技术的广泛应用,必将推进我国统计信息自动化的进程。

运用电子计算机进行数据处理及汇总,包括对原始数据的加工、存储、合并、分类、逻辑检查、运算及打印汇总表样式或图形等。

电子计算机数据处理的全部过程大体上分为五个步骤。

(1) 选择计算机软件包或自编程序。电子计算机进行数据处理必须依赖于程序的指令。因此,选择计算机软件包或自编程序是一个重要的工作步骤,是按计算机语言对统计汇总工作进行全面系统的安排,电子计算机将按照它的规定来进行活动。目前,国家统计局已开发出一些通用的数据处理软件,可根据统计汇总工作的具体要求,选择适用的软件包。

(2) 编码。编码是根据程序规定把各种数字型信息、文字型信息、图像型信息转换成便于计算机识别和处理的另一种符号体系的过程。编码的质量不仅影响数据录入的速度和质量,还影响数据处理的最终结果。

(3) 数据录入。数据录入就是将经过编码后的数据和实际数字通过录入设备记载到存储介质上的工作。存储介质是指软磁盘、磁带、纸带、穿孔卡等记录数据和文件的载体,特别是电子计算机载体及一些新兴材料载体,存储的信息容量大、效率高,可以更有效地、更丰富地存储信息。

(4) 逻辑检查。逻辑检查也称"编辑审核",就是按照事先规定的一套逻辑检查规则对输入电子计算机的原始数据进行分析、比较、筛选、甄别、整理等,将误差超过允许范围内的一些数据退回去,重新检查改正,把在允许范围内的个别错误按编辑规则改正,决定逻辑检查效果的关键是制定的编辑规则的合理性。

(5) 数据显示。数据显示的方式有表格显示和图形显示两种。表格显示是利用统计表格将有关数据表述出来;图形显示是在表格显示的基础上,将数据绘制成某种图形。数据显示具有直观、形象、醒目等特点。目前可以利用现成的制图软件绘制出所需要的各种图形。

5. 编制分配数列

编制分配数列可以帮助研究人员确定其数据分布特征。分配数列是在统计分组后,总体的所有单位按组归类合并排列,形成的总体单位在各组间的分布。

分配数列的实质是把总体的全部单位按某标志所分的组进行次数分配所形成的数列,

又称次数分配数列。

6. 统计数据的显示

编制统计表,绘制统计图,从而使统计数据的表现条理化和系统化。

3.2 统计分组

3.2.1 统计分组的原则

1. 穷尽性原则

穷尽性原则也称为不遗漏原则,即统计分组必须保证总体的每一个单位都能归入其中的一个组,各个组的单位数之和等于总体单位总量,总体的指标必须是各个单位相应标志的综合。违背了这一原则,就会损害统计资料的完整性,从而损害了统计资料的真实性。

按照穷尽性原则分组,需要重点注意的是分组的范围,它必须包括总体各单位在分组标志上的全部表现。也就是说,按品质标志分组时,组数是品质标志的全部类型;按变量分组时,最大组的上限应大于最大标志值,最小组的下限应小于最小标志值。

2. 互斥性原则

互斥性原则也称为不重复原则,即统计分组必须保证总体的每一个单位只能属于其中的一个组,不能出现重复统计的现象,否则,就必然会影响统计资料的真实性。

在具体的分组过程中,为了保证各组之间不重复,按品质标志分组要重点注意对各组范围、特征、性质的界定,对于性质上较为复杂的单位要作出明确、统一的处理规定。例如,某商场将服装分为男装、女装、童装三类,就不符合互斥原则,因为童装也有男装女装之分,若先将服装分为成年与儿童两类,每类再分为男女两组,这就符合互斥原则了。

在按变量分组时,要重点注意相邻组之间重叠组限上的单位归属问题。统计的一般处理原则是,重叠组限上的单位归入下限组,即"上限不在内"原则。

3.2.2 统计分组的步骤

统计分组一般经过两个步骤,即选择分组标志和编制分组表。

1. 选择分组标志

1) 分组标志选择的原则

(1) 要根据研究的目的和任务选择分组标志,研究目的不同,分组标志也不同。例如,在对某校学生这一总体的研究中,每一个在校学生都是总体单位,学生有年龄、民族、性别、身高、学习成绩等许多标志,如果要了解学生的学习情况,只能选择学习成绩作为分组标志,而不能选择其他的标志。

(2) 要选择能够反映事物本质或主要特征的标志。例如,研究某地区职工生活水平,可以以职工的工资水平作为分组标志,也可以以职工家庭成员平均收入水平作为分组标志。究竟选用哪一个分组标志更能充分反映职工的生活水平呢?显而易见,职工的工资水平并不能反映职工的生活水平高低,还要看他的家庭人口多少等,如果他的家庭人口多,需要赡养的人口多,即使他的工资高,其生活水平也不一定高。因此,选用工资水平这个标志不恰当,应选用按家庭成员计算的人均收入水平作为分组标志。

(3) 要结合历史条件及经济条件来选择。例如,研究企业规模,在以手工操作为主的条件下,可选择职工人数作为分组标志,而在现代化大生产条件下,则需要选择以设备为基础的工业产品生产能力或固定资产原值等标志来进行分组。

2) 分组标志的种类

分组标志的种类有许多,通常可以分为四类,即品质标志分组、数量标志分组、空间标志分组和时间标志分组。

(1) 品质标志分组。它是选择反映事物属性或本质差异的标志作为分组标志的。例如,人口按性别分为男、女两组,企业按所有制分为全民企业、集体企业、私营企业、合资企业等几组。品质标志分组实际上是对调查资料的一种定性分类。事物间的属性差异相对固定,因此按品质标志分组时各组间的界限易于确定,分组也较容易,如表 3-1 所示。

表 3-1 我国 2007 年人口数及其构成

按性别分组	人数/万人	比重/%
男	68 048	51.5
女	64 081	48.5
合计	132 129	100.0

(2) 数量标志分组。它是选择反映事物数量差异的标志作为分组标志的。例如,人口按年龄大小分组、家庭按人口多少分组、企业按固定资产价值的多少分组等。数量标志分组实际上是对调查资料的一种定量分类,其关键问题是确定各组间的数量界限。由于事物之间的数量差异不一定代表它们之间质的不同,而且数量差异具有相对不稳定性,所以按数量标志分组不易于确定各组间的界限。但分组时应尽力使分组界限能够区分各组之间质的差异性,从而有助于我们通过对事物量的分析揭示出它们的本质特征,如表 3-2 所示。

表 3-2 某班学生学期末考试情况

考试成绩	学生数/人	比重/%
60 分以下	4	8
60~70 分	7	14
70~80 分	14	28
80~90 分	19	38
90~100 分	6	12
合计	50	100

(3) 空间标志分组。空间标志分组就是按调查资料所属的地理位置或区域范围进行分组。例如,人口按居住地区分组,人均收入水平按不同地区分组等。这种分组可用于研究事物在不同空间上的分布状况,或者进行比较研究。

(4) 时间标志分组。按资料所属时间先后顺序进行分组。例如,研究 2014—2019 年城乡居民家庭人均收入,可以按时间分组。当然,也可以按空间分组。

2. 编制分组表

分组标志确定以后,下一步的任务就是编制分组表,因为使用图、表是统计的一个特点。分组表是汇总整理的综合表的主要形式。分组表的形式主要有两种:简单分组和复合分组。

定义 3.3 简单分组就是选用一个标志对资料进行分组。

表 3-1 和表 3-2 都是简单分组。

定义 3.4 复合分组就是对调查资料同时选用两个或两个以上的标志进行重叠分组。

国内生产总值及其分组表如表 3-3 所示。

表 3-3 国内生产总值及其分组表

国内生产总值按产业和行业分组	国内生产总值/亿元	比重/%
第一产业		
第二产业		
工业		
建筑业		
第三产业		
交通运输仓储邮电通信业		
批发零售贸易餐饮业		
合计		

3.3 分 配 数 列

3.3.1 分配数列的概念和种类

1. 分配数列的概念

定义 3.5 分配数列是指将统计资料按某一标志分组后,再按一定顺序排列,并列出每个组的总体单位数。分配数列又称为次数分配或次数分布。

分配数列由两个要素组成:分组和频数(次数)。分布在各组的总体单位数称为次数,也称为频数。

2. 分配数列的种类

分配数列按分组标志不同,可以分为品质分配数列与变量分配数列。

1)品质分配数列

定义 3.6 品质分配数列是指按品质标志分组形成的分配数列,简称品质数列,它由各组的名称和相应的单位数组成。

将全国工业企业按所有制性质分组,可分为国有企业、集体企业、合资企业、独资企业、个体企业等组,这些是组的名称。各组的单位数即频数,各组的单位数占企业总数的比重即频率,这就构成一个品质分配数列。表 3-4 是一个品质分配数列的示例。

表 3-4 某企业某产品的质量情况分组

按质量分组	产量/件	比重/%
合格品	1 300	91.5
不合格品	120	8.5
合计	1 420	100.0

2)变量分配数列

定义 3.7 变量分配数列是指按数量标志分组所形成的分配数列,简称变量数列。

变量数列包括两个要素:一个是各组的具体数值,即变量值;另一个是分配在各组的总体单位数,即次数或频数,如表3-5所示。

表3-5 某企业工人的日产量情况分组

日产量	工人/人	比重/%
55件	200	20
65件	300	30
75件	400	40
85件	100	10
合计	1 000	100

3.3.2 变量数列的编制

变量数列按变量的表现形式来看分为两种:单项式变量数列和组距式变量数列。

1. 单项式变量数列

定义 3.8 单项式变量数列也称为单项数列,是每个组值只用一个具体的变量值表现的数列。

单项数列一般在变量值不多且变量值的变动范围不大的情况下采用,如表3-6所示。

表3-6 某车间工人看管机器台数分布

按工人看管的机器/台	工人/人	比率/%
8	1	2
9	10	20
10	24	48
11	12	24
12	3	6
合计	50	100

2. 组距式变量数列

1) 组距式变量数列的定义

定义 3.9 组距式变量数列简称组距数列,就是用变量值变动的一定范围代表一个组而编制的变量数列。

某单位职工每月奖金分组表如表3-7所示。

表3-7 某单位职工每月奖金分组表

按奖金分组	人数/人
400元以下	50
400~500元	63
500~600元	110
600~700元	67
700~800元	40
800元以上	25
合计	355

变量可分为连续型变量和离散型变量,连续型变量的变量值不能一一列举,因此,只能编制组距数列。离散型变量既能编制单项数列,又能编制组距数列。如相同的资料,按表3-6编制是单项数列,按表3-8编制是组距数列。

表 3-8 某车间工人看管机器台数分布

按工人看管的机器/台	工人/人	比率/%
8~9	1	2
9~10	10	20
10~11	24	48
11~12	12	24
12~13	3	6
合计	50	100

2) 相关概念

(1) 组限。

定义 3.10 组限是划分各组之间界限的变量值。其中,各组的最大值称为上限,各组的最小值称为下限。

(2) 组距与组数。

定义 3.11 组距是指每组变量值中上限与下限之差。

$$\text{组距} = \text{本组上限} - \text{本组下限} \tag{3-1}$$

在许多版本的教科书中,笼统地使用如下公式计算组距的大小,即组距=上限-下限。事实上,这一公式只适用于计算连续型变量组距式分组(连续分组是指两个变量值分别为前后两组的上下限的数列)的组距大小。例如,成绩分组中,60~70分,70~80分,其组距为10分(70-60或80-70)。如果将这一公式套用于离散型变量组距式分组将会产生谬误。例如,商店规模按职工人数分组,分为1~5人,6~10人,11~15人等,套用上述公式,得出5-1(或10-6,或15-11)=4,即组距为4人的结论,显然是错误的。对于不连续式分组的组距大小的计算,必须采用如下公式:

$$\text{组距} = \text{上组下限} - \text{本组下限} \tag{3-2}$$

定义 3.12 组数是指将某个变量数列进行划分得到的组的数量。

组数与组距的确定,是编制组距数列的一个关键问题。在同一变量数列中,组距的大小与组数多少成反比:组数越多,组距越小;组数越少,组距越大。那么,在组距数列中,究竟分多少个组,组距多大为好,至今尚无统一的标准。美国学者斯特基斯(H. A. Stirges)于1926年提出了一种计算组数的公式。

$$m = 1 + \lg N / \lg 2 = 1 + 3.322 \lg N \tag{3-3}$$

式中,N 为总体单位数;m 为组数。

(3) 等距数列和不等距数列。

定义 3.13 等距数列是指各组的组距都相等的数列。

等距数列在总体单位的标志值变动比较均匀的情况下采用。某单位职工月奖金分组表如表3-9所示。

表 3-9　某单位职工月奖金分组表

按奖金分组	人数/人
400~500 元	60
500~600 元	110
600~700 元	100
700~800 元	30
合计	300

定义 3.14　不等距数列也称为异距数列,是指各组的组距不完全相等的数列。

(4) 连续分组数列和不连续分组数列。

定义 3.15　连续分组数列是两个变量值分别为前后两组的上下限的数列。

表 3-9 的分组为连续分组数列。一般来说,如果是连续变量,那么就采用连续分组;如果是离散变量,那么就采用不连续分组。

(5) 闭口组和开口组。

定义 3.16　闭口组是既有上限又有下限的组;开口组是指缺上限或缺下限的组。

例如,在表 3-7 中 400 元以下一组缺下限,800 元以上一组缺上限,这两个组是开口组,其余组是闭口组。

(6) 组中值。

定义 3.17　组中值是指每组各变量值的中间值。在一定条件下,组中值常用来代表每组各变量值的一般水平(平均数)。

闭口组和开口组的组中值计算公式如下。

闭口组的组中值:

$$\text{闭口组的组中值} = \text{上限} - \frac{\text{本邻组距}}{2} \qquad (3\text{-}4)$$

开口组的组中值:

$$\text{有上限缺下限的组中值} = \text{本组上限} - \frac{\text{相邻组距}}{2} \qquad (3\text{-}5)$$

$$\text{有下限缺上限的组中值} = \text{本组下限} + \frac{\text{相邻组距}}{2} \qquad (3\text{-}6)$$

(7) 全距。

定义 3.18　全距是反映全部变量值的变动范围。

$$\text{全距} = \text{最大变量值} - \text{最小变量值} \qquad (3\text{-}7)$$

(8) 频数(次数)与频率。

定义 3.19　资料按一定标志分组后,不仅要按一定顺序排列起来,还要列出各组的单位数。各组的单位数就是次数,或称为频数。

频数越大,该组的变量值对总体标志水平所起的作用也越大。因此,频数实际上是各组变量值的加权,权衡各组作用大小的值。

定义 3.20　将各组的单位数(频数)与总体单位数相比而求得的百分比称为频率,也称比率。

频率表明各组变量值对总体相对作用的强度,也表明各组变量值出现的概率。

定义 3.21 按顺序列出各组标志变量(或用各组组中值代表)和相应的频率,即称为变量分布,也称为统计分布。

变量分布是统计描述的一种重要方法。在自然或社会现象中有许多变量分布属于正态分布。例如,人的体重、身高及农业产量等,这类分布以标志变量的平均值为中心,沿着对称轴向两边发展,越接近中心,分配的次数越多,越远离中心,分配的次数越少,形成"两头小,中间大"的钟形分布曲线(图3-1)。按是否对称分为两种类型:正态分布和偏态分布。正态分布是左右对称的,也称为对称分布。偏态分布是非对称分布,包括分布曲线向右倾斜的右偏分布和向左倾斜的左偏分布。

另一种社会现象的分布和上述相反,沿"两头大,中间小"的形式发展,呈"U"形,如人口的死亡比率,按年龄分布如下:0~4岁,特别是未满1岁的婴儿,死亡率最高,从5岁起死亡率逐渐下降,10~14岁时达到最低水平,从15岁起又缓慢上升,50岁以后上升显著增快,到60岁以后又达到最高水平。U形分布如图3-2所示。

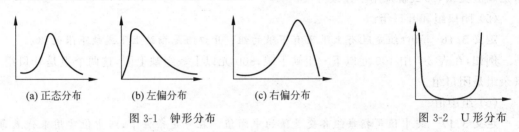

(a) 正态分布　　(b) 左偏分布　　(c) 右偏分布

图 3-1 钟形分布　　　　　　　　　　　图 3-2 U形分布

通过对总体进行分组、归类和整理后,所形成的次数分布数列,可以初步显示出总体次数分布的一些特征和规律。如果用图形来表示这一总体次数分布的结果,会更加形象和直观。常用的显示总体次数分布的图形有直方图、折线图、茎叶图等,具体内容会在3.4节介绍。

(9) 累计频率与累计频率分析。

在变量数列中,频数和频率反映的是每个组的分布状况,此外还有必要计算的有累计频数和累计频率。根据累计的方向不同,累计可分两种:从变量值低的组开始,将各组频数与频率逐次向较高的组累计,称为向上累计频数;若从变量值高的组开始,将各组频数与频率逐次向变量值较低的组累计,则称为向下累计频数(表3-10)。

表 3-10 某大学某班级统计学考试成绩分组表

按考试成绩分组	人数/f	频率$f/\sum f$/%	向上累计频数	向上累计频率/%	向下累计频数	向下累计频率/%
60 分以下	4	10	4	10	40	100
60~70 分	6	15	10	25	36	90
70~80 分	15	37.5	25	62.5	30	75
80~90 分	10	25	35	87.5	15	37.5
90 分以上	5	12.5	40	100	5	12.5
合计	40	100	—	—	—	—

累计频数和累计频率,在统计中具有广泛的用途。其主要用途是根据累计频率可以求出在某一区间的变量值的频率。在数理统计中,累计频率曲线就是根据大量观察条件下频

率具有稳定性的原理,由累计频率曲线引出理论分布曲线的。它是进行统计推断的重要理论基础。此外,还可将累计频率画在专用的概率纸上,用来判断数列分布是否近似服从正态分布;利用向上累计与向下累计的交叉曲线图,可以迅速求出中位数和四分位数。另外,反映社会分配是否公正的洛伦兹曲线也是根据累计频率计算的。

3. 变量数列的编制

变量数列的编制应视原始资料的情况而定,根据前面所讲述的内容,首先确定是编制单项数列,还是编制组距数列。其中,组距数列编制的一般步骤如下。

(1) 将原始资料的数值按大小顺序排列。

(2) 确定组数或组距。组数的多少与组距的大小成反比,组距越小,组数越多;反之,则越少。为计算方便,组距宜采用5、10的整数倍。

(3) 组限的确定和组限的表示方法。

正确划分组限是统计分组的又一个关键,也是编制变量数列的关键。

① 根据变量值的分布情况来确定。若变量分布比较均匀,则使用等距数列;若变量值分布不均匀,则使用异距数列。当变量值无最值时,应设置开口组。

② 按穷尽性原则的要求,第一组下限应小于最小变量值,最末组的上限应大于最大变量值。

③ 在划分连续型变量时,相邻组的组限必须重叠,并遵循"上限不在内"原则,这样才不致出现总体单位的遗漏或重复。

④ 划分离散型变量的组限时,相邻的组限可以间断(不重叠),因为变量值只能用整数表示。但在统计实务中,为了统一和方便,避免组距和组中值计算的麻烦,对离散型变量也常采用重叠分组。

【例3-1】 已知某车间有24名工人,他们的日产量(单位:件)分别是20、23、20、24、23、21、22、25、26、20、21、21、22、22、23、22、22、24、25、21、22、21、24、23。

要求:根据以上资料编制变量数列。

解: 首先,将日产量按从小到大顺序排列为20、20、20、21、21、21、21、21、22、22、22、22、22、22、23、23、23、23、24、24、24、25、25、26。

其次,将变量值分为若干组:一个变量为一组,重复者只取一个。则上述资料可分为20、21、22、23、24、25、26,七个组。

再次,找出每组变量出现的次数。

最后,按变量值的大小顺序编制出单项数列(表3-11)。

表3-11 某车间工人日产量分布

日产量/件	20	21	22	23	24	25	26
工人数/人	3	5	6	4	3	2	1

【例3-2】 根据抽样调查,某月某市50户居民购买消费品支出资料如下(单位:元):

```
940    980    1 230  1 100  1 180  1 580  1 210  1 460  1 170  1 080
1 050  1 100  1 070  1 370  1 200  1 630  1 250  1 360  1 270  1 420
1 180  1 030  970    1 150  1 410  1 170  1 230  1 260  1 380  1 510
```

| 1 010 | 960 | 985 | 1 130 | 1 140 | 1 190 | 1 260 | 1 350 | 940 | 1 420 |
| 1 080 | 1 010 | 1 050 | 1 250 | 1 160 | 1 320 | 1 380 | 1 310 | 1 270 | 1 250 |

要求：根据以上资料编制变量数列。

解：一般来说按照下列步骤计算。

第1步，计算全距。全距是总体中最大的标志值与最小的标志值之差，用 R 表示，$R=$最大的标志值－最小的标志值$=1\,630-940=690$。

第2步，确定组数。组数的多少直接取决于两个因素：一个是总体的全距；另一个是组距。在等距分组的条件下，组数等于全距除以组距。在组距既定的条件下，全距大则组数多，全距小则组数少；在全距既定的条件下，组距大则组数少，组距小则组数多；组数过少则不能很好地达到分组的基本要求，组数过多，分组过细，也无法起到化繁为简的作用，难以显示出总体分布的规律。

决定组数的多少，并无规则可言，必须凭借经验和所研究问题的性质作出判断。利用斯特基斯经验公式，$m=(1+3.322\lg N)$，则有 $i=R/m=R/(1+3.322\lg N)$（m 为组数；i 为组距；R 为全距；N 为总体单位数）。本题中组数计算如下：

$$m=1+3.322\lg N=1+5.6=6.6(组)（调整为7组）$$

第3步，计算组距。组距是各组上下限之间的距离，即各组最大标志值和最小标志值之差。

本题中，$i=R/m=690/7=98.6$（调整为100）。

调整组距必须满足 $im\geqslant R$ 这一条件。

第4步，计算组限。本例是连续变量，并已确定编制等距变量数列，所以应采用重叠式组限。以900为第一组下限。

第5步，计算频数和频率。计算频数时，可以先编制一张频数整理表。通常用划记法登记归入各组单位数，得到频数整理表，再计算频率，完成组距数列的编制。某市50户居民某月购买消费品支出情况表如表3-12所示。

表3-12 某市50户居民某月购买消费品支出情况表

按户月消费品支出额分组	组中值(x_i)/元	频数/f_i	频率($f_i/\sum f_i$)/%
1 000元以下	950	6	0.12
1 000～1 100元	1 050	8	0.16
1 100～1 200元	1 150	11	0.22
1 200～1 300元	1 250	11	0.22
1 300～1 400元	1 350	7	0.14
1 400～1 500元	1 450	4	0.08
1 500元以上	1 550	3	0.06
合计		50	1.00

3.4 统计数据的显示

3.4.1 统计表

统计表是由纵横交错的线条绘制的一种表现统计数据资料的表格。广义的统计表是指在统计工作中所使用的一切表格;狭义的统计表主要是指在统计汇总与整理过程中使用的表格。

统计表在实际生活中应用得非常广泛,其主要作用包括:能清晰地表达统计数据资料的内容,使其更加条理化;采用统计表表述统计资料比用其他方式表述更加简单易懂,使人一目了然;便于比较各项目之间的关系,而且便于计算和分析;易于检查数字资料的完整性和正确性;便于统计数据资料的积累。

1. 统计表的结构

在数据的搜集、整理、描述和分析过程中,都要用到统计表。从形式上看,统计表由总标题、横行标题、纵栏标题、数字资料四部分构成,必要时可以在统计表下方加上表外附加,如表 3-13 所示。

表 3-13 2019 年某地区农村居民收入构成及变化分析表 ——总标题

指标名称	苏南地区		
	绝对额/元	比重/%	2018—2019年平均递增/%
全年人均纯收入	5 828	100	7.5
一、工资性收入	3 859	66.3	12.0
1. 本地从业收入	2 826	73.2	12.7
2. 外地从业收入	403	10.4	14.9
二、家庭经营纯收入	1 601	27.5	−2.9
1. 第一产业纯收入	772	48.2	−12.9
2. 第二、三产业纯收入	829	51.8	12.6
三、财产和转移性纯收入	365	6.3	22.9

横行标题 ← 主词栏　　宾词栏 → 数字资料;纵栏标题

注:本地从业收入、外地从业收入构成工资性收入。
资料来源:江苏统计信息表。 ——附加

从内容上来看,统计表是由主词栏和宾词栏两个部分组成的。主词栏是统计表所要说明的总体及其组成部分;宾词栏是统计表用来说明总体数量特征的各个统计指标及其数值。在通常情况下,主词列在横行标题的位置,宾词中指标名称列在纵栏标题的位置,但有时为了编排合理和阅读方便,也可以互换位置。

2. 统计表的制作

编制统计表时,首先要强调的目的要求是:简明、紧凑、重点突出,避免过分烦琐。要达到这个目的,在具体编制中,对统计表的设计应注意以下事项。

(1) 统计表的各种标题,特别是总标题的表达应该十分简明、确切,概括地反映出统计表的基本内容。总标题还应该标明资料所属的时间和空间。

(2) 合理安排统计表的结构,如横行标题、纵栏标题、数字资料的位置应该安排合理。当然因为强调的问题不同,横行标题和纵栏标题可以互换,但应使统计表的横竖长度比例适当,避免出现过高或过长的表格形式。

(3) 统计表中必须注明数字资料的计量单位,当全表只有一种计量单位时,可以把它写在表头的右上方(如会计有关的表格),如果表中需要分别注明不同单位时,一般放在纵栏标题上。

(4)表中数字应该填写整齐,对准位数。当数字为0或数字可以忽略不计时,要写上0,当缺乏某项资料时用符号"…"表示;不应有数字时用符号"—"表示。

(5)统计表一般采用的是"开口"式,在表的左右两端不封口。统计表的上下线要加粗,称为上基线和下基线。

(6)统计表中如果栏数较多,习惯上对主词各栏采用甲、乙、丙……次序编栏;对宾词栏采用1、2、3、…次序编栏,若各栏统计指标之间有一定的计算关系,还可以用等式表示。

(7)对于需要特殊说明的统计资料,应在表下加注说明。编制完毕后,经有关人员审核,最后由填表人和单位负责人签名盖章,并加盖公章,以示负责。

3.4.2 统计图

借助几何图形或具体事物的形象和符合表现社会经济现象数量关系的图形称为统计图。统计图是对统计资料的一种直观的表示,统计图与统计表相比较,有其显著特点:鲜明直观、形象生动、通俗易懂、具体明确,便于记忆,给人以醒目而深刻的印象。因此,统计图被广泛用于社会、经济生活中,发挥着重要作用。随着计算机技术的不断发展,电子计算机制图功能日益强大,统计图的制作更加方便和精确。

条形图、饼图主要适用于分类数据和顺序数据。直方图、茎叶图、箱线图主要适用于数值型数据。

1. 条形图和饼图

定义 3.22 条形图是用矩形的宽度和长度来表示各类别数据的频数或频率的图形。

在绘制时,条形图可以横置或纵置,纵置时也称柱形图。

【例3-3】为评价私人购买轿车的品牌倾向,在某汽车市场随机抽取了60个家庭的购车品牌构成的一个样本。购车的品牌有大众、丰田、本田、福特、日产、标致和吉利。60个家庭购买的汽车品牌市场调查结果如表3-14所示。

表3-14 汽车品牌市场调查结果

家庭编号	汽车品牌	家庭编号	汽车品牌	家庭编号	汽车品牌	家庭编号	汽车品牌	家庭编号	汽车品牌	家庭编号	汽车品牌
1	大众	11	吉利	21	丰田	31	丰田	41	大众	51	本田
2	福特	12	大众	22	丰田	32	标致	42	丰田	52	福特
3	大众	13	福特	23	标致	33	丰田	43	丰田	53	大众
4	标致	14	大众	24	丰田	34	福特	44	大众	54	大众
5	丰田	15	丰田	25	丰田	35	吉利	45	本田	55	标致
6	丰田	16	大众	26	丰田	36	标致	46	日产	56	本田
7	标致	17	吉利	27	日产	37	大众	47	大众	57	本田
8	标致	18	大众	28	日产	38	本田	48	吉利	58	大众
9	大众	19	本田	29	标致	39	日产	49	日产	59	大众
10	日产	20	标致	30	福特	40	吉利	50	本田	60	标致

要求:
(1) 指出调查数据属于什么类型。
(2) 制作一张频数分布表。
(3) 绘制一张条形图和饼图反映品牌的分布。

解:(1) 由定义 2.1 可知,该数据为分类数据。
(2) 购买不同汽车品牌的家庭频数分布表如表 3-15 所示。

表 3-15 购买不同汽车品牌的家庭频数分布表

汽车品牌	品牌数量(频数)	比例(频率)	百分比/%
本田	7	0.117	11.7
标致	11	0.183	18.3
大众	14	0.233	23.3
丰田	11	0.183	18.3
福特	5	0.083	8.3
吉利	5	0.083	8.3
日产	7	0.117	11.7
合计	60	1.000	100.0

(3) 根据表 3-15 绘制条形图(图 3-3)和饼形图(图 3-4)。

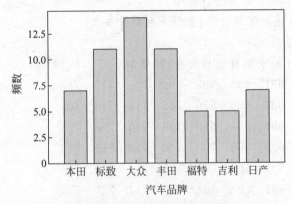

图 3-3 购买不同汽车品牌的家庭分布条形图

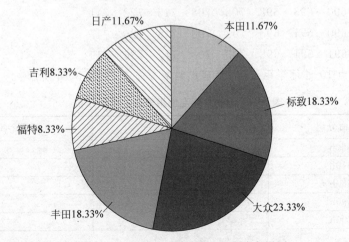

图 3-4 购买不同汽车品牌的家庭分布饼图

2. 直方图

定义 3.23 直方图是用矩形的宽度和高度（即面积）来表示频数分布的图形。

在平面直角坐标系中，用横轴表示数据分组，纵轴表示频数或频率，这样，各组与相应的频数就形成了一个矩形，即直方图。

【例 3-4】 为了确定灯泡的使用寿命（单位：h），在一批灯泡中随机抽取 100 个进行测试，所得结果如下。

700	716	728	719	685	709	691	684	705	718
706	715	712	722	691	708	690	692	707	701
708	729	694	681	695	685	706	661	735	665
668	710	693	697	674	658	698	666	696	698
706	692	691	747	699	682	698	700	710	722
694	690	736	689	696	651	673	749	708	727
688	689	683	685	702	741	698	713	676	702
701	671	718	707	683	717	733	712	683	692
693	697	664	681	721	720	677	679	695	691
713	699	725	726	704	729	703	696	717	688

要求：(1) 对这 100 个数据进行排序。

(2) 以组距为 10 进行等距分组，整理成频数分布表。

(3) 绘制直方图。

解：(1) 先对这 100 个数据进行排序，排序如下。

651	676	685	691	695	698	704	709	717	727
658	677	685	691	695	699	705	710	718	728
661	679	685	691	696	699	706	710	718	729
664	681	688	692	696	700	706	712	719	729
665	681	688	692	697	700	706	712	720	733
666	682	689	692	697	701	707	713	721	735
668	683	689	693	698	701	707	713	722	736
671	683	690	693	698	702	708	715	722	741
673	683	690	694	698	702	708	716	725	747
674	684	691	694	698	703	708	717	726	749

(2) 以组距为 10 进行等距分组，整理成频数分布表，如表 3-16 所示。

表 3-16　100 只灯泡使用寿命的频数分布

按使用寿命分组	灯泡个数/只	频率/%
650～660h	2	2
660～670h	5	5
670～680h	6	6
680～690h	14	14
690～700h	26	26

续表

按使用寿命分组	灯泡个数/只	频率/%
700～710h	18	18
710～720h	13	13
720～730h	10	10
730～740h	3	3
740～750h	3	3
合　计	100	100

（3）绘制的直方图如图3-5所示。

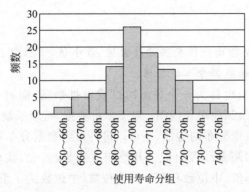

图3-5　100只灯泡使用寿命的直方图

直方图与条形图的区别有以下几个方面。

(1) 条形图是用条形的长度(横置时)表示各类别频数的多少,其宽度(表示类别)是固定的。

(2) 直方图矩形的高度表示每一组的频数或百分比,宽度则表示各组的组距,其高度与宽度均有意义。

(3) 直方图的各矩形通常是连续排列,条形图则是分开排列。

3. 茎叶图

直方图主要用于显示分组数据的分布,对于未分组的原始数据则可以用茎叶图和箱线图来观察分布。

定义 3.24　茎叶图是由"茎"和"叶"两部分组成的、反映原始数据分布的图形。

茎叶图是由"茎"和"叶"两部分构成,其图形是由数字组成的。通过茎叶图,可以看出数据的分布形状及数据的离散状况,如分布是否对称、数据是否集中、是否有极端值等。

绘制好茎叶图的关键是设计好树茎。通常来讲,以该数据的高位数值作为树茎,而且树叶上只保留该数值的最后一个数字。树茎一经确定,树叶就自然地长在相应的树茎上了。图3-6就是用例3-4中的数据制作的茎叶图。

从灯泡使用寿命分布的直方图和茎叶图可以看出,灯泡使用寿命基本上是对称分布的。直方图和茎叶图所反映的分布特征是一致的,但茎叶图的好处是保留了原始数据的信息。

茎	叶
65	1 8
66	1 4 5 6 8
67	1 3 4 6 7 9
68	1 1 2 3 3 3 4 5 5 5 8 8 9 9
69	0 0 1 0 0 0 0 2 2 2 3 3 4 4 5 5 6 6 6 7 7 8 8 8 8 9 9
70	0 0 1 1 2 2 3 4 5 6 6 6 7 7 8 8 8 9
71	0 0 2 2 3 3 5 6 7 7 8 8 9
72	0 1 2 2 5 6 7 8 9 9
73	3 5 6
74	1 7 9

图 3-6　100 只灯泡使用寿命的茎叶图

4. 箱线图

定义 3.25　箱线图是指由一组数据的最大值、最小值、中位数、两个四分位数这五个特征值绘制而成的、反映原始数据分布的图形。

对于一组数据，统计上也称为一个数据"批"或单批数据，而对于多组数据称为多批数据。对于单批数据，可以绘制简单箱线图；对于多批数据，可以绘制成批比较箱线图。箱线图不仅可以反映出一组数据分布的特征，还可以进行多组数据分布特征的比较。

箱线图由一个箱子和两条线段组成。其绘制方法是，首先，找出一组数据的五个特征值，即数据的最大值、最小值、中位数和两个四分位数（中位数是一组数据排序后处于中间位置上的变量值，四分位数是处在数据 25% 和 75% 位置上的两个值，分别称为下四分位数和上四分位数）；其次，画出箱子；最后，将两个极值点与箱子相连接。单批数据箱线图的一般形式如图 3-7 所示。

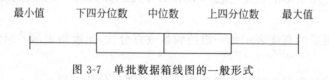

图 3-7　单批数据箱线图的一般形式

【例 3-5】从某大学经济管理专业二年级学生中随机抽取 11 人，对 8 门主要课程的考试成绩进行调查，所得结果如表 3-17 所示，试绘制各科考试成绩的批比较箱线图，并分析各科考试成绩的分布特征。

表 3-17　11 名学生 8 门主要课程的考试成绩　　　单位：分

课程名称	学生1	学生2	学生3	学生4	学生5	学生6	学生7	学生8	学生9	学生10	学生11
英语	76	90	97	71	70	93	86	83	78	85	81
经济数学	65	95	51	74	78	63	91	82	75	71	55
西方经济学	93	81	76	88	66	79	83	92	78	86	78
市场营销学	74	87	85	69	90	80	77	84	91	74	70
财务管理	68	75	70	84	73	60	76	81	88	68	75
基础会计学	70	73	92	65	78	87	90	70	66	79	68
统计学	55	91	68	73	84	81	70	69	94	62	71
计算机应用基础	85	78	81	95	70	67	82	72	80	81	77

解：首先计算出 11 名学生各科考试成绩的最大值、最小值、中位数和两个四分位数，如表 3-18 所示。根据表 3-18 的计算结果绘制的箱线图如图 3-8 所示。

表 3-18　各学科考试成绩的特征值　　　　　　　　　　　单位：分

课程名称	最小值	下四分位数				中位数	上四分位数				最大值
英语	70	71	76	78	81	83	85	86	90	93	97
经济数学	51	55	63	65	71	74	75	78	82	91	95
西方经济学	66	76	78	78	79	81	83	86	88	92	93
市场营销学	69	70	74	74	77	80	84	85	87	90	91
财务管理	60	68	68	70	73	75	75	76	81	84	88
基础会计学	65	66	68	70	70	73	78	79	87	90	92
统计学	55	62	68	69	70	71	73	81	84	91	94
计算机应用基础	67	70	72	77	78	80	81	81	82	84	95

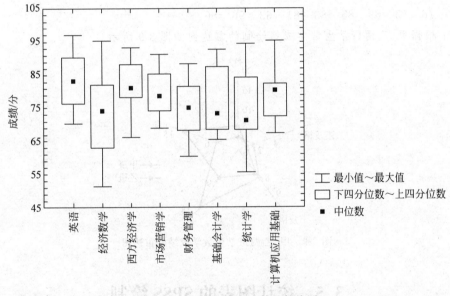

图 3-8　8 门课程考试成绩的箱线图

5. 雷达图

当研究的变量有 2 个或 2 个以上时，特别是变量有 3 个时，利用一般的图形显示方法就很难表现出来。为此人们研究了多变量的图示方法，包括雷达图、脸谱图、星座图、连接向量图等。这里我们只介绍较为常见的雷达图。

雷达图是显示多个变量的常用图示方法。设有 N 组样本 $S_1, S_2, S_3, \cdots, S_N$，每个样本测得 P 个变量，$X_1, X_2, X_3, \cdots, X_P$。要绘制这 P 个变量的雷达图，其具体做法如下：先做一个圆，然后将圆 P 等分，得到 P 个点，另设 P 个点分别对应 P 个变量，再将这 P 个点与圆心连线，得到 P 个辐射状的半径，这 P 个半径分别作为 P 个变量的坐标轴，每个变量值大小由半径上的点到圆心的距离表示，再将同一样本的值在 P 个坐标上的点连线。这样，N 个样本形成 N 个多边形就是一个雷达图。

雷达图在显示或对比各变量的数值总和时十分有用。假定各变量的取值具有相同的正负号,则总的绝对值与图形所围成的区域成正比。此外,利用雷达图也可以研究多个样本之间的相似程度。

【例 3-6】 根据甲、乙两班学生数学考试成绩(单位:分)数据,将两班成绩制成雷达图。甲班数学成绩如下。

95	88	82	62	61	61	83	53	51	55
79	78	75	85	86	65	81	77	71	74
72	68	76	79	66	92	77	75	64	75
65	66	91	74	73	76	76	79	51	75

乙班数学成绩如下。

66	52	74	78	91	61	61	76	83	83
62	92	98	77	86	85	81	63	99	89
85	78	75	86	96	56	86	65	81	81
63	76	75	89	85	83	81	63	96	86

解:根据甲、乙两班学生数学成绩绘制的雷达图如图 3-9 所示。

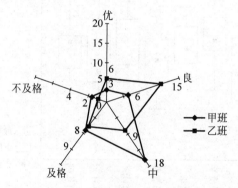

图 3-9 甲、乙两班学生数学成绩的雷达图

3.5 统计图表的 SPSS 绘制

应用 SPSS 进行统计图的绘制,主要是利用 SPSS 中的"分析"菜单的"描述统计"子菜单功能来进行。

第 2 章介绍过,按计量尺度不同,可将统计数据分为分类数据、顺序数据、数值型数据。分类数据指只能归于某一类别的非数字型数据;顺序数据指只能归于某一有序类别的非数字型数据;数值型数据指按数字尺度测量的观察值。不同类型的数据适合用不同的图形来显示。

3.5.1 分类数据的整理和显示

分类数据和顺序数据适合用条形图、饼图来显示。

【例 3-7】 利用表 3-14 的数据绘制条形图和饼图反映品牌的分布。

解：第 1 步，数据准备。首先，双击打开 SPSS，在 SPSS Statistics 17.0 对话框中单击"输入数据"按钮，并单击"确定"按钮（图 3-10）。在"SPSS Statistics 数据编辑器"对话框中，选择"变量视图"选项，输入变量名称"汽车品牌"，并定义变量类型为"字符串"、变量宽度、小数等项（图 3-11）。接着，选择"数据视图"选项，在变量"汽车品牌"列下将表 3-14 中的数据依次输入（图 3-12）。

例 3-7

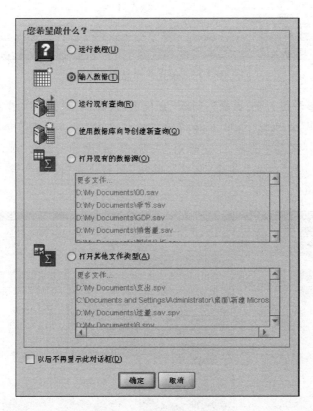

图 3-10　打开 SPSS 17.0

图 3-11　定义变量名称、类型及宽度等项

图3-12 输入汽车品牌数据

第2步,绘制条形图。在"数据编辑器"窗口中,依次选择"分析""描述统计""频率"选项(图3-13)。在"频率"对话框下,单击▶按钮将左侧变量"汽车品牌"传入右侧"变量"文本框,如图3-14所示。之后单击右上方"图表"按钮,弹出"频率:图表"对话框,选择"条形图"单选按钮,如图3-15所示,之后单击"继续""确定"按钮。在"查看器"窗口中即可看到输出的条形图,如图3-16所示。

图3-13 选择"频率"选项

第3步,绘制饼图。在图3-15的"频率:图表"对话框下,选择"饼图"单选按钮,如图3-17所示,之后依次单击"继续""确定"按钮。在"查看器"窗口中即可看到绘制的饼图,如图3-18所示。

第4步,在饼图上添加百分比或频数。在图3-18的窗口中,双击饼图,弹出"图表编辑器"窗口,如图3-19所示。在此界面下,单击左上角图标,饼图上即可显示各部分占比或频数,然后关闭"图表编辑器"窗口即可。最后,绘制的汽车品牌构成的饼图如图3-20所示。

图 3-14　将变量"汽车品牌"传入右侧"变量"文本框

图 3-15　"频率：图表"对话框下选择"条形图"单选按钮

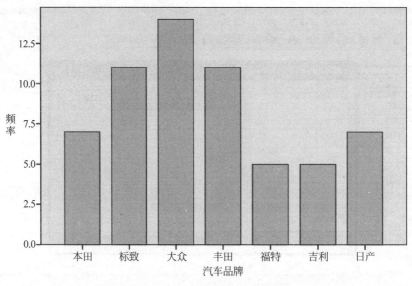

图 3-16 汽车品牌构成的条形图

图 3-17 "频率：图表"对话框下选择"饼图"

第3章 统计数据的整理与显示

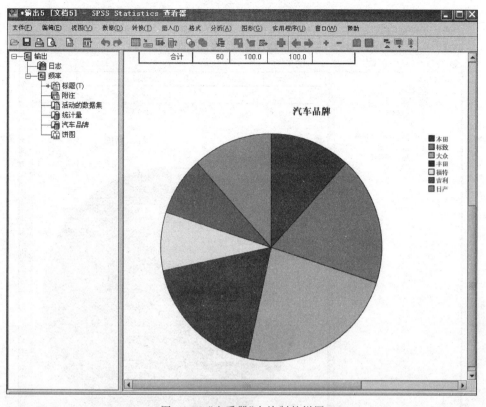

图 3-18 "查看器"中绘制的饼图

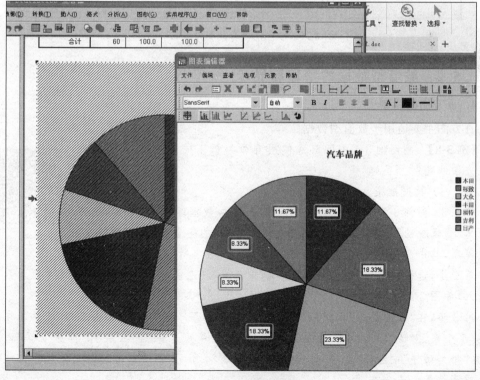

图 3-19 "图表编辑器"窗口

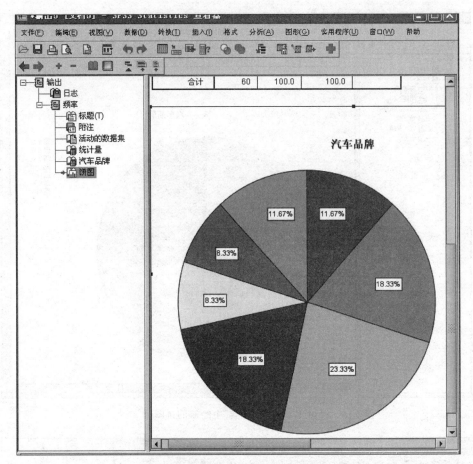

图 3-20 绘制的汽车品牌构成的饼图

3.5.2 数值型数据的整理和显示

1. 直方图的绘制

直方图主要适用于数值型数据。

【**例 3-8**】利用例 3-4 中的灯泡使用寿命数据完成排序、频数分布表及直方图的绘制。

解：(1) 数据排序。

第 1 步，同例 3-7 一样，打开"SPSS Statistics 数据编辑器"之后，选择左下角"变量视图"选项，设置变量"灯泡使用寿命"的变量类型、变量宽度、小数等项，其中变量类型设置为"数值(N)"，如图 3-21 所示。

例 3-8

第 2 步，选择左下角"数据视图"选项，在变量"灯泡使用寿命"列下将例 3-4 所示数据依次输入，如图 3-22 所示。

第 3 步，在"数据视图"界面依次单击"数据""排序个案"选项，如图 3-23 所示。在弹出的"排序个案"对话框中，单击 按钮将变量"灯泡使用寿命"传入右侧"排序依据"列表框下，在"排列顺序"中选择"升序"单选按钮，如图 3-24 所示，之后单击"确定"按钮。灯泡使用寿命排序结果如图 3-25 所示。

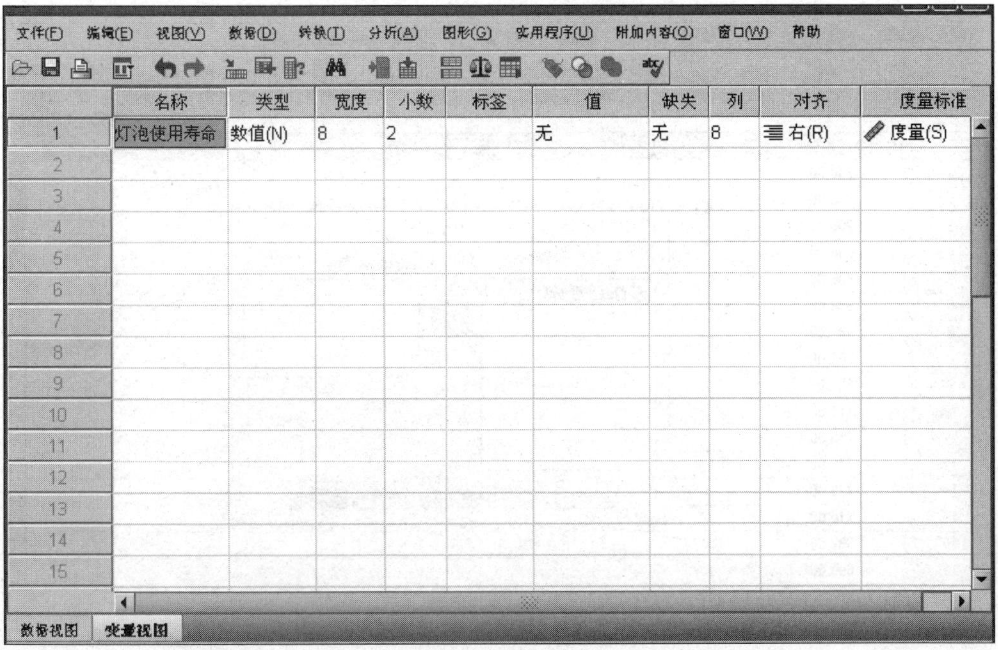

图 3-21　设置变量名称、类型及宽度

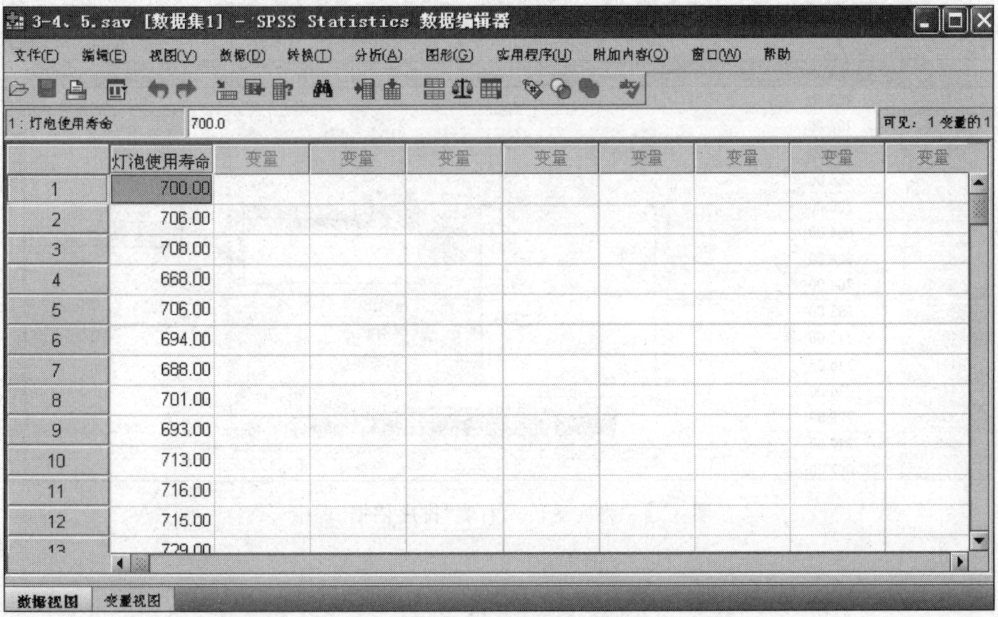

图 3-22　输入变量值

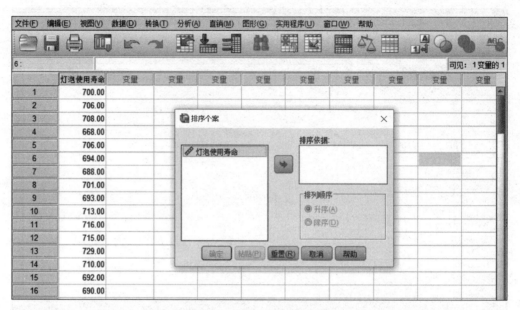

图 3-23 "排序个案"对话框

图 3-24 将变量传入右侧"排序依据"框中

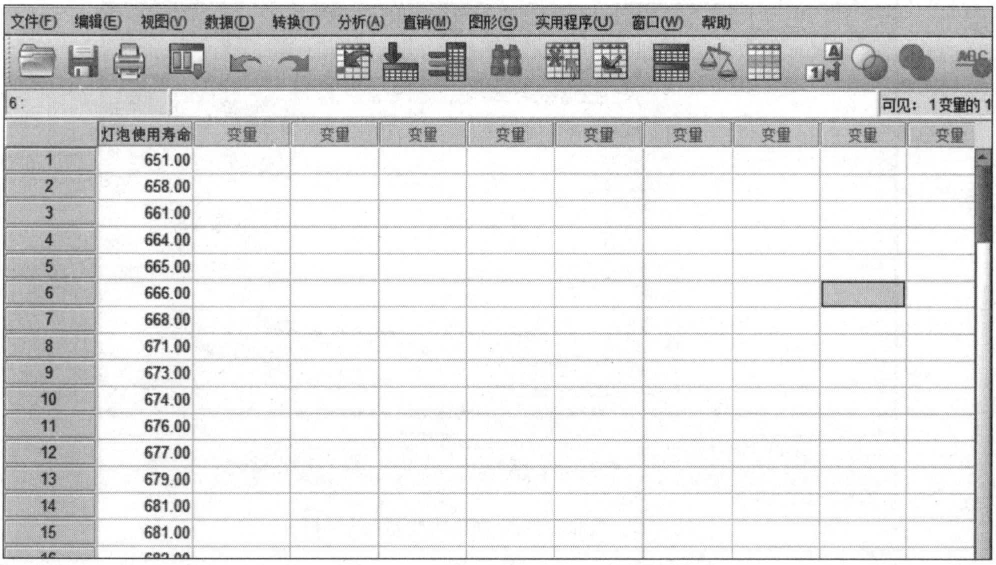

图 3-25　灯泡使用寿命排序结果

（2）编制组距为 10 的频数分布表。

第 1 步，打开数据编辑器，依次选择"转换""重新编码为不同变量"选项，弹出"重新编码为其他变量"对话框，如图 3-26 所示。

图 3-26　打开"重新编码为其他变量"窗口

第 2 步，在弹出的"重新编码为其他变量"窗口下，单击 ▶ 按钮将左侧框内"灯泡使用寿命"传入右侧"数字变量→输出变量"框内，并在右侧"输出变量"下面的"名称"文本框中输入"组别"（图 3-27），完成后单击"更改"按钮，结果如图 3-28 所示。

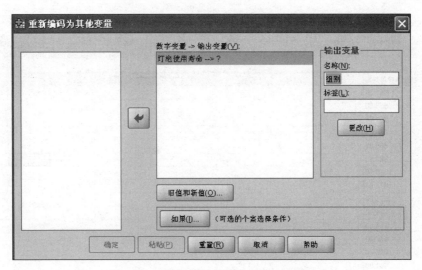

图 3-27 "重新编码为其他变量"对话框

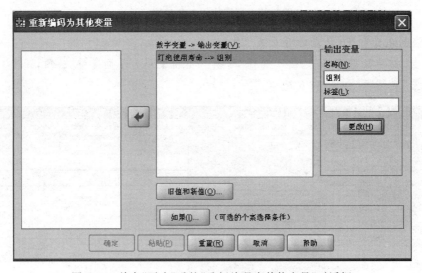

图 3-28 单击"更改"后的"重新编码为其他变量"对话框

第 3 步，单击"旧值和新值"按钮，打开"重新编码到其他变量：旧值和新值"窗口，点选"范围，从最低到值"，在文本框中输入"660"，表示这一组的上限为 660，选择右侧"新值"下面的"值"单选按钮，在文本框中输入"1"，表明使用寿命为"660 以下"的灯泡归入"1"组，如图 3-29 所示，完成后单击"添加"按钮，结果如图 3-30 所示。

第 4 步，在"重新编码到其他变量：旧值和新值"窗口，在左侧"范围"下的文本框中分别输入"660"和"670"，表示这一组的下限为 660，上限为 670，在右侧"新值"选项组中选择"值"单选按钮，在其文本框中输入"2"，表明使用寿命为"660～670"的灯泡归入"2"组，完成后单击"添加"按钮。

第 5 步，同理完成其余各组的变量值及组别的输入（即使用寿命为"670～680"的灯泡归入"3"组，使用寿命为"680～690"的灯泡归入"4"组……）。

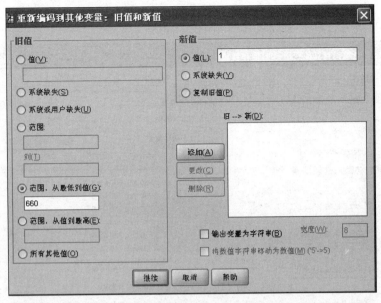

图 3-29 设置最小组一组的上限

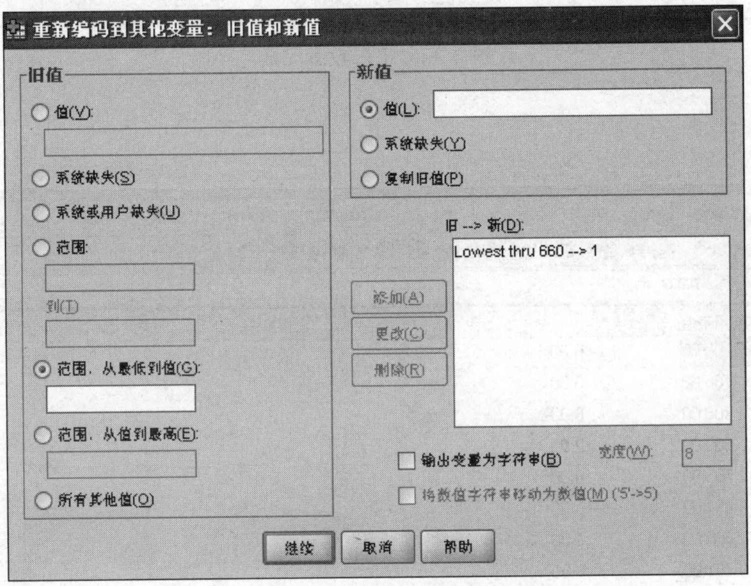

图 3-30 设置最小组一组上限的结果

第 6 步,最后一组为有下限无上限组,在"重新编码到其他变量:旧值和新值"窗口中选择左侧"范围,从值到最高",在文本框中输入"740",表示使用寿命为"740 以上"的灯泡归入"10"组,完成后单击"添加"按钮,结果如图 3-31 所示。

之后,依次单击"继续""确定"按钮,灯泡使用寿命数据分组结果如图 3-32 所示。

第 7 步,绘制频数分布表。在数据编辑器窗口中,依次选择"分析""描述统计""频率"选项,弹出"频率"对话框,并单击 ▶ 按钮,将"组别"传入右侧"变量"文本框内,如图 3-33 所示。

单击"图表"按钮,弹出"频率:图表"对话框,在该对话框中选择"直方图"单选按钮(图 3-34)。

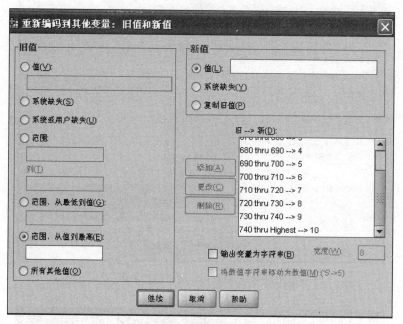

图 3-31 组限设置完成

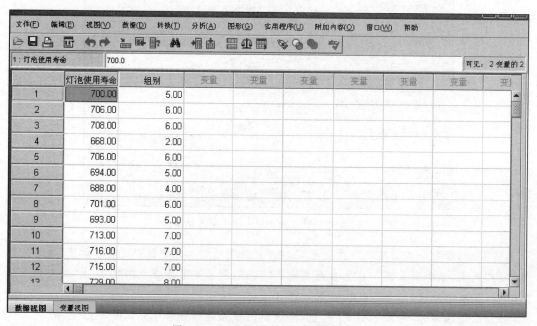

图 3-32 灯泡使用寿命数据分组结果

图 3-33 "频率"对话框

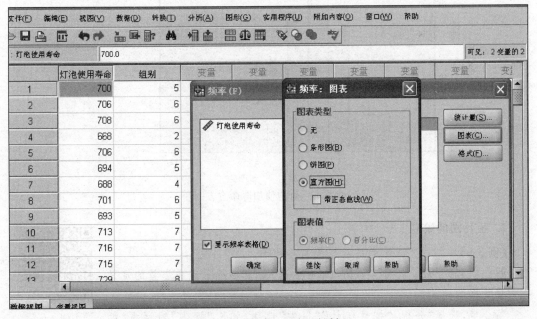

图 3-34 "频率：图表"对话框

之后,依次单击"继续""确定"按钮,即可完成灯泡使用寿命的频数分布表的绘制,如图 3-35 所示。

		频率	百分比	有效百分比	累积百分比
有效	1	2	2.0	2.0	2.0
	2	5	5.0	5.0	7.0
	3	6	6.0	6.0	13.0
	4	16	16.0	16.0	29.0
	5	26	26.0	26.0	55.0
	6	18	18.0	18.0	73.0
	7	12	12.0	12.0	85.0
	8	9	9.0	9.0	94.0
	9	3	3.0	3.0	97.0
	10	3	3.0	3.0	100.0
	合计	100	100.0	100.0	

图 3-35　灯泡使用寿命的频数分布表

(3) 绘制直方图。

按(2)中编制频数分布表的方法可同时得到直方图,如图 3-36 所示。

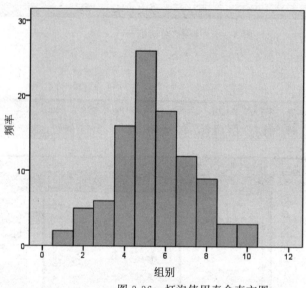

图 3-36　灯泡使用寿命直方图

2. 茎叶图的绘制

【例 3-9】利用例 3-4 中的数据绘制茎叶图。

解:第 1 步,准备数据。如同例 3-8 的(1)第 1 步所示完成变量的定义及变量数据的输入。

第 2 步,选择"分析""描述统计""探索"选项,弹出"探索"对话框,如图 3-37 和图 3-38 所示。

例 3-9

图 3-37 选择"探索"选项

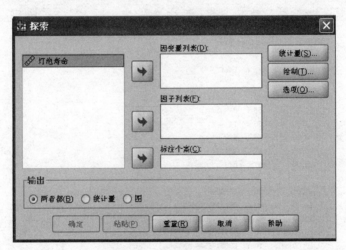

图 3-38 "探索"对话框

第 3 步,在"探索"对话框中,单击 按钮将左侧变量"灯泡寿命"移入右侧"因变量列表(D)"列表框中,如图 3-39 所示。之后单击"绘制"按钮,弹出"探索:图"对话框,选择"按因子水平分组(F)"单选按钮,勾选"茎叶图"复选框(图 3-40),完成后单击"继续""确定"按钮,即可得 100 只灯泡使用寿命的茎叶图,如图 3-41 所示。

3. 箱线图的绘制

箱线图主要适用于数值型数据。

【例 3-10】 利用例 3-5 中的 8 门课程成绩的数据绘制箱线图。

解:第 1 步,准备数据。打开 SPSS 17.0 后,按例 3-5 中的数据定义 8 个变量并输入变量数值,如图 3-42 所示。

例 3-10

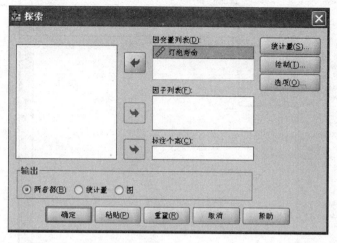 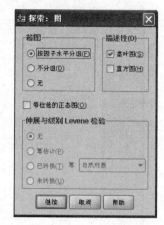

图 3-39 将变量"灯泡寿命"移到"因变量列表(D)"框下   图 3-40 "探索:图"对话框

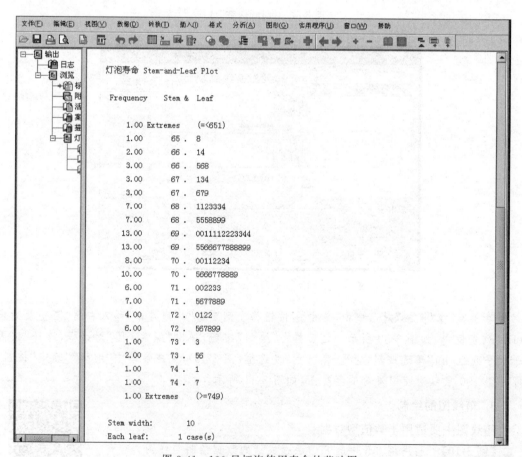

图 3-41 100 只灯泡使用寿命的茎叶图

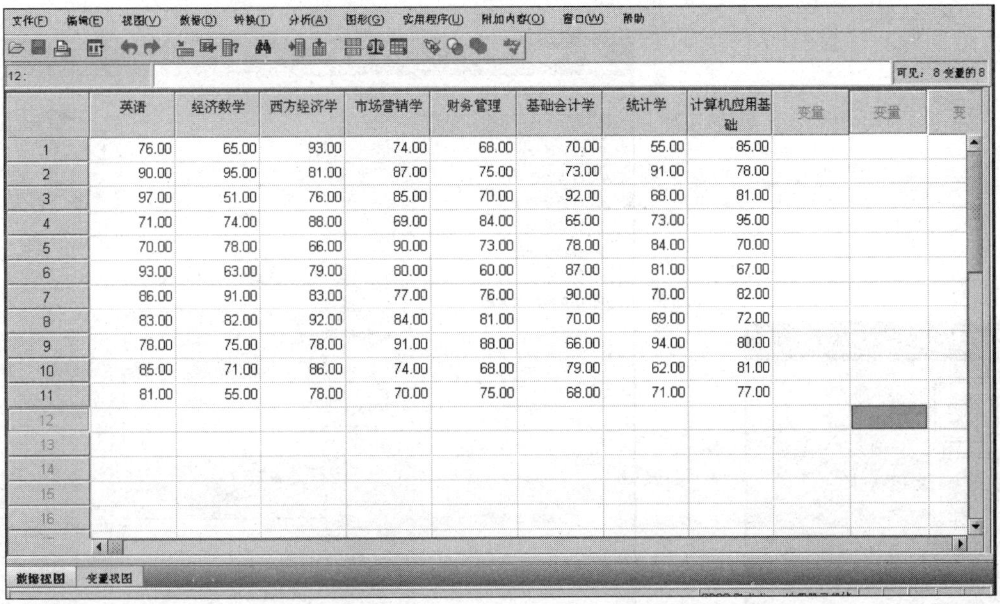

	英语	经济数学	西方经济学	市场营销学	财务管理	基础会计学	统计学	计算机应用基础
1	76.00	65.00	93.00	74.00	68.00	70.00	55.00	85.00
2	90.00	95.00	81.00	87.00	75.00	73.00	91.00	78.00
3	97.00	51.00	76.00	85.00	70.00	92.00	68.00	81.00
4	71.00	74.00	88.00	69.00	84.00	65.00	73.00	95.00
5	70.00	78.00	66.00	90.00	73.00	78.00	84.00	70.00
6	93.00	63.00	79.00	80.00	60.00	87.00	81.00	67.00
7	86.00	91.00	83.00	77.00	76.00	90.00	70.00	82.00
8	83.00	82.00	92.00	84.00	81.00	70.00	69.00	72.00
9	78.00	75.00	78.00	91.00	88.00	66.00	94.00	80.00
10	85.00	71.00	86.00	74.00	68.00	79.00	62.00	81.00
11	81.00	55.00	78.00	70.00	75.00	68.00	71.00	77.00

图 3-42　定义各变量并输入数据

第 2 步，数据编辑器窗口，选择“图形”“旧对话框”“箱图”选项，弹出“箱图”对话框，如图 3-43 和图 3-44 所示，在“箱图”对话框里，按如图 3-44 所示进行选择。完成后单击“定义”按钮，弹出“定义简单箱图：各个变量的摘要”对话框，如图 3-45 所示。

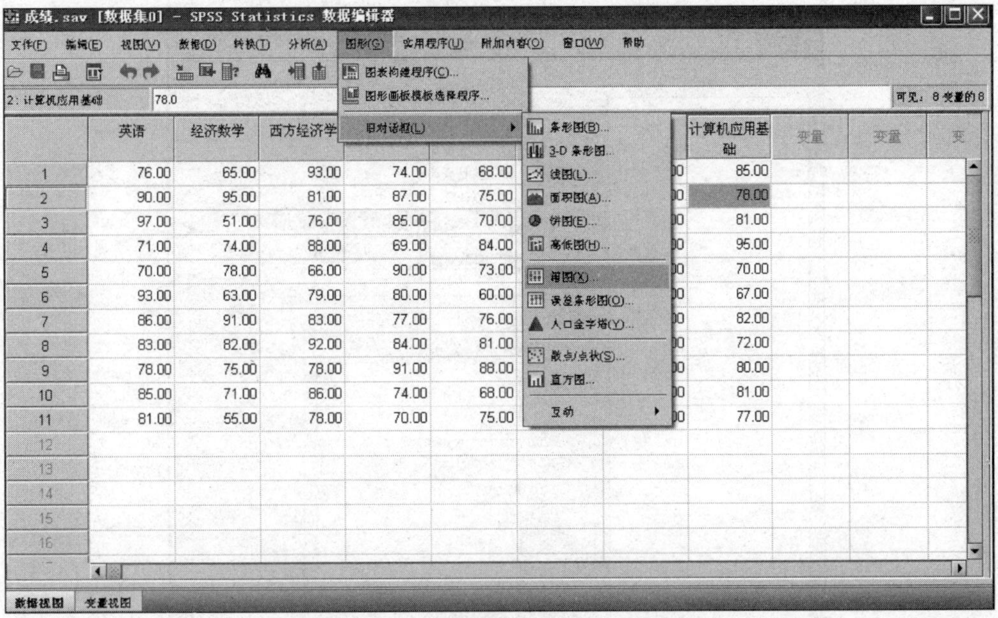

图 3-43　选择“箱图”选项

第 3 步，单击 ▸ 按钮，将左侧 8 个变量传入右侧“框的表征”列表框，如图 3-46 所示，完成后单击“确定”按钮，8 门课程考试成绩的箱线图如图 3-47 所示。

图 3-44 "箱图"对话框

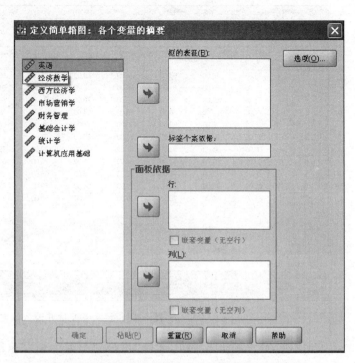

图 3-45 "定义简单箱图：各个变量的摘要"对话框

图 3-46 将各变量传输到"框的表征"栏

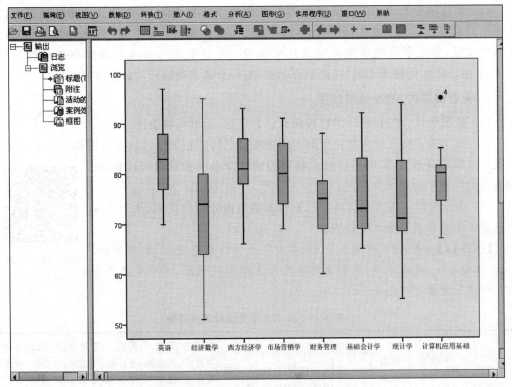

图 3-47　8门课程考试成绩的箱线图

3.5.3　问卷数据的整理和显示

1. 问卷数据整理的内容

问卷数据的整理,主要包括两个方面的内容:一是频数统计;二是交叉分析。频数统计主要在于了解被调查者的各种分布,交叉分析则用于研究相关调查项目之间的依存关系,特别是用于被调查者的个体特征对调查问题的影响。

2. 问卷数据的录入技巧

1) 单选题的录入

单选题的录入相对简单,每个问题占数据表的一列,直接根据被调查者的选择,录入选项序号或每个选项的内容即可。例如,性别调查中有两个选项:"1.男;2.女"。数据录入时可输入1、2分别代表男、女,也可直接输入男、女。

2) 多选题的录入

多选题是根据实际需要,要求被调查者从问卷给出的若干备选项中选择两个或两个以上的答案,因此,每个问题占据数据表的一列显然是不够的,这就需要对问题进行分解。多选题的分解方法通常有两种。

(1) 多选项二分法。在选项较少的情况下,多选题的录入可采用多选项二分法,该方法是将多选题中每个选项设为一个变量,占据数据表的一列。每个变量只有0或1两个取值,1表示选择了该答案,0表示未选择该答案。这种方法的优点是简单明确,缺点是分解的变量数太多,定义的变量个数等于选项的个数。

(2) 多选项分类法。在选项较多,且能准确估计最多可能出现的答案个数的情况下,通常采用多选项分类法。首先,要估计多选项最多可能出现的答案个数;其次,为每个答案定义一个变量,有几个可能答案就定义几个变量。变量取值为多选项问题中的可选答案。例 3-11 中,SPSS 处理多选题"英语学习动机"的 5 个备选项时使用的此方法。

3. 问卷数据的 SPSS 处理过程

(1) 频数统计。频数统计的过程前面已有介绍,这里不再赘述。

(2) 交叉表。交叉表主要用于测定调查项目之间的相关性。该过程根据两个变量生成交叉分组频数分布表,同时可以输出相应的频数分布图和检验统计量,在问卷数据处理中应用十分广泛。

(3) 多重响应。多重响应是专门为多选题数据分析设计的,用于生成多选题频率分布表和交叉分析表。

例 3-11 数据输入部分

【例 3-11】 表 3-19 中给出了 36 名大学生抽样调查数据,涉及性别、年级、细分专业、英语水平、英语学习动机和英语学习意愿,其中英语学习动机和学习意愿为多选题。

表 3-19 36 名大学生抽样调查数据

序号	性别	年级	细分专业	英语水平	英语学习动机-考试	英语学习动机-兴趣	英语学习动机-出国	英语学习动机-就业	英语学习意愿-提高能力	英语学习意愿-提高听说能力	英语学习意愿-提高写作能力	英语学习意愿-提高阅读能力	英语学习意愿-提高翻译能力	英语学习意愿-提高专业能力
1	男	MBA	外语类	大学英语四级	4	2	1	4	4	5	5	5	5	4
2	男	MBA	外语类	大学英语四级	3	3	1	4	4	5	5	3	3	1
3	男	MBA	外语类	大学英语四级	4	2	2	5	5	5	5	5	5	1
4	男	MBA	外语类	大学英语四级	5	1	1	5	3	5	4	5	3	1
5	女	MBA	外语类	大学英语四级	5	1	1	4	3	5	2	3	3	2
6	女	普通硕士	外语类	大学英语四级	2	2	2	4	4	5	5	4	2	2
7	女	博士	理工类	大学英语六级	2	3	4	4	4	5	5	5	5	5
8	女	大四	理工类	大学英语六级	4	4	4	5	5	5	3	4	5	4
9	男	大三	艺术类	四级以下	5	1	1	1	1	1	1	1	1	1
10	女	大四	理工类	大学英语四级	4	3	3	5	4	4	4	4	4	3
11	男	大四	理工类	四级以下	4	3	3	4	3	4	3	4	4	3
12	女	大三	财经类	大学英语六级	4	4	3	4	4	4	4	4	3	3

续表

序号	性别	年级	细分专业	英语水平	英语学习动机-考试	英语学习动机-兴趣	英语学习动机-出国	英语学习动机-就业	英语学习意愿-提高能力	英语学习意愿-提高听说能力	英语学习意愿-提高写作能力	英语学习意愿-提高阅读能力	英语学习意愿-提高翻译能力	英语学习意愿-提高专业能力
13	女	大二	理工类	大学英语四级	4	4	4	4	4	5	3	5	5	3
14	女	大二	管理类	大学英语四级	1	4	3	4	5	5	5	5	5	3
15	男	大一	理工类	四级以下	4	4	4	2	3	5	5	5	3	2
16	女	普通硕士	财经类	大学英语六级	4	5	3	4	4	5	4	4	4	4
17	女	普通硕士	理工类	大学英语六级	4	3	4	4	4	5	2	4	4	4
18	男	大二	管理类	大学英语四级	4	2	2	4	4	5	4	4	5	3
19	男	大四	理工类	大学英语六级	4	2	4	5	4	5	4	4	3	5
20	女	大一	外语类	大学英语四级	4	4	3	5	5	5	4	4	5	4
21	男	普通硕士	理工类	大学英语六级	5	4	2	4	5	4	4	5	4	3
22	女	普通硕士	理工类	大学英语六级	4	4	3	4	4	4	4	4	4	3
23	女	大四	财经类	大学英语四级	4	2	4	4	4	5	4	4	5	3
24	女	大四	理工类	大学英语六级	2	4	5	5	5	5	4	4	5	4
25	女	大二	理工类	大学英语四级	4	4	5	5	5	5	5	5	5	5
26	男	普通硕士	理工类	大学英语六级	4	3	1	5	5	5	4	5	5	5
27	男	普通硕士	理工类	大学英语六级	4	4	4	4	4	4	4	4	4	4
28	女	大四	管理类	大学英语六级	5	4	4	4	4	4	3	4	4	2
29	男	大四	外语类	四级以下	4	2	4	4	3	5	4	4	3	2
30	女	大三	理工类	大学英语四级	4	4	3	4	4	4	4	4	4	3
31	男	大三	艺术类	专业英语八级或更高	1	1	5	1	1	5	5	5	5	5
32	男	普通硕士	理工类	大学英语六级	4	4	4	5	5	5	5	5	5	4

续表

序号	性别	年级	细分专业	英语水平	英语学习动机-考试	英语学习动机-兴趣	英语学习动机-出国	英语学习动机-就业	英语学习意愿-提高能力	英语学习意愿-提高听说能力	英语学习意愿-提高写作能力	英语学习意愿-提高阅读能力	英语学习意愿-提高翻译能力	英语学习意愿-提高专业能力
33	男	大三	理工类	大学英语六级	4	4	4	4	4	4	4	4	4	4
34	女	大四	理工类	大学英语四级	4	4	1	5	5	5	5	5	5	4
35	女	博士	外语类	大学英语六级	4	4	5	3	5	4	2	4	4	2
36	男	博士	外语类	大学英语六级	4	2	2	4	4	5	4	5	4	4

注：5代表非常同意，4代表同意，3代表不确定，2代表不同意，1代表非常不同意。

要求：对该调查数据进行整理和分析。

解：（1）单选题频数统计。

第1步，打开SPSS后定义变量，并输入变量值，由于本例多选题候选项有优先顺序，可以采用多选项分类法录入数据。首先，在"变量视图"中定义五个动机变量和五个意愿变量，在"数据视图"输入数据时，按被调查者选择顺序依次输入各选项编码，以同学"6"为例，由于他英语动机的选择顺序为：就业（编码为4）-提高能力（编码为5），所以在输入数据"动机一"栏中输入"4"，"动机二"栏中输入"5"，其他输入"0"，如图3-48和图3-49所示。

例3-11 单选题处理

图3-48 定义变量

第2步，数据编辑器窗口中，依次选择"分析""描述统计""频率"选项，在弹出的"频率(F)"对话框中，单击 按钮将"性别""年级""细分专业""英语水平"等变量传入右侧"变量"列表框中，勾选"显示频率表格"复选框，完成后单击"图表"按钮。

第3步，在弹出的"频率：图表"对话框中选择"条形图"单选按钮，如图3-50所示。完成后依次单击"继续""确定"按钮。

第3章 统计数据的整理与显示

	性别	年级	细分专业	英语水平	动机一	动机二	动机三	动机四	动机五	意愿一	意愿二	意愿三	意愿四	意愿五
1	男	MBA	4	大英英语四级	1	4	5	0	0	1	2	3	4	5
2	男	MBA	4	大英英语四级	4	5	0	0	0	1	2	0	0	0
3	男	MBA	4	大英英语四级	4	5	1	0	0	1	2	3	4	0
4	男	MBA	4	大英英语四级	1	4	0	0	0	1	3	2	4	5
5	女	MBA	4	大英英语四级	1	4	0	0	0	1	0	0	0	0
6	女	普通硕士	4	大英英语四级	4	5	0	0	0	1	2	3	0	0
7	女	博士	2	大学英语六级	3	4	5	0	0	1	2	0	0	0
8	女	大四	2	大学英语六级	4	5	1	2	3	1	4	3	5	0
9	男	大三	5	四级以下	1	0	0	0	0	1	2	3	0	0
10	女	大四	4	大英英语四级	4	1	0	0	0	1	2	3	4	5
11	男	大四	2	四级以下	1	3	5	0	0	2	3	4	5	0
12	女	大三	1	大学英语六级	1	2	5	0	0	1	3	2	5	0
13	女	大二	3	大英英语四级	1	2	3	4	5	1	3	2	4	0
14	女	大二	3	大英英语四级	5	2	4	0	0	1	3	2	4	5
15	女	大一	2	四级以下	1	2	4	5	0	1	2	3	5	0
16	女	普通硕士	1	大学英语六级	2	1	3	0	0	1	2	3	4	5
17	女	普通硕士	2	大学英语六级	1	3	4	5	0	1	2	3	4	5
18	女	大二	2	大学英语六级	1	2	4	0	0	1	4	2	3	0
19	男	大四	2	大学英语六级	4	1	3	5	0	1	3	5	0	0
20	女	大一	4	大英英语四级	4	5	1	0	0	1	4	2	3	5
21	女	普通硕士	1	大学英语六级	1	5	2	4	0	3	1	2	0	0
22	女	普通硕士	2	大学英语六级	1	2	4	0	0	1	2	3	0	0
23	女	大四	1	大英英语四级	1	2	3	4	0	1	4	5	0	0
24	女	大二	4	大英英语四级	3	4	5	1	0	1	3	4	2	5
25	女	大二	2	大英英语四级	4	3	4	5	1	2	1	2	3	5
26	男	普通硕士	2	大学英语六级	4	5	1	0	0	1	3	4	5	3
27	女	普通硕士	2	大英英语四级	1	2	3	4	5	1	2	3	4	5
28	女	大四	3	大学英语六级	1	2	3	5	0	1	3	5	0	0
29	男	大四	4	四级以下	1	3	4	0	0	1	2	3	4	0
30	女	大三	2	大英英语四级	1	2	4	5	0	1	2	3	4	5
31	男	大三	5	专业英语八级或更高	3	0	0	0	0	1	2	3	0	0
32	男	普通硕士	2	大学英语六级	4	5	1	2	0	1	2	3	4	5
33	男	大三	2	大英英语四级	1	2	4	5	0	1	2	3	4	5
34	女	大四	2	大英英语四级	4	5	1	0	0	1	2	3	4	5
35	女	博士	4	大学英语六级	4	1	5	0	0	1	3	2	4	5
36	女	博士	4	大学英语六级	1	4	5	0	0	1	3	2	4	5

注：细分专业一栏中，1代表财经类，2代表理工类，3代表管理类，4代表外语类，5代表艺术类。

图 3-49 输入变量值

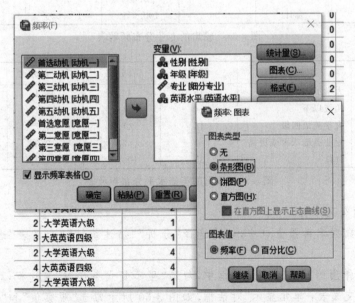

图 3-50 "频率：图表"对话框

输出结果如图 3-51～图 3-58 所示。

		频率	百分比	有效百分比	累积百分比
有效	男	17	47.2%	47.2%	47.2%
	女	19	52.8%	52.8%	100.0%
	合计	36	100.0%	100.0%	

图 3-51 输出的性别分布频数表

		频率	百分比	有效百分比	累积百分比
有效	MBA	5	13.9%	13.9%	13.9%
	博士	3	8.3%	8.3%	22.2%
	大二	4	11.1%	11.1%	33.3%
	大三	5	13.9%	13.9%	47.2%
	大四	9	25.0%	25.0%	72.2%
	大一	2	5.6%	5.6%	77.8%
	普通硕士	8	22.2%	22.2%	100.0%
	合计	36	100.0%	100.0%	

图 3-52 输出的年级分布频数表

		频率	百分比	有效百分比	累积百分比
有效	1	3	8.3%	8.3%	8.3%
	2	18	50.0%	50.0%	58.3%
	3	3	8.3%	8.3%	66.7%
	4	10	27.8%	27.8%	94.4%
	5	2	5.6%	5.6%	100.0%
	合计	36	100.0%	100.0%	

图 3-53 输出的专业分布频数表

		频率	百分比	有效百分比	累积百分比
有效	大学英语六级	16	44.4%	44.4%	44.4%
	四级以下	4	11.1%	11.1%	55.6%
	大学英语四级	15	41.7%	41.7%	97.2%
	专业英语八级或更高	1	2.8%	2.8%	100.0%
	合计	36	100.0%	100.0%	

图 3-54 输出的英语水平分布频数表

(2) 单选题交叉分析。

第 1 步,在数据编辑器窗口中,依次选择"分析""描述统计""交叉表"选项,如图 3-59 所示。

第 2 步,在弹出的"交叉表"对话框中,勾选"显示复式条形图"复选框,之后单击"单元格"按钮,弹出"交叉表:单元显示"对话框,如图 3-60 所示勾选"观察值"和"列"复选框,完成后依次单击"继续""确定"按钮。

输出结果如图 3-61 和图 3-62 所示。

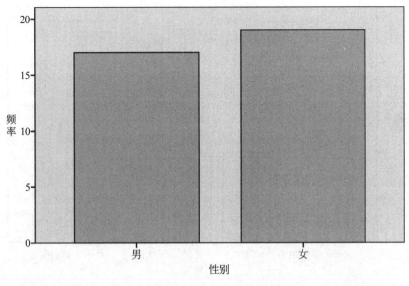

图 3-55　性别分布条形图

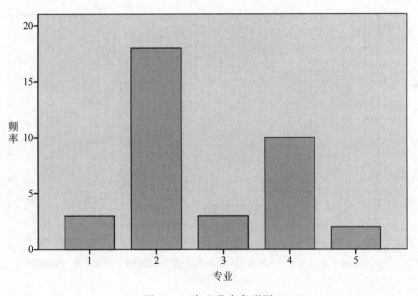

图 3-56　专业分布条形图

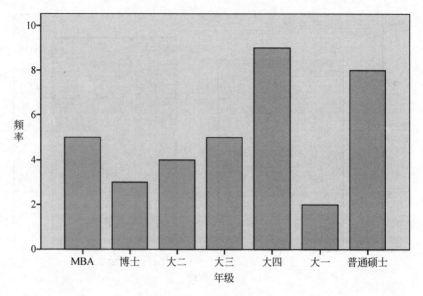

图 3-57 年级分布条形图

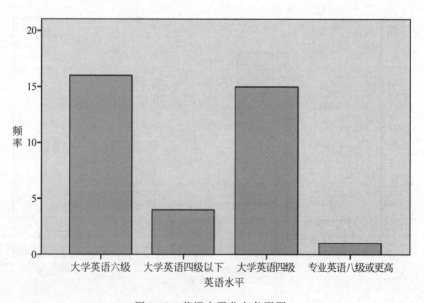

图 3-58 英语水平分布条形图

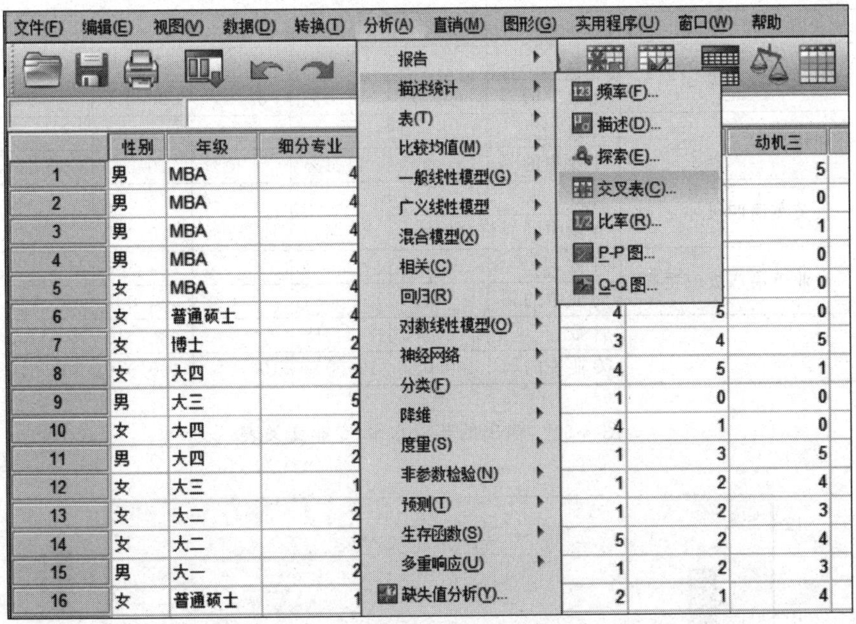

第3章 统计数据的整理与显示

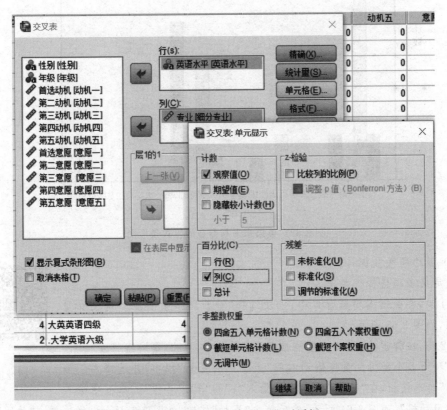

图 3-59 选择"交叉表"选项

图 3-60 "交叉表：单元显示"对话框

			专业					合计
			1	2	3	4	5	
英语水平	大学英语六级	计数	2	11	1	2	0	16
		专业中的%	66.7%	61.1%	33.3%	20.0%	0%	44.4%
	四级以下	计数	0	2	0	1	1	4
		专业中的%	0%	11.1%	0%	10.0%	50.0%	11.1%
	大英英语四级	计数	1	5	2	7	0	15
		专业中的%	33.3%	27.8%	66.7%	70.0%	0%	41.7%
	专业英语八级或更高	计数	0	0	0	0	1	1
		专业中的%	0%	0%	0%	0%	50.0%	2.8%
合计		计数	3	18	3	10	2	36
		专业中的%	100.0%	100.0%	100.0%	100.0%	100.0%	100.0%

图 3-61 输出的英语水平-专业交叉表

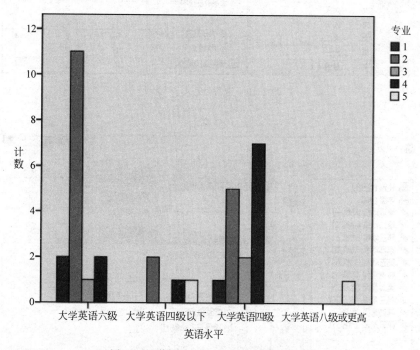

图 3-62 英语水平与专业的复式条形图

(3) 多选项频数统计。

① 定义多项选择变量集。

第 1 步,在数据编辑器窗口中,依次选择"分析""多重响应""定义变量集"选项,如图 3-63 所示。

第 2 步,在弹出的"定义多重响应集"对话框中,单击 按钮将左侧"设置定义"项下 5 个动机变量传输到右侧"集合中的变量"框中,并选择左下侧的"类别"单选按钮,在"范围"文本框中输入"1"和"5","名称"文本框中输入"英语学习动机",如图 3-64 所示,然后单击"添加"按钮,如图 3-65 所示,之后单击"关闭"按钮。

② 多选项频数统计。

例 3-11 多选题处理

图 3-63 选择"定义变量集"选项

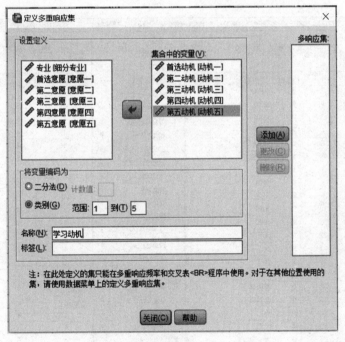

图 3-64 "定义多重响应集"对话框

第1步,在"数据编辑器"窗口中,依次选择"分析""多重响应""频率"选项,如图3-66所示。

第2步,在弹出的"多响应频率"对话框中,单击 ▶ 按钮将左侧的"多响应集"下的变量"英语学习动机"传输到右侧"表格(T)"列表框中,如图3-67所示,完成后单击"确定"按钮。输出的英语学习动机-频率交叉表如图3-68所示。

图 3-65 单击"添加"按钮后"定义多重响应集"对话框

图 3-66 选择"多重响应""频率"选项

(4) 多选项交叉分析。

第 1 步,在数据编辑器窗口中,依次选择"分析""多重响应""交叉表"选项。

第 2 步,在"多响应交叉表"对话框中,单击 按钮将左侧"多响应集"列表框中的"英语学习动机"传入右侧"行"列表框中,将"细分专业"传入"列",之后单击"定义范围"按钮。

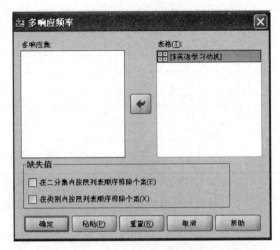

图 3-67 "多响应频率"对话框

$学习动机 频率

		响应		个案百分比
		N	百分比	
$学习动机[a]	1	30	24.2%	83.3%
	2	18	14.5%	50.0%
	3	17	13.7%	47.2%
	4	32	25.8%	88.9%
	5	27	21.8%	75.0%
总计		124	100.0%	344.4%

a. 组

图 3-68 输出的英语学习动机-频率交叉表

第 3 步,在弹出的"多响应交叉表:定义范围"对话框中,如图 3-69 所示在"最小值"文本框中输入"1",在"最大值"文本框中输入"5",完成后依次单击"继续""确定"按钮。输出的英语学习动机-细分专业交叉表如图 3-70 所示。

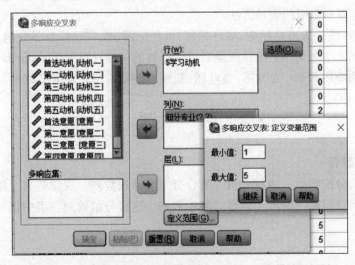

图 3-69 "多响应交叉表"及"多响应交叉表:定义范围"对话框

			专业					总计
			1	2	3	4	5	
$学习动机^a	1	计数	3	16	2	8	1	30
	2	计数	2	12	2	2	0	18
	3	计数	1	12	1	2	1	17
	4	计数	3	16	3	10	0	32
	5	计数	3	15	3	6	0	27
总计		计数	3	18	3	10	2	36

百分比和总计以响应者为基础

a. 组

图 3-70 输出的英语学习动机-细分专业交叉制表

小　　结

　　统计分组是指根据社会经济现象的特点和统计研究的目的要求，按照一个或几个标志，将统计总体划分为若干不同性质而又有联系的几个部分；统计分组的原则有穷尽性原则、互斥性原则；统计分组一般经过两个步骤，即选择分组标志、编制分组表；分组的标志有许多，通常可以分为四类，即品质标志、数量标志、空间标志和时间标志；分组表的形式主要有两种，即简单分组和复合分组。

　　分配数列是指将统计资料按某一标志分组后，再按一定顺序排列，并列出每个组的总体单位数。分配数列又称为次数分配或次数分布；分配数列由两个要素组成，即分组和频数（次数）；分配数列按分组标志不同，可以分为品质数列、变量数列和时间数列；变量数列按变量的表现形式来看分为两种，即单项式变量数列和组距式变量数列。

　　组限是划分各组之间界限的变量值，其中，各个组的最大值称为上限，各个组的最小值称为下限；组距是指每组变量值中上限与下限之差；组数是指将某个变量数列进行划分得到的组的数量；全距是反映全部变量值的变动范围。

　　组距数列编制的一般步骤如下：①将原始资料的数值按大小顺序排列；②确定组数或组距；③确定组限和组限的表示方法。

　　从形式上看，统计表由总标题、横行标题、纵栏标题、数字资料四部分构成，必要时可以在统计表下方加上表外附加；统计图是对统计资料的一种直观的表示，条形图、饼图主要适用于分类数据和顺序数据；直方图、茎叶图、箱线图主要适用于数值型数据。

习　　题

一、名词解释

　　统计分组　分配数列　简单分组　复合分组　品质数列　变量数列　单项式变量数列　组距式变量数列　组距　组限　组数　等距数列　连续分组数列　组中值　频数　频率　统计分布

二、填空题

1. 统计资料的整理既是_____的深入,又是_____的基础。
2. 统计分组的关键在于_____。
3. 按品质标志分组所编制的变量数列称为_____数列;按数量标志分组所编制的分配数列称为_____数列,它又分为_____、_____两种。单项数列仅适用于_____变量,且变量值变化范围_____的情况。
4. 变量数列是由_____和相应的_____组成,后者也就是_____,如用比重表示,则称为_____。
5. 将变量按区间分组,区间内变量最大的可能值称为_____,最小的可能值称为_____,相邻区间的最大可能值(或最小可能值)的差即区间长度称为_____,最大、最小可能值之和的一半称为_____,这种以一定区间长度分组的变量数列称_____。
6. 组距式变量数列中的各组组距可以相等,也可以不等,组距相等的称为_____,组距不等的称为_____。
7. 用组中值来代表组内变量值的一般水平有一个必要的前提,即_____。
8. 根据组距、组数、全距之间的关系确定组距的公式是_____。
9. _____变量既可编制成单项式变量数列,又可编制成组距式变量数列。
10. 缺少上、下限的开口组的组中值计算公式为_____和_____。

三、单项选择题

1. 对现象总体只按一个标志分组的是(   )。
    A. 品质标志分组   B. 数量标志分组   C. 简单分组   D. 复合分组
2. 变量数列中,组距和组数的关系是(   )。
    A. 组距的大小和组数的多少成正比   B. 组距的大小和组数的多少成反比
    C. 组数越多,组距越大   D. 组数越少,组距越小
3. 统计分组的关键在于(   )。
    A. 分组标志的选择和各组界限的划分   B. 组距的确定
    C. 组限的划定   D. 分布次数的汇总和频率的计算
4. 产业部门分类的依据是各产业单位从事经济活动的(   )。
    A. 可比性   B. 统一性   C. 相关性   D. 同质性
5. 各组的组中值代表组变量值的(   )。
    A. 平均水平   B. 最高水平   C. 最低水平   D. 随机水平
6. 统计分组的结果表现为(   )。
    A. 组内同质性,组间同质性   B. 组内同质性,组间差异性
    C. 组内差异性,组间差异性   D. 组内差异性,组间同质性
7. 下列属于按数量标志分组的是(   )。
    A. 职工按工龄分组   B. 职工按职别分组
    C. 职工按民族分组   D. 职工按性别分组
8. 对同一总体选择两个及以上的标志运用的分组是(   )。
    A. 品质标志分组   B. 数量标志分组   C. 简单分组   D. 复合分组

9. 制造业企业按生产能力分组和按资金利税率分组（　　）。
   A. 都是按品质标志分组
   B. 都是按数量标志分组
   C. 前者按品质标志分，后者按数量标志分
   D. 前者按数量标志分，后者按品质标志分

10. 在统计分组时，某单位的标志值恰好等于相邻两组的下限值或上限值时，此值一般（　　）。
    A. 按等于下限值组归入　　　　B. 按等于上限值组归入
    C. 归入下限值组或上限值组都允许　　D. 另独立设置一组

11. 单项式分组（　　）。
    A. 一般可适用于连续型变量的分组
    B. 一般不适用于离散型变量的分组
    C. 一般适用于离散型变量的分组
    D. 一般适用于连续型变量和离散型变量的分组

12. 组距数列中的下限一般是指（　　）。
    A. 各组变量值的最小值　　　　B. 各组变量值的最大值
    C. 变量数列中的最小变量值　　D. 变量数列中的最大变量值

13. 划分离散型变量的组限时，一般相邻组的组限是（　　）。
    A. 重叠　　　B. 间断　　　C. 交叉　　　D. 不等

14. 某组距式分组，其起始组是开口组，上限为100，又知相邻组的组距为50，则起始组的组距可以视为（　　）。
    A. 50　　　B. 80　　　C. 90　　　D. 100

15. 组距式分组的开口组的组中值（　　）。
    A. 用相邻组的组中值代替
    B. 用相邻组的组距代替
    C. 缺少组限，无法计算
    D. 用相邻组的组距确定组限，再计算开口组的组中值

16. 分配数列中的频数是（　　）。
    A. 总体单位数　　B. 标志值总数　　C. 分组的组数　　D. 组距

17. 分配数列中的频率是指（　　）。
    A. 各组分布次数相互之比　　　B. 各组的频数相互之比
    C. 各组分布次数与总次数之比　D. 各组分布次数与比重之比

18. 分配数列中各组频率的总和（　　）。
    A. 等于100%　　B. 小于100%　　C. 大于100%　　D. 不等于100%

19. 某乡农民人均收入最高为460元，最低为280元，据此分成6个组组成等距变量数列，则组距应为（　　）。
    A. 77　　　B. 30　　　C. 47　　　D. 92

20. 城市职工家庭人均收入分组如下：500～600元，600～700元，700～800元，700～800元，……若某家庭人均收入为700元，一般应归入（　　）。
    A. 600～700元组　B. 700～800元组　C. 500～600元组　D. 另立一组

21. 对某市职工家庭收入资料编制成分配数列,一般应采用( )。

    A. 组距数列   B. 单项数列   C. 品质数列   D. 以上几种均可

四、计算题

1. 某车间有工人30人,工人日产零件数如下:

30　35　34　30　32　30　35　34　30　32
36　34　40　35　35　36　34　40　35　35
34　36　38　34　35　34　36　38　34　35

要求:编制单项式分配数列。

2. 某学习班有40名学生,学生成绩(单位:分)如下:

81　79　85　86　74　73　62　94　68　57
92　96　83　84　76　54　68　78　83　87
77　74　85　83　87　63　75　80　78　60
81　86　73　61　90　69　53　52　61　66

要求:编制组距式(等组距)变量数列,并计算出各成绩组的比重。

3. 某学院中文系有教员30人,其中男性19人;其中助教9人,讲师12人,副教授5人,教授4人。数学系有教员36人,其中女性8人;其中助教14人,讲师12人,副教授6人,教授4人。外语系有教员45人,其中女性21人;其中助教18人,讲师19人,副教授5人,教授3人。

要求:根据上述资料,编制简单分组表。

4. 某作业组有30名工人,当月完成生产定额情况(单位:%)数据如下:

 90.5　 97.0　103.5　116.5　118.2　 83.5　 99.8　105.2　108.6　107.2
107.1　109.8　114.5　123.7　 94.5　 88.6　120.4　131.5　129.5　106.3
 96.3　101.0　110.0　100.4　101.6　104.5　108.7　113.8　125.6　128.1

要求:

(1)编制异组距变量数列并计算次数和频率。

(2)编制等组距变量数列并计算次数和频率。

5. 某公司所属各分厂的劳动生产率与平均工资列表如表3-20所示。

表3-20　某公司所属各分厂的劳动生产率与平均工资

分厂	劳动生产率/[kg/(人·月)]	月平均工资/(元/人)
一分厂	89.5	1 000
二分厂	101.6	1 300
三分厂	110.8	1 450
四分厂	130.6	2 300
五分厂	90.1	1 123
六分厂	84.5	800
七分厂	120.3	1 800

要求:按劳动生产率分组,编制表明劳动生产率和平均工资关系的分析分组表(假定各分厂职工人数一样)。

6. 某地区各企业人数资料如下：

322	674	339	357	346	295	465	360	484	506
354	332	316	453	442	417	370	587	447	220
482	304	676	665	506	328	343	294	288	416
369	545	314	445	622	305	312	489	567	369
487	473	535	409	502	457	623	560	527	333
478	397	502	375	323	430	431	483	422	420
301	392	499	354	364	330	555	331	548	338
311	410	604	281	461	432	421	417		

要求：编制组距式分组的分配数列，分配次数分别用频数和频率表示。

7. 为评价家电行业售后服务质量，随机抽取了由 100 个家庭构成的一个样本，服务质量的等级分别表示如下：A.好，B.较好，C.一般，D 较差；E.差。调查结果如下：

B	E	C	C	A	D	C	B	A	E
D	A	C	B	C	D	E	C	E	E
A	D	B	C	C	A	E	D	C	B
B	A	C	D	E	A	B	D	D	C
C	B	C	E	D	B	C	C	B	C
D	A	C	B	C	E	C	E	B	A
B	E	C	C	A	D	C	B	A	E
B	A	C	D	E	A	B	D	D	C
A	D	B	C	C	A	E	D	C	B
C	B	C	E	D	B	C	C	B	C

要求：

(1) 指出调查数据属于什么类型。

(2) 制作一张频数分布表。

(3) 绘制条形图和饼图反映评价等级的分布。

8. 北方某城市 2017 年 1—2 月气温按日期测得记录数据（单位：℃）如下：

要求：

(1) 指出题干中数据属于什么类型。

(2) 对题干中数据进行适当分组。

(3) 绘制直方图、箱线图。

−3	2	−4	−7	−11	−1	7	8	9	−6	−7	−3
−14	−18	−15	−9	−6	−1	0	5	−4	−9	−3	−4
−6	−8	−12	16	−19	−15	−22	−25	−24	−19	−21	2
−8	−6	−15	−11	−12	−19	−25	−24	−18	−17	−24	−4
−14	−22	−13	−9	−6	0	−1	5	−4	−9	−3	−16

五、上机题

1. 依据计算题第 7 题中的数据，利用 SPSS 完成如下任务。

要求：

(1) 家电行业售后服务质量评价的频数表。

(2) 绘制条形图和饼图,反映评价等级的分布。
2. 30 个学生经济学的评分(单位:分)如下:

2.21　3.01　2.68　2.68　2.74　2.60　1.76　2.77　2.46　2.49
2.89　2.19　3.11　2.93　2.38　2.76　2.93　2.55　2.10　2.41
3.53　3.22　2.34　3.30　2.59　2.18　2.87　2.71　2.80　2.63

要求:
(1) 编制频数分布表。
(2) 绘制直方图和茎叶图。

3. 在 2008 年 8 月 16 日举行的第 29 届北京奥运会男子 25 米手枪速射决赛中,获得前 6 名的运动员最后两组共 20 枪的决赛成绩如表 3-21 所示。

表 3-21　第 29 届奥运会男子 25 米手枪速射决赛成绩　　　　单位:环

项目	亚历山大·彼得里夫利（乌克兰）	拉尔夫·许曼（德国）	克里斯蒂安·赖茨（德国）	列昂尼德·叶基莫夫（俄罗斯）	基思·桑德森（美国）	罗曼·邦达克鲁
名次	1	2	3	4	5	6
决赛成绩	10.1	8.4	9.9	8.8	9.7	9.8
	8.4	9.6	10.7	10.7	10.5	9.2
	10.3	10.2	9.0	9.7	9.0	10.3
	10.2	10.8	10.5	9.6	9.6	7.2
	10.4	10.5	10.3	10.0	9.0	9.9
	9.6	10.3	10.6	10.2	9.9	10.5
	10.1	9.8	10.0	10.1	9.2	10.4
	10.0	10.9	7.9	10.2	9.7	10.9
	9.9	10.3	10.7	9.4	9.9	10.5
	10.2	10.0	10.4	10.3	8.1	10.3
	10.0	9.5	10.4	10.4	9.3	10.2
	10.0	10.2	9.9	9.8	10.1	10.0
	10.3	10.7	10.1	8.9	10.5	9.8
	10.5	10.1	9.9	10.0	10.2	9.2
	9.6	10.3	10.3	10.0	10.0	8.3
	9.8	9.7	9.0	9.1	9.9	9.0
	10.4	9.3	9.8	9.5	9.5	9.4
	10.3	10.3	10.8	9.8	9.7	9.8
	9.1	10.0	10.3	10.7	9.9	10.4
	10.2	9.6	10.7	10.0	9.9	9.6

要求:绘制各个运动员成绩的对比箱线图。

六、分析题

依据表 3-19 中的"英语学习意愿"数据。
要求:完成"英语学习意愿"各选项的频率分析及"英语学习意愿"与"专业"的交叉表分析。

拓 展 阅 读

1. 黄婧,赵岩,郭新彪.卫生计生监督论文中统计图表制作与规范相关问题分析[J].中国卫生监督杂志,2017,24(2):108-112.
2. 赵楠楠.统计学原理与计算机技术和数学教学的整合[J].软件(教育现代化)(电子版),2016(11):160.
3. 张雪芹,窦德,付燕荣.从统计数据看我国快递业的发展现状[J].交通与运输,2015(z1):215-217.
4. 赵勇,唐金金.基于实际统计数据的北京西站春运情况分析[J].物流技术(装备版),2015,34(10):128-131.
5. 王德征,江国虹,徐忠良,等.SAS宏程序在病例交叉设计资料整理中的应用[J].中华疾病控制杂志,2015,19(10):1057-1061.
6. 张雪芹,郭小花.从统计数据看中国交通运输客运业的发展格局[J].兰州工业学院学报,2015,22(6):118-119.
7. 孔庆峰.浅析统计工作中的问题与对策[J].中国高新技术企业,2015(19):181-182.
8. 李立辉.加强统计基础建设保障统计数据的真实性和准确性[J].现代经济信息,2016(8):59.

第 4 章

统计数据的静态分析

知识目标

掌握绝对指标的概念、作用;掌握时期指标和时点指标的区别;掌握相对指标的种类、对比方式和应用;掌握算术平均数的计算和应用条件;掌握调和平均数应用条件;理解和掌握众数、中位数、全距、四分位数的计算及作用;掌握标准差的计算方法,理解平均差、标准差、离散系数的计算方法及作用。掌握利用 SPSS 计算平均指标及标志变异指标的方法;能熟练地对数据进行指标分析。

引导视频

能力目标

能够运用平均指标对社会经济现象进行分析;能够运用变异指标对社会经济现象进行离散程度的分析;能够运用变异指标说明平均指标的代表性;能够运用 SPSS 对数据进行测算和分析。

在第 3 章我们已经对收集到的数据进行了分组列表、绘图等初步整理工作,使数据分布的面貌和特征初步呈现出来。然而,这仅对数据的变化规律有了一个大致的直观了解,统计研究靠这种直观的了解是远远不够的,还需要对数据分布的规律有更深的认识。为了进一步的分析研究,需要寻找几个最简洁、最能充分描述数据分布特征的指标,把数据分布变化规律描述出来,而综合指标就能对数据变化规律进行描述。

一般来说,综合指标主要包括绝对指标、相对指标、平均指标和标志变异指标,它们分别反映现象的总量规模、相对水平、集中趋势和离中趋势。而运用综合指标对现象进行综合分析的方法是最基本的统计分析方法。

4.1 绝 对 指 标

4.1.1 绝对指标的概念、作用和计量单位

1. 绝对指标的概念

定义 4.1 绝对指标又称为总量指标(或数量指标),是反映社会经济现象总体规模和水平的综合指标。

一个国家或地区的人口数、国民生产总值、土地面积等都是绝对指标。例如,2017 年,我国国内生产总值(GDP)达到 82 万亿元,全年粮食产量 61 791 万吨,全年全社会固定资产

投资 631 684 亿元，全年货物进出口总额 277 921 亿元，年末总人口为 139 008 万人等。这些指标就是反映 2017 年我国经济和社会方面总规模和总水平的总量指标。

绝对指标也可以表现为社会经济现象总体在一定时空条件下数量增减变化的绝对数。例如，2017 年，我国全年全国粮食产量为 61 791 万吨，比上年增长 166 万吨；全国人户分离人口（即居住地与户口登记地不在同一个乡镇且离开户口登记地半年以上的人口）达 2.91 亿人，比上年末减少 98 万人。

2. 绝对指标的作用

绝对指标有以下几种作用。

（1）绝对指标是人们从数量上认识社会经济现象的起点。经济现象总体的基本情况通常表现为总量。人们要想正确认识国家基本国情、国力和社会经济发展状况，首先需要掌握国家在一定时间、一定条件下社会经济发展的规模或水平。例如，人口数、劳动力数量、土地面积、各种矿藏量、工农业产品产量、国民生产总值等，都是总量指标。

（2）绝对指标是实现宏观经济调控和企业经营管理的基本指标。例如，国家要制定有关货币发行量、存贷款利率、固定资产投资规模等金融和财政政策时，必须要掌握货币流通量、居民存款余额、全社会固定资产投资规模等一系列绝对指标。

（3）绝对指标是计算其他统计指标的基础。例如，相对指标和平均指标一般是两个总量指标对比的结果，是绝对指标的派生指标。绝对指标计算是否科学直接影响到其他指标的正确性。

3. 绝对指标的计量单位

根据绝对指标所反映的社会经济现象的性质不同，计量单位一般有实物单位、劳动时间单位和价值单位三种形式。

（1）实物单位。实物单位是根据事物的自然属性和特点而采用的实物计量单位。实物单位有自然单位，如人口以人为单位，汽车以辆为单位等；有度量衡单位，如粮食以吨为单位，棉布以米为单位等；有复合单位，如货物周转量以吨公里为单位等；有标准实物单位，如将含热量不同的煤折合为发热量为 7 000 大卡/千克的标准煤等。用实物单位计算的绝对指标称为实物指标。

（2）劳动时间单位。劳动时间单位是以劳动时间来度量事物的数量的计量单位。例如，工日、工时、台时等。以劳动时间计量的绝对指标称为劳动量或工作量指标。

（3）价值单位。价值单位是以货币来度量事物的数量的计量单位。例如，国民生产总值、工资总额、利润总额等。以价值单位计算的绝对指标称为价值指标，可以综合反映具有不同使用价值的经济现象的总规模、总水平，具有广泛的综合性和概括能力。

4.1.2　绝对指标的种类

绝对指标按不同的标准划分有不同的分类。

1. 按绝对指标所反映的内容不同划分

1）总体单位总量

定义 4.2　总体单位总量即总体单位数之和，是用来反映总体本身规模大小的，也称为总体总量。

例如,研究某地区企业产值情况,该地区企业个数为总体单位总量,该地区企业总产值则为总体标志总量。

2)总体标志总量

定义 4.3　总体标志总量反映了总体单位某一种数量标志值总和。

例如,以某车间为总体,该车间共有 160 名工人,日产量为 2 400 个零件。在研究该车间工人产量情况时,总体单位总量为 160 人,总体标志总量为 2 400 个零件。

应当注意的是,一个总量指标是总体单位总量还是总体标志总量不是固定不变的,而是随着研究目的的不同而发生变化的。例如,如果研究全国工业企业的情况,那么,全国工业企业总数为总体单位总量,而全国工业企业职工总人数为总体标志总量;如果要研究的是全国工业企业职工情况,那么,全国工业企业职工总人数就变成为总体单位总量了。

2. 按总量指标所反映的时间状态不同划分

1)时期指标

定义 4.4　时期指标是表明社会经济现象总体在一段时期内发展过程的总结果。

例如,一段时间内产品产量、物资销售额、国内生产总值等都是时期指标。

时期指标的特点主要有以下三种。

(1) 不同时期指标值具有可加性。例如,一年的产量是本年度四个季度的产量之和,一年的销售量是本年度 12 个月的销售量之和。

(2) 时期越长,指标数值越大。例如,全年的产量一定要比本年度任何一个季度的产量都大,一季度的产量一定要比一个月的产量大。

(3) 时期指标数值是连续登记、累计的结果。例如,月产量是对每天的生产量进行登记然后累计得到的,年产量是将 12 个月的产量累计得到的。

2)时点指标

定义 4.5　时点指标是反映总体特征在某一时点上的数量表现的指标。

例如,人口数、商品库存量、固定资产的价值等都是时点指标。

时点指标的特点主要有以下三种。

(1) 不同时点指标数值不具有可加性。例如,不能将某校全年各月初的学生人数相加,作为本年度该校全部学生人数以反映其规模。

(2) 时点指标数值大小与时间间隔长短无直接关系。例如,某企业某种物资的库存量年末数不一定大于本年度第一季度末的数值,而第一季度末的数值不一定大于当季度第一个月末的数值。

(3) 时点指标数值是间隔计数的,通常每隔一段时间登记一次。

4.1.3　计算和应用绝对指标应注意的问题

绝对指标的计算方法有两种:一种是根据统计调查登记的资料进行汇总;另一种是根据社会经济现象之间的各种关系进行推算。本节只阐述根据统计调查的资料汇总计算和应用绝对指标应注意的问题。

1. 科学性

必须以科学的理论来确定绝对指标的含义、范围和计算方法,使其建立在科学的基础上。例如,要计算国内生产总值指标,首先要确定该指标的含义是一个国家或一个地区在一定时期内所生产和提供的最终使用的产品与服务的总值,其计算的范围是物质生产部门活动的成果及非物质生产部门的活动量,即整个国民经济的活动总量,国内生产总值的计算方法可以采用生产法、收入法和支出法三种计算方法。一定要根据不同的研究目的和研究方法采用明确而合理的计算方法。

2. 可比性

计算绝对指标应注意历史条件变化对指标内容和范围的影响,使不同时期的绝对指标具有可比性或便于调整使其可比,以利于进行动态研究。

3. 统一性

对于同一绝对指标在不同的时间、地点、条件下进行计量时,计量单位应当一致,并且这个计量单位应是国家统一规定的,这样才能正确反映总体的总量,如果计量单位不一致,应当进行换算使其统一,以便对比分析。另外,计算价值指标时还应选用适当的价格。

4.2 相对指标

4.2.1 相对指标的概念和作用

1. 相对指标的概念

定义 4.6 相对指标是应用对比的方法来反映相关事物之间数量联系程度的综合指标。

相对指标可以反映现象之间的联系程度。统计工作中常用的计划完成程度、结构、比例等都是相对指标。例如,第六次全国人口普查主要数据结果显示,男性占全国总人口的51.27%,女性占48.73%;2017年全年国内生产总值比上年增长6.9%;2017年,我国人口密度最大的城市为上海,每平方千米多达1 207人。以上指标都属于相对指标。

相对指标的形式有两种:一种是无名数;一种是有名数。

(1) 无名数。无名数可用倍数或系数、成数、百分比数、千分数等表示。倍数或系数是将分母抽象为1,表明分子是多少;成数是将分母抽象为10,表明分子是多少,它主要来说明总体内部结构,一成就是1/10;百分数是将分母抽象为100,表明分子是多少;千分数是将分母抽象为1 000,表明分子是多少,如计划完成110‰。

一般来说,当分子分母的数值差不多时,宜用百分数表示;当分子比分母大得比较多时,宜用倍数表示;当分子比分母小得多时,宜用千分数表示,如人口出生率、死亡率、伤亡事故率等。

(2) 有名数。有名数表示的相对数是复名数,将对比的分子分母的名数都保留下来,以表示事物的程度、密度、普遍程度等,如人口密度指标是以"人/平方千米"表示,人均粮食产量"千克/人"表示。

还要说明一下经济分析中经常用到的百分点的概念。百分点相当于百分数的单位,一个百分点就指1%。百分点常用于两个百分数相减的场合。例如,将两个不同时期同种商品的价格上涨情况进行对比,确定分别为110%和121%,那么后一个时期的该商品价格比前一个时期上涨了11个百分点(121%－110%)。

2. 相对指标的作用

相对指标是统计分析中广泛应用的一个重要指标,其主要作用有以下几种。

(1) 相对指标能够表明现象的相对水平、普遍程度及比例关系等。例如,国民经济发展速度、投入与产出的比例关系,产业结构等都可以应用相对指标加以反映和研究。

(2) 相对指标能比总量指标更清楚地反映事物之间的对比关系,为深入分析事物的性质提供依据。例如,对于工作的好坏、程度的大小、进度的快慢等问题,只有利用相对指标才能作出清楚的说明。

(3) 相对指标能够为不能直接对比分析的总量指标提供可以比较的基础。相对指标是将现象从具体差异中抽象出来,使一些不能直接对比的总量指标找到可比的基础,从而准确判断事物之间的差别程度。例如,比较两个营业额不同的商店的流通费用节约情况,仅以费用额支出额进行评价难以说明问题。因为流通费用的大小直接受营业额多少的影响,而采用相对指标——流通费用率对比可以作出正确判断。

4.2.2 相对指标的种类及计算方法

1. 结构相对指标

定义 4.7 结构相对指标是指将总体区分为不同性质的各个部分,以部分数值与总体数值进行对比而得出的指标。

结构相对指标的计算公式为

$$结构相对指标 = \frac{总体某一部分数值}{总体全部数值} \times 100\% \tag{4-1}$$

例如,某单位共有职工1 000人,其中男职工650人,占职工总数的65%,女职工350人,占职工总数的35%。同一总体各组的结构相对指标数值之和等于100%。

结构相对指标经常用来分析现象总体内部构成情况,说明事物的性质特征,把不同时间的结构相对指标进行对比分析,可以说明现象变化的过程和规律,总体各组的结构相对指标可以说明该组在总体中的地位和作用。例如,中国教育统计网的资料显示,1997年,女生在普通高校在校生中的比例为37.32%,2017年,这一比例达到了50.63%,并呈现逐年上升的趋势。

2. 比例相对指标

定义 4.8 比例相对指标是指总体中某一部分的指标数值与另一部分指标数值对比得到的指标,可用来反映组与组之间的联系程度或比例关系。

比例相对指标的计算公式为

$$比例相对指标 = \frac{总体中某一部分数值}{总体中另一部分数值} \times 100\% \tag{4-2}$$

比例相对指标通常表现为无名数,可用倍数或百分数表示,它可以在两组之间进行对比,也可以在多组之间进行连比,连比的组数不宜太多。进行连比时,一般选用较小的数值作为基础,这样既利于计算,又便于观察。例如,某地区2019年的第一产业、第二产业、第三产业的产值分别为288.6亿元、147.1亿元、404.9亿元,采用连比形式为1∶1.96∶2.75。

利用比例相对指标,可以分析国民经济中各种比例关系,调整不合理的比例,促使社会主义市场经济稳步协调发展。

3. 比较相对指标

定义 4.9 比较相对指标是指不同地区或单位的同类指标之间进行对比得到的指标。比较相对指标通常表现为无名数。对比的指标可以在两个指标之间进行对比,也可以在几个指标之间进行连比。比较相对指标的计算公式为

$$\text{比较相对指标} = \frac{\text{某地区(或单位)某一指标数值}}{\text{另一地区(或单位)同类指标数值}} \times 100\% \qquad (4\text{-}3)$$

比较相对指标有两个特点:①用来对比的指标可以是总量指标,也可以是相对指标或平均指标,但要求分子、分母在指标所属时间、类型、计算方法、计量单位上要有可比性;②分子、分母可以互换位置,以哪个数值作为比较基数,应根据研究目的而定。

例如,A、B 两个公司属于同一类型企业,在 2019 年 A 公司的市场占有率为 18%,B 公司的市场占有率为 28%,那么 B 公司的市场占有率是 A 公司的 1.56 倍(28%/18%),或者说 A 公司的市场占有率是 B 公司的 64%(18%/28%)。

4. 强度相对指标

定义 4.10 强度相对指标是指两个性质不同而有联系的总量指标相对比得到的指标,可以反映现象的强度、密度和普遍程度。

有些强度相对指标是以有名数表示的,如人/平方千米、千克/人等。当分子分母为同一计算单位时,也可以用百分数或千分数表示,如商品流通费用率、人口出生率等。

强度相对指标的计算公式为

$$\text{强度相对指标} = \frac{\text{某一总量指标数值}}{\text{另一性质不同而有联系的总量指标数值}} \times 100\% \qquad (4\text{-}4)$$

常用的强度相对指标有人口密度、人均国内生产总值、人均某产品产量、资金利税率、商品流通费率、商业网点密度等。

强度相对指标的特点主要有以下几种。

(1) 对比的两个总量指标数值不属于同一总体,但必须要有联系。

(2) 有些强度指标分子分母可以互换,并且有正指标和逆指标之分,分别从正反两个方向说明现象的密度和普遍程度。

(3) 有些强度相对指标有"平均"的含义,但不是平均指标。例如,人均某产品产量、人均国内生产总值等。

强度相对指标的应用十分广泛,它可以反映国民经济和社会发展的基本情况,反映生产条件及公共设施的配备情况,也可以反映经济效益的情况。例如,平均每人分摊的主要产品产量,是反映一个国家或地区经济实力强弱程度的指标,指标数值越大,说明该国家或地区的经济力量越强。

正指标的数值与现象的发展程度或密度成正比,逆指标的数值与现象的发展程度或密度成反比。例如,反映卫生事业对居民服务保证程度的指标为正指标,其计算公式为

$$\text{每千人口的医院床位数} = \frac{\text{医院床位数(张)}}{\text{人口数(千人)}}$$

计算结果表明,指标数值越大,说明对居民的医疗保证程度越高,这是从正方向来说明问题的,因此是正指标。

如果把分子分母互换,得到的就是逆指标。其计算公式为

$$医院每张床位负担的人口数 = \frac{人口数(人)}{医院床位数(张)}$$

计算结果表明,指标数值越小,说明对居民的医疗保证程度越好,这是从反方向来说明问题的,因此是逆指标。

5. 动态相对指标

定义 4.11 动态相对指标是某一指标不同时期的数值对比而得到的综合指标。它说明同类事物在不同时期的发展方向和变化程度。通常把作为比较的时期叫作基期,把同基期对比的时期叫作报告期。

动态相对指标的计算公式为

$$动态相对指标 = \frac{报告期指标数值}{基期指标数值} \times 100\% \tag{4-5}$$

例如,某商场 2018 年电动自行车的销售量为 500 辆,2019 年为 700 辆,则动态相对指标=700/500×100%=140%。计算结果表明,该商场电动自行车销售量 2019 年对 2018 年相对发展速度为 140%。

6. 计划完成程度相对指标

定义 4.12 计划完成程度相对指标是某一时期的实际完成的指标数值与计划指标数值相对比得到的指标。

计算完成程度相对指标的计算公式为

$$计划完成程度相对指标 = \frac{实际完成指标数值}{计划指标数值} \times 100\% \tag{4-6}$$

计划指标的表现形式有三种:绝对数、相对数和平均数,所以上述基本公式的应用有三种情况。

1) 采用绝对数计算的计划完成程度

这种情况是将同一期实际完成数值与计划数值直接对比。需要注意的是,在检查长期计划(如五年计划)的执行情况时,由于计划指标有两种不同的制定方法,在计算计划完成程度相对指标时也有水平法和累计法两种方法。

(1) 水平法。当计划指标为长期计划最后一个时期应达到的水平时,计算计划完成程度相对指标是将计划期最后一个时期实际完成的指标数值与计划规定该时期应达到的指标数值对比。其计算公式为

$$计划完成程度相对指标 = \frac{计划期最后一个时期实际完成的指标数值}{计划规定该时期应达到的指标数值} \times 100\% \tag{4-7}$$

例如,某企业 2015—2019 年五年计划规定到 2019 年某种产品年产量达到 4 500 万台,实际完成了 4 800 万台,计划完成程度相对指标为 4 800/4 500≈106.7%,说明这种产品超额 6.7%完成五年计划。

(2) 累计法。当计划指标为计划期内完成工作总量时,计算计划完成程度相对指标是将计划期内实际完成的累计数与计划规定应完成的工作总量对比。其计算公式为

$$\text{计划完成程度相对指标} = \frac{\text{计划期内实际完成的累计数}}{\text{计划规定应完成的工作总量}} \times 100\% \qquad (4\text{-}8)$$

例如,某地区 2015—2019 年五年计划规定基本建设投资总额为 520 亿元,五年内累计完成 530 亿元,计划完成程度相对指标为 530/520≈101.9%,说明该地区五年计划期间基本建设投资额超额 1.9%。

2) 采用相对指标计算的计划完成程度

(1) 两个绝对指标对比的相对数计算计划完成程度。例如,某公司 2019 年第一季度计划商品流通费用率为 5%,实际流通费用率为 5.3%,流通费用率计划完成程度相对指标为 5.3%/5.0%=106%,说明该公司商品流通费用率差 6%没完成计划。

(2) 用提高率或降低率相对指标计算计划完成程度。其计算公式为

$$\text{计划完成程度相对指标} = \frac{1 \pm \text{实际提高(降低)百分数}}{1 \pm \text{计划提高(降低)百分数}} \qquad (4\text{-}9)$$

如果计划规定的任务是提高率,那么计算的计划完成程度相对指标越大越好。例如,某企业 2019 年规定总产出比上年提高 8%,实际执行结果比上年提高 12%,则该企业产出计划完成程度相对指标=(1+12%)/(1+8%)≈103.7%,计算结果表明,该企业总产出实际比计划超额 3.7%,即 103.7%−100%=3.7%。

如果计划规定的任务是降低率,那么计算的计划完成程度相对指标越小越好。例如,某企业 2019 年生产某产品,计划单位成本要降低 8%,实际降低了 9%,那么产品单位成本计划完成程度相对指标=(1−9%)/(1−8%)≈98.91%,计算结果表明,该产品单位成本降低计划超额 1.09%,即 100%−98.91%=1.09%。

3) 采用平均指标计算的计划完成程度

平均指标的计划完成程度相对指标的计算直接采用基本公式,用实际指标数值与计划指标数值对比求得,这里不再赘述。

4.2.3 计算和运用相对指标应注意的问题

1. 保持两个对比指标的可比性

相对指标是两个有联系的指标之比,那么这两个指标必须具有可比性。也就是说,在计算相对指标时,要检查这两个对比的指标所包括的内容、口径、范围和计算方法的一致性。

2. 相对指标与绝对指标要结合运用

相对指标是将现象总体的绝对水平抽象化,以提示现象之间的相互联系和对比关系。但它只能反映现象之间相对程度的不同,不能反映现象之间绝对量上的差别。例如,如果一个人每月的工资是 200 元,后来他的工资提高到 400 元,那么工资水平就提高了 100%。若从工资水平提高的观点来看,这种提高可以说是很大的,但工资的实际数额仍然很小。

3. 各种相对指标要结合运用

一种相对指标只能反映某种现象一个方面的数量关系。对于复杂的社会经济现象,需要将各种相对指标结合起来进行分析,才能全面深入地说明被研究现象的特征及其发展规律。例如,为分析某企业的生产情况,既要计算计划完成程度相对指标,又要和同行业的先进水平对比计算比较相对指标等,这样才能全面深刻地将情况和问题反映出来。

4. 要把指标数值与反映的实际经济内容结合起来

指标数值应与反映的实际经济内容结合起来。例如,一个工业企业工业总产量增长了10%,并不一定就标志着其工业生产有了较大的发展,还要考虑产品的需求情况,倘若产品大量积压,那么生产得越多,其损失就越大。

4.3 平均指标

4.3.1 平均指标的概念和作用

1. 平均指标的概念

定义 4.13 平均指标是反映社会经济现象总体单位数量标志一般水平的综合指标,又称为统计平均数。

平均工资、平均收入、平均成本、平均价格等都是平均指标。

因为总体各单位的数量标志在客观上存在着差异,所以需要找出一个将数量差异抽象化、代表各单位一般数量水平的指标。同时,因为各单位又具有同质性,而各单位的标志在数量上的差异总是有一定范围的,所以可以找到一个能够代表一般水平的指标反映总体的数量特征。平均指标是将总体各单位某一数量标志差异抽象化,反映现象在一定时间、地点、条件下所达到的一般水平。

平均指标是总体分布的特征值之一,它反映了总体分布的集中趋势。

2. 平均指标的作用

平均指标的作用主要有以下几种。

(1) 可以消除因总体范围不同而带来的总体数量差异,从而使不同的总体具有可比性。例如,比较两个人数不同的班级的数学成绩,一个班有 50 人,一个班有 45 人,用总分无法比较两个班级的数学成绩,于是可以采用平均指标来衡量。

(2) 同一总体在不同时期的平均指标可以反映现象总体的发展变化趋势。例如,2017 年北京职工年平均工资为 101 599 元,2016 年北京职工年平均工资 92 477 元,2015 年北京职工年平均工资为 85 038 元,说明北京市职工年平均工资的变化是上涨趋势。

(3) 利用平均指标可以分析现象之间的依存关系。例如,学生按学习时间分组,通过计算各组学生的平均成绩,就可以分析学习时间与成绩间的依存关系。

(4) 平均指标是统计推断的一个重要参数。例如,利用样本平均指标来推算总体平均指标等。

4.3.2 平均指标的种类

平均指标按计算方法不同,可分为众数、中位数、分位数、算术平均数、调和平均数、几何平均数等。

1. 众数

定义 4.14 众数是指在总体中出现次数最多的标志值。它能够鲜明地反映数据分布的集中趋势。

众数是一种位置平均数,不受极端值的影响,在实际工作中应用得较为普遍。在正态分布和一般偏态分布中,分布最高点所对应的横坐标上的数值即众数。众数可能不存在或不唯一。需要说明的是,其他平均数的代表值只有一个。在一个总体中有两个众数的称为复众数。另外,当分布数列没有明显的集中趋势而趋向均匀分布时,无众数。

1) 单项数列确定众数

【例 4-1】 某公司员工某月奖金分组如表 4-1 所示,试确定众数。

表 4-1 某公司员工某月奖金分组

按奖金分组	员 工
400 元	10
500 元	20
600 元	45
700 元	26
800 元	15
900 元	5
合计	121

解:从表 4-1 中可以看出,奖金为 600 元的人数最多,则众数为 600 元。

2) 组距数列确定众数

组距数列确定众数稍为复杂一些,首先根据定义确定众数所在组,然后利用公式计算出众数的近似值。组距数列计算众数的公式有两个:一个是下限公式;另一个是上限公式。在计算时可任选其一。

下限公式:

$$M_0 = L + \frac{\Delta_1}{\Delta_1 + \Delta_2} \times d \tag{4-10}$$

上限公式:

$$M_0 = U - \frac{\Delta_1}{\Delta_1 + \Delta_2} \times d \tag{4-11}$$

式中,M_0 为众数;Δ_1 为众数组的次数与其前一组的次数之差;Δ_2 为众数组的次数与其后一组的次数之差;d 为众数所在组的组距;L 为众数所在组的下限;U 为众数所在组的上限。

【例 4-2】 根据表 4-2 中的数据计算众数。

表 4-2 某单位某月奖金分组

某月奖金分组	员工/人
500 元以下	10
500~600 元	20
600~700 元(众数组)	45
700~800 元	26
800~900 元	15
900 元以上	5
合计	121

解：从表 4-2 中可以看出，600～700 元组的次数最多，因而众数在该组内，但不知道该组内哪个标志值是众数，还要利用公式计算。

$$M_0 = 600 + \frac{45-20}{(45-20)+(45-26)} \times 100 \approx 656.8$$

$$M_0 = 700 - \frac{45-26}{(45-26)+(45-20)} \times 100 \approx 656.8$$

故众数为 656.8。

2. 中位数

定义 4.15 总体单位标志值按大小顺序排列起来以后，处于数列正中间位置的标志值为中位数。

中位数将数列分为相等的两部分：一部分标志值小于中位数；另一部分标志值大于中位数。中位数不受标志值中极端数值的影响，可以从另一个侧面反映次数分布的集中趋势，代表现象的一般水平。例如，某校 4 个学生和 1 个教师的年龄分别为 18 周岁、19 周岁、20 周岁、21 周岁、60 周岁，若用算术平均法，则平均年龄为 27.6 周岁，这个平均数显然不能代表 5 个人年龄的一般水平；若用中位数 20 周岁来代表 5 个人年龄的一般水平比用算术平均数 27.6 周岁更具有代表性。

根据中位数的性质，确定中位数的关键在于找出总体各单位中间项的位置点。中间项的位置点，即是中位数所在的位置，其标志值为中位数。但有时掌握的是未分组资料，有时掌握的是分组资料，由于资料不同确定中间项的方法有所不同，现分述如下。

1）根据未分组资料确定中位数

在标志值未分组的情况下，确定中位数的方法：①把各单位的标志值按从小到大排序；②利用公式 $(n+1)/2$（n 为单位数）计算中位数的位次；③根据位次找出中位数。

如果研究总体的单位数是奇数，则居于中间位置的标志值就是中位数。例如，某班 9 个人的成绩（单位：分）分别为 65、66、68、75、77、85、95、98、99，中间位次为 10/2=5，中位数为 77。

如果研究总体的单位数是偶数，则居于中间位置的两个标志值的算术平均数是中位数。例如，某班 10 个人的成绩（单位：分）分别为 65、66、68、75、77、85、95、98、99、100，中间位次为 11/2=5.5，中位数为 (77+85)/2=81。

2）根据单项分组资料确定中位数

【例 4-3】 根据表 4-1 中的数据，确定某企业工人某月奖金分组的中位数。

解：中位数位置应该在第 61 人的位置上，它所对应的标志值是 600，故中位数为 600。

3）根据组距分组资料确定中位数

【例 4-4】 根据表 4-2 中的数据，确定某企业工人某月奖金分组的中位数。

解：先找出中位数所在组，即 600～700 元，然后利用公式计算中位数。

下限公式：

$$M_e = L + \frac{\frac{\sum f}{2} - S_{m-1}}{f_m} \times d \tag{4-12}$$

上限公式：

$$M_e = U - \frac{\frac{\sum f}{2} - S_{m+1}}{f_m} \times d \tag{4-13}$$

式中,M_e 为中位数;L 为中位数所在组的下限;U 为中位数所在组的上限;$\sum f$ 为总次数;f_m 为中位数所在组的频次;S_{m-1} 为中位数所在组以下各组的累计频数;S_{m+1} 为中位数所在组以上各组的累计频数;d 为中位数所在组的组距。

$$M_e = 600 + \frac{\frac{121}{2} - 30}{45} \times 100 \approx 667.8(元)$$

$$M_e = 700 - \frac{\frac{121}{2} - 46}{45} \times 100 \approx 667.8(元)$$

故中位数为 667.8。

3. 四分位数

中位数是将全部变量值分为两个相等部分,也称为二分位数。同样地,通过三个数值,可以将全部变量值分割成四个相等部分,这三个分割的数值就是四分位数,分别以 Q_1、Q_2、Q_3 代表第 1 个、第 2 个、第 3 个四分位数,第 2 个四分位数即中位数。由未分组或单项式数列求四分位数,首先要求出它们所在的位置点,然后根据位置确定四分位数。

由未分组确定四分位数的公式为

$$Q_1 \text{点所在位置点} = \frac{\sum f + 1}{4}, \quad Q_2 \text{点所在位置点} = \frac{2(\sum f + 1)}{4},$$

$$Q_3 \text{点所在位置点} = \frac{3(\sum f + 1)}{4}$$

由单项式数列确定四分位数公式为

$$Q_1 \text{点所在位置点} = \frac{\sum f}{4}, \quad Q_2 \text{点所在位置点} = \frac{2\sum f}{4}, \quad Q_3 \text{点所在位置点} = \frac{3\sum f}{4}$$

4. 算术平均数

定义 4.16 算术平均数是总体标志总量与总体单位总数之比。

常见的算术平均数有职工的平均工资,是职工的工资总额与职工总人数之比,农作物平均产量,是总收获量与播种面积之比等。算术平均数的计算特点正是符合客观现象的这种数量对比关系,因而是社会经济统计中常用的一种平均指标。其计算公式为

$$\text{算术平均数} = \frac{\text{总体单位标志值之和}}{\text{总体单位总数}} \tag{4-14}$$

计算算术平均数时,分子与分母必须同属一个总体,两者具有一一对应的关系,即有一个总体单位必有一个标志值与之对应。只有这样,计算出的平均指标才能表明总体的一般水平。正是在这一方面,平均指标与强度相对指标表现出性质上的差异。强度相对指标是两个有联系的不同总体的总量指标对比,这两个总量指标没有依附关系,只是在经济内容上存在客观联系。

在实际工作中,算术平均数的计算根据掌握的资料不同、繁简程度不同,可分为简单算术平均数和加权算术平均数。

1) 简单算术平均数

依据未分组的原始数据,将总体单位标志值简单加总求和,除以总体单位总数所得结果为简单算术平均数,这种计算方法称为简单算术平均法。其计算公式为

$$\overline{X} = \frac{X_1 + X_2 + X_3 + \cdots + X_n}{n} = \frac{\sum X}{n} \tag{4-15}$$

式中,$\overline{X}$ 为算术平均数;$\sum$ 为求和符号;X 为总体各单位标志值;n 为总体单位总数。

2) 加权算术平均数

在实际工作中,总体单位数往往是很多的,某些标志值也是重复出现的,这就需要将统计资料整理成变量分配数列,或编制分配数列,即已知各组标志值及相应的单位数或频率的条件下,计算算术平均数,需采用加权算术平均数的方法。其计算公式为

$$\overline{X} = \frac{X_1 f_1 + X_2 f_2 + X_3 f_3 + \cdots + X_n f_n}{n} = \frac{\sum Xf}{\sum f} \tag{4-16}$$

式中,$\overline{X}$ 为总体加权算术平均数;X 为总体各单位标志值;f 为总体中各组变量值出现的次数。

式(4-16)中,所乘以的各组次数的大小,对计算出来的算术平均数起到了一种权衡轻重的作用,因此次数也称为权数,这种计算方法称为加权算术平均法。

(1) 单项分组资料计算加权算术平均数。在直接掌握各组标志值和各组单位数的条件下,计算算术平均数,必须先将各组的标志值乘以各组的单位数计算出每组的标志总量,再将各组的标志总量相加,求出总体标志总量,最后用总体标志总量除以总体单位总数,得出加权算术平均数。

【例 4-5】 已知某单位职工某月奖金及各组的人数,如表 4-3 所示,求该单位该月平均奖金额。

表 4-3 某单位职工某月奖金及各组的人数(1)

某月奖金分组 X	人数 f/人	各组奖金总额 Xf/元
400 元	10	4 000
500 元	20	10 000
600 元	45	27 000
700 元	26	18 200
800 元	15	12 000
900 元	5	4 500
合计	121	75 700

解:该单位某月平均奖金额为

$$\overline{X} = \frac{\sum Xf}{\sum f}$$

$$= \frac{400 \times 10 + 500 \times 20 + 600 \times 45 + 700 \times 26 + 800 \times 15 + 900 \times 5}{10 + 20 + 45 + 26 + 15 + 5}$$

$$\approx 625.6(元)$$

（2）根据组距分组资料计算加权算术平均数。由组距分组资料计算加权算术平均数，方法与单项分组资料基本相同，只不过在计算平均指标之前，先计算出各组的组中值。用组中值代替各组标志值是假定标志值，在各组内分布是均匀的，因此计算出来的平均数只能是一个近似值。

【例 4-6】 已知某单位职工某月奖金及各组的人数，如表 4-4 所示，求该单位某月平均奖金额。

表 4-4 某单位职工某月奖金及各组的人数（2）

某月奖金分组 X	人数 f/人	组中值 x/元	各组奖金总额/元
500 元以下	10	450	4 500
500～600 元	20	550	11 000
600～700 元	45	650	29 250
700～800 元	26	750	19 500
800～900 元	15	850	12 750
900 元以上	5	950	4 750
合计	121		81 750

解：该单位某月平均奖金额为

$$\overline{X} = \frac{\sum Xf}{\sum f}$$

$$= \frac{450 \times 10 + 550 \times 20 + 650 \times 45 + 750 \times 26 + 850 \times 15 + 950 \times 5}{10 + 20 + 45 + 26 + 15 + 5}$$

$$\approx 675.6(元)$$

（3）权数也可以用各组单位占总体单位数的比重表示。将各组标志值乘以相应的比重，然后求和即求得加权算术平均数。其计算公式为

$$\overline{X} = X_1 \cdot \frac{f_1}{\sum f} + X_2 \cdot \frac{f_2}{\sum f} + \cdots + X_n \cdot \frac{f_n}{\sum f} = \sum \left(X \cdot \frac{f}{\sum f} \right) \tag{4-17}$$

【例 4-7】 已知某单位职工某月奖金及各组的人数如表 4-5 所示，求该单位该月平均奖金额。

表 4-5 某单位职工某月奖金及各组的人数（3）

某月奖金分组 X	各组人数占总人数比重/%	各组工资额与比重乘积/元
400 元	10	40
500 元	20	100
600 元	40	240
700 元	20	140
800 元	10	80
合计	100	600

解：该单位职工某月平均奖金为

$$\overline{X} = \sum \left(X \cdot \frac{f}{\sum f} \right)$$

$$=400×10\%+500×20\%+600×40\%+700×20\%+800×10\%$$
$$=600(元)$$

3) 众数、中位数、算术平均数的比较

众数、中位数和算术平均数各自具有不同的特点,掌握它们之间的关系和各自的不同特点,有助于在实际应用中选择合理的测度值来描述数据的集中趋势。

众数是一组数据分布的峰值,是一种位置代表值。其优点是易于理解,不受极端值的影响。当数据的分布具有明显的集中趋势时,尤其是对于偏态分布,众数的代表性比算术平均数要好。其特点是具有不唯一性,对于一组数据可能有一个众数,可能有两个或多个众数,也可能没有众数。

中位数是一组数据中间位置上的代表值,也不受极端值的影响。对于具有偏态分布的数据,中位数的代表性要比算术平均数好。

算术平均数的含义通俗易懂、直观清晰,是实际应用较广泛的集中趋势测度值。其主要缺点是易受极端值影响,对于偏态分布的数据,算术平均数的代表性较差。

从各种代表值之间的关系及特点可以看出,当数据呈对称性分布或接近对称分布时,三个代表值相等或接近相等,这时应选择算术平均数作为集中趋势的代表值,因为算术平均数包含了全部数据的信息,而且易被大多数人理解和接受;当数据为偏态分布时,特别是偏斜的程度较大时,应选择众数或中位数的位置代表值,这时它们的代表性要比算术平均数好。此外,算术平均数只适用于定量数据,对于定性数据则无法计算算术平均数,众数和中位数既可用于定量数据,又可用于定性数据。

5. 调和平均数

在某些场合,因为资料的限制而无法直接得到被平均的标志值的相应次数时,就要计算调和平均数。

定义 4.17 调和平均数是各个变量值倒数的算术平均数的倒数,即用各标志值的倒数作为新变量,以标志总量为权数进行加权的算术平均数的倒数,故又称倒数平均数。

根据所掌握资料和计算上的复杂程度不同,调和平均数可分为简单调和平均数和加权调和平均数两种。

1) 简单调和平均数

简单调和平均数是各单位标志值倒数的简单算术平均数的倒数,以 $\overline{X}_H$ 表示调和平均数。其计算公式为

$$\overline{X}_H = \frac{1}{\frac{1}{n}\left(\frac{1}{X_1}+\frac{1}{X_2}+\frac{1}{X_3}+\cdots+\frac{1}{X_n}\right)} = \frac{n}{\sum \frac{1}{X}} \tag{4-18}$$

【例 4-8】 某人购买某种蔬菜。上午、下午各买 1 元的蔬菜,上午价格为 0.5 元/斤(1 斤=0.5 千克),下午价格为 0.4 元/斤,问平均价格是多少?

解:

$$\overline{X}_H = \frac{1+1}{\frac{1}{0.5}+\frac{1}{0.4}} = 0.44(元/斤)$$

简单调和平均数适用于掌握了标志值所在组的标志值总量,如例 4-8 中的 1 元,且各组

标志值总量相等,但不知道被平均标志值的相应次数的情况。

2) 加权调和平均数

加权调和平均数是各单位标志值倒数的加权算术平均数的倒数,以 m 表示各项权数,其计算公式为

$$\bar{X}_H = \cfrac{1}{\cfrac{1}{m_1+m_2+\cdots+m_n}\left(\cfrac{m_1}{X_1}+\cfrac{m_2}{X_2}+\cdots+\cfrac{m_n}{X_n}\right)} = \cfrac{\sum m}{\sum \cfrac{m}{X}} \qquad (4\text{-}19)$$

式中,m 为权数,是各组的标志总量;$\sum m$ 为总体标志总量;X 为各组的变量值;$\sum \cfrac{m}{X}$ 为总体单位总量。

【例 4-9】 某水果商店三种苹果的销售情况如表 4-6 所示,计算平均价格。

表 4-6 某水果商店三种苹果的销售情况

苹果等级	价格 X/元	销售额/元	销售量 f/千克
一等	2.0	1 250	625
二等	1.7	1 500	882
三等	1.5	1 370	913
合计		4 120	2 420

解:本例中,如果题目给出的各等级苹果的价格(标志值)和各等级苹果的销售额(标志总量),采用加权调和算术平均数来计算三种苹果的平均价格,那么

$$\bar{X}_H = \frac{\sum m}{\sum \frac{1}{X}m} = \frac{4\,120}{\frac{1\,250}{2} + \frac{1\,500}{1.7} + \frac{1\,370}{1.5}} \approx 1.70(元)$$

如果本例只给出各等级苹果的价格(标志数值)和各等级苹果的销售量(次数),那么计算三种苹果的平均价格应用加权算术平均数公式,两者计算结果是一样的。

$$\bar{X} = \frac{\sum Xf}{\sum f} = \frac{2 \times 625 + 1.7 \times 882 + 1.5 \times 913}{2\,420} \approx 1.7(元)$$

由此可见,无论是算术平均数还是调和平均数,都是总体标志总量与总体单位总数之比,同一个资料计算结果表明,两者的经济意义也完全一样,只是因掌握的资料不同,而采用了不同的计算形式。

调和平均数有如下特点:①如果数列中有一标志值为零,那么将无法计算调和平均数;②作为一种数值平均数,调和平均数易受极端值的影响,且受极小值的影响大于受极大值的影响;③当组距数列有开口组时,组中值的假定性对调和平均数的影响同样存在;④调和平均数的应用范围狭小,没有算术平均数运用的范围广泛。

6. 几何平均数

定义 4.18 几何平均数是用若干标志值的连乘积开项数次方来计算的一种平均数。适用于计算平均速度和平均比率。几何平均数是 N 个数据的连乘积的开 N 次方根。

在客观事物中,有些事物的总量是由各量相加而得的,总量是各量的算术和,求平均数

就用算术平均数;但有些事物的总量是由若干分量连乘而得的,总量是各分量的连乘积,求平均数时就要用几何平均法。根据掌握的资料不同,几何平均数可分为简单几何平均数和加权几何平均数。

1) 简单几何平均数

简单几何平均数适用于资料未分组的情况。其计算公式为

$$\overline{X}_G = \sqrt[n]{X_1 \cdot X_2 \cdot X_3 \cdot \cdots \cdot X_n} = \sqrt[n]{\prod X} \tag{4-20}$$

式中,$\overline{X}_G$ 为几何平均数;n 为变量值个数;$\prod$ 为连乘积符号。

【例 4-10】 某流水线有前后衔接的五道工序,某日各工序的合格品率分别为 95%、92%、90%、85%、80%。整个流水线的平均合格品率应是多少?

解:

$$\overline{X}_G = \sqrt[5]{0.95 \times 0.92 \times 0.90 \times 0.85 \times 0.80} = 88.24\%$$

2) 加权几何平均数

如果标志值较多,且出现的次数不同,计算几何平均数应采用加权的形式,加权几何平均数的公式为

$$\overline{X}_G = \sqrt[f_1+f_2+\cdots+f_n]{X_1^{f_1} \cdot X_2^{f_2} \cdot \cdots \cdot X_n^{f_n}} = \sqrt[\sum f]{\prod X^f} \tag{4-21}$$

式中,f 为各变量值出现的次数,即权数。

【例 4-11】 某投资银行一笔长期投资的年利率是按复利计算的,25 年的年利率情况如下:有 1 年为 3%,有 3 年为 5%,有 10 年为 8%,有 8 年为 10%,有 3 年为 15%,求平均年利率。

解:在计算平均年利率时,必须先将各年利率加 100% 换算成各年本利率,再按加权几何平均数方法计算平均利率,然后减 100% 得平均年利率。

$$\overline{X}_G = \sqrt[f_1+f_2+\cdots+f_n]{X_1^{f_1} \cdot X_2^{f_2} \cdot \cdots \cdot X_n^{f_n}} = \sqrt[\sum f]{\prod X^f}$$

$$= \sqrt[1+3+10+8+3]{103\% \times 105\%^3 \times 108\%^{10} \times 110\%^8 \times 115\%^3}$$

$$= \sqrt[25]{8.236} \approx 108.8\%$$

平均年利率 $= 108.8\% - 100\% = 8.8\%$

在社会经济统计中,几何平均数常用于计算国民经济的平均发展速度,关于这个问题,将在第 8 章时间数列分析中论述。

4.3.3 平均指标的基本应用原则

1. 平均指标只能运用于同质总体

平均指标所处理的是同质异量的大量现象。为了说明事物性质及其规律性,必须强调在具有共同特征的同质总体中计算平均指标。例如,研究居民的生活水平,计算其平均收入和平均生活费支出,应把城镇和农村居民分开研究,因为城镇居民和农村居民在收入来源和消费构成等方面具有不同特点。

2. 用组平均数补充说明总平均数

总体内部各组之间的差异性往往影响总体的特征和分布规律,各组结构的变动也会对总体变动产生影响。为全面认识总体的特征和规律性,需要将平均指标与统计分组结合起

来，用组平均数对总平均数作补充说明。

【例 4-12】 甲、乙两厂 2019 年 8 月工资资料如表 4-7 所示。

表 4-7 甲、乙两厂 8 月工资资料统计表

工人类别	甲 厂			乙 厂		
	人数/人	总工资/元	平均工资/元	人数/人	总工资/元	平均工资/元
技术工人	80	240 000	3 000	150	420 000	2 800
普通工人	120	240 000	2 000	50	90 000	1 800
合计	200	480 000	2 400	200	510 000	2 550

解：从表 4-7 中可知，甲厂工人平均工资低于乙厂，但是甲厂不论技术工人还是普通工人的月平均工资均高于乙厂工人。其原因是乙厂技术工人的比重远高于甲厂，从而抬高了全厂的平均工资。

3. 结合原分配数列补充说明平均数

平均数只是说明现象的共性和一般水平，而将总体各单位数量标志值的差异抽象化了，掩盖了各单位的差异及其分配情况。因此有必要结合原来的分配数列，分析平均数在原数列中所处的位置，以及各单位标志值在平均数上下的分配情况。

4. 要与标志变异指标相结合

平均指标反映了总体各单位标志值的集中趋势，为全面描述总体分布的特征，必须将平均指标与标志变异指标结合使用。用标志变异指标衡量平均指标的代表性，说明平均指标反映总体一般水平的有效程度，使分析更全面、更可靠。

4.4 标志变异指标

4.4.1 标志变异指标的概念和作用

1. 标志变异指标的概念

定义 4.19 标志变异指标是反映总体各单位标志值差异程度的综合指标。它反映了分配数列中各标志值的变动范围或离差程度，因此，标志变异指标也称为标志变动度指标。

平均指标只能综合反映某一数量标志的一般水平，而不能反映它们之间的离散性、差异性。标志变异指标则能综合反映总体的差异性。平均指标可以说明分配数列中变量的集中趋势，而标志变异指标可以说明变量的离中趋势。因此在统计分析中应将两者结合应用。

2. 标志变异指标的作用

（1）标志变异指标是衡量平均指标代表性大小的尺度。标志变动度越大，平均数代表性越小；标志变动度越小，平均数代表性越大。

【例 4-13】 有 A、B 两组职工，每人月工资收入（单位：元）资料如下。

A 组：1 400、1 420、1 460、1 500、1 540、1 580、1 600。

B 组：1 100、1 300、1 400、1 500、1 600、1 700、1 900。

解：通过计算，A、B 两组职工的月平均工资收入相等，都为 1 500 元，但 A 组职工之间

工资收入相差不大,分布相对集中;而 B 组职工之间工资收入相差很大,分布很分散。因此,月工资虽均为 1 500 元,但对 A 组来说,代表性较大,对 B 组来说,代表性较小。

(2) 标志变异指标是反映社会经济活动过程的均衡性、稳定性的一个重要指标。

【例 4-14】 某企业有 A、B 两个车间,两个车间 2019 年 5 月钢材产量计划完成情况如表 4-8 所示。

表 4-8 A、B 两个车间 2019 年 5 月钢材产量计划完成情况

部门	计划产量/t	实际完成							
		上旬		中旬		下旬		全月	
		产量/t	占全月计划/%	产量/t	占全月计划/%	产量/t	占全月计划/%	产量/t	计划完成/%
A 车间	100	30	30	30	30	40	40	100	100
B 车间	100	20	20	30	30	50	50	100	100

解: 表 4-8 表明,A、B 两个车间都已完成月计划产量,但执行情况不同,A 车间全月生产均衡性要比 B 车间好。因为 A 车间各旬计划完成率变异程度要比 B 车间小。

4.4.2 标志变异指标的种类

常用的标志变异指标有全距、平均差、标准差、离散系数。

1. 全距

1) 全距的计算

定义 4.20 全距也称为极差,是总体各单位标志值中最大值与最小值之差,用以说明标志值变动范围,通常用 R 表示。

其计算公式为

$$R = X_{\max} - X_{\min} \tag{4-22}$$

例 4-13 中,A 组职工工资收入的 $R_A = 1\,600 - 1\,400 = 200$(元),B 组职工工资收入的 $R_B = 1\,900 - 1\,100 = 800$(元),A 组的职工工资收入差异小于 B 组职工工资收入差异。可见,全距数值越小,反映变量值越集中,标志变异程度越小,平均数的代表性越好;全距数值越大,反映变量值越分散,标志变异程度越大,平均数的代表性越差。

若根据组距数列计算全距,可用最高组上限减去最低组下限,求得全距的近似值,其计算公式为

$$R = 最高组上限值 - 最低组下限值 \tag{4-23}$$

2) 全距的作用及局限性

(1) 计算方法简便,意义明确,能比较准确地反映总体中两极的差异,据以衡量平均指标的代表性。

(2) 全距常用于检查产品质量的稳定性和进行质量控制。因为在正常生产条件下,产品质量比较稳定,全距在一定范围内波动。若全距超过给定的范围,就说明有不正常情况产生。

(3) 全距只是两端标志值的差距,无法反映众多中间数值的差异情况,且全距易受极端值影响。

(4) 遇到开口组时则较难确定 R 值。

2. 平均差

1) 平均差的概念

全距的大小仅取决于数据中的两个极值,只有能够测度全部观察值对中心位置的平均偏差,才能对资料的离散程度作出最综合性的说明。要测度全部数据偏离集中趋势的程度,很自然的一个设想就是计算各数值偏离平均数的平均距离,计算平均差的目的是测算各单位标志值与其算术平均数离差的大小。但因为离差有正有负,还可能为零,所以为了避免加总过程中的正负抵消,计算平均差时要取离差的绝对值。

在两个总体的平均水平相同的情况下,平均差越小,平均数的代表性越大;平均差越大,平均数的代表性越小。

2) 平均差的计算

定义 4.21 平均差是总体各单位标志值与其算术平均数离差的绝对值的算术平均数,通常用 A.D. 表示。

平均差的计量单位与标志值计量单位相同,根据掌握资料的不同,算术平均数有简单和加权两种形式,因而平均差也有简单平均差和加权平均差两种计算形式。

(1) 简单平均差。若掌握的资料是未分组资料,则采用简单算术平均法计算平均差。其计算公式为

$$\text{A.D.} = \frac{\sum |X - \overline{X}|}{n} \quad (4-24)$$

【例 4-15】已知某车间两个班组某月工人的每人奖金(单位:元)未经分组的资料(表 4-9),求平均差。

表 4-9 平均差计算表(1)

第一组 ($\overline{X}_1=110$)			第二组 ($\overline{X}_2=110$)		
月奖金 X	离差 $X-\overline{X}_1$	离差绝对值 $|X-\overline{X}_1|$	月奖金 X	离差 $X-\overline{X}_2$	离差绝对值 $|X-\overline{X}_2|$
60	−50	50	100	10	10
80	−30	30	105	5	5
100	−10	10	110	0	0
120	10	10	110	0	0
140	30	30	115	5	5
160	50	50	120	10	10
合计		180	合计		30

解: 第一组的平均差为

$$\text{A.D.}_1 = \frac{\sum |X - \overline{X}_1|}{n} = \frac{180}{6} = 30(元)$$

第二组的平均差为

$$\text{A.D.}_2 = \frac{\sum |X - \overline{X}_2|}{n} = \frac{30}{6} = 5(元)$$

(2) 加权平均差。若已掌握的资料是已分组的单项数列或组距数列资料时,则应采用加权平均差。

其计算公式为

$$\text{A.D.} = \frac{\sum |X - \overline{X}| f}{\sum f} \tag{4-25}$$

【例 4-16】 已知某车间工人按日产零件(单位:件)分组(表 4-10),计算该车间工人日产零件的平均差。

表 4-10 平均差计算表(2)

日产量 X	工人人数 f	Xf	离差 $X - \overline{X}$	离差绝对值 $|X - \overline{X}|$	$|X - \overline{X}|f$
8	20	160	−1.4	1.4	28
9	35	315	−0.4	0.4	14
10	30	300	0.6	0.6	18
11	15	165	1.6	1.6	24
合计	100	940			84

解:

$$\overline{X} = \frac{\sum Xf}{\sum f} = \frac{940}{100} = 9.4(\text{件})$$

$$\text{A.D.} = \frac{\sum |X - \overline{X}| f}{\sum f} = \frac{84}{100} = 0.84(\text{件})$$

计算结果表明,该车间 100 名工人日产零件水平差异程度平均为 0.84 件。

平均差是以算术平均数为中心,反映了每个数据与算术平均数的平均差异程度,它能全面准确地反映一组数据的离散状况。平均差越大说明数据的离散程度越大;反之,说明数据的离散程度越小。为了避免离差之和等于零而无法计算平均差的问题,平均差在计算时对离差取了绝对值,这给计算带来了不便。同时平均差在数学性质上也不是最优的,因而实际中的应用较少。但平均差的实际意义比较清楚,容易理解。

3. 标准差

1) 标准差的概念

定义 4.22 标准差是数据分布中所有数据值与其平均数的离差平方的平均数的平方根,又称为均方差,用 σ 表示。标准差的平方就是方差,用 σ^2 表示。

方差的计算单位不便于从经济意义上进行解释,所以实际统计工作中多用标准差来描述统计数据的离散程度。标准差是测定数据分布离散程度的主要指标。标准差的实质是表示各数据值对其算术平均数的平均距离。标准差是采用平方的方法来消除各数据值与算术平均数离差的正负号的,因此它的数学性质比较理想。根据总体数据和样本数据计算的标准差在数学处理上略有不同。

2) 总体标准差的计算

根据所掌握的资料不同,标准差的计算分为简单标准差和加权标准差两种形式。

(1) 简单标准差。对于未分组的资料,计算简单标准差,其计算公式为

$$\sigma = \sqrt{\frac{\sum(X-\overline{X})^2}{n}} \tag{4-26}$$

【例 4-17】 已知某车间两个班组某月工人的每人奖金(单位:元)未经分组的资料(表 4-11),求标准差。

表 4-11 标准差计算表(3)

第一组($\overline{X}_1=110$)			第二组($\overline{X}_2=110$)		
月奖金 X	离差 $X-\overline{X}_1$	离差平方 $(X-\overline{X}_1)^2$	月奖金 X	离差 $X-\overline{X}_2$	离差平方 $(X-\overline{X}_2)^2$
60	−50	2 500	100	10	100
80	−30	900	105	5	25
100	−10	100	110	0	0
120	10	100	110	0	0
140	30	900	115	5	25
160	50	2 500	120	10	100
合计		7 000	合计		250

解:

第一组的标准差为

$$\sigma_1 = \sqrt{\frac{\sum(X-\overline{X}_1)^2}{n}} = \sqrt{\frac{7\,000}{6}} \approx 34.16(元)$$

第二组的标准差为

$$\sigma_2 = \sqrt{\frac{\sum(X-\overline{X}_2)^2}{n}} = \sqrt{\frac{250}{6}} \approx 6.45(元)$$

(2) 加权标准差。对于已分组的资料,计算加权标准差,其计算公式为

$$\sigma = \sqrt{\frac{\sum(X-\overline{X})^2 f}{\sum f}} \tag{4-27}$$

【例 4-18】 已知某班级"统计学"课程的期末成绩(单位:分)(表 4-12),计算该班学生成绩的标准差。

表 4-12 标准差计算表(4)

成绩	人数 f	组中值 X	组总分数 Xf	离差 $X-\overline{X}$	离差平方加权 $(X-\overline{X})^2 f$
60 分以下	2	55	110	−25	1 250
60~70 分	5	65	325	−15	1 125
70~80 分	16	75	1 200	−5	400
80~90 分	20	85	1 700	5	500
90~100 分	7	95	665	15	1 575
合计	50		4 000		4 850

解：

$$\bar{X} = \frac{\sum Xf}{\sum f} = \frac{4\,000}{50} = 80(\text{分})$$

$$\sigma = \sqrt{\frac{\sum(X-\bar{X})^2 f}{\sum f}} = \sqrt{\frac{4\,850}{50}} \approx 9.85(\text{分})$$

该班"统计学"课程期末考试成绩的标准差为 9.85 分。

3) 样本标准差的计算

样本标准差和总体标准差在计算上的区别：总体标准差是用数据个数或总频数去除离差平方和再开方，而样本标准差是用样本数据个数或总频数减去 1 除离差平方和再开方，其中样本数据个数减 1，即 $n-1$ 称为自由度。设样本标准差为 s_{n-1}，根据未分组数据和分组数据两种情况计算样本标准差。

未分组数据的样本标准差为

$$S_{n-1} = \sqrt{\frac{\sum(X-\bar{X})^2}{n-1}} \tag{4-28}$$

分组数据的样本标准差为

$$S_{n-1} = \sqrt{\frac{\sum(X-\bar{X})^2 f}{\sum f - 1}} \tag{4-29}$$

4) 是非标志标准差

以上计算的标准差，是针对变量（即数量标志）现象而言的，是通过总体各单位变量值与平均数计算得出的变异结果。如果是品质标志，它表现的属性只分为两种情况：如在全部产品中，分为合格品和不合格品；在全部人口中，分为男性和女性；在一个电视节目中，观众表现为看和不看；在全部农作物播种面积中，分为受灾与不受灾面积。这种只表现为用"是"或"否"、"有"或"无"来表示的标志，称为是非标志，也称为交替标志。在进行抽样估计时，是非标志的标准差或方差有着重要意义。

为分析简化起见，也可以把是非标志视为变量，用符号 X 表示，又因为是非标志只有两个标志值，故可用 1 表示具有所研究的标志值，用 0 表示不具有所研究的标志值。全部单位数用 N 表示，具有所研究的标志值的单位数用 N_1 表示，不具有所研究标志值的单位数用 N_0 表示，即 $N = N_0 + N_1$，这两部分单位数（N_1 或 N_0）占全部单位数 N 的比重称为成数，可表示如下：

全部单位中具有所研究标志值的单位数所占的比重（成数）用 p 表示，即

$$p = \frac{N_1}{N}$$

全部单位中不具有所研究标志值的单位数所占的比重（成数）用 q 表示，即

$$q = \frac{N_0}{N}$$

两个成数之和等于 1，即

$$p + q = \frac{N_1}{N} + \frac{N_0}{N} = 1$$

现用是非标志值及比重(成数)来说明是非标志平均数和标准差的计算方法,如表 4-13 所示。

表 4-13 是非标志平均数和标准差的计算表

是非标志值 (变量值)X	总体单位数 (成数)f	变量值乘总 体单位数 Xf	离差 $X-\bar{X}$	离差平方 $(X-\bar{X})^2$	离差平方加权值$(X-\bar{X})^2 f$
1	p	p	1−p	$(1-p)^2$	$(1-p)^2 p$
0	q	0	0−p	$(0-p)^2$	$(0-p)^2 q$
合计	1	p			$(1-p)^2 p+(0-p)^2 q$

是非标志的算术平均数为

$$\bar{X} = \frac{\sum Xf}{\sum f} = \frac{1 \times p + 0 \times q}{p + q} = \frac{p}{1} = p$$

是非标志的标准差为

$$\sigma = \sqrt{\frac{\sum (X-\bar{X})^2 f}{\sum f}} = \sqrt{\frac{(1-p)^2 p + (0-p)^2 q}{p+q}} = \sqrt{\frac{q^2 p + p^2 q}{1}} = \sqrt{pq(p+q)}$$
$$= \sqrt{pq} = \sqrt{p(1-p)}$$

【例 4-19】 某电子元件厂生产 5 000 支电子元件,合格品为 4 500 支,不合格品为 500 支,电子元件的合格率为 90%,其是非标志平均数和标准差分别为多少?

解:

$$\bar{X} = \frac{\sum Xf}{\sum f} = p = 90\%$$

$$\sigma = \sqrt{\frac{\sum (X-\bar{X})^2 f}{\sum f}} = \sqrt{p(1-p)} = \sqrt{90\% \times 10\%} = 30\%$$

计算结果表明,该车间这批电子元件平均合格品率为 90%,标准差为 30%。

4. 离散系数

上面介绍的各离散程度测度值都是反映数据分散程度的绝对值,其数值的大小一方面取决于原变量值本身水平高低,也就是与变量值的算术平均数大小有关。变量值绝对水平越高,离散程度的测度值自然就越大,绝对水平越低,离散程度的测度值自然就越小;另一方面,它们与原变量值的计量单位相同,采用不同计量单位计量的变量值,其离散程度的测度值也就不同。因此,对于平均水平不同或计量单位不同的不同组别的变量值,是不能直接用上述离散程度的测度值进行比较的。为了消除变量值水平不同和计量单位不同对离散程度测度值的影响,需要计算离散系数。

离散系数通常用标准差来计算,因此也称为标准差系数,它是一组数据的标准差与其相应的算术平均数之比,是测度数据离散程度的相对指标,其计算公式为

$$V_\sigma = \frac{\sigma}{\overline{X}} \quad \text{或} \quad V_s = \frac{S}{\overline{X}} \tag{4-30}$$

式中,V_σ 和 V_s 分别为总体离散系数和样本离散系数。

【例 4-20】 某车间某班组有 6 个工人,分别带了 1 个徒工,其日产量(单位:件)数列如下。

A 组(6 个工人组):62、65、70、73、80、82。

B 组(6 个徒工组):8、13、17、19、22、24。

试判断 A、B 两组的离散程度。

解:A 组平均数为

$$\overline{X}_A = \frac{\sum X}{n} = \frac{432}{6} = 72(\text{件})$$

B 组平均数为

$$\overline{X}_B = \frac{\sum X}{n} = \frac{103}{6} \approx 17.17(\text{件})$$

通过观察可以看出 A 组标志值变异程度较小,但还不能就此判定平均数更具有代表性。

A 组标准差为

$$\sigma_A = \sqrt{\frac{\sum (X - \overline{X})^2}{n}} \approx 7.97(\text{件})$$

B 组标准差为

$$\sigma_B = \sqrt{\frac{\sum (X - \overline{X})^2}{n}} \approx 5.91(\text{件})$$

因为两数列原有标志值水平不一样,不能用 σ 来判断平均数的代表性。因此,评价其平均数代表性,应进一步计算其离散系数。

$$V_{\sigma A} = \frac{\sigma_A}{\overline{X}_A} \times 100\% = \frac{7.97}{72} \times 100\% = 11.07\%$$

$$V_{\sigma B} = \frac{\sigma_B}{\overline{X}_B} \times 100\% = \frac{5.91}{17.17} \times 100\% = 30.23\%$$

因为 $V_{\sigma A} < V_{\sigma B}$,故 $\overline{X}_A$ 比 $\overline{X}_B$ 代表性高,即 A 组数据离散趋势程度小。离散系数用于对不同组别数据的离散程度进行比较,离散系数大的说明该组数据的离散程度大,离散系数小的说明该组数据的离散程度小。

4.5 利用 SPSS 计算平均指标及标志变异指标

应用 SPSS 计算平均指标和标志变异指标,主要是利用 SPSS 中的"分析"菜单的"描述统计"及"频率"子菜单功能来进行的。

【例 4-21】 利用例 3-4 中的灯泡使用寿命数据,计算数据的集中趋势

例 4-21

和离中趋势。

解：第1步，数据准备。

第2步，依次选择"分析""描述统计""描述"选项，弹出"描述性"对话框，将左侧变量"灯泡使用寿命"传入右侧"变量(V)"列表框中，之后单击"选项"按钮，弹出的"描述：选项"对话框，按图4-1所示进行操作，完成后依次单击"继续""确定"按钮。

图4-1 "描述：选项"对话框

输出的描述统计量如表4-14所示。从表4-14中可以读出全距、极大值、极小值、均值和标准差。

表4-14 输出的描述统计量

灯泡使用寿命有效的 N（列表状态）	N	全距	极小值	极大值	和	均值		标准差	方差
	统计量	统计量	统计量	统计量	统计量	统计量	标准误	统计量	统计量
	100	98.00	651.00	749.00	69 988.00	699.880 0	1.964 60	19.646 00	385.965
	100								

小　　结

综合指标主要包括绝对指标、相对指标、平均指标和标志变异指标，它们分别反映现象的总量规模、相对水平、集中趋势和离中趋势。

绝对指标也称为总量指标（或数量指标），是反映社会经济现象总体规模和水平的综合指标；按绝对指标所反映的内容不同，可划分为总体单位总量和总体标志总量，按总量指标所反映的时间状态不同，可划分为时期指标和时点指标。

相对指标是应用对比的方法来反映相关事物之间数量联系程度的综合指标，主要包括结构相对指标、比例相对指标、比较相对指标、强度相对指标、动态相对指标和计划完成程度相对指标。

平均指标是反映社会经济现象总体单位数量标志一般水平的综合指标,又称为统计平均数。首先,平均指标可以消除因总体范围不同而带来的总体数量差异,从而使不同的总体具有可比性;其次,同一总体在不同时期的平均指标可以反映现象总体的发展变化趋势;再次,平均指标可以用来分析现象之间的依存关系;最后,平均指标是统计推断的一个重要参数。平均指标按计算方法不同,可分为众数、中位数、四分位数、算术平均数、调和平均数、几何平均数等。

标志变异指标是反映总体各单位标志值差异程度的综合指标,它反映了分配数列中各标志值的变动范围或离差程度;标志变异指标是衡量平均指标代表性大小的尺度,是反映社会经济活动过程的均衡性、稳定性的一个重要指标;常用的标志变异指标有全距、平均差、标准差、离散系数。

习 题

一、名词解释

总量指标　相对指标　时期指标　时点指标　总体标志总量　总体单位总量　结构相对指标　比例相对指标　比较相对指标　强度相对指标　正指标　逆指标　动态相对指标　计划完成程度相对指标　水平法　累计法　算术平均数　调和平均数　几何平均数　众数　中位数　全距　平均差　标准差　离散系数

二、单项选择题

1. 人们认识现象总体数量特征的基础指标是(　　)。
   A. 总量指标　　　B. 相对指标　　　C. 平均指标　　　D. 标志变异指标
2. 时点指标的数值(　　)。
   A. 通常连续登记　　　　　　　　　B. 具有可加性
   C. 与其时间间隔长短无关　　　　　D. 时间间隔越长,指标数值越大
3. 某产品单位成本计划今年比去年降低10%,实际降低15%,则计划完成程度为(　　)。
   A. 150%　　　B. 94.4%　　　C. 104.5%　　　D. 66.7%
4. 总体各部分指标数值与总体数值对比得到的结构相对指标值之和(　　)。
   A. 大于100%　　　B. 等于100%　　　C. 小于100%　　　D. 无法确定
5. 某年我国人口出生率为12.86%,此指标为(　　)。
   A. 结构相对指标　B. 比较相对指标　C. 比例相对指标　D. 强度相对指标
6. 平均每百户城市居民拥有小轿车数是(　　)。
   A. 平均指标　　　B. 结构相对指标　C. 比较相对指标　D. 强度相对指标
7. 我国国内生产总值2018年为2017年的109.7%,此指标为(　　)。
   A. 比例相对指标　　　　　　　　　B. 动态相对指标
   C. 利用程度相对指标　　　　　　　D. 计划完成程度相对指标
8. 时期指标的数值(　　)。
   A. 具有可加性　　　　　　　　　　B. 是间断计数的
   C. 与其时间间隔长短无关　　　　　D. 其数值大小与时间长短成反比

9. 以10为对比基数而计算出的相对指标被称为（　　）。
    A. 倍数　　　　　B. 系数　　　　　C. 百分数　　　　　D. 成数
10. 某高等学校今年招生2 000人，年末在校学生为21 000人，则（　　）。
    A. 均为时点指标　　　　　　　　　B. 均为时期指标
    C. 前者为时点指标，后者为时期指标　　D. 前者为时期指标，后者为时点指标
11. 如果研究从业人员劳动收入水平，则从业人员人数与劳动报酬总量等指标是（　　）。
    A. 前者是标志总量，后者是总体单位总量
    B. 前者是总体单位总量，后者是标志总量
    C. 都是总体单位总量
    D. 都是标志总量
12. 总体内部的部分数值与另一部分数值之比是（　　）。
    A. 结构相对指标　　B. 比较相对指标　　C. 强度相对指标　　D. 比例相对指标
13. 表现同类事物在不同空间条件下的差异程度的相对指标是（　　）。
    A. 比较相对指标　　　　　　　　　B. 结构相对指标
    C. 比例相对指标　　　　　　　　　D. 利用程度相对指标
14. 长期计划指标是按计划期内各年的总和规定任务时，检查其计划执行情况应按（　　）计算计划完成程度。
    A. 水平法　　　　　B. 累计法　　　　　C. 推算法　　　　　D. 直接法
15. 下列相对指标中具有可加性的是（　　）。
    A. 计划完成程度相对指标　　　　　B. 动态相对指标
    C. 结构相对指标　　　　　　　　　D. 利用程度相对指标
16. 研究某地区居民的收入状况，则总体单位总量是（　　）。
    A. 该地区居民总收入　　　　　　　B. 该地区居民总人数
    C. 居民小组数　　　　　　　　　　D. 人均收入额
17. 相对指标中有正指标和逆指标之分的只有（　　）。
    A. 利用程度相对指标　　　　　　　B. 强度相对指标
    C. 比例相对指标　　　　　　　　　D. 比较相对指标
18. 我国某年人口的性别比为106：100，此指标为（　　）。
    A. 结构相对指标　　B. 比较相对指标　　C. 强度相对指标　　D. 比例相对指标
19. 下列属于总量指标的是（　　）。
    A. 人均粮食产量　　B. 资金利税率　　C. 产品合格率　　D. 学生人数
20. 某工业企业某产品年产量20万元，其年末库存量为5.2万件，它们是（　　）。
    A. 时点指标　　　　　　　　　　　B. 时期指标
    C. 前者是时期指标，后者是时点指标　　D. 都不对
21. 某产品计划要求比上期增加5%，实际增加10%，产量计划完成程度为（　　）。
    A. 110.51%　　　B. 104.76%　　　C. 115.01%　　　D. 108.23%
22. 某市国内生产总值2019年为2014年的171.56%，此指标为（　　）。
    A. 结构相对指标　　B. 比较相对指标　　C. 比例相对指标　　D. 动态相对指标
23. 某单位某月职工出勤率是98%，此指标是（　　）。
    A. 结构相对指标　　B. 比较相对指标　　C. 比例相对指标　　D. 强度相对指标

24. 每千人拥有的医生数是(　　)。
    A. 总量指标　　　B. 平均指标　　　C. 比较相对指标　　D. 强度相对指标
25. 企业利润额、商品库存额、证券投资额、居民储蓄额指标中,属于时点指标的有(　　)个。
    A. 1　　　　　　B. 2　　　　　　C. 3　　　　　　　D. 4
26. 算术平均数的基本公式的子项与母项必须是(　　)。
    A. 来自有联系的不同总体　　　　　B. 在经济内容上存在着客观联系
    C. 同属一个统计总体　　　　　　　D. 两个没有依附关系的总量指标
27. 表明变量数列中各变量值分布的集中趋势的指标是(　　)。
    A. 数量指标　　　B. 相对指标　　　C. 平均指标　　　D. 标志变异指标
28. 在变量数列中,当标志值较小而权数较大时,则算术平均值(　　)。
    A. 偏向于标志值较小的一方　　　　B. 偏向于标志值较大的一方
    C. 与权数大小无关　　　　　　　　D. 仅与各标志值大小有关
29. 算术平均数只受变量数列的变量值大小的影响,而与次数无关是在于(　　)。
    A. 变量值较大而次数较小　　　　　B. 变量值较小而次数较大
    C. 变量值较小而次数较小　　　　　D. 各变量值出现的次数是一样的
30. 权数对于加权算术平均数的影响作用取决于(　　)。
    A. 作为权数的次数的多少　　　　　B. 各组的标志值的大小
    C. 作为权数的频率的大小　　　　　D. 作为权数的频数的大小
31. 变量数列中的某项变量值是零时,则无法计算(　　)。
    A. 简单算术平均数　　　　　　　　B. 加权算术平均数
    C. 标志变异指标　　　　　　　　　D. 调和平均数
32. 计算平均指标的前提是社会经济现象的(　　)。
    A. 大量性　　　　B. 同质性　　　　C. 变异性　　　　D. 客观性
33. 若在组距数列中,每个组中值减少10,各组的次数不变时,其算术平均数(　　)。
    A. 减少10　　　　B. 不变　　　　　C. 增加10　　　　D. 无法决定
34. 在变量数列中,各组次数增加1倍,则计算出的算术平均数(　　)。
    A. 不变　　　　　B. 增加1倍　　　C. 增加2倍　　　D. 减少1倍
35. 在分配数列中,各变量值与算术平均数的离差之和等于(　　)。
    A. 最小值
    C. 各变量值的算术平均数
    B. 最大值
    D. 零
36. 在某种情况下,简单算术平均数是(　　)。
    A. 加权算术平均数的特殊形式　　　B. 加权调和平均数的特殊形式
    C. 简单调和平均数的特殊形式　　　D. 几何平均数的变形
37. 在计算平均指标时,容易受到变量数列极端值影响的是(　　)。
    A. 众数　　　　　B. 中位数　　　　C. 算术平均数　　D. 权数
38. 各个标志值与算术平均数的离差平方和为(　　)。
    A. 最小值
    C. 各标志值的平均数
    B. 最大值
    D. 零

39. 加权算术平均数的大小（　　）。
    A. 仅受各组次数多少的影响
    B. 仅受各组变量值大小的影响
    C. 受到各组变量值大小和次数的共同影响
    D. 与各组变量值与次数均无关

40. 在下列平均数中，不属于计算平均数的是（　　）。
    A. 众数和中位数　　　　　　　　　B. 算术平均数
    C. 简单调和平均数　　　　　　　　D. 加权调和平均数

41. 中位数由分配数列中的（　　）。
    A. 标志值的平均数值大小决定　　　B. 标志值大小决定
    C. 极端值大小决定　　　　　　　　D. 居中的变量值决定

42. 某班组8名工人日产量（单位：件）分别是7、8、9、10、11、12、13、14，则这个数列中（　　）。
    A. 有众数　　B. 没有众数　　C. 10是众数　　D. 11是众数

43. 根据组距数列计算众数时，假若众数组相邻两组的次数一样，则（　　）。
    A. 众数在众数组内邻近下限　　　　B. 众数在众数组内邻近上限
    C. 众数就是众数组的组中值　　　　D. 无法确定众数

44. 说明变量数列中各变量值分布的离散趋势的指标是（　　）。
    A. 总量指标　　B. 相对指标　　C. 平均指标　　D. 标志变异指标

45. 标准差是指各组变量值和其算术平均数的（　　）。
    A. 离差平均数的平方根　　　　　　B. 离差平均数平方的平方根
    C. 离差平方的平均数　　　　　　　D. 离差平方的平均数平方根

46. 平均差与标准差的主要区别（　　）。
    A. 计算前提不同　　　　　　　　　B. 计算结果不同
    C. 数学处理方法不同　　　　　　　D. 说明的意义不同

47. 在甲、乙两个变量数列中，若甲数列的标准差小于乙数列的标准差，那么（　　）。
    A. 两个数列的平均数代表性相同　　B. 甲数列平均数的代表性高于乙数列
    C. 乙数列平均数的代表性高于甲数列　D. 平均数的代表性无法判断

48. 比较两个不同平均数的同类现象或两个性质不同的不同类现象平均数的代表性大小时，采用（　　）。
    A. 标准差系数　　B. 标准差　　C. 平均差　　D. 全距

49. 计算标准差一般依据的平均指标是（　　）。
    A. 众数　　B. 算术平均数　　C. 中位数　　D. 几何平均数

三、计算题

1. 某地不同产业就业人员情况如表4-15所示。

表4-15　某地不同产业就业人员分布情况　　　　　　　　　　　　单位：万人

年　份	就业人员合计	第一产业	第二产业	第三产业
2018	73 025	36 513	16 284	20 228
2019	73 740	36 870	15 780	21 090

要求：

(1) 计算2018年和2019年第三产业就业人员的结构相对指标和比例相对指标（以第一产业就业人数为1）。

(2) 计算就业人数的动态相对指标。

2．A、B、C、D 四个城市的城镇居民人均可支配收入资料如表4-16所示。

表4-16　A、B、C、D 四个城市的城镇居民人均可支配收入　　　　　　　单位：元

年份	A	B	C	D
2018年	12 463.9	13 249.8	9 337.6	7 238
2019年	11 577.8	12 883.5	8 958.7	6 721.1

要求：

(1) 以 A 为比较基数，计算比较相对指标。

(2) 计算动态相对指标，并说明哪个城市快。

3．某种产品单位成本，基期为9 000元，报告期计划要求比基期降低5%，实际降低8%，计算报告期产品成本计划的完成程度。

4．某生产班组有10名工人，每人日产量分别为66、68、69、70、72、75、78、80、81、83（单位：件）。

要求：

(1) 计算班组的日产量。

(2) 计算班组的平均每人日产量。

5．某车间60名工人日产量如表4-17所示。

表4-17　某车间60名工人日产量

按日产量分组 x	工人人数 f／人
7	5
8	6
9	20
10	14
11	10
12	6
合计	60

要求：

(1) 计算该车间日产量。

(2) 计算该车间平均每人日产量。

6．某单位职工奖金情况如表4-18所示。

表4-18　某单位职工奖金情况

按奖金分组 x	职工人数 f／人
600～700元	12
700～800元	30

续表

按奖金分组 x	职工人数 f/人
800~900 元	80
900~1 000 元	50
1000~1 100 元	28
合计	200

要求：计算该单位职工的平均奖金。

7. 某地区抽取 120 家企业按利润额分组，如表 4-19 所示。

表 4-19　某地区 120 家企业按利润额分组

按利润额分组	各组占总的比重/%
200~300 万元	15.83
300~400 万元	25.00
400~500 万元	35.00
500~600 万元	15.00
600 万元以上	9.17
合计	100.00

要求：按算术平均法计算 120 家企业利润额的平均数。

8. 某种商品在甲、乙两地的销售情况如表 4-20 所示。

表 4-20　某种商品在甲、乙两地的销售情况

包装形式	售价/(元/千克)	销售额/元	
		甲地	乙地
散装	11	11 000	22 000
袋装	12	24 000	12 000
精装	14	14 000	14 000

要求：分别计算该商品在甲、乙两地的平均售价，并进行比较。

9. 依据 4-21 中的资料，确定众数和中位数。

表 4-21　某车间工人产量定额完成程度分组

按定额完成程度分组/%	生产工人人数/人
80~90	10
90~100	22
100~110	28
110~120	54
120~130	40
130~140	28
140~150	18
合计	200

10. 有两个班组(各7名工人)的日产量情况如表4-22所示。

表4-22　两个班组(各7名工人)日产量情况　　　　　　　　　单位：件

组别	日 产 量						
一组	7	8	10	11	13	14	16
二组	10	11	12	13	14	15	16

要求：计算各组的算术平均数、全距、平均差、标准差、平均差系数和标准差系数，并比较哪个组的日平均产量的代表性好。

11. 某村两种水稻的收获情况如表4-23所示，分析比较哪种稻的产量稳定性较好(计算标准差系数进行比较)。

表4-23　某村两种水稻的收获情况

组别	1号水稻		2号水稻	
	播种面积/亩	亩产量/千克	播种面积/亩	亩产量/千克
种收情况	20	400	15	410
	25	425	22	435
	35	450	26	480
	38	510	30	500

12. 表4-24是两个成品包装组的每包重量的误差分组资料，试比较两个工人组的包装质量的稳定情况。

表4-24　两个成品包装组的每包重量的误差分组资料

按每包误差重量分组	一组工人人数/人	二组工人人数/人
4克以下	5	3
4～5克	13	5
5～6克	18	12
6～7克	15	20
7～8克	7	15
8克以上	2	5
合计	60	60

四、上机题

依据第3章计算题第8题给出的北方某城市2017年1～2月气温的数据。计算相应指标并分析这两个月气温的稳定性。

五、分析题

1. 依据表3-21中给出的6名运动员的射击成绩数据。

分析：

(1) 计算6名运动员射击成绩的平均指标及变异指标(描述统计量)，并对6名运动员成绩发挥的稳定性进行分析。

(2) 判断各运动员的成绩是否存在离群点(提示：可以将平均数加减2倍的标准差之外

的数据定为离群点)。

2. 根据《全国人口普查条例》《国务院关于开展第六次全国人口普查的通知》，我国以 2010 年 11 月 1 日 0 时为标准时点进行了第六次全国人口普查。在国务院和地方各级人民政府的统一领导下，在全体普查对象的支持配合下，通过广大普查工作人员的艰苦努力，目前已圆满完成人口普查任务。现将快速汇总的主要数据公布如下。

(1) 总人口

全国总人口数为 1 370 536 875 人，其中：普查登记的我国 31 个省(自治区、直辖市)和现役军人的人口数共 1 339 724 852 人；香港特别行政区人口数为 7 097 600 人；澳门特别行政区人口数为 552 300 人；台湾地区人口数为 23 162 132 人。

(2) 人口增长

我国 31 个省(自治区、直辖市)和现役军人的人口数，同第五次人口普查 2000 年 11 月 1 日 0 时的 265 825 048 人相比，10 年共增加 73 899 804 人，增长 5.84%，年平均增长率为 0.57%。

(3) 家庭户人口

我国 31 个省(自治区、直辖市)共有家庭户 401 517 330 户，家庭户人口为 1 244 608 395 人，平均每个家庭户的人口为 3.10 人，比 2000 年第五次全国人口普查的 3.44 人减少 0.34 人。

(4) 性别构成

我国 31 省(自治区、直辖市)和现役军人的人口数中，男性人口数为 686 852 572 人，占 51.27%；女性人口为 652 872 280 人，占 48.73%。总人口性别比(以女性人口数为 100，男性对女性的比例)由 2000 年第五次全国人口普查的 106.74 下降为 105.20。

(5) 年龄构成

我国 31 省(自治区、直辖市)和现役军人的人口数中，0~14 岁人口数为 222 459 737 人，占总人口数的 16.60%；15~59 岁人口数为 939 616 410 人，占 70.14%；60 岁及以上人口数为 177 648 705 人，占 13.26%，其中 65 岁及以上人口数为 118 831 709 人，占 8.87%。同 2000 年第五次全国人口普查相比，0~14 岁人口的比重下降 6.29 个百分点，15~59 岁人口的比重上升 3.36 个百分点，60 岁及以上人口的比重上升 2.93 个百分点，65 岁及以上人口的比重上升 1.91 个百分点。

(6) 民族构成

我国 31 省(自治区、直辖市)和现役军人的人口数中，汉族人口数为 1 225 932 641 人，占 91.51%，各少数民族人口数为 113 792 211 人，占 8.49%。同 2000 年第五次人口普查相比，汉族人口增加 66 537 177 人，增长 5.74%；各少数民族人口数增加 7 362 627 人，增长 6.92%。

(7) 各种受教育程度人口

我国 31 省(自治区、直辖市)和现役军人的人口数中，具有大学(指大专以上)文化程度的人口数为 119 636 790 人；具有高中(含中专)文化程度的人口数为 187 985 979 人；具有初中文化程度的人口数为 519 656 445 人；具有小学文化程度的人口数为 358 764 003 人(以上各种受教育程度的人包括各类学校的毕业生、肄业生和在校生)。

同 2000 年第五次人口普查相比，每 10 万人中具有大学文化程度的由 3 611 人上升为 8 930 人；具有高中文化程度的由 11 146 人上升为 14 032 人；具有初中文化程度的由 33 961 人上升为 38 788 人；具有小学文化程度的由 35 701 人下降为 26 779 人。

我国31省（自治区、直辖市）和现役军人的人口数中，文盲人口数（15岁及以上不识字的人）为54 646 573人，同2000年第五次人口普查相比，文盲人口减少30 413 094人，文盲率由6.72%下降为4.08%，下降2.64个百分点。

（8）城乡人口

我国31省（自治区、直辖市）和现役军人的人口数中，居住在城镇的人口数为665 575 306人，占人口总数的49.68%；居住在乡村的人口数为674 149 546人，占50.32%。同2000年第五次人口普查相比，城镇人口增加207 137 093人，乡村人口减少133 237 289人，城镇人口比重上升13.46个百分点。

（9）人口的流动

我国31省（自治区、直辖市）的人口数中，居住地与户口登记地所在的乡镇街道不一致且离开户口登记地半年以上的人口数为261 386 075人，其中市辖区内人户分离的人口数为29 959 423人，不包括市辖区人户分离的人口数为221 426 652人。同2000年第五次人口普查相比，居住地与户口登记地所在的乡镇街道不一致且离开户口登记地半年以上的人口增加116 995 327人，增长81.03%。

（10）登记误差

普查登记结束后，全国统一随机抽取402个普查小区进行了事后质量抽样调查，抽查结果显示，人口漏登率为0.12%。

（资料来源：中华人民共和国国家统计局，2011.2010年第六次全国人口普查主要数据公报[EB/OL].(2011-04-28)[2018-05-04].http://gov.cn/guoqing/2012-04/20/content_2582698.htm.）

思考：

(1) 第六次全国人口普查快速汇总主要公布的数据包括哪些？

(2) 这些公布的数据有哪些类型？这些数据是怎样得来的？

(3) 试说明一下每种类型数据都反映了什么？

拓 展 阅 读

1. 卢亚,张大超.发达国家国内体育生产总值统计指标对比及启示[J].首都体育学院学报,2016,28(5):392-401.
2. 蔡仰虹.探讨区域循环经济统计指标构建体系与综合评价[J].财经界,2016(35):359-361.
3. 林芳.文化统计框架中的图书馆:定位与统计指标[J].图书情报知识,2015(4):1-12.
4. 彭康通.图书馆数字资源使用统计指标构建与思考[J].图书馆界,2016(4):25-30.
5. 陈娴.对人力资源和社会保障统计指标体系建设的探析[J].现代经济信息,2016(15):134-137.
6. 刘雅斋,王爽.我国商业银行统计指标构建及完善对策分析[J].才智,2016(18):272.
7. 熊伟.地理信息产业统计指标体系的构建[J].统计与决策,2015(5):23-26.
8. 李家龙.统计指标在现实中的运用[J].教育教学论坛,2015(24):223-224.
9. 国凤兰,刘庆志.文化消费统计指标体系的设计[J].统计与决策,2015(8):36-40.
10. 郭俊.统计的魅力:漫谈统计思维、统计指标和抽样调查[J].调研世界,2015(7):61.

第 5 章

概率与概率分布

知识目标

了解随机现象、随机事件的概念;掌握概率的三种定义;掌握随机变量的概念、随机变量分布特征及数学期望计算;重点掌握样本均值、样本成数的抽样分布特征;重点掌握正态分布的特征。

能力目标

能够根据收集的统计数据判断其大致分布特征;能够运用正确的抽样方法对社会经济现象进行分析。

引导视频

5.1 随机变量及其分布

5.1.1 随机现象和随机事件

1. 确定性现象和随机现象

自然界及社会经济领域发生的现象是多种多样的,大致可以分为三类:确定性现象、随机现象、模糊现象。统计学只研究确定性现象和随机现象。

定义 5.1 确定性现象是指在一定条件下,结果必然会发生或必然不会发生的现象。

例如,1+1 必然等于 2;在一个标准大气压下把水加热到 100℃,水便会沸腾;质量守恒定律、牛顿定律等反映的都是这类现象。研究这类现象的数学工具有代数、几何、微分方程等。

定义 5.2 随机现象是指一定条件下可能发生,也可能不发生的现象。

例如,以同样的方式抛置硬币,其结果可能正面向上也可能反面向上,但哪一个结果会发生是不确定的。又如,在一块土地上种麦子,收获的麦子是多少粒也是一个随机现象。研究这类现象的数学工具是概率论和统计。从一次观察来看,随机现象似乎没有什么规律,但通过大量观察发现,其有明显的规律性,这种规律性通常被称为统计规律性。例如,抛一枚骰子,出现 5 点的情况可能发生,也可能不发生,在相同条件下多次重复抛这枚骰子,就会发现出现 5 点的可能性越来越接近 1/6。

2. 随机试验和随机事件

为研究随机现象的统计规律性而进行的各种科学实验或对事物某种特征进行的观测都称为试验(试验=对自然的观察+科学实验)。将具有以下三个特征的试验称为随机试验:

①试验可以在相同的条件下重复进行;②每次试验的可能结果不止一个,并且能在试验之前明确知道所有可能结果;③每次试验之前不能肯定这次试验会出现哪个结果,但可以肯定每次试验总会出现这些可能结果中的一个。

定义 5.3 随机试验的每一个可能结果称为随机事件,简称为事件,常用 A、B、C 等表示。

例如,将硬币抛出一次,正面朝上和反面朝上这两个可能的结果都是随机事件。若一个随机事件不可能分成两个或更多个事件,就称为基本事件。例如,抛一枚硬币两次,观察正反面情况,可能的结果是四个:①一正一反;②一反一正;③全正;④全反。那么每一个结果就是一个基本事件。

基本事件的全体称为样本空间或基本空间,记为 Ω。由某些基本事件组合而成的事件称为复合事件,等于基本事件相加。在一定条件下,每次试验必然发生的事件称为必然事件,记为 Ω(样本空间本身就是一个必然事件);在一定条件下,必然不会发生的事件(空集)称为不可能事件,常用 $\varnothing$ 表示。必然事件和不可能事件不是随机事件,但为了今后研究方便,仍将其作为随机事件的两个极端情形来处理。

3. 概率的定义

随机事件的概率(简称概率),是指随机事件发生可能性大小的数量。概率有多种定义,各适用于不同的场合。

1) 概率的古典定义

具有以下两个共同特点的试验,称为古典(或等可能)概型:①每次试验只有有限种可能结果,即样本空间中基本事件总数有限;②各个试验结果出现的可能性相同。

定义 5.4 概率的古典定义是指在古典概型中,某一事件 A 发生的概率为该事件所包含的基本事件个数 m 与样本空间中基本事件总数 n 的比值。

记为

$$P(A) = \frac{m}{n}$$

例如,从 100 件产品(其中有 5 件次品)中任抽 50 件,求恰有 2 件次品的概率。

设 A="抽出的 50 件产品恰有 2 件次品";样本空间基本事件总数 $n = C_{100}^{50}$;使 A 事件发生的基本事件数 $m = C_{95}^{48} C_5^2$。则 A 事件发生的概率为

$$P(A) = \frac{m}{n} = \frac{C_{95}^{48} C_5^2}{C_{100}^{50}} = 0.32$$

2) 概率的统计定义

概率的古典定义有一定的局限性,这是因为客观实际中有许多随机现象并不能满足古典概型的两个特点。例如,某一年龄组的人口死亡率、不同的英文字母出现的概率等显然不能用古典概型来计算。对于这类问题,可以通过大量的重复试验来找出它们的统计规律性。

定义 5.5 概率的统计定义是指在相同条件下,重复进行 n 次试验,事件 A 发生 m 次 ($m \leqslant n$),随着试验次数 n 增大,事件 A 发生的频率 m/n 围绕某一常数 p 上下波动的幅度越来越小,且逐步趋于稳定,则称 p 为事件 A 的概率。

记为

$$P(A) = \frac{m}{n} = p$$

例如,推断某鱼塘里鲤鱼数量的百分比。重复捞取,每次捞取的数量为200条,每次鲤鱼数量占总量的比例是9.5%、10.0%、10.5%、9.0%等,随捞取次数的增加,鲤鱼数量的占比稳定在10%附近,用频率近似概率,即可认为鱼塘中鲤鱼数量的百分比是10%。

3) 概率的主观定义

定义5.6 概率的主观定义是指人们根据经验和所掌握的信息对事件发生的可能性给予主观的估计。

有些随机现象没有古典概型的特点,也不能在相同条件下进行大量重复试验。例如,讨论一种新产品在未来市场上畅销的概率、某次卫星发射成功的概率、公安机关破获某个案件的概率等问题,这时可根据人们的经验,以个人信息为基础估计概率。

5.1.2 随机变量的定义及概率分布

1. 随机变量的定义

随机试验的结果(事件)是多种多样的。有些可以直接用数量表示。例如,掷一枚骰子可能出现的点数,用1,2,3,…,6表示。有些可以间接用数量来表示。例如,从一批产品中随机抽取一个,检验它是废品还是合格品。这个试验的可能结果只有两个,即抽中的是废品还是合格品。令$X=1$代表事件"抽中的是废品",$X=0$代表事件"抽中的是合格品"。一般来说,总可以建立起随机事件与数量之间的对应关系,因为试验的结果是随机的,所以对应的数量也是随机的。

定义5.7 设随机试验的样本空间是$\Omega=\{\omega\}$,若对每一个样本点ω(事件)总有一个实数$X(\omega)$与它对应,则称实数函数$X(\omega)$为一个随机变量,简记为X、Y、Z等。

根据取值特点不同,随机变量可分为离散型随机变量和连续型随机变量。

2. 随机变量的概率分布

1) 离散型随机变量的概率分布

定义5.8 有些随机变量,它全部可能取到的值是有限个或可列无限个,这种随机变量称为离散型随机变量。

例如,掷一枚骰子,观察点数X,X只可能取1,2,3,…,6,共6个值;电话交换台一分钟收到的呼唤次数X,都是可列的,以上都是离散型随机变量。

设离散型随机变量X所有可能的取值为$X_k(k=1,2,3,\cdots)$,X取各个可能值的概率,即事件$(X=X_k)$的概率,为

$$P\{X=X_k\}=p_k, \quad k=1,2,3,\cdots \tag{5-1}$$

p_k满足如下两个条件:

$$p_k \geq 0, \quad k=1,2,3,\cdots$$

$$\sum_{k=1}^{\infty} p_k = 1$$

称(5-1)为离散型随机变量X的概率分布或分布律。

例如,设X为电话交换台1分钟收到的呼唤次数,X的概率分布如表5-1所示。

表 5-1 电话交换台一分钟收到的呼唤次数的概率

呼唤次数($X=x_i$)	0	1	2	3
概率$\{p(X=x_i)=p_i\}$	0.10	0.25	0.35	0.30

2）随机变量的分布函数

对于非离散型随机变量 X，其可能的取值不能一个个列举，因此不能像离散型随机变量那样用分布律描述，另外，对非离散型随机变量，关心的是随机变量取值落在一个区间的概率。例如，对于灯泡寿命，无法考察它的寿命是 100 小时、500 小时的概率，但可以考察 100～120 小时或 500～520 小时的概率。下面引入了随机变量分布函数的概念。

设 X 是一个随机变量，x 是任意实数，函数 $F(x)=P(X\leqslant x)$ 称为 X 的分布函数。

对任意实数 $x_1,x_2(x_1<x_2)$，有

$$P(x_1<X\leqslant x_2)=P(X\leqslant x_2)-P(X\leqslant x_1)$$
$$=F(x_2)-F(x_1) \tag{5-2}$$

即已知 X 的分布函数，就能知道 x 落在任意区间$(x_1,x_2]$上的概率。可见，分布函数能完整地描述随机变量的统计规律性。

【**例 5-1**】 根据表 5-1 中的数据，求 X 的分布函数，并求 $P\left(X\leqslant\dfrac{1}{2}\right)$。

解：

$$F(x)=\begin{cases}0, & x<0\\ 0.1, & 0\leqslant x<1\\ 0.35, & 1\leqslant x<2\\ 0.7, & 2\leqslant x<3\\ 1, & x\geqslant 3\end{cases}$$

那么，$P\left(X\leqslant\dfrac{1}{2}\right)=0.1$。

3）连续型随机变量的概率密度

对于随机变量 X 的分布函数 $F(x)$，存在非负函数 $f(x)$，使对于任意实数 x 有

$$F(x)=\int_{-\infty}^{x}f(t)\mathrm{d}t \tag{5-3}$$

则 X 称为连续型随机变量，其中函数 $f(x)$ 称为 X 的概率密度函数，简称概率密度。

连续型随机变量的概率密度是其分布函数的导数，即

$$f(x)=F'(x) \tag{5-4}$$

5.1.3 随机变量的数字特征

1. 随机变量的数学期望

定义 5.9 随机变量的数学期望又称为随机变量的均值，它是随机变量所有可能取值的平均水平，记为 $E(X)$ 或 μ，它度量的是随机变量的集中趋势。

设离散型随机变量 X 的分布律为 $P\{X=x_k\}=p_k, k=1,2,3,\cdots$，若 $\sum\limits_{i=1}^{n}x_iP_i$ 绝对收

敛,则称 $\sum_{i=1}^{n} x_i P_i$ 为随机变量 X 的数学期望,记为 $E(X)$,即

$$E(X) = \mu = \sum_{i=1}^{n} x_i P_i \tag{5-5}$$

设连续型随机变量 X 的概率密度为 $f(x)$,若积分 $\int_{-\infty}^{\infty} x f(x)$ 绝对收敛,则称积分 $\int_{-\infty}^{\infty} x f(x)$ 的值为随机变量 X 的数学期望,记为 $E(X)$,即

$$E(X) = \mu = \int_{-\infty}^{\infty} x f(x) \tag{5-6}$$

2. 随机变量的方差或均方差

定义 5.10 随机变量的方差是随机变量的各可能取值偏离其均值的离差平方的均值,记为 $D(X)$ 或 σ^2。方差的平方根称为均方差,记为 σ。方差和均方差度量的是随机变量的离中趋势。

设 X 是一个随机变量,若 $E\{[X-E(X)]^2\}$ 存在,则称 $E\{[X-E(X)]^2\}$ 为 X 的方差,记为 $D(X)$ 或 σ^2,即

$$D(X) = \sigma^2 = E\{[X - E(X)]^2\} \tag{5-7}$$

对于离散型随机变量,

$$D(X) = \sigma^2 = \sum_{k=1}^{\infty} [x_k - E(X)]^2 p_k \tag{5-8}$$

式中,$P\{X = x_k\} = p_k, k = 1, 2, 3, \cdots$ 是 X 的分布律。

对于连续型随机变量的方差为

$$D(X) = \sigma^2 = \int_{-\infty}^{\infty} [x - E(X)]^2 f(x) dx \tag{5-9}$$

式中,$f(x)$ 为 X 的概率密度。

5.2 几个重要的概率分布

5.2.1 正态分布

1. 正态分布的定义

正态分布是一种常用的、重要的连续型随机变量分布。许多随机变量服从或近似地服从正态分布。例如,同龄人的身高、体重、智商,一批产品的平均寿命,测量误差等。正态分布之所以重要是因为它特有的数学性质,许多分布可以用正态分布近似计算,平均数的分布就服从或渐近服从正态分布,此外,由正态分布可以导出许多有用的分布(如 χ^2 分布、t 分布、F 分布)。

定义 5.11 正态分布是一个连续型分布,设随机变量 X 的概率密度函数为

$$f(x) = \frac{1}{\sqrt{2\pi}\sigma} e^{-(x-\mu)^2/2\sigma^2}, \quad -\infty < x < \infty \tag{5-10}$$

称随机变量 X 服从参数为 μ、σ 的正态分布或高斯分布,记为 $X \sim N(\mu, \sigma^2)$。

正态分布的曲线如图 5-1 所示。

2. 正态分布的性质

正态分布有以下性质：①正态分布的概率密度曲线为对称的钟形曲线，它是关于直线 $x=\mu$ 对称的；②$x=\mu$ 时取到最大值；③$x=\mu\pm\sigma$ 处有拐点，曲线与 x 轴之间的面积为 1；④正态分布的概率密度曲线 $f(x)$ 位置完全由参数 μ 所确定，μ 为位置参数，σ 越小，图形越尖，X 落在 μ 附近的概率越大。

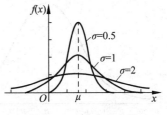

图 5-1 正态分布曲线

$\mu=0,\sigma=1$ 时称 X 服从标准正态分布，记为 $N(0,1)$，其概率密度和分布函数分别用 $\varphi(x)$ 和 $\phi(x)$ 来表示。

标准正态分布的概率密度函数为

$$\varphi(x)=\frac{1}{\sqrt{2\pi}}e^{-x^2/2}, \quad -\infty<x<\infty \tag{5-11}$$

其分布函数为

$$\phi(x)=\int\frac{1}{\sqrt{2\pi}}e^{-x^2/2}dx, \quad -\infty<x<\infty \tag{5-12}$$

标准正态分布曲线同横轴所包围的面积是常数 1，故分布函数 $\phi(x)$ 有以下性质

$$\phi(-x)=1-\phi(x)$$

对于一般正态分布 $N(\mu,\sigma^2)$，只需对 X 进行线性变换，即设

$$Z=\frac{X-\mu}{\sigma}$$

则随机变量 Z 服从标准正态分布，即 $Z\sim N(0,1)$。因而求一般正态分布在某区间上的概率，就转化为求标准正态分布在相应区间上的概率。

在具体计算时常用以下几个公式，即

$$P(X\leqslant x)=\phi\left(\frac{x-\mu}{\sigma}\right)$$

$$P(X>x)=1-P(X\leqslant x)=1-\phi\left(\frac{x-\mu}{\sigma}\right)$$

$$P(x_1<X\leqslant x_2)=P(X\leqslant x_2)-P(X\leqslant x_1)$$

$$=\phi\left(\frac{x_2-\mu}{\sigma}\right)-\phi\left(\frac{x_1-\mu}{\sigma}\right)$$

【例 5-2】 若 X 服从 $N(\mu,\sigma^2)$，求 $P\{|X-\mu|<\sigma\}$。

解：

$$P\{|X-\mu|<\sigma\}=P\{\mu-\sigma<X<\mu+\sigma\}$$
$$=\phi(1)-\phi(-1)$$
$$=2\phi(1)-1$$
$$=2\times 0.8413-1$$
$$=0.6826$$

同理可得

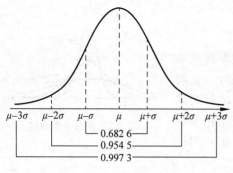

图 5-2 正态分布曲线

$$P\{|X-\mu|<2\sigma\}=0.9545$$
$$P\{|X-\mu|<3\sigma\}=0.9973$$

因此在任何正态分布中，对称轴 μ 左右曲线下的面积各为 1/2，区域 $\mu\pm\sigma$ 表明曲线将包含总体面积的 68.26%，类似地，区域 $\mu\pm2\sigma$ 表明将包含 95.45%，$\mu\pm3\sigma$ 表明将包含 99.73%，如图 5-2 所示。

3. 分位点的概念

定义 5.12 X 服从标准正态分布 $N(0,1)$，若 $P(X>Z_\alpha)=\alpha$，$0<\alpha<1$，则称 Z_α 为 X 的上 α 分位点；若 $P(X<-Z_\alpha)=\alpha$，$0<\alpha<1$，则称 $-Z_\alpha$ 为 X 的下 α 分位点。

5.2.2 χ^2 分布

χ^2 分布是由阿贝于 1863 年首先提出的，后来由海尔墨特和卡·皮尔逊分别于 1875 年和 1900 年推导出来的。

定义 5.13 设 $X\sim N(\mu,\sigma^2)$，则 $Z=\dfrac{X-\mu}{\sigma}\sim N(0,1)$，令 $Y=Z^2$，则 Y 服从于自由度为 1 的 χ^2，即 $Y\sim\chi^2(1)$。

许多随机变量服从或近似地服从正态分布。通常，把总体看作一个随机变量 X，它有自身的分布（大多视为正态分布），其分布中有参数，这些参数往往与总体特征数有关。正态分布有两个参数 μ 和 σ^2，其中 μ 就是 X 的数学期望，σ^2 就是 X 的方差。所以常把总体的特征数称为总体参数。这些总体特征数不易直接求出，样本是总体的一部分，故可根据样本的统计量的信息推断总体参数。统计量是根据样本数据计算出来的一个量，通常所关心的样本统计量有样本均值、样本方差、样本标准差和样本比例（成数）等。样本所包含的总体单位个数称为样本容量，5.3 节将做具体介绍。

那么，进一步可推导出：当总体 $X\sim N(\mu,\sigma^2)$，从中抽取容量为 n 的样本，则有

$$\dfrac{\sum_{i=1}^{n}(x_i-\bar{x})^2}{\sigma^2}\sim\chi^2(n-1) \tag{5-13}$$

χ^2 分布的概率密度曲线如图 5-3 所示。

χ^2 分布的性质和特点如下。

(1) χ^2 分布的变量值始终为正；

(2) $\chi^2(n)$ 分布的开头取决于其自由度 n 的大小，通常为不对称的右偏分布，但随着自由度的增大逐渐趋于对称，如图 5-3 所示；

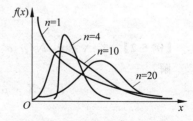

图 5-3 不同自由度的 χ^2 分布

(3) χ^2 分布的期望为 $E(\chi^2)=n$，方差为 $D(\chi^2)=2n$（n 为自由度）；

(4) χ^2 分布具有可加性。若 U 和 V 为两个独立的 χ^2 分布随机变量，$U\sim\chi^2(n_1)$，$V\sim\chi^2(n_2)$，则 $U+V$ 这一随机变量服从自由度为 (n_2+n_2) 的 χ^2 分布。

χ^2 分布通常用于总体方差的估计和非参数检验等。

5.2.3 t 分布

定义 5.14 设随机变量 $X \sim N(0,1), Y \sim \chi^2(n)$，且 X 与 Y 独立无关，则 $t = \dfrac{X}{\sqrt{\dfrac{Y}{n}}}$ 服从自由度为 n 的 t 分布，记为 $t \sim t(n)$。

t 分布的概率密度为

$$f(t) = \frac{\Gamma\left(\dfrac{n+1}{2}\right)}{\sqrt{\pi n}\,\Gamma(n/2)}\left(1+\frac{t^2}{n}\right)^{-\frac{n+1}{2}}, \quad -\infty < t < \infty \tag{5-14}$$

t 分布的概率密度曲线如图 5-4 所示。可以看出，t 分布为对称分布，形态上很像正态分布，但比正态分布曲线分布平坦和分散，其随 n 取值不同而对应不同的曲线。

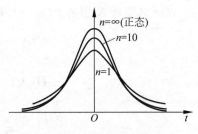

图 5-4 t 分布曲线

t 分布的性质和特点如下。

(1) t 分布是一种连续型的对称分布。它是 $t=0$ 对称的，且形状同标准正态分布类似；

(2) 随机变量 t 的取值范围为 $(-\infty, +\infty)$；

(3) 一般来说，随着自由度 n 增加，t 分布的密度函数越来越接近标准正态分布的密度函数。在实际应用中，一般当 $n \geqslant 30$ 时，t 分布与标准正态分布非常接近；

(4) t 分布决定于自由度，只有知道其自由度，才能在 t 分布表上查出相应的概率为

$$P\{|t| > t_{\alpha/2}(n)\} = \alpha$$

或

$$P\{t > t_\alpha(n)\} = \alpha$$

t 分布的均值和方差分别为

$$E\{t(n)\} = 0 \tag{5-15}$$

$$D\{t(n)\} = \frac{n}{n-2}, \quad n > 2 \tag{5-16}$$

5.2.4 F 分布

F 分布是统计学家费希尔首先提出的。F 分布有着广泛的应用，如方差分析、回归方程的显著性检验。

定义 5.15 设随机变量 Y 与 Z 相互独立，且 Y 和 Z 分别服从自由度为 m 和 n 的 χ^2 分布，随机变量 X 有如下表达式：

$$X = \frac{Y/m}{Z/n} = \frac{nY}{mZ} \tag{5-17}$$

则称 X 服从第一自由度为 m，第二自由度为 n 的 F 分布，记为 $F(m,n)$，简记为 $X \sim F(m,n)$。

F 分布的概率密度函数曲线如图 5-5 所示。

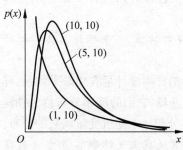

图 5-5 F 分布的概率密度函数曲线

F 分布的性质如下。

(1) F 分布是一种非对称分布。

(2) F 分布有两个自由度,即 n 和 m,相应的分布记为 $F(n,m)$,n 通常称为分子自由度,m 通常称为分母自由度。

(3) F 分布是一个以自由度 n 和 m 为参数的分布族,不同的自由度决定了 F 分布的形状。

(4) F 分布的倒数性质。F 分布的自由度是由构造 F 分布的分子和分母的两个 χ^2 分布的自由度而来,由于其分子和分母的 χ^2 分布可以交换,所以 F 分布的两个自由度有一个重要性质:若 $X \sim F(m,n)$,则 $1/X \sim F(n,m)$。这个重要性质对于查 F 分布求分 α 上侧分位数提供了方便。

$$F_{1-\alpha}(m,n) = \frac{1}{F_\alpha(n,m)} \tag{5-18}$$

设随机变量 X 服从 $F(m,n)$,则数学期望和方差分别为

$$E(X) = \frac{n}{n-2}, \quad n > 2 \tag{5-19}$$

$$D(X) = \frac{2n^2(m+n-2)}{m(n-2)(n-4)}, \quad n > 4 \tag{5-20}$$

5.3 抽样分布

5.3.1 抽样分布的概念

如果掌握了所研究的总体的全部数据,那么只需要进行一些简单的统计描述,就可以得到有关总体的数量特征,如总体均值、方差、成数等。但现实情况比较复杂,有些现象范围比较广,不可能对总体中的每个单位都进行测定,或者有些总体中单位数很多,不可能也没有必要进行一一测定,要从总体中抽取一部分单位进行调查,进而利用样本提供的信息来推断总体的数量特征。

抽样估计(也叫参数估计)是在根据随机原则从总体中抽取部分实际数据的基础上,运用数理统计的方法,对总体某一现象的数量特征作出具有一定可靠程度的估计判断。

定义 5.16 根据总体各个单位的标志值或标志属性计算的,反映总体某种属性或特征的综合指标为总体指标,也称总体参数。

通常所关心的参数有总体均值、标准差、总体成数(总体比例)等。

样本是随机抽取的,事先人们并不知道会出现哪些结果,所以,研究样本指标的全部可能取值及其出现的概率是十分重要的。

定义 5.17 由样本总体各单位标志值计算出来反映样本特征,用来估计总体指标的综合指标称为统计量(抽样指标)。

统计量是根据样本数据计算出来的一个量,通常所关心的样本统计量有样本平均数、样本方差、样本标准差和样本成数(比例)等。这些统计量是随机变量,它们的概率分布称为抽样分布。样本统计量是 n 个随机变量构成的样本的函数,故抽样分布属于随机变量函数的分布。

定义 5.18 某个样本统计量的抽样分布,从理论上说就是在重复选取容量为 n 的样本时,由每一个样本算出的该统计量数值的相对频数分布或概率分布。

因为现实中不可能将所有的样本都抽出来,所以,统计量的抽样分布实际上是一种理论分布。

同总体分布一样,样本统计量的分布即抽样分布同样具有样本均值、样本方差两个数量特征,后续内容所介绍的是在重复和不重复抽样条件下,样本平均数(样本均值)和样本成数(比例)的抽样分布。

定义 5.19 不放回抽样(也称为不重复抽样)是指一次随机抽取 n 个或每次随机抽取一个不放回去,再抽一个,直到抽满 n 个为止。

定义 5.20 有放回抽样(也称重复抽样)是指每次抽取一个进行观察后放回去再抽取下一个,连续随机抽取 n 次。

【例 5-3】 现有 A、B、C、D 四个工人构成的总体,日产某种零件的数量分别为 3 个、4 个、5 个、6 个。现从该总体中采取重复抽样方法抽取容量为 $n=2$ 的随机样本,共有 $4^2=16$ 个可能样本,然后计算出每一个样本的均值 $\bar{x}$,重复抽样的样本均值结果如表 5-2 所示。

表 5-2 重复抽样的样本均值结果

样本序号	样本单位	样本单位日产零件数 x	样本均值 $\bar{x}$
1	A、A	3、3	3
2	A、B	3、4	3.5
3	A、C	3、5	4
4	A、D	3、6	4.5
5	B、A	4、3	3.5
6	B、B	4、4	4
7	B、C	4、5	4.5
8	B、D	4、6	5
9	C、A	5、3	4
10	C、B	5、4	4.5
11	C、C	5、5	5
12	C、D	5、6	5.5
13	D、A	6、3	4.5
14	D、B	6、4	5
15	D、C	6、5	5.5
16	D、D	6、6	6

解:由于每个样本被抽中后的概率相同,均为 1/16,将样本均值 $\bar{x}$ 的全部可能取值及其抽中的概率整理后,得到样本均值的概率分布如表 5-3 所示。

表 5-3 样本均值的概率分布

$\bar{x}$	3	3.5	4	4.5	5	5.5	6
概率 $p(\bar{x})$	1/16	2/16	3/16	4/16	3/16	2/16	1/16

将该概率分布绘成图 5-6。

从例 5-3 中可以看出,抽样分布的形成过程:从容量为 N 的总体中随机抽取容量为 n 的所有样本,计算确定每一个样本的统计量取值及其出现的概率,经整理排列即得到样本统计量的抽样分布。

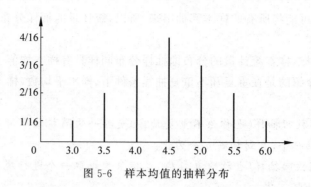

图 5-6　样本均值的抽样分布

抽样分布反映了样本统计量的分布特征,是统计推断的重要依据。根据抽样分布的规律,可揭示样本统计量与总体参数之间的关系,估计抽样误差,并说明抽样推断的可靠性。

当然,从总体中抽出全部可能样本来构造样本统计量的抽样分布,只是一种理论上的探讨。而在实际应用中,样本统计量的抽样分布是通过数学推导或利用计算机程序进行模拟得到的。

5.3.2　样本均值的抽样分布特征

1. $\bar{x}$ 抽样分布的形式

样本均值 $\bar{x}$ 是抽样推断中常用的统计量,它的抽样分布与总体分布、样本容量 n 密切相关。

大样本($n \geqslant 30$)条件下,总体的均值为 μ(后面有的章节用 $\bar{X}$ 表示),方差为 σ^2,无论总体是正态分布还是非正态分布,样本均值 $\bar{x}$ 的抽样分布趋近于数学期望为 μ,方差为 σ^2/n 的正态分布,即 $\bar{x} \sim N(\mu, \sigma^2/n)$。

若将样本均值这一随机变量标准化,得到数学期望为 0,方差为 1 的标准正态变量,记为 Z,则有

$$Z = \frac{\bar{x} - \mu}{\sigma/\sqrt{n}} \sim N(0,1) \tag{5-21}$$

小样本($n<30$)条件下,当总体是正态分布,均值为 μ,且总体方差 σ^2 已知,则样本均值 $\bar{x}$ 的抽样分布服从数学期望为 μ,方差为 σ^2/n 的正态分布。若总体方差未知,用样本方差 S^2 来代替总体方差 σ^2,则样本均值 $\bar{x}$ 经过标准化后的随机变量服从自由度为 $(n-1)$ 的 t 分布,即

$$t = \frac{\bar{x} - \mu}{S/\sqrt{n}} \sim t(n-1) \tag{5-22}$$

2. $\bar{x}$ 抽样分布的数字特征

设总体有 N 个单位,其均值为 μ,方差为 σ^2,从中抽取容量为 n 的样本,样本均值的数学期望(即样本均值的均值)记为 $E(\bar{x})$,样本均值的方差记为 $\sigma_{\bar{x}}^2$,则无论是重复抽样还是不重复抽样,样本均值的数学期望始终等于总体均值,即

$$E(\bar{x}) = \mu \tag{5-23}$$

而样本均值的方差与抽样方法有关。在重复抽样条件下,样本均值的方差为总体方差

的 $1/n$，即

$$\sigma_{\bar{x}}^2 = \frac{\sigma^2}{n} \tag{5-24}$$

即 $\bar{x} \sim N\left(\mu, \frac{\sigma^2}{n}\right)$，等价的有 $Z = \frac{\bar{x} - \mu}{\sigma/\sqrt{n}} \sim N(0,1)$。

在不重复抽样条件下，样本均值的方差则需要用修正系数 $\left(\frac{N-n}{N-1}\right)$ 来修正重复抽样时样本均值的方差，即

$$\sigma_{\bar{x}}^2 = \frac{\sigma^2}{n}\left(\frac{N-n}{N-1}\right) \tag{5-25}$$

即 $\bar{x} \sim N\left[\mu, \frac{\sigma^2}{n}\left(\frac{N-n}{N-1}\right)\right]$。

对无限总体进行不重复抽样时，可以按重复抽样来处理，因为其修正系数 $\left(\frac{N-n}{N-1}\right)$ 趋向于1，此时样本均值的方差仍可按式(5-24)来计算。对有限总体，当 N 很大而 n 很小时，其修正系数 $\left(\frac{N-n}{N-1}\right)$ 也趋向于1，这时样本均值的方差也可以按式(5-24)来计算。

【例 5-4】 设从一个均值 $\mu=10$、标准差 $\sigma=0.6$ 的总体中随机选取容量为 $n=36$ 的样本。假定该总体不是很偏，要求：

(1) 计算样本均值 $\bar{x}$ 小于9.9的近似概率。
(2) 计算样本均值 $\bar{x}$ 超过9.9的近似概率。
(3) 计算样本均值 $\bar{x}$ 在总体均值 $\mu=10$ 附近0.1范围内的概率。

解：根据中心极限定理，不论总体的分布是什么形状，在假定总体分布不是很偏的情况下，当从总体中随机抽取 $n=36$ 的样本时，样本均值 $\bar{x}$ 的分布近似服从均值为10，标准差为 $\sigma/\sqrt{n} = \frac{0.6}{\sqrt{36}} = 0.1$ 的正态分布，即

$$\bar{x} \sim N(10, 0.1^2)$$

(1) $\bar{x}$ 小于9.9的近似概率

$$\begin{aligned} P(\bar{x} < 9.9) &= P\left(\frac{\bar{x}-10}{0.1} < \frac{9.9-10}{0.1}\right) \\ &= P(Z < -1) \\ &= 1 - \phi(1) \\ &= 1 - 0.8413 \\ &= 0.1587 \end{aligned}$$

(2) $\bar{x}$ 超过9.9的近似概率

$$\begin{aligned} P(\bar{x} > 9.9) &= 1 - P(\bar{x} \leqslant 9.9) \\ &= 1 - P\left(\frac{\bar{x}-10}{0.1} \leqslant \frac{9.9-10}{0.1}\right) \\ &= 1 - \phi(-1) \\ &= 1 - 0.1587 \\ &= 0.8413 \end{aligned}$$

(3) $\bar{x}$ 在 $\mu=10$ 附近 0.1 范围内的概率

$$P(9.9<\bar{x}<10.1)=P\left(\frac{9.9-10}{0.1}<\frac{\bar{x}-10}{0.1}<\frac{10.1-10}{0.1}\right)$$
$$=P(Z<1)-P(Z<-1)$$
$$=2\phi(1)-1$$
$$=2\times 0.8413-1$$
$$=0.6826$$

5.3.3 样本成数（比例）的抽样分布特征

在商务与经济管理中，许多情况下要用到成数（比例）估计，也就是用样本成数（比例）p 估计总体成数（比例）P。所谓成数（比例）是指总体（或样本）中具有某种属性的单位数与全部单位总数之比。例如，一组产品中质量合格的比率、某品牌产品在市场上的占有率、某高校职工中有高级职称人员的比例，等等。

设总体有 N 个单位，具有某种特征（或属性）的单位数为 N_1，不具有某种特征（或属性）的单位数为 N_0。将具有某种属性的单位数与全部单位总数之比称为总体成数（比例），用 P 表示，则有

$$P=\frac{N_1}{N}$$

而具有另一属性的单位数与全部单位数之比为

$$\frac{N_0}{N}=1-P$$

相应的样本成数（比例）用 p 表示，则有 $p=\frac{n_1}{n}, \frac{n_0}{n}=1-p$。

p 的抽样分布是样本成数（比例）p 的所有可能取值的概率分布。当样本量很大时，样本成数（比例）p 的抽样分布可用正态分布近似。对于一个具体的样本成数（比例），若 $np\geq 5$ 和 $n(1-p)\geq 5$，则可以认为样本量足够大。

同样地，对于 p 的分布，也需要知道 p 的数学期望（p 的所有可能取值的均值）和方差。可以证明，p 的数学期望 $E(p)$ 等于总体的成数（比例）P，即

$$E(p)=P \tag{5-26}$$

p 的方差则与抽样方法有关。设 p 的抽样方差为 σ_p^2，在重复抽样条件下，有

$$\sigma_p^2=\frac{P(1-P)}{n} \tag{5-27}$$

即 $p\sim N\left(P,\frac{P(1-P)}{n}\right)$。

在不重复抽样条件下，用修正系数加以修正，则有

$$\sigma_p^2=\frac{P(1-P)}{n}\left(\frac{N-n}{N-1}\right)$$

即 $p\sim N\left[P,\frac{P(1-P)}{n}\left(\frac{N-n}{N-1}\right)\right]$。

与样本均值的分布的方差一样，对于无限总体进行不重复抽样时，可以按重复抽样来处

理。此时样本成数(比例)的方差仍可按式(5-27)来处理。对于有限总体,当 N 很大时,而抽样比 $n/N \leqslant 5\%$ 时,其修正系数 $\left(\dfrac{N-n}{N-1}\right)$ 趋于 1,这时样本成数(比例)的方差也可以按式(5-27)来计算。

【例 5-5】 假定某统计人员在其填写的报表中每 2% 至少会有一处错误,如果检查一个由 600 份报表组成的随机样本,其中至少有一处错误的报表所占的比例在 0.025~0.070 的概率是多少?

解:设 600 份报表中至少有一处错误的报表所占比例为 p,由中心极限定理可知:

p 服从均值为 0.02,标准差为 $\sqrt{\dfrac{0.02 \times 0.98}{600}} \approx 0.0057$ 的正态分布,即

$$p \sim N(0.02, 0.0057^2)$$

从而所求概率为

$$P(0.025 \leqslant p \leqslant 0.070) = P\left(\dfrac{0.025-0.02}{0.0057} \leqslant p \leqslant P\dfrac{0.070-0.02}{0.0057}\right)$$
$$= P(0.087 \leqslant Z \leqslant 8.77)$$
$$= \phi(8.77) - \phi(0.877) = 0.1905$$

即该统计人员所填写的报表中至少有一处错误的报表所占比例在 0.025~0.070 的概率为 19.02%。

单一总体参数推断样本统计量时的抽样分布形式如图 5-7 所示。

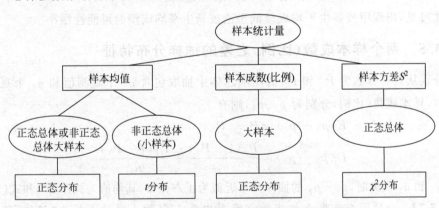

图 5-7 单一总体参数推断样本统计量时的抽样分布形式

在实际生活中,常会遇到比较两个平均值或成数的问题。例如,要比较人们的购买行为中喜欢产品 A 的比例与喜欢产品 B 的比例;比较两种不同投资项目的预期回报;比较不同班组生产不合格品的比例等,以上问题都可概括为相对应的样本统计量的比较。

5.3.4 两个样本均值之差的抽样分布特征

在比较两个总体均值之差的问题中,可以考虑比较从两个总体中选出的两个独立随机样本的平均值 $\bar{x}_1$ 与 $\bar{x}_2$ 之差。那么 $\bar{x}_1$ 与 $\bar{x}_2$ 之差与 μ_1 与 μ_2 之差的接近程度如何呢?这就需要研究 $\bar{x}_1$ 与 $\bar{x}_2$ 之差的抽样分布。

若 $\bar{x}_1$ 是独立地抽自总体 $X_1 \sim N(\mu_1, \sigma_1^2)$ 的一个容量为 n_1 的样本的均值,$\bar{x}_2$ 是独立地

抽自总体 $X_2 \sim N(\mu_2, \sigma_2^2)$ 的一个容量为 n_2 的样本的均值,则有

$$E(\bar{x}_1 - \bar{x}_2) = E(\bar{x}_1) - E(\bar{x}_2) = \mu_1 - \mu_2 \tag{5-28}$$

$$D(\bar{x}_1 - \bar{x}_2) = D(\bar{x}_1) + D(\bar{x}_2) = \frac{\sigma_1^2}{n_1} + \frac{\sigma_2^2}{n_2} \tag{5-29}$$

如果两个总体均为正态分布,则 $\bar{x}_1 - \bar{x}_2$ 也为正态分布,其均值和方差就分别是式(5-28)和式(5-29)。当 n_1 和 n_2 较大(一般要求 $n_1 \geq 30, n_2 \geq 30$)时,$\bar{x}_1 - \bar{x}_2$ 的抽样分布(不管总体分布如何)均可用正态分布来近似,其均值和方差就分别是式(5-28)和式(5-29)。

【例 5-6】 甲、乙两所著名的高校在某年录取新生时,甲校的平均分为 655 分,且服从正态分布,标准差为 20 分;乙校的平均分为 625 分,也服从正态分布,标准差为 25 分。现从甲、乙两高校各随机抽取 8 名新生计算平均分数,出现甲校比乙校的平均分低的可能性有多大?

解:因为两个总体均为正态分布,所以 8 个新生的平均成绩 $\bar{x}_1$ 与 $\bar{x}_2$ 也分别是正态分布,$\bar{x}_1 - \bar{x}_2$ 也为正态分布,且 $(\bar{x}_1 - \bar{x}_2) \sim N\left(\mu_1 - \mu_2, \frac{\sigma_1^2}{n_1} + \frac{\sigma_2^2}{n_2}\right)$

甲校新生平均成绩低于乙校新生平均成绩的概率为

$$P(\bar{x}_1 - \bar{x}_2 \leq 0) = P\left\{\frac{(\bar{x}_1 - \bar{x}_2) - (\mu_1 - \mu_2)}{\sqrt{\frac{\sigma_1^2}{n_1} + \frac{\sigma_2^2}{n_2}}} \leq \frac{0 - (655 - 625)}{\sqrt{\frac{20^2}{8} + \frac{25^2}{8}}}\right\}$$

$$= P(Z \leq -2.65) = 0.004$$

由此可见,出现甲校新生平均成绩低于乙校新生平均成绩的可能性很小。

5.3.5 两个样本成数(比例)之差的抽样分布特征

设分别从具有参数为 P_1 和 P_2 的两项总体中抽取包含 n_1 个观测值和 n_2 个观测值的独立样本,样本成数(比例)分别为 p_1、p_2,则有

$$E(p_1 - p_2) = P_1 - P_2 \tag{5-30}$$

$$D(p_1 - p_2) = \frac{P_1(1 - P_1)}{n_1} + \frac{P_2(1 - P_2)}{n_2} \tag{5-31}$$

当 n_1 和 n_2 很大时,$p_1 - p_2$ 的抽样分布近似为正态分布,其均值为式(5-30)和式(5-31)。

【例 5-7】 一项调查表明 A 城市的消费者中有 15% 的人喝过商标为"清洁"牌矿泉水,而 B 城市的消费者中只有 8% 的人喝过该种矿泉水。如果这些数据是真实的,那么当分别从 A 城市抽取 120 人,B 城市抽取 140 人组成两个独立随机样本时,样本成数(比例)差 $p_1 - p_2$ 不低于 0.08 的概率是多少?

解:根据题意,$P_1 = 0.15, P_2 = 0.08, n_1 = 120, n_2 = 140$,$p_1 - p_2$ 的抽样分布可认为服从正态分布,即

$$(p_1 - p_2) \sim N\left(\mu_1 - \mu_2, \frac{\sigma_1^2}{n_1} + \frac{\sigma_2^2}{n_2}\right)$$

即

$$(p_1 - p_2) \sim N(0.07, 0.00159)$$

从而所求概率为

$$P(p_1-p_2 \geqslant 0.08) = P\left(\frac{p_1-p_2-0.07}{\sqrt{0.00159}} \geqslant \frac{0.08-0.07}{\sqrt{0.00159}}\right)$$
$$= P(Z \geqslant 0.251)$$
$$= 0.4009$$

5.3.6 样本方差的分布特征

1. 样本方差的分布

若总体 X 服从 $N(\mu,\sigma^2)$，总体中抽取样本容量为 n 的随机样本，则样本方差的 S^2 服从的分布为

$$(n-1)S^2/\sigma^2 \sim \chi^2(n-1) \tag{5-32}$$

式中，$\chi^2(n-1)$ 为自由度为 $n-1$ 的卡方分布。

2. 两个样本方差比的分布

若总体 X 服从 $N(\mu_1,\sigma_1^2)$，总体 Y 服从 $N(\mu_2,\sigma_2^2)$，且两个总体相互独立。从两个总体中分别抽取样本容量为 n_1 和 n_2 的两个随机样本，样本均值分别为 $\bar{x}$ 和 $\bar{y}$，则有

$$F = \frac{S_1^2/\sigma_1^2}{S_2^2/\sigma_2^2} \sim F(n_1-1,n_2-1) \tag{5-33}$$

$$S_1^2 = \frac{1}{n_1-1}\sum_{i=1}^{n_1}(x_i-\bar{x})^2, \quad S_2^2 = \frac{1}{n_2-1}\sum_{i=1}^{n_2}(y_i-\bar{y})^2$$

两个总体参数推断样本统计量时的抽样分布形式如图5-8所示。

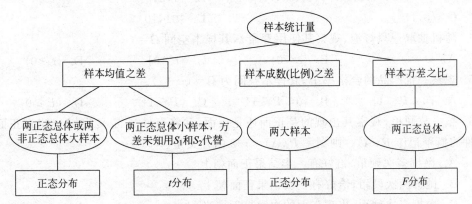

图5-8 两个总体参数推断样本统计量时的抽样分布形式

小 结

概率的三个定义：古典定义、统计定义、主观定义。

随机变量可以分为离散型随机变量和连续型随机变量；随机变量的数学期望又称为随机变量的均值，它是随机变量所有可能取值的平均水平，它度量的是随机变量的集中趋势；随机变量的方差是随机变量的各可能取值偏离其均值的离差平方的均值，度量的是随机变量的离中趋势。

正态分布是一种常用的、重要的连续型随机变量分布,许多随机变量服从或近似地服从正态分布;χ^2 分布通常用于总体方差的估计和非参数检验等;t 分布在形态上很像正态分布,但比正态分布曲线分布平坦和分散,其随 n 取值不同而对应不同的曲线;F 分布有着广泛的应用,如方差分析、回归方程的显著性检验。

抽样估计(也叫参数估计)是在根据随机原则从总体中抽取部分实际数据的基础上,运用数理统计的方法,对总体某一现象的数量特征作出具有一定可靠程度的估计判断。

习　题

一、名词解释

确定性现象　随机现象　事件　基本事件　复合事件　概率　随机变量　概率分布　概率密度　离散型随机变量　连续型随机变量　数学期望　方差　参数　统计量　抽样分布　重复抽样　不重复抽样

二、单项选择题

1. 一项试验中所有可能结果的集合称为(　　)。
   A. 事件　　　　　B. 简单事件　　　　C. 样本空间　　　　D. 基本事件
2. 每次试验可能出现也可能不出现的事件称为(　　)。
   A. 必然事件　　　B. 样本空间　　　　C. 随机事件　　　　D. 不可能事件
3. 抛 3 枚硬币,用 0 表示反面,1 表示正面,其样本空间 $\Omega=$(　　)。
   A. {000,001,010,100,011,101,110,111}　　B. {1,2,3}
   C. {0,1}　　　　　　　　　　　　　　　　D. {01,10}
4. 随机抽取一只灯泡,观察其使用寿命 t,其样本空间 $\Omega=$(　　)。
   A. {$t=0$}　　　B. {$t<0$}　　　　C. {$t>0$}　　　　D. {$t\geqslant 0$}
5. 观察一批产品的合格率 P,其样本空间为 $\Omega=$(　　)。
   A. {$0<P<1$}　　B. {$0\leqslant P\leqslant 1$}　　C. {$P\leqslant 1$}　　D. {$P\geqslant 0$}
6. 抛一枚硬币,观察其出现的是正面还是反面,并将事件 A 定义为,A=出现正面,这一事件的概率记作 $P(A)$。则概率 $P(A)=1/2$ 的含义是(　　)。
   A. 抛掷多次硬币,恰好有一半结果正面朝上
   B. 抛掷两次硬币,恰好有一次结果正面朝上
   C. 抛掷多次硬币,出现正面的次数接近一半
   D. 抛掷一次硬币,出现的恰好是正面
7. 若某一事件取值的概率为 1,则这一事件被称为(　　)。
   A. 随机事件　　　B. 必然事件　　　　C. 不可能事件　　　D. 基本事件
8. 抛掷一枚骰子,并考察其结果。其点数为 1 点或 2 点或 3 点或 4 点或 5 点或 6 点的概率为(　　)。
   A. 1　　　　　　B. 1/6　　　　　　C. 1/4　　　　　　D. 1/2
9. 一家计算机配件供应商声称,他所提供的 100 个配件中次品的个数 X 及其概率如表 5-4 所示,则该供应商次品数的数学期望为(　　)。
   A. 0.43　　　　　B. 0.15　　　　　　C. 0.12　　　　　　D. 0.75

表5-4 100个配件中次品的个数及其概率

次品数 $X=x_i$	0	1	2	3
概率(p_i)	0.75	0.12	0.08	0.05

10. 已知一批产品的次品率为4%，从中有放回地抽取5个，则5个产品中没有次品的概率（　　）。

　　A. 0.815　　　　B. 0.170　　　　C. 0.014　　　　D. 0.999

11. 设Z服从标准正态分布，则$p(-0.48 \leqslant Z \leqslant 0)=$（　　）。

　　A. 0.3849　　　B. 0.4319　　　C. 0.1844　　　D. 0.4147

12. 设Z服从标准正态分布，则$P(Z>1.33)=$（　　）。

　　A. 0.3849　　　B. 0.4319　　　C. 0.0918　　　D. 0.4147

13. 假定某公司职员每周的加班津贴服从均值为50元，标准差为10元的正态分布，那么全公司中每周的加班津贴在40~60元的职员比例为（　　）。

　　A. 0.1587　　　B. 0.1268　　　C. 0.253　　　　D. 0.6324

14. 抽样推断法的理论基础是（　　）。

　　A. 哲学　　　　B. 经济学　　　C. 管理学　　　D. 概率论

15. 当样本容量充分大时，样本均值的抽样分布服从正态分布，其分布的均值为（　　）。

　　A. $\bar{x}$　　　　　　B. μ　　　　　　C. σ^2　　　　　D. σ^2/n

16. 根据中心极限定理可知，当样本容量充分大时，样本均值的抽样分布服从正态分布，其分布的方差是（　　）。

　　A. $\bar{x}$　　　　　　B. μ　　　　　　C. σ^2　　　　　D. σ^2/n

17. 从均值为μ，方差为σ^2（有限）的任意一个总体中抽取大小为n的样本，则（　　）。

　　A. 当n充分大时，样本均值$\bar{x}$的分布近似遵从正态分布

　　B. 只有当$n<30$时，样本均值$\bar{x}$的分布近似遵从正态分布

　　C. 样本均值$\bar{x}$的分布与n无关

　　D. 无论n多大，样本均值$\bar{x}$的分布都为非正态分布

18. 总体均值为50，标准差为8，从此总体中随机抽取容量为64的样本，则样本均值抽样分布的均值和标准差分别为（　　）。

　　A. 50,8　　　　B. 50,1　　　　C. 50,4　　　　D. 8,8

19. 假设某学校学生的年龄分布是右偏的，均值为23岁，标准差为3岁。如果随机抽取100名学生，下列关于样本均值抽样分布描述不正确的是（　　）。

　　A. 抽样分布的标准差等于3　　　　B. 抽样分布近似服从正态分布

　　C. 抽样分布的均值近似为23　　　　D. 抽样分布为非正态分布

20. 样本方差的抽样分布服从（　　）。

　　A. 正态分布　　B. χ^2分布　　C. F分布　　　D. 未知

21. 大样本的样本成数之差的抽样分布服从（　　）。

　　A. 正态分布　　B. t分布　　　C. F分布　　　D. χ^2分布

三、计算题

1. 假设某4台机器为一总体，4台机器的产品疵点数分别为2、4、6、8，若采用重复抽样

从中随机抽取 2 个单位为样本。

要求：

(1) 计算总体均值和总体方差。

(2) 计算样本均值的期望值及方差，并与总体结果进行比较。

2. 一个具有 $n=64$ 个观察值的随机样本抽自均值等于 20，标准差等于 16 的总体。

要求：

(1) 计算 $\bar{x}$ 的抽样分布（重复抽样）的均值和标准差。

(2) 描述 $\bar{x}$ 的抽样分布的形状。

(3) 计算 $\bar{x}<16$ 的概率。

(4) 计算 $\bar{x}>23$ 的概率。

(5) 计算 $\bar{x}$ 落在 16~22 范围内的概率。

3. 据调查显示，华北地区观众平均每天收看电视节目的时间为 195 分钟，假设标准差为 12.5 分钟。随机抽取 40 位观众。

要求：

(1) 描述这 40 位观众平均每天收看电视节目时间的抽样分布。

(2) 样本均值大于 200 分钟的概率是多少？

(3) 样本均值在 170~185 分钟的概率是多少？

4. 若某机械加工企业生产的零部件有 5% 存在缺陷。现随机抽取 80 个，发现 6 个存在缺陷。

要求：

(1) 描述这 80 个零件中存在缺陷零件的比例的抽样分布。

(2) 这 80 个零件中有 6 个零件存在缺陷的概率是多少？

拓 展 阅 读

1. 王蓉华,徐晓岭,顾蓓青.概率论中随机变量函数若干问题探讨[J].统计与决策,2017(10)：10-13.

2. 潘传快,熊巍.抽样分布理论的模拟分析[J].高教学刊,2017(8)：192-194.

3. 张志旭,林雪,汪宏远.统计学三大分布相互转化[J].佳木斯大学学报（自然科学版），2017,35(4)：643-644.

第6章

参数估计

知识目标

掌握点估计的概念、原理;掌握衡量估计量优劣的标准;明确抽样误差的种类;掌握抽样平均误差和抽样极限误差的计算方法;掌握区间估计的方法;能熟练利用软件完成总体均值的区间估计;掌握样本容量的计算;掌握利用 SPSS 完成总体参数区间估计的方法。

引导视频

能力目标

能够运用参数估计的方法对社会经济现象数据代表的总体参数进行分析和估计;能够利用 SPSS 进行社会经济现象数据总体均值区间估计。

6.1 参数估计的基本概念

统计推断法是统计学研究的一个主要内容,它主要讨论的是参数估计和假设检验两大类问题。本章主要介绍的是参数估计。参数估计是根据一组样本数据来估计总体的数量特征(总体均值、总体方差等)的方法。

6.1.1 参数估计的一般概念

定义 6.1 参数估计是在根据随机原则从总体中抽取部分实际数据的基础上,运用数理统计的方法,对总体某一现象的数量特征作出具有一定可靠程度的估计判断,也叫抽样估计。

参数估计的特点:①它是由部分推算整体的一种认识方法;②它是建立在随机取样的基础上的;③它是运用概率估计的方法;④抽样推断的误差可以事先计算并加以控制。

看下面几个应用实例。

电视台想要了解收看某一节目的女性观众的比例。显然不可能对所有的电视观众进行调查,而只能抽取一部分观众,进而根据样本所提供的女性观众比例来推断全部观众中女性所占比例。

厂商要检验一批灯泡的寿命,因为测试是破坏性的,所以不可能对每一只灯泡都进行测试,只能抽取一部分灯泡进行测试,据此推断该批灯泡的平均使用寿命。

某饮料生产公司推出一种新的饮料,想了解消费者是否喜欢该饮料。首先应明确该饮料的消费对象究竟是哪些人,即使明确了消费对象,也不可能对每个消费者逐一进行调查,而只能进行抽样。

上面的例子表明,当总体范围难以确定时,或者当总体的单位数很多时,或者当试验具有破坏性时,只能从中抽出一部分单位进行估计,以此推断所研究总体的状况。

6.1.2 参数估计的基本概念

1. 全及总体和样本总体

定义 6.2 全及总体是指被研究事物或现象的全体,由调查对象所有单位组成。全及总体单位数用 N 表示。

例如,要研究某城市职工的生活水平,则该城市全部职工构成全及总体。

定义 6.3 样本总体是指所要观察的对象,样本总体又称为子样,简称样本,是从全及总体中随机抽取出来,代表全及总体的那部分单位的集合体。

样本总体的单位数称为样本容量,通常用小写英文字母 n 来表示。

对于一次抽样调查,全及总体是唯一确定的,而样本是不确定的,具有随机性。一个全及总体可能抽出很多个样本总体。样本的个数和样本容量有关,也和抽样的方法有关。

根据总体各个单位的标志值或标志属性计算的,反映总体某种属性或特征的综合指标为总体指标,也称为总体参数。常用的总体指标有总体均值、总体成数(比例)、总体标准差(或总体方差)。

由样本总体各单位标志值计算出来反映样本特征,用来估计总体指标的综合指标称为统计量(也称抽样指标)。统计量是样本变量的函数,用来估计总体参数,因此与总体参数相对应,统计量有样本均值、样本成数(比例)、样本标准差(或者样本方差)。

总体、样本、总体参数和统计量的概念可用图 6-1 表示。

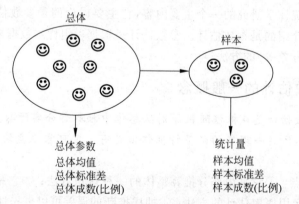

图 6-1　总体、样本、总体参数和统计量

2. 抽样方法

抽样有重复抽样和不重复抽样两种。

(1) 重复抽样。重复抽样是从全及总体中随机抽取一个样本单位并记录有关标志值后,放回全及总体中的抽样方法。以此类推,按照同样的方法,直到抽选 n 个样本单位。在重复抽样中有以下特点:①全及总体单位数始终不变;②全及总体中各单位被抽中的可能性前后相同;③全及总体中各单位有被重复抽中的可能。

例如,从总体 50 个单位中抽取 5 个单位作为样本,抽取第一个时,每个单位被抽中的机会为 1/50;抽取第二个时,每个单位被抽中的机会仍然是 1/50。

(2) 不重复抽样。不重复抽样是从全及总体中随机抽取并记录有关标志值后,样本单位不再放回全及总体中,即不参加下一次抽选的抽样方法。在不重复抽样中有以下特点:①全及总体单位数在抽选过程中逐渐减少;②全及总体中各单位被抽中的可能性前后不断变化;③全及总体中各单位没有被重复抽中的可能。

例如,从总体 50 个单位中抽取 5 个单位作为样本,抽取第一个时,每个单位被抽中的机会为 1/50;而抽取第二个时,每个单位被抽中的机会就变为 1/49。

通过对比发现,两种抽样方法必然会产生三个差别:①抽取的样本数量不同;②抽样误差不同;③抽样误差的计算公式不同。

3. 样本容量

定义 6.4 样本容量是指一个样本所包含的单位数。

通常将样本单位数不少于 30 个的样本(即 $n \geqslant 30$)称为大样本,不及 30 个($n<30$)的称为小样本。社会经济统计的抽样调查一般属于大样本调查。在统计工作中,实际观测到的样本数据都是部分的,所以样本信息对总体判断不可能绝对精确,只能具有事实上的准确性和可靠性。

4. 抽样误差

1) 抽样误差的定义

定义 6.5 抽样误差是指样本指标与被它估计的总体相应指标的差数。

抽样误差具体表现为样本均值 $\bar{x}$ 与总体均值 μ 的差数,样本成数(比例)p 与总体成数(比例)P 的差数等。

例如,1 000 名工人的月平均工资是 1 500 元,现抽取容量 100 人的样本,样本中工人的月平均工资为 1 450 元,那么,存在抽样误差为 1 500-1 450=50(元/月)。

2) 统计误差的种类

要想理解抽样误差,就需要从统计误差说起。统计误差是指统计数据与客观实际数量之间的差异。

统计误差分为登记性误差和代表性误差两种,如图 6-2 所示。

登记性误差是调查过程中调查者或被调查者的人为因素造成的误差。调查者所造成的登记性误差主要有调查方案中有关的规定或解释不明确导致的填报错误、抄录错误、汇总错误等。

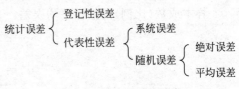

图 6-2 统计误差的种类

被调查者造成的登记性误差主要有因人为因素干扰形成的有意虚报或瞒报调查数据,这种误差在统计调查中应予以特别重视。登记性误差理论上是可以消除的。

代表性误差是指样本不能完全代表总体而产生的样本指标与总体指标之间的误差。代表性误差主要是在用样本数据进行推断时所产生的随机误差。代表性误差的发生有两种情况:系统误差和随机误差。系统误差是指破坏了抽样的随机原则而产生的误差。随机误差是指遵守了随机原则但可能抽到各种不同的样本而产生的误差。

随机误差是必然会发生的,但可以计算并控制。抽样误差就是指这种随机误差。因此,抽样误差是抽样调查中固有的误差,是无法避免的。

随机误差又分为绝对误差和平均误差两种情况。绝对误差是指一个样本指标与总体指标之间的差别。

从同一个全及总体中抽取样本容量相同的样本,可以有多种不同的抽取方法,每个样本都会有各自的样本指标,因此,绝对误差不是一个确定值。

定义 6.6 抽样平均误差是指所有可能样本的统计量和总体参数的平均离差,也称为抽样标准误差、抽样标准误。

抽样平均误差是可以通过计算确定的,所以在讨论抽样误差时指的就是抽样平均误差。

3) 抽样平均误差的影响因素及计算

(1) 抽样平均误差的影响因素。为了计算和控制抽样误差,必须研究抽样平均误差,因此首先介绍影响抽样平均误差的因素。

① 全及总体标志值的变动程度,即总体的方差。它与抽样平均误差的变化成正比,全及总体标志值变动程度越大,抽样平均误差就越大;反之,就越小。

② 样本容量。在其他条件不变的情况下,样本容量的大小与抽样平均误差的大小成反比。样本容量越大,抽样平均误差就越小;反之,就越大。

③ 抽样方法。采用重复抽样方法,抽样平均误差较大;采用不重复抽样方法,抽样平均误差较小。

④ 抽样组织方式。抽样调查的组织方式包括简单随机抽样、分层抽样、等距抽样、整群抽样和多阶段抽样等方式。采用不同的组织方式,抽样平均误差也相应不同。

(2) 抽样平均误差的计算。设样本均值为 $\bar{x}$,总体均值为 μ,总体方差为 σ^2,样本成数(比例)为 p,总体成数(比例)为 P,样本容量为 n。用样本均值 $\bar{x}$ 估计总体均值 μ,用样本成数(比例) p 估计总体成数(比例) P,根据抽样平均误差的定义,可得其定义公式为

样本均值的抽样平均误差:

$$\mu_{\bar{x}} = \sqrt{\frac{\sum_{i=1}^{n}(\bar{x}_i - \mu)^2}{n}} \tag{6-1}$$

样本成数(比例)的抽样平均误差:

$$\mu_p = \sqrt{\frac{\sum_{i=1}^{n}(p_i - p)^2}{n}} \tag{6-2}$$

但是,式(6-1)和式(6-2)只是一个理论公式,在实际应用时存在两个困难:一是运用这两个公式要求所有样本都要抽出来,计算它们的指标数值,这是不可能的。每次抽样一般只抽选一个样本,计算其样本指标值。二是运用这两个公式要求总体均值和总体成数(比例)的数值是已知的,但实际上,总体均值和总体成数(比例)是未知的,这正是抽样调查要推算的。

数理统计证明,抽样平均误差与全及总体的标准差存在密切关系,因此能够推导出抽样平均误差的计算公式。

① 样本均值的抽样平均误差。

重复抽样：

$$\mu_{\bar{x}} = \sqrt{\frac{\sigma^2}{n}} = \frac{\sigma}{\sqrt{n}} \tag{6-3}$$

式中，$\mu_{\bar{x}}$ 为样本均值的抽样平均误差；σ 为总体标准差。

不重复抽样：

$$\mu_{\bar{x}} = \sqrt{\frac{\sigma^2}{n}\left(\frac{N-n}{N-1}\right)} \tag{6-4}$$

式中，$\frac{N-n}{N-1}$ 为修正系数。

当 N 很大时，修正系数 $\frac{N-n}{N-1} \approx \frac{N-n}{N} = 1 - \frac{n}{N}$，因此，式(6-4)简化为

$$\mu_{\bar{x}} = \sqrt{\frac{\sigma^2}{n}\left(1 - \frac{n}{N}\right)} \tag{6-5}$$

② 样本成数(比例)的抽样平均误差。

重复抽样：

$$\mu_p = \sqrt{\frac{P(1-P)}{n}} \tag{6-6}$$

式中，μ_p 为样本成数(比例)的抽样平均误差；P 为总体成数(比例)。

不重复抽样：

$$\mu_p = \sqrt{\frac{P(1-P)}{n}\left(\frac{N-n}{N-1}\right)} \tag{6-7}$$

当 N 很大时，同样简化公式为

$$\mu_p = \sqrt{\frac{P(1-P)}{n}\left(1 - \frac{n}{N}\right)} \tag{6-8}$$

需要注意的是：在上述计算公式中，无论是 σ^2 还是 $P(1-P)$，都是针对全及总体而言的。但是在实际调查中，这两个指标一般是未知的，因此可以采用以下四种解决办法：①用样本方差 S^2 和 $p(1-p)$ 代替总体方差 σ^2 和 $P(1-P)$；②用过去调查资料代替；③用小规模实验性资料代替；④用估计资料代替。

一般来说，第一种办法使用得较多。

③ 抽样平均误差计算实例。

【例 6-1】 某电子元件厂对 5 000 支电气元件进行耐高温时间测试，从中随机抽取 2%，测得其样本平均耐温时间为 600h，样本合格率为 90%，标准差为 3h。试计算样本均值和样本成数(比例)的抽样平均误差。

解：已知 $N = 5\,000$，$\frac{n}{N} = 2\%$，$S = 3$，$p = 90\%$。因为总体方差未知，所以用样本资料来代替。

(1) 样本均值的抽样平均误差。
重复抽样：

$$\mu_{\bar{x}} = \frac{S}{\sqrt{n}} = \frac{3}{\sqrt{5\,000 \times 2\%}} = 0.3(h)$$

不重复抽样：

$$\mu_{\bar{x}} = \sqrt{\frac{S^2}{n}\left(1-\frac{n}{N}\right)} = \sqrt{\frac{3^2}{100}(1-2\%)} \approx 0.297(h)$$

(2) 样本成数（比例）的抽样平均误差。
重复抽样：

$$\mu_p = \sqrt{\frac{p(1-p)}{n}} = \sqrt{\frac{0.9 \times 0.1}{100}} = 3\%$$

不重复抽样：

$$\mu_p = \sqrt{\frac{p(1-p)}{n}\left(1-\frac{n}{N}\right)} = \sqrt{\frac{0.9 \times 0.1}{100}(1-2\%)} \approx 2.97\%$$

4) 抽样极限误差
(1) 抽样极限误差的定义。

定义 6.7 抽样极限误差是指可允许的误差范围。

抽样平均误差并不是样本指标与全及总体指标之间的真实误差，而是误差的平均数。在实际抽样调查的过程中，调查者只是选取一个样本，这中间产生的误差是统计误差类型中的绝对误差，这个实际的误差可能大于平均误差，也可能小于平均误差。为了保证抽样推断的准确性，调查者必须将这个绝对误差控制在可允许的范围。根据概率论，抽样极限误差就是以一定的可靠程度保证绝对误差不超过某一给定的范围。

样本指标与总体指标的离差可能为正，也可能为负，所以抽样极限误差采取绝对值的形式。

$$\Delta_{\bar{x}} = |\bar{x} - \mu| \tag{6-9}$$

$$\Delta_p = |p - P| \tag{6-10}$$

例如，若某县粮食亩（1亩≈666.7平方米）产量为460kg，给定抽样极限误差为5kg，现从10 000亩粮食作物中，抽取500亩，这就必须要求样本的估计值在460kg±5kg的范围内，也即455～465kg才是符合要求的。

又如，若某农作物秧苗的成活率为92%，给定抽样极限误差为2%，现从中随机抽取秧苗1 000棵，则样本的估计值必须在92%±2%，也即90%～94%才是符合要求的。

(2) 抽样极限误差的计算。基于概率估计的要求，抽样极限误差一般需要以抽样平均误差为标准单位来衡量，表示抽样极限误差是抽样平均误差的若干倍。

$$\Delta_{\bar{x}} = t\mu_{\bar{x}} \tag{6-11}$$

$$\Delta_p = t\mu_p \tag{6-12}$$

式中，$\Delta_{\bar{x}}$ 为样本均值的抽样极限误差；Δ_p 为样本成数（比例）的抽样极限误差；t 为概率度，测量估计可靠程度的参数。

【例 6-2】 已知某乡粮食亩产量的标准差为82kg，从8 000亩中不重复抽取400亩，在概率度为1.25的情况下，计算允许的抽样极限误差。

解：首先，求得抽样平均误差：

$$\mu_{\bar{x}} = \sqrt{\frac{\sigma^2}{n}\left(1-\frac{n}{N}\right)} = \sqrt{\frac{82^2}{400}\left(1-\frac{400}{8\,000}\right)} \approx 4(\text{kg})$$

则有

$$\Delta_{\bar{x}} = t\mu_{\bar{x}} = 1.25 \times 4 = 5(\text{kg})$$

【例 6-3】 采用重复抽样方法随机抽取 1 000 件工业产品，测得产品的合格率为 92%，如果允许抽样极限误差为 2%，则概率度 t 的取值是多少？

解：首先，求得抽样平均误差：

$$\mu_p = \sqrt{\frac{p(1-p)}{n}} = \sqrt{\frac{0.92 \times 0.08}{1\,000}} \approx 0.86\%$$

则有

$$t = \frac{\Delta_p}{\mu_p} = \frac{2\%}{0.86\%} \approx 2.33$$

需要说明的是：以上介绍的是大样本条件下抽样极限误差的计算。若是在小样本条件下，如果总体服从正态分布且总体标准差 σ 已知，那么均值的抽样极限误差计算与大样本条件下计算方法相同。但是，如果总体标准差 σ 未知，那么均值的抽样极限误差需要根据 t 分布确定，这将在总体均值的区间估计中进行介绍。

(3) 相对极限误差。抽样极限误差除以估计的样本均值或样本成数(比例)得到相对极限误差，它是允许的抽样误差的一种表示形式。

$$\Delta'_{\bar{x}} = \frac{\Delta_{\bar{x}}}{\bar{x}} \tag{6-13}$$

$$\Delta'_p = \frac{\Delta_p}{p} \tag{6-14}$$

式中，$\Delta'_{\bar{x}}$ 为样本均值的相对极限误差；Δ'_p 为样本成数(比例)的相对极限误差。

(4) 估计的精度。用 1 减去相对极限误差就是估计的精度。

6.2 总体均值和总体成数(比例)的区间估计

6.2.1 参数估计的置信度

人们总是希望样本指标的估计值都能落在抽样极限误差内，但因为样本指标本身是随机变量，所以并不能保证误差必然不超过一定的范围。因而，只能给一定程度的概率保证，这样才能保证参数估计的置信度。

定义 6.8 参数估计的置信度就是表明抽样指标和总体指标的误差不超过一定范围的概率保证程度，它是概率度 t 的函数，通常用 $F(t)$ 表示。

在抽样平均误差一定的条件下，概率度 t 越大，抽样极限误差就越大，样本指标的估计值落在抽样极限误差内的概率就越大，估计的置信度就越高；反之，t 越小，抽样极限误差也越小，估计的置信度就越低。

在第 5 章介绍过,大样本($n \geqslant 30$)条件下,总体的均值为 μ,方差为 σ^2,无论总体是正态分布还是非正态分布,样本均值 $\bar{x}$ 的抽样分布趋近于数学期望为 μ,方差为 σ^2/n 的正态分布,即 $\bar{x} \sim N(\mu, \sigma^2/n)$。那么,由正态分布的特征可知,样本均值在总体均值±1 个抽样平均误差范围内的概率为 68.26%;在±2 个抽样平均误差范围内的概率为 95.45%;在±3 个抽样平均误差范围内的概率为 99.73%,如图 6-3 所示。

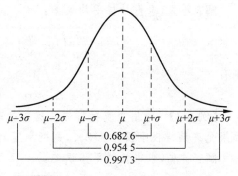

图 6-3 正态分布及其曲线下的面积

【例 6-4】 设样本粮食平均亩产量为 350kg,又已知抽样平均误差为 2.5kg,求总体粮食平均亩产量在 345～355kg 的估计置信度。

解:根据公式

$$t = \frac{\Delta_{\bar{x}}}{\mu_{\bar{x}}} = \frac{|\bar{x} - \mu|}{\mu_{\bar{x}}} = \frac{5}{2.5} = 2$$

当 $t=2$ 时,估计置信度 $F(t) = 0.9545$,即总体平均亩产量在 345～355kg 的估计置信度为 95.45%。

6.2.2 参数估计的基本方法

对抽样误差进行计算以后,就可以根据样本指标来推断总体指标了。参数估计有点估计和区间估计两种。

1. 点估计

1) 点估计的定义

定义 6.9 点估计又称定值估计,是把样本指标数值直接作为总体指标数值的估计值。总体均值的点估计值就是样本均值,总体成数(比例)的点估计值就是样本成数(比例)。

$$\mu = \bar{x}$$
$$P = p$$

2) 优良估计的标准

用样本指标估计总体指标,并非只有一种选择,即对于同一总体指标可能会有不同的估计量,究竟哪个是最优估计量? 可以依照以下的三个标准来选择。

(1) 无偏性,即当以样本指标估计总体指标时,样本指标值的平均数等于被估计的总体指标值本身。例如,样本均值 $\bar{x}$ 是总体均值 μ 的无偏估计量。

(2) 一致性,即当以样本指标估计总体指标时,要求当样本容量充分大时,样本指标也充分靠近总体指标。同样,样本均值 $\bar{x}$ 是总体均值 μ 的一致估计量。

(3) 有效性,即当以样本指标估计总体指标时,要求优良估计量的方差要比其他估计量的方差小。假定有两个用于估计总体指标的无偏估计量 $\hat{\theta}_1$ 和 $\hat{\theta}_2$,它们抽样分布的方差 $\sigma^2_{(\theta_1)} < \sigma^2_{(\theta_2)}$,我们说 $\hat{\theta}_1$ 是 $\hat{\theta}_2$ 比更有效的一个估计量。

点估计方法简单易行,但是没有考虑抽样估计的误差。

2. 区间估计

定义 6.10 区间估计是在一定概率保证下,用以点估计为中心的一个区间范围估计总体指标数值的估计方法。

以一定的概率保证,用样本指标推断总体指标,在考虑抽样误差的前提下,使总体指标落在某一范围内,这个取值范围就是置信区间,这个概率保证就是置信度。因此,区间估计的核心就是根据样本指标找出置信区间和置信度。

在区间估计中,有三个基本要素:点估计值、抽样极限误差和概率保证程度。当抽样平均误差一定时,区间估计的可靠程度越高,t 值越大,估计的区间范围就越大,估计的精度越低;反之,区间估计的可靠程度越低,t 值越小,估计的区间范围就越小,估计的精度越高。

6.2.3 总体均值的区间估计

1. 大样本的估计

在大样本条件下,根据均值的抽样分布的理论,无论总体为何种分布,样本均值 $\bar{x}$ 的抽样分布均为正态分布,即 $\dfrac{|\bar{x}-\mu|}{\mu_{\bar{x}}}$ 服从或渐近服从标准正态分布,因此,给定置信水平 $(1-\alpha)$,则有 $P(|\bar{x}-\mu| \leqslant t\mu_{\bar{x}})=1-\alpha$,其中概率度 $t=Z_{\alpha/2}$,$\mu_{\bar{x}}=\dfrac{\sigma}{\sqrt{n}}$。

将上式进行变换,得 $P(\bar{x}-t\mu_{\bar{x}} \leqslant \mu \leqslant \bar{x}+t\mu_{\bar{x}})=1-\alpha$。

所以,总体均值 μ 在给定置信度 $(1-\alpha)$ 的置信区间为

$$[\bar{x}-t\mu_{\bar{x}},\bar{x}+t\mu_{\bar{x}}] \tag{6-15}$$

式中,$t=Z_{\alpha/2}$。

$Z_{\alpha/2}$ 可通过正态分布表查得,也可由表 6-1 得到。

表 6-1 概率度与置信度的关系

概率度 $t=Z_{\alpha/2}$	置信度 $1-\alpha$
1	0.682 6
1.96	0.950 0
2	0.954 5
3	0.997 3
4	0.999 9

【例 6-5】 在我国东部地区随机重复抽取 2 000 名员工,调查发现他们的平均工资是 46 000 元/年。假定总体标准差为 10 000 元/年,根据样本数据,试求置信度为 0.95 的东部地区员工平均工资的置信区间。

解: 首先,求得抽样平均误差如下。

$$\mu_{\bar{x}}=\dfrac{\sigma}{\sqrt{n}}=\dfrac{10\ 000}{\sqrt{2\ 000}}\approx 223.61(元/年)$$

当 $1-\alpha=0.95$ 时,$t=1.96$ 的置信区间为

$$[\bar{x}-t\mu_{\bar{x}},\bar{x}+t\mu_{\bar{x}}]$$

则置信区间为$[46\,000-1.96\times223.61,46\,000+1.96\times223.61]$,即$[45\,562,46\,438]$。

计算表明,在95%的概率保证下,东部地区员工的年均工资在45 562~46 438元/年。

2. 小样本的估计

根据均值的抽样分布理论,在小样本条件下,如果总体服从正态分布,总体标准差σ未知而用样本标准差S代替,则样本均值服从自由度为$(n-1)$的t分布,即

$$t=\frac{\bar{x}-\mu}{\mu_{\bar{x}}}\sim t(n-1)$$

由此给定置信水平$1-\alpha$,有$P(|\bar{x}-\mu|\leqslant t\mu_{\bar{x}})=1-\alpha$,其中概率度$t=t_{\alpha/2}$,$\mu_{\bar{x}}=\frac{S}{\sqrt{n}}$。

所以,总体均值μ在给定置信水平$1-\alpha$的置信区间为

$$[\bar{x}-t\mu_{\bar{x}},\bar{x}+t\mu_{\bar{x}}] \tag{6-16}$$

式中,$t=t_{\alpha/2}$。

$t_{\alpha/2}$是自由度为$n-1$时,t分布上侧面积为$\alpha/2$的t值,可通过t分布表查得。

【例 6-6】 为了解某企业职工工资水平状况,随机抽取25人进行抽样调查,其月平均工资为1 055元,标准差为51元。若该企业职工月工资服从正态分布,试确定该企业职工平均工资95%的置信区间。

解:已知$\bar{x}=1\,055$元,$S=51$元,根据$\alpha=0.05$,$1-\alpha=0.95$时查t分布表得

$$t_{\alpha/2}=2.063$$

$$\mu_{\bar{x}}=\frac{S}{\sqrt{n}}=\frac{51}{\sqrt{25}}=10.2(元)$$

根据式(6-16),代入数据得$[1\,055-2.063\times10.2,1\,055+2.063\times10.2]$,即$[1\,033.96,1\,076.04]$。

该企业职工平均工资95%的置信区间为$[1\,033.96,1\,076.04]$。

现将不同情况下总体均值区间估计的一般形式总结如表6-2所示。

表6-2 不同情况下总体均值区间估计的一般形式

总体分布	样本容量	σ已知置信区间	σ未知置信区间
正态分布	大样本($n\geqslant30$)	$\left[\bar{x}-Z_{\alpha/2}\frac{\sigma}{\sqrt{n}},\bar{x}+Z_{\alpha/2}\frac{\sigma}{\sqrt{n}}\right]$	$\left[\bar{x}-Z_{\alpha/2}\frac{S}{\sqrt{n}},\bar{x}+Z_{\alpha/2}\frac{S}{\sqrt{n}}\right]$
正态分布	小样本($n<30$)	$\left[\bar{x}-Z_{\alpha/2}\frac{\sigma}{\sqrt{n}},\bar{x}+Z_{\alpha/2}\frac{\sigma}{\sqrt{n}}\right]$	$\left[\bar{x}-t_{\alpha/2}\frac{S}{\sqrt{n}},\bar{x}+t_{\alpha/2}\frac{S}{\sqrt{n}}\right]$
非正态分布	大样本($n\geqslant30$)	$\left[\bar{x}-Z_{\alpha/2}\frac{\sigma}{\sqrt{n}},\bar{x}+Z_{\alpha/2}\frac{\sigma}{\sqrt{n}}\right]$	$\left[\bar{x}-Z_{\alpha/2}\frac{S}{\sqrt{n}},\bar{x}+Z_{\alpha/2}\frac{S}{\sqrt{n}}\right]$

6.2.4 总体成数(比例)的区间估计

总体成数(比例)的区间估计就是利用样本成数(比例)对总体成数(比例)进行估计,如对产品合格率、电视节目收视率等进行估计。

总体成数(比例)的估计与总体均值的估计是相似的。根据样本成数(比例)的抽样分布理论,当样本容量足够大时,样本成数(比例)p的抽样分布近似服从正态分布,即$p \sim \left[P, \frac{1}{n}P(1-P)\right]$。因此就有

$$Z = \frac{p - P}{\sqrt{\frac{P(1-P)}{n}}} \sim N(0,1)$$

给定置信水平$1-\alpha$,则总体成数(比例)P的置信区间为

$$[p - t\mu_p, p + t\mu_p] \tag{6-17}$$

式中,$t = Z_{\alpha/2}$;$\mu_p = \sqrt{\frac{P(1-P)}{n}}$。

【例6-7】 企业的首席执行官(chief executive officer, CEO)究竟具有什么样的教育背景?在一项针对大中型企业的调查中,一共重复抽样调查了433位CEO,其中有114位CEO拥有工商管理硕士(master of business administration, MBA)学位。请用95%的置信度估计,在大中型企业所有的CEO中,有多大比例的CEO拥有MBA学位?

解:根据调查的样本数据,样本成数(比例)$p = 114/433 \approx 0.26$。

当$1-\alpha = 0.95$时,$t = 1.96$,则总体成数(比例)P的置信区间为$[p - t\mu_p, p + t\mu_p]$,则

$$0.26 - 1.96\sqrt{\frac{0.26 \times 0.74}{433}} \leqslant P \leqslant 0.26 + 1.96\sqrt{\frac{0.26 \times 0.74}{433}}$$

即$0.22 \leqslant P \leqslant 0.30$。

所以,在95%的置信水平下,大中型企业所有的CEO中拥有MBA学位的比例为22%~30%。

6.2.5 样本容量的确定

样本容量是影响抽样误差的重要因素,在其他条件相同时,可以用增加或减少样本容量的方法来控制抽样误差的大小,以达到用最合适的样本容量满足抽样调查任务的要求。

如何确定必要的样本容量n,是抽样设计时必须考虑的问题。一般原则是在保证达到预期的置信度和精度的要求下,抽取必要的样本单位数。

1. 样本容量的影响因素

样本容量的影响因素有以下几项。

(1) 总体方差。总体方差代表总体各单位的标志变异程度,方差越大,总体单位的标志变异程度越大,为了提高样本的代表性,样本容量就越大。

(2) 抽样极限误差。允许的极限误差大,样本容量就可以相对减少。

(3) 抽样估计的置信度。抽样估计的可靠程度要求越高,样本容量就应当越大。

(4) 抽样方法和组织方式。在其他条件不变的情况下,抽样方法不同,对样本容量的要求也不同。一般来说,重复抽样要比不重复抽样多抽取一些样本单位。抽样的组织方式不同也影响着样本容量的大小。分层抽样、等距抽样的样本容量一般要小于简单随机抽样的

样本容量。

2. 样本容量的计算

1) 重复抽样的样本容量确定

(1) 推断总体均值时样本容量的确定。

由 $\Delta_{\bar{x}} = t\mu_{\bar{x}} = t\dfrac{\sigma}{\sqrt{n}}$ 变形得

$$n_{\bar{x}} = \dfrac{t^2\sigma^2}{\Delta_{\bar{x}}^2} \tag{6-18}$$

(2) 推断总体成数(比例)时样本容量的确定。

由 $\Delta_p = t\mu_p = t\sqrt{\dfrac{P(1-P)}{n}}$ 变形得

$$n_p = \dfrac{t^2 P(1-P)}{\Delta_p^2} \tag{6-19}$$

2) 不重复抽样的样本容量确定

(1) 推断总体均值时样本容量的确定。

由 $\Delta_{\bar{x}} = t\mu_{\bar{x}} = t\sqrt{\dfrac{\sigma^2}{n}\left(1-\dfrac{n}{N}\right)}$ 变形得

$$n_{\bar{x}} = \dfrac{Nt^2\sigma^2}{N\Delta_{\bar{x}}^2 + t^2\sigma^2} \tag{6-20}$$

(2) 推断总体成数(比例)时样本容量的确定。

由 $\Delta_p = t\mu_p = t\sqrt{\dfrac{P(1-P)}{n}\left(1-\dfrac{n}{N}\right)}$ 变形得

$$n_p = \dfrac{Nt^2 P(1-P)}{N\Delta_p^2 + t^2 P(1-P)} \tag{6-21}$$

利用上述公式对样本容量进行计算时要注意：①此公式计算的样本容量是最低的、最必要的样本容量；②当总体方差 σ^2 或 $P(1-P)$ 未知时，可以用样本资料代替；③当成数(比例)方差 $P(1-P)$ 在完全缺乏资料的情况下，可用成数(比例)方差极大值 $0.25(P=0.5)$ 来代替；④如果进行一次抽样调查，同时对总体均值和样本成数(比例)进行区间估计，可以计算两个样本容量时，一般选择较大的一个。

【例 6-8】 一家电视机制造商推出一种 29 英寸的节能彩电，并在广告上宣称，这种节能彩电只消耗 0.11kW·h 的电量(即输入功率为 110W)。消费者协会对此进行了重复抽样调查，以便考察这种新型节能彩电的效果。根据前期的初步调查，专家估计出这种彩电耗电的总体标准差为 11.2W。为了进行大规模的调查，消费者协会制定，对总体均值进行估计的置信水平为 95%，估计误差不能超过 3W，那么消费者协会抽取的随机样本应该选定多大的样本容量？

解：这是估计总体均值时确定样本容量 n 的问题，已知 $\sigma = 11.2$，$\Delta_{\bar{x}} = 3$，$t = 1.96$，因此

$$n_{\bar{x}} = \dfrac{t^2\sigma^2}{\Delta_{\bar{x}}^2} = \dfrac{1.96^2 \times 11.2^2}{3^2} = 53.54 \approx 54$$

即应抽取 54 台彩电进行测试。

【例 6-9】 一家旅行社的经理想要确定内地居民到香港旅游度假的大致比例,他所制定的估计置信度为 0.954 5,最大可能的估计误差不能超过 0.02。假设这位经理对实际的比例完全不了解,那么在重复抽样的条件下,他要估计这一总体成数,应该抽取多大的样本容量?

解:这是估计总体成数(比例)时确定样本容量 n 的问题,并且总体成数(比例)P 的值未知,所以采用 $P=0.5$ 来保守计算。已知 $\Delta_p=0.02$,$t=2$,因此

$$n_p = \frac{t^2 P(1-P)}{\Delta_p^2} = \frac{2^2 \times 0.5 \times 0.5}{0.02^2} = 2\ 500$$

即应抽取 2 500 人进行调查。

6.3 利用 SPSS 进行总体均值的区间估计

应用 SPSS 完成总体参数的区间估计,主要是利用 SPSS 中的"分析"菜单的"描述统计"及"探索"子菜单功能来进行。

【例 6-10】 为了调查某地区人口总数,在该地区 15 000 户家庭中,以不重复抽样方法随机抽选了 30 户家庭作为样本,每户家庭人口数如表 6-3 所示。

例 6-10

表 6-3 每户家庭人口数

5	6	3	3	2	3	3	3	4	4
3	2	6	4	3	5	4	5	3	3
4	3	3	1	2	5	3	4	2	4

要求:试以 95.45% 的置信度推断该地区人口总数。

解:第 1 步,准备数据。打开 SPSS 后定义变量,并输入变量值,如图 6-4 和图 6-5 所示。

图 6-4 定义变量"每户人口数"

第 2 步,在数据编辑器窗口中,依次选择"分析""描述统计""探索"选项(图 6-6)在"探索"对话框中,单击 ▶ 按钮,将左侧变量"每户人口数"传入右侧"因变量列表"列表框中,再单击"统计量"按钮,弹出"探索:统计量"对话框,如图 6-7 所示勾选"描述性"复选框,在"均值的置信区间"文本框中输入"95.45",完成后依次单击"继续""确定"按钮。

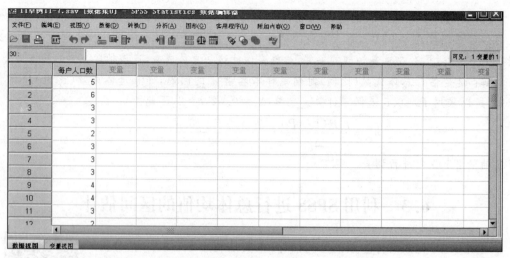

图 6-5 输入变量值

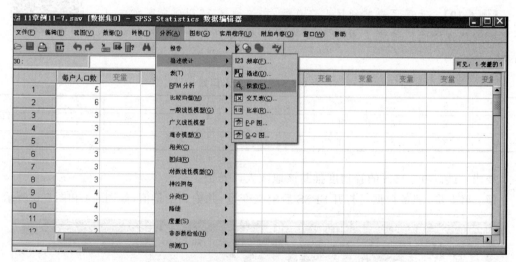

图 6-6 选择"探索"选项

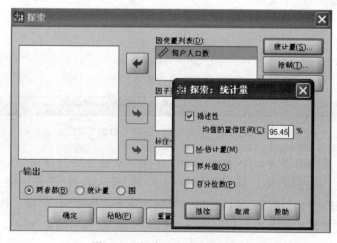

图 6-7 "探索：统计量"对话框

输出的平均每户人口 95.45% 的置信区间如表 6-4 所示。从表 6-4 中可以读出该地区平均每户人口 95.45% 的置信区间为 (3.04, 3.96)，再乘以 15 000，即可得该地区总人口数 95.45% 的置信区间为 (45 600, 59 400)。

表 6-4 输出的平均每户人口 95.45% 的置信区间

每户人口数			统 计 量	标 准 误
	均　　值		3.50	0.218
	均值的 95.45% 置信区间	下限	3.04	
		上限	3.96	
	5% 修整均值		3.48	
	中值		3.00	
	方差		1.431	
	标准差		1.196	
	极小值		1	
	极大值		6	
	范围		5	
	四分位距		1	
	偏度		0.324	0.427
	峰度		−0.046	0.833

小　　结

抽样估计(也称为参数估计)是在根据随机原则从总体中抽取部分实际数据的基础上，运用数理统计的方法，对总体某一现象的数量特征作出具有一定可靠程度的估计判断。

抽样有重复抽样和不重复抽样两种；抽样误差是指样本指标与被它估计的总体相应指标的差数；参数估计有点估计和区间估计两种，总体参数的区间估计主要有总体均值和总体成数(比例)的区间估计；区间估计是在一定概率保证下，用以点估计为中心的一个区间范围估计总体指标数值的估计方法。

样本容量的影响因素有总体方差、抽样极限误差、抽样估计的置信度、抽样方法和组织方式。

习　　题

一、名词解释

参数估计　抽样误差　抽样平均误差　抽样极限误差　样本总体　样本指标　抽样估计　点估计　区间估计

二、单项选择题

1. 某研究部门准备在全市 200 万个家庭中抽取 2 000 个家庭，推断该城市所有职工家庭的年人均收入。这项研究的总体是(　　)。
　　A. 2 000个家庭　　　　　　　　B. 200万个家庭
　　C. 2 000个家庭的年人均收入　　D. 200万个家庭的总收入
2. 某研究部门准备在全市200万个家庭中抽取2 000个家庭,推断该城市所有职工家庭的年人均收入。这项研究的样本是(　　)。
　　A. 2 000个家庭　　　　　　　　B. 200万个家庭
　　C. 2 000个家庭的年人均收入　　D. 200万个家庭的总收入
3. 某大学的一位研究人员希望估计该大学本科生平均每月的生活费支出。为此,他调查了200名学生,发现他们每月平均生活费支出是1500元,该研究人员感兴趣的总体是(　　)。
　　A. 该大学的所有学生　　　　　　B. 该大学所有大学生的总生活费支出
　　C. 该大学所有的在校本科生　　　D. 所调查的200名学生
4. 根据中心极限定理可知,当样本容量充分大时,样本均值的抽样分布服从正态分布,其分布的均值为(　　)。
　　A. $\bar{x}$　　　　B. μ　　　　C. σ^2　　　　D. $\dfrac{\sigma^2}{n}$
5. 从均值为μ,方差为σ^2(有限)的任意一个总体中抽取大小为n的样本,则(　　)。
　　A. 当n充分大时,样本均值$\bar{x}$的分布近似服从正态分布
　　B. 只有当$n<30$时,样本均值$\bar{x}$的分布近似服从正态分布
　　C. 样本均值$\bar{x}$的分布与n无关
　　D. 无论n多大,样本均值$\bar{x}$的分布都为非正态分布
6. 总体均值为50,标准差为8,从此总体中随机抽取容量为64的样本,则样本均值的抽样分布的均值和标准差分别为(　　)。
　　A. 50,8　　　　B. 50,1　　　　C. 50,4　　　　D. 8,8
7. 从一个均值$\mu=10$,标准差$\sigma=0.6$的总体中随机抽取容量为$n=36$的样本,假定该总体并不是很偏,则样本均值$\bar{x}$小于9.9的近似概率为(　　)。
　　A. 0.158 7　　　B. 0.126 8　　　C. 0.253　　　D. 0.6 324
8. 抽样误差是(　　)。
　　A. 登记性误差　　B. 偏差　　　　C. 随机误差　　　D. 计算误差
9. 抽样平均误差表明抽样指标和总体指标之间的(　　)。
　　A. 调查误差　　　　　　　　　　B. 平均误差的程度
　　C. 实际误差　　　　　　　　　　D. 可能误差的范围
10. 重复抽样与不重复抽样误差相比(　　)。
　　A. 两者相等　　　　　　　　　　B. 后者大于前者
　　C. 两者无关　　　　　　　　　　D. 后者小于前者
11. 重复抽样与不重复抽样相比,其抽样平均误差公式少了一个修正系数(　　)。
　　A. $1/(N-1)$　　B. $1/N-2$　　C. $1-n/N$　　D. n/N
12. 当抽样单位数增加3倍时,随机重复抽样平均误差比原来(　　)。
　　A. 减少1/2　　　B. 增加1/2　　　C. 减少1/3　　　D. 增加1/3

13. 在不重复抽样的情况下，抽样单位数从5%增加到25%，抽样平均误差（　　）。
    A. 增加约39.7%　　B. 增加约3/5　　C. 减少约3/5　　D. 减少约3

14. 抽样误差与抽样单位数的关系为（　　）。
    A. 正比　　　　B. 反比　　　　C. 相等　　　　D. 无关

15. 抽样误差的大小（　　）。
    A. 既可以避免，又可以控制　　　　B. 可以避免，但无法控制
    C. 无法避免和无法控制　　　　　　D. 无法避免和可以控制

16. 抽样误差与标准误差的关系（　　）。
    A. 反比　　　　B. 正比　　　　C. 相反　　　　D. 相等

17. 通常所说的大样本容量是指（　　）。
    A. 大于30　　　B. 小于30　　　C. 小于10　　　D. 10~20

18. 表现抽样指标与全及总体指标之间抽样误差的可能范围的是（　　）。
    A. 概率度　　　　　　　　　　　B. 抽样极限误差
    C. 抽样平均误差　　　　　　　　D. 抽样总体方差

19. 在抽样推断中，要提高推断的可靠程度，必须（　　）。
    A. 缩小误差范围　　　　　　　　B. 扩大误差范围
    C. 确定总体指标的所在范围　　　D. 是绝对可靠的范围

20. 扩大抽样的误差范围，则推断的可靠程度会（　　）。
    A. 提高　　　　B. 降低　　　　C. 不变　　　　D. 不确定

21. 点估计是用实际样本指标数值（　　）。
    A. 估计总体数值的范围
    B. 估计总体指标的可能范围的可靠程度
    C. 代替总体指标数值
    D. 估计抽样的范围

22. 将全及总体各单位某一标志分组，再从各组中随机抽取一定单位组成样本的抽样组织方式为（　　）。
    A. 分层抽样　　B. 等距抽样　　C. 整群抽样　　D. 多阶段抽样

三、多项选择题

1. 抽样调查的特点有（　　）。
   A. 抽样调查是全面调查　　　　　B. 抽样调查是非全面调查
   C. 按随机原则抽选调查单位　　　D. 用样本指标数值推算总体指标数值
   E. 出现的抽样误差可以事先计算和控制

2. 抽样调查的理论基础和依据是（　　）。
   A. 概率论　　　B. 大数定律　　C. 中心极限定理　　D. 经济学
   E. 管理学

3. 抽样估计的优良标准是（　　）。
   A. 真实性　　　B. 无偏性　　　C. 及时性　　　D. 一致性
   E. 有效性

4. 抽样调查中的抽样误差(　　)。
   A. 是不可避免的
   B. 可以通过改进调查方法避免的
   C. 可以运用一定数学方法计算的
   D. 其大小是可以控制的
   E. 只能在调查结束后计算出来

5. 重复抽样与不重复抽样两种抽样方法的差别是(　　)。
   A. 标准差不同
   B. 组间方差不同
   C. 为达到同样的准确度抽取的样本单位数不同
   D. 抽样误差的计算公式不同
   E. 抽样误差是有数值差异的

6. 影响抽样误差大小的因素有(　　)。
   A. 抽样数目的多少
   B. 抽样方法不同
   C. 总体被研究标志的变异程度
   D. 总体单位数多少
   E. 抽样组织形式不同

7. 抽样平均误差与抽样极限误差的关系是(　　)。
   A. 抽样平均误差一定小于极限误差
   B. 抽样平均误差一定大于极限误差
   C. 两者可以一致
   D. 极限误差可大于抽样平均误差
   E. 极限误差可小于抽样平均误差

8. 决定样本容量的因素有(　　)。
   A. 总体标志的变异程度
   B. 允许误差的大小
   C. 可靠程度的高低
   D. 抽样方法与组织形式的不同
   E. 人力、物力和财力的允许条件

9. 抽样推断可靠程度的提高,必须(　　)。
   A. 降低概率度
   B. 提高概率度
   C. 扩大估计值的误差范围
   D. 缩小估计值的误差范围
   E. 增加样本容量

10. 在区间估计中,可靠程度与准确程度的关系是(　　)
    A. 可靠程度低,准确程度高
    B. 可靠程度高,准确程度低
    C. 可靠程度低,准确程度低
    D. 可靠程度高,准确程度高
    E. 很难确定

11. 对总体指标进行区间估计的计算公式是(　　)。
    A. $\bar{x}-\Delta_{\bar{x}} \leqslant \mu \leqslant \bar{x}+\Delta_{\bar{x}}$
    B. $p-\Delta_p \leqslant P \leqslant p+\Delta_p$
    C. $\bar{x}-\Delta_{\bar{x}} \leqslant \bar{x} \leqslant \bar{x}+\Delta_{\bar{x}}$
    D. $p-\Delta_p \leqslant p \leqslant p+\Delta_p$
    E. $P=p\pm\Delta_p, \mu=\bar{x}\pm\Delta_{\bar{x}}$

12. 抽样平均误差(　　)。
    A. 与总体方差的平方根成正比
    B. 与总体标准差成正比
    C. 与总体单位数成反比
    D. 与样本单位数成正比
    E. 与样本单位数的平方根成反比

13. 抽样调查按组织形式不同,分为( )。
    A. 简单随机抽样　　B. 分层抽样　　　　C. 等距抽样　　　　D. 整群抽样
    E. 多阶段抽样

14. 抽样平均误差的计算公式有( )。
    A. $\mu_{\bar{x}} = \dfrac{\sigma}{\sqrt{n}}$
    B. $\mu_{\bar{x}} = \sqrt{\dfrac{\sigma^2}{n}\left(1 - \dfrac{n}{N}\right)}$
    C. $\mu_p = \sqrt{\dfrac{P(1-P)}{n}}$
    D. $\mu_p = \sqrt{\dfrac{P(1-P)}{n}\left(1 - \dfrac{n}{N}\right)}$
    E. $\mu_{\bar{x}} = \sqrt{\dfrac{\sigma^2}{n}\left(\dfrac{N-n}{n-1}\right)}$

四、计算题

1. 从半成品库中随机抽取200件甲种半成品,经检验一级品为40件,抽取件数为甲种半成品总量的2%。
   要求:计算其抽样平均误差。

2. 某农户2017年播种小麦1 500亩,随机抽样调查其中100亩,则得平均亩产量为455斤,标准差为50斤。
   要求:计算其抽样平均误差。

3. 评估某部国产影片受欢迎程度,在重复抽样条件下,抽查500名观众,喜欢该影片的有175人。
   要求:
   (1)以95%的概率估计观众喜欢该影片的区间范围。
   (2)若估计的极限误差不超过4.26%,问有多大的把握程度?

4. 某学校有4 500名学生,采用不重复抽样随机抽取20%,调查每月上网次数,其分布数列如表6-5所示。

表6-5　某学校学生上网情况

上网次数	0~2次	2~4次	4~6次	6~8次	8~10次
学生人数比重/%	8	22	40	25	5

   要求:
   (1)以95%的可靠性估计平均每名学生每月上网次数的区间范围。
   (2)以95%的可靠性确定每月上网次数在4次以上比重的区间范围。

5. 某地区有1 000名家政服务员,采用重复抽样随机抽取100人,其日工资情况如表6-6所示。
   要求:
   (1)以95%的概率估计平均每名家政服务员的工资。
   (2)以95%的概率估计日工资在30元以上的家政服务员比重的区间范围。
   (3)假设概率度是1.64(90%),估计日工资在30元以上的比重区间范围。

表 6-6　某地区 100 名家政服务员日工资情况

按日工资分组	人数/人
10～14 元	3
14～18 元	7
18～22 元	18
22～26 元	23
26～30 元	21
30～34 元	18
34～38 元	6
38～42 元	4
合计	100

6. 某灯具公司拟采用简单随机抽样方式对其生产的 5 600 只节能灯进行质量检验。根据生产经验，已知该节能灯耐用时间标准差为 10h。

要求：

（1）试计算在 95.45% 的置信水平下，当抽样极限误差为 1h 时，至少应抽取的节能灯数量。

（2）当抽样极限误差扩大为 2h 时，至少应抽多少只节能灯。

7. 对一批电子元件的使用寿命进行测定，采用重复随机抽样抽取 100 件，测得其平均使用寿命为 1 050h，标准差为 15h。

要求：

（1）以 0.997 3 的概率推算平均使用寿命范围。

（2）抽样极限误差减少 1/2，概率不变，必须抽查电子元件多少个？

（3）抽样误差减少 1/2，概率降至 0.682 7，必须抽检电子元件多少个？

8. 某厂三种产品产量及一级品率的资料如表 6-7 所示。给定概率 95.45%，极限抽样误差不大于 2%。

表 6-7　某厂三种产品产量及一级品率

产品名称	产量/件	一级品率/%
甲	6 000	80
乙	3 000	60
丙	1 000	70

要求：计算采用重复抽样与不重复抽样的方法，各需要抽检多少（按三种产品产量比例分配）？

9. 某厂生产的一批袋装奶的抽检结果如表 6-8 所示（重复抽样）。这种袋装奶的标准质量每袋为 150g。

要求：以 99.73% 的可靠保证程度。

（1）确定每袋奶质量的极限误差。

（2）估计这批袋装奶平均每袋的质量范围，确定是否达到规定质量的要求。

（3）若以每袋质量 150g 为合格，推算这批奶的合格率。

表 6-8　某厂生产的一批袋装奶的抽验结果

每袋质量/g	数量/袋
148～149	10
149～150	20
150～151	50
151～152	20
合计	100

10. 全及总体成数(比例)估计 30%,成数(比例)抽样误差不超过 5%,在 95.45% 的概率保证下,要求:

(1) 按重复抽样方法应抽多少单位数?

(2) 如果抽样误差减少 50%,抽样单位数是多少?

五、上机题

1. 为了解某校大学生日常生活费支出情况,随机抽取了 50 名在校本科生进行调查,如表 6-9 所示。

表 6-9　50 名在校大学生每月生活费支出情况　　　　　　　　单位:元

2 000	1 800	2 000	1 400	1 600	2 000	1 600	1 600	1 800	1 500
1 800	1 600	2 000	1 500	1 300	1 500	1 100	1 500	2 000	1 500
1 600	1 200	1 800	1 500	1 800	1 500	2 000	1 500	1 800	1 450
1 500	1 700	1 400	1 600	1 700	1 800	1 800	1 500	1 800	2 000
1 600	1 400	1 800	1 500	1 500	1 600	1 500	1 600	1 500	1 350

要求:根据 95% 的置信水平估计:全校大学生平均月生活费支出的置信区间。

2. 为了解信用卡的使用情况,银行以信用卡卡号大小为序,每隔 50 抽取一张卡,共抽取 200 张卡,记录月消费情况如表 6-10 所示。

表 6-10　信用卡消费情况

月消费	人数/人
1 000 元以下	15
1 000～2 000 元	60
2 000～3 000 元	85
3 000～4 000 元	30
4 000 元以上	10

要求:试以 95.45% 的概率估计信用卡月均消费金额(提示:以各组组中值代表各组消费额)。

六、分析题

1. "科学创造最佳年龄区"的概念是赵红洲首先提出的。他认为,在人的一生中,总有一个记忆力方兴未艾、理解力"运若转轴"的时期,即记忆力和理解力都好的时期。处于这个时期的人不仅有丰富的实践经验,而且有广博的科学知识;不仅有驾驭大量材料的能力,而且有敢想敢干的创新精神;精力旺盛又富于想象力。这个时期,就是一个人创造力最好的

"黄金时代",或者说是科学发现的"最佳年龄区"。

经过统计分析,赵红洲指出杰出科学家作出重大贡献的最佳年龄区在25~45岁,其最佳峰值年龄和首次贡献的最佳成名年龄随着时代的变化而逐渐增大。很多伟大的科学发现是由富于创造力的年轻人提出的。表6-11是16世纪中叶至20世纪12个重大科学突破的资料。

表6-11 16世纪中叶至20世纪12个重大科学突破的资料

科 学 发 现	科 学 家	年份	年龄/岁
太阳中心论	哥白尼	1543	40
天文学的基本定律	伽利略	1600	43
运动定律、微积分、万有引力	牛顿	1665	23
电的实质	富兰克林	1746	40
燃烧即氧化	拉瓦锡	1774	31
进化论	达尔文	1858	49
电磁理论	麦克斯韦尔	1864	33
留声机、电灯	爱迪生	1877	30
X射线	居里夫人	1896	34
量子论	普朗克	1901	43
相对论	爱因斯坦	1905	26
量子力学的数学基础	薛定谔	1926	39

资料来源:吴柏林,曹立人.现代统计学及应用[M].杭州:浙江教育出版社,2007.

要求:

(1) 估计16世纪中叶至20世纪12个重大科学突破时科学家的平均年龄。

(2) 分析有重大突破时科学家平均年龄估计量的可靠性。

2. 为了解大学生日常生活费支出及生活费来源状况,2002年4月,某高校财政金融学院2000级的6名本科学生,对该校在校大学生的月生活费支出问题进行了抽样调查。本次问卷调查,随机抽取该校大一、大二、大三、大四在校男、女生各30多人作为样本。调查采取分层抽样,对在校各个年级男、女生各发放问卷30多份,共发放问卷300份,回收问卷291份,其中有效问卷共272份。其中,男生的有效问卷为127份,女生的有效问卷为145份。调查得到的部分数据如表6-12所示。

要求:

(1) 根据95%的置信水平,估计全校大学生平均月生活费支出的置信区间。

(2) 全校大学生中来自乡镇地区学生比例的置信区间。

表6-12 大学生月平均生活费支出的调查数据

性别	所在年级	家庭所在地区	月平均生活费支出/元	性别	所在年级	家庭所在地区	月平均生活费支出/元
男	1998级	大型城市	1 000	女	1998级	大型城市	500
男	1998级	大型城市	800	女	1998级	大型城市	800
男	1998级	大型城市	1 000	女	1998级	大型城市	500

续表

性别	所在年级	家庭所在地区	月平均生活费支出/元	性别	所在年级	家庭所在地区	月平均生活费支出/元
男	1998级	中小城市	400	女	1998级	大型城市	1 000
男	1998级	中小城市	600	女	1998级	大型城市	500
男	1998级	中小城市	1 000	女	1998级	中小城市	800
男	1998级	中小城市	600	女	1998级	中小城市	500
男	1998级	中小城市	600	女	1998级	中小城市	600
男	1998级	中小城市	800	女	1998级	中小城市	1 000
男	1998级	中小城市	500	女	1998级	中小城市	450
男	1998级	中小城市	800	女	1998级	中小城市	500
男	1998级	中小城市	600	女	1998级	中小城市	500
男	1998级	中小城市	1 000	女	1998级	中小城市	300
男	1998级	中小城市	500	女	1998级	乡镇地区	400
男	1998级	乡镇地区	300	女	1998级	乡镇地区	500
男	1998级	乡镇地区	500	女	1999级	大型城市	500
男	1999级	大型城市	100	女	1999级	大型城市	600
男	1999级	大型城市	500	女	1999级	大型城市	500
男	1999级	大型城市	1 000	女	1999级	大型城市	300
男	1999级	大型城市	500	女	1999级	大型城市	600
男	1999级	大型城市	600	女	1999级	大型城市	500
男	1999级	中小城市	200	女	1999级	大型城市	500
男	1999级	中小城市	800	女	1999级	大型城市	500
男	1999级	中小城市	800	女	1999级	大型城市	800
男	1999级	中小城市	600	女	1999级	大型城市	600
男	1999级	中小城市	350	女	1999级	大型城市	500
男	1999级	中小城市	300	女	1999级	大型城市	300
男	1999级	中小城市	1 200	女	1999级	大型城市	500
男	1999级	中小城市	400	女	1999级	大型城市	1 000
男	1999级	中小城市	400	女	1999级	大型城市	1 000
男	1999级	中小城市	1 000	女	1999级	大型城市	600
男	1999级	中小城市	500	女	1999级	大型城市	1 000
男	1999级	中小城市	800	女	1999级	大型城市	600
男	1999级	乡镇地区	500	女	1999级	大型城市	600
男	1999级	乡镇地区	1 000	女	1999级	大型城市	600
男	1999级	乡镇地区	800	女	1999级	大型城市	500
男	1999级	乡镇地区	450	女	1999级	中小城市	700
男	1999级	乡镇地区	300	女	1999级	中小城市	700
男	1999级	乡镇地区	250	女	1999级	中小城市	500
男	1999级	乡镇地区	1 000	女	1999级	中小城市	500
男	2000级	大型城市	500	女	1999级	中小城市	600
男	2000级	大型城市	400	女	1999级	中小城市	500
男	2000级	大型城市	600	女	1999级	中小城市	600
男	2000级	大型城市	600	女	1999级	中小城市	500

续表

性别	所在年级	家庭所在地区	月平均生活费支出/元	性别	所在年级	家庭所在地区	月平均生活费支出/元
男	2000级	大型城市	500	女	1999级	中小城市	900
男	2000级	大型城市	400	女	1999级	中小城市	800
男	2000级	大型城市	300	女	1999级	中小城市	600
男	2000级	大型城市	800	女	1999级	中小城市	600
男	2000级	大型城市	400	女	1999级	中小城市	500
男	2000级	大型城市	300	女	1999级	中小城市	500
男	2000级	大型城市	400	女	1999级	中小城市	350
男	2000级	大型城市	350	女	1999级	中小城市	800
男	2000级	大型城市	600	女	1999级	中小城市	600
男	2000级	大型城市	200	女	1999级	中小城市	900
男	2000级	大型城市	800	女	1999级	中小城市	400
男	2000级	中小城市	600	女	1999级	中小城市	600
男	2000级	中小城市	1 000	女	1999级	中小城市	1 000
男	2000级	中小城市	500	女	1999级	中小城市	1 000
男	2000级	中小城市	600	女	1999级	中小城市	600
男	2000级	中小城市	500	女	1999级	乡镇地区	800
男	2000级	中小城市	500	女	1999级	乡镇地区	500
男	2000级	中小城市	500	女	1999级	乡镇地区	600
男	2000级	中小城市	300	女	1999级	乡镇地区	1 000
男	2000级	中小城市	600	女	2000级	大型城市	800
男	2000级	中小城市	400	女	2000级	大型城市	600
男	2000级	中小城市	400	女	2000级	大型城市	400
男	2000级	中小城市	800	女	2000级	大型城市	700
男	2000级	中小城市	1 000	女	2000级	大型城市	1 000
男	2000级	中小城市	700	女	2000级	大型城市	800
男	2000级	中小城市	300	女	2000级	大型城市	700
男	2000级	中小城市	800	女	2000级	大型城市	1 200
男	2000级	中小城市	500	女	2000级	大型城市	500
男	2000级	中小城市	500	女	2000级	大型城市	800
男	2000级	中小城市	500	女	2000级	大型城市	500
男	2000级	中小城市	900	女	2000级	大型城市	400
男	2000级	乡镇地区	600	女	2000级	大型城市	1 000
男	2000级	乡镇地区	1 000	女	2000级	中小城市	1 000
男	2000级	乡镇地区	400	女	2000级	中小城市	600
男	2000级	乡镇地区	300	女	2000级	中小城市	500
男	2000级	乡镇地区	400	女	2000级	中小城市	500
男	2000级	乡镇地区	400	女	2000级	中小城市	1 200
男	2000级	乡镇地区	300	女	2000级	中小城市	600
男	2000级	乡镇地区	700	女	2000级	中小城市	500
男	2000级	乡镇地区	600	女	2000级	中小城市	500
男	2000级	乡镇地区	300	女	2000级	中小城市	600

续表

性别	所在年级	家庭所在地区	月平均生活费支出/元	性别	所在年级	家庭所在地区	月平均生活费支出/元
男	2000级	乡镇地区	1 000	女	2000级	中小城市	700
男	2000级	乡镇地区	400	女	2000级	中小城市	500
男	2000级	乡镇地区	500	女	2000级	中小城市	600
男	2000级	乡镇地区	1 000	女	2000级	中小城市	800
男	2000级	乡镇地区	400	女	2000级	中小城市	700
男	2000级	乡镇地区	700	女	2000级	中小城市	500
男	2000级	乡镇地区	500	女	2000级	乡镇地区	800
男	2000级	乡镇地区	500	女	2000级	乡镇地区	500
男	2000级	乡镇地区	500	女	2000级	乡镇地区	200
男	2000级	乡镇地区	450	女	2000级	乡镇地区	450
男	2000级	乡镇地区	400	女	2000级	乡镇地区	400
男	2000级	乡镇地区	1 000	女	2000级	乡镇地区	700
男	2000级	乡镇地区	500	女	2000级	乡镇地区	300
男	2000级	乡镇地区	300	女	2000级	大型城市	500
男	2000级	乡镇地区	500	女	2000级	大型城市	500
男	2000级	乡镇地区	500	女	2001级	大型城市	1 000
男	2000级	乡镇地区	600	女	2001级	大型城市	400
男	2001级	大型城市	500	女	2001级	大型城市	500
男	2001级	大型城市	400	女	2001级	大型城市	500
男	2001级	大型城市	800	女	2001级	大型城市	600
男	2001级	中小城市	400	女	2001级	大型城市	500
男	2001级	中小城市	600	女	2001级	大型城市	700
男	2001级	中小城市	600	女	2001级	大型城市	400
男	2001级	中小城市	800	女	2001级	大型城市	800
男	2001级	中小城市	300	女	2001级	大型城市	2 500
男	2001级	中小城市	600	女	2001级	中小城市	500
男	2001级	中小城市	500	女	2001级	中小城市	500
男	2001级	中小城市	600	女	2001级	中小城市	700
男	2001级	中小城市	400	女	2001级	中小城市	600
男	2001级	中小城市	550	女	2001级	中小城市	700
男	2001级	中小城市	300	女	2001级	中小城市	800
男	2001级	中小城市	700	女	2001级	中小城市	800
男	2001级	乡镇地区	300	女	2001级	中小城市	500
男	2001级	乡镇地区	450	女	2001级	中小城市	800
男	2001级	乡镇地区	700	女	2001级	中小城市	1 000
男	2001级	乡镇地区	600	女	2001级	中小城市	600
男	2001级	乡镇地区	300	女	2001级	中小城市	400
男	2001级	乡镇地区	400	女	2001级	中小城市	800
男	2001级	乡镇地区	1 000	女	2001级	中小城市	500
男	2001级	乡镇地区	500	女	2001级	中小城市	500
男	2001级	乡镇地区	600	女	2001级	大型城市	600

续表

性别	所在年级	家庭所在地区	月平均生活费支出/元	性别	所在年级	家庭所在地区	月平均生活费支出/元
男	2001级	乡镇地区	300	女	2001级	大型城市	500
女	1998级	大型城市	400	女	2001级	乡镇地区	500
女	1998级	大型城市	500	女	2001级	乡镇地区	500
女	1998级	大型城市	500	女	2001级	乡镇地区	600
女	1998级	大型城市	600	女	2001级	乡镇地区	350
女	1998级	大型城市	500	女	2001级	乡镇地区	300
女	1998级	大型城市	600	女	2001级	乡镇地区	300
女	1998级	大型城市	600	女	2001级	乡镇地区	400
女	1998级	大型城市	300	女	2001级	乡镇地区	400
女	1998级	大型城市	300	女	2001级	乡镇地区	500

数据来源：贾俊平，郝静，等.统计学案例与分析[M].北京：中国人民大学出版社，2010.

拓 展 阅 读

1. 孙慧玲,胡伟文,刘海涛.小样本情况下参数区间估计的改进方法[J].哈尔滨理工大学学报,2017,22(1):109-113.
2. 叶瑞丽,刘建楠,苗峰显,等.风电场风电功率预测误差分析及置信区间估计研究[J].陕西电力,2017,45(2):21-25.
3. 余玲玲,程建华.我国经济适度增长环境下的通货膨胀区间估计[J].统计与决策,2015(19):121-124.
4. 钱鹏程,郭辉铭.经济结构调整背景下江苏经济增长区间估计[J].统计科学与实践,2015(2):26-29.

第7章

假设检验

知识目标

理解并掌握假设检验的基本思想、概念和步骤;理解小概率原理;掌握假设检验中的两类错误;掌握大样本情形下的总体均值假设检验方法、小样本情形下的总体均值假设检验方法、总体成数的假设检验方法,理解两个独立总体均值之差的检验方法、匹配总体均值之差的检验方法、正态总体方差相等性的检验方法及总体成数之差的检验方法;掌握利用 SPSS 对单样本 t 检验、独立样本 t 检验、匹配样本 t 检验、单因素方差分析等问题进行检验的方法。

引导视频

能力目标

选择正确的假设检验方法对社会经济现象的统计数据进行分析和检验;能够利用 SPSS 对社会经济现象的统计数据进行分析和检验,并作出是否拒绝原假设的判断。

7.1 假设检验的基本内容

参数估计和假设检验是统计推断的两个组成部分,它们都是利用样本的信息对总体进行某种推断。但是二者研究的角度有所不同,参数估计是在总体参数未知的情况下,利用样本统计量推断总体参数;而假设检验是事先对总体参数作出一个假设,然后利用样本信息检验这个假设是否成立,并利用检验的结果作出某种决策。假设检验包括一个总体参数的检验和两个及两个以上总体参数的检验。

7.1.1 小概率原理和假设检验的基本方法

定义 7.1 对总体的概率分布或分布参数作出某种假设,然后根据抽样得到的样本观察值,运用数理统计的分析方法,检验这种假设是否正确,从而决定接受或拒绝假设,这样的统计推断过程就是假设检验,也称显著性检验。

例如,对于正态总体提出均值等于 μ_0 的假设,假设检验就是根据样本对所提出的假设作出判断:是接受,还是拒绝。又如,提出总体成数小于 P 的假设,假设检验就是根据样本对提出的假设作出判断:是接受,还是拒绝。

进行检验的基本思想是概率性质的反证法。为了检验原假设,先假定原假设为真。在原假设为真的前提下,如果导致违反逻辑或违背人们常识和经验的不合理现象出现,那么表明"原假设为真"的假定是不正确的,也就不能接受原假设。若没有导致不合理现象出现,那么表明"原假设为真"的假定是正确的,也就是说要接受原假设。

假设检验中的"反证法"思想不同于纯数学中的反证法,后者是在假设某一条件下导致逻辑上的矛盾从而否定原来的假设条件。假设检验中的"不合理现象"是指小概率事件在一次试验中发生,它是基于人们在实践中广泛采用的小概率原理。设事件 A 的概率是一个充分小的数,则称 A 为小概率事件。该原理认为"小概率事件在一次试验中几乎是不可能发生的"。例如,飞机失事是小概率事件,所以人们深信在一次外出旅行途中几乎不会遇到问题,因而人们总是安然地飞来飞去。又如,假定某商品次品率很低,则某位消费者买到的这一商品应不会是次品,反之,若消费者买到的商品是一件次品,则他一定会认为该商品的次品率高。我们进行推断的依据就是小概率原理。对于小概率事件,概率要小到什么程度并没有绝对标准,在通常情况下,将概率不超过 0.05 的事件当作"小概率事件",有些场合,概率不超过 0.1、0.01 或者 0.001。

下面给出两个例子来说明假设检验的基本思想和方法。

【例 7-1】 某工厂质检部门规定该厂产品次品率不超过 4% 方能出厂,现从 1 000 件产品中抽出 10 件,经检验有 4 件次品,问这批产品是否能出厂?

解:如果假设这批产品能出厂(假设这批产品的次品率 $P \leqslant 0.04$),下面一步就是根据样本对这个假设作出判断:是接受,还是拒绝。

进行抽样调查,从 1 000 件中抽取了 10 件,有 4 件次品。则可以计算出抽 10 件有 4 件次品的概率是多少。

$$C_{10}^4 0.04^4 (1-0.04)^6 = 0.000\ 4 < 0.001$$

(假定 0.001 是一个小概率事件,那么抽 10 件有 4 件次品是一个小概率事件。)

综上可见,如果次品率 $P \leqslant 0.04$,则"抽 10 件产品就有 4 件次品的概率"是相当小的(假定小于 0.001 就算是小概率事件),然而如此小概率的一个事件,在一次抽样中(一个样本中)中居然发生了,这是不合理的。不合理的根源在于假定这批产品的次品率 $P \leqslant 0.04$,所以要否定原假设,也就是说这批产品次品率大于 0.04,因此质检部门要做出产品不能出厂的决定。

【例 7-2】 某车间用一台包装机包装葡萄糖,包好的袋装糖质量是一个随机变量,它服从正态分布。当包装机正常工作时,其均值为 0.5kg,标准差为 0.015kg。某日开工后,为检验包装机是否正常,随机抽取它所包装的 9 袋糖,称得净重(单位:kg)的数据如下。

0.497 0.506 0.518 0.524 0.498 0.511 0.520 0.515 0.512

问包装机是否正常?

解:以 μ 和 σ 分别表示这一天袋装糖质量总体 X 的均值和标准差,因为长期实践表明标准差比较稳定,设 $\sigma = 0.015$,所以 $X \sim N(\mu, 0.015^2)$,这里,μ 未知,于是根据样本值来判断 $\mu = 0.5$ 还是 $\mu \neq 0.5$。为此,提出假设如下。

$$H_0: \mu = \mu_0 = 0.5, \quad H_1: \mu \neq \mu_0$$

这是两个对立的假设。然后,给出一个合理的法则,根据这一法则,利用已知样本作出判断:是接受 H_0(即拒绝 H_1),还是拒绝 H_0(即接受 H_1)。若作出的判断是接受 H_0,则认为 $\mu = \mu_0$,即认为包装机工作是正常的;否则,认为包装机工作是不正常的。

由于检验涉及总体均值 μ,可以考虑借助样本均值 $\bar{x}$ 来进行判断。我们知道,$\bar{x}$ 是 μ 的无偏估计量,$\bar{x}$ 观察值的大小在一定程度上反映了总体均值 μ 的大小。若假设 H_0 为真,则观察值 $\bar{x}$ 与 μ_0 的偏差不应该太大,即 $|\bar{x}-\mu_0|$ 不应太大,若过分大,则就怀疑假设的正确性而拒绝假设。

考虑到 H_0 为真时,$\dfrac{\bar{x}-\mu_0}{\sigma/\sqrt{n}} \sim N(0,1)$。而衡量 $|\bar{x}-\mu_0|$ 的大小,可以归结为衡量 $\dfrac{|\bar{x}-\mu_0|}{\sigma/\sqrt{n}}$ 的大小。基于上面的想法,可适当选定一个正数 k,使当观察值 $\bar{x}$ 满足 $\dfrac{|\bar{x}-\mu_0|}{\sigma/\sqrt{n}} \geqslant k$ 时就拒绝 H_0;反之,若 $\dfrac{|\bar{x}-\mu_0|}{\sigma/\sqrt{n}} < k$ 时就接受 H_0。

然而,由于作出判断的依据是一个样本,当实际上 H_0 为真时,仍可能作出拒绝 H_0 的判断(这种可能是无法消除的)。这是一种错误,犯这种错误的概率记为

$P\{$拒绝 $H_0 | H_0$ 为真$\}$,无法排除犯这类错误的可能性,因此自然希望将犯这类错误的概率控制在一定限度内,即给出一个较小的数 $\alpha(0<\alpha<1)$,使犯这类错误的概率不超过 α,即

$$P(\text{拒绝 } H_0 \mid H_0 \text{ 为真}) \leqslant \alpha \tag{7-1}$$

引入式(7-1)后,就能确定 k 了。事实上,因为只允许犯这类错误的概率最大为 α,令式(7-1)右端取等号,即令

$$P\left(\dfrac{|\bar{x}-\mu_0|}{\sigma/\sqrt{n}} \geqslant k\right) = \alpha$$

由于当 H_0 为真时,$\dfrac{\bar{x}-\mu_0}{\sigma/\sqrt{n}} \sim N(0,1)$,由标准正态分布分位点定义得,$k=Z_{\alpha/2}$,如图 7-1 所示。

因而,若观察值满足 $\dfrac{|\bar{x}-\mu_0|}{\sigma/\sqrt{n}} \geqslant k = Z_{\alpha/2}$,则拒绝 H_0;

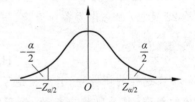

图 7-1 正态分布的 $\alpha/2$ 分位点

而若 $\dfrac{|\bar{x}-\mu_0|}{\sigma/\sqrt{n}} < k = Z_{\alpha/2}$,则接受 H_0。本例中,取 $\alpha = 0.05$,则有 $k=Z_{0.05/2}=1.96$,又已知 $n=9,\sigma=0.015$,再由样本算得 $\bar{x}=0.511$,即有 $\dfrac{|\bar{x}-\mu_0|}{\sigma/\sqrt{n}}=2.2>1.96$。于是拒绝 H_0,认为这天包装机工作不正常。

例 7-2 中所采用的检验法则是符合实际推断原理的。因通常 α 总是取得较小,一般取 $\alpha=0.01,0.05$,因而若 H_0 为真,即当 $\mu=\mu_0$ 时,$\left\{\dfrac{|\bar{x}-\mu_0|}{\sigma/\sqrt{n}} \geqslant Z_{\alpha/2}\right\}$ 是一个小概率事件,根据实际推断原理,就可以认为如果 H_0 为真,则由一次试验得到的观察值 $\bar{x}$,满足不等式 $\dfrac{|\bar{x}-\mu_0|}{\sigma/\sqrt{n}} \geqslant Z_{\alpha/2}$ 几乎是不会发生的。现在在一次观察中竟然出现了满足 $\dfrac{|\bar{x}-\mu_0|}{\sigma/\sqrt{n}} \geqslant Z_{\alpha/2}$ 的

$\bar{x}$,则有理由怀疑 H_0 的正确性,因而拒绝 H_0。若出现的观察值 $\bar{x}$ 满足 $\frac{|\bar{x}-\mu_0|}{\sigma/\sqrt{n}}<Z_{\alpha/2}$,此时没有理由拒绝 H_0,因此只能接受 H_0。

7.1.2 假设检验的步骤

由例 7-2 得出一个完整的假设检验步骤。

1. 提出原假设(H_0)及备择假设(H_1)

根据实际问题的要求,提出原假设(alternative hypothesis)和备择假设(null hypothesis)。原假设与备择假设是一个完备事件组,也就是说,在假设检验中,原假设与备择假设只有一个成立,而且必有一个成立。

在假设检验中区分原假设和备择假设是非常重要的。从情理出发,由于原假设是作为检验的前提提出来的,所以它通常应该是受到保护的,在没有充足的证据时是不能拒绝的,但很多场合下原假设与备择假设的选择可能是模糊的,为了便于读者把握,提出以下建立原假设和备择假设的规则。

定义 7.2 通常将研究者想收集证据予以支持的假设称为备择假设,通常用 H_1 表示。

定义 7.3 通常将研究者想收集证据予以反对的假设称为原假设,通常用 H_0 表示。

以下的三个例子分别给出了三种常见情形下建立原假设和备择假设的规则。

【**例 7-3**】 一个产品研究小组专门设计了一种新型汽油以期望提高它的平均效率,原有汽油在高速公路上的平均效率不超过 25 英里/加仑,为了验证新产品的平均效率是否超过了这一数值,研究人员进行了测试。那么,哪个作原假设?哪个作备择假设?

解:因为研究者希望新型汽油的平均效率超过原有的,所以将新型汽油平均效率超过了 25 英里/加仑作为备择假设,用 μ 表示汽油的平均效率,那么该研究中的原假设和备择假设分别是

$$H_0: \mu \leqslant 25, \quad H_1: \mu > 25$$

在这样的研究中,只有拒绝了原假设才能证实备择假设的正确性,从而得出支持研究成功的结论,并采取相应行动,如开发利用新产品;否则,人们没有充足的理由接受研究的结果,也就无须作出新的重要决策。

【**例 7-4**】 对某一品牌洗衣粉的抽查中,抽验人员要判断其净含量是否达到了说明书中声明的重量(说明书中声称的平均重量是 $\geqslant 500g$)。那么,哪个作原假设?哪个作备择假设?

解:从抽验人员的角度看,总是想收集证据证明产品说明书上的说法不正确,除非有证据说明说明书中的说法是真的。同样用 μ 表示洗衣粉的平均净含量,那么原假设和备择假设分别是

$$H_0: \mu \geqslant 500, \quad H_1: \mu < 500$$

很明显,如果检验过程有足够的证据表明制造商的声明不真实,即拒绝了原假设,那么有关部门有权要求其采取合理措施,或者纠正说明内容,或者提高产品含量;但如果没有足够的理由怀疑制造商的声明,双方都无须采取措施。

【**例 7-5**】 考虑某种零件的内径,某工厂与供应商签订的合同中规定,供应商提供的零

件内径平均应该为1.5cm,工厂在刚收到的一批零件中抽查了若干样品,质量控制监督员必须决定这批零件的内径与约定的规格是否一致,并决定是接收还是退还。

解：用μ表示零件的平均内径,建立的原假设和备择假设是

$$H_0: \mu = 1.5, \quad H_1: \mu \neq 1.5$$

可以看到,不论是否拒绝原假设,工厂都必须采取某种措施,要么认为这批零件达到了规格要求,从而接受它;要么按照合同有足够理由拒收,把这批零件退还给供应商。

在介绍了以上三种常见情形下原假设与备择假设的建立原则时,实际上也列举了关于总体参数假设检验的以下三种形式。

$$H_0: \mu \leqslant \mu_0$$
$$H_1: \mu > \mu_0 \text{(右侧检验)} \tag{7-2}$$

$$H_0: \mu \geqslant \mu_0, \quad H_1: \mu < \mu_0 \text{(左侧检验)} \tag{7-3}$$

$$H_0: \mu = \mu_0, \quad H_1: \mu \neq \mu_0 \text{(双侧检验)} \tag{7-4}$$

式中,μ_0表示假定的具体数值;μ表示总体均值。

另外,假设表达式中的等号部分($=$、$\leqslant$、$\geqslant$)总是放在原假设中,而将$>$、$<$、$\neq$放在备择假设上,这是我们需要遵循的。

2. 确定适当的检验统计量

定义 7.4 根据样本数据计算出来的,并据以对原假设和备择假设做出决策的某种样本统计量,称为检验统计量。

如例7-2中的$Z = \dfrac{\bar{x} - \mu_0}{\sigma/\sqrt{n}}$。

通常,选择一个适当的检验统计量在很大程度上便意味着一次有效的假设检验,它的选择方法与参数估计方法一样,需要考虑的因素与参数估计相同。例如,样本容量大小,原总体方差是已知还是未知等。在不同条件下,应选择不同的检验统计量,使其能反映样本特点,并且在H_0成立的条件下其分布已知。

3. 给定显著性水平α,并确定α水平的拒绝域

定义 7.5 显著性水平是指当原假设为正确时人们却把它拒绝了的概率,通常用α表示。

首先,根据问题的需要,给出小概率α,即显著性水平的大小;然后根据检验统计量的分布和显著性水平的大小,求出临界值和拒绝域。

假设检验是围绕对原假设内容的审定展开的。如果原假设正确且被接受,或原假设错误且被拒绝,这表明做出了正确的决定。但是,由于假设检验是根据样本提供的信息进行推断的,也就有犯错误的可能。有这样一种情况,原假设正确,而我们将它当成是错误的加以拒绝,犯这种错误的概率用α表示,统计上把α称为假设检验中的显著性水平,也就是决策中所面临的风险。

这个概率是由人们确定的,如果取$\alpha = 0.01$或0.05,这说明当作出接受原假设的决策时,其正确的可能性(概率)为99%或95%。

定义 7.6 能够作出拒绝原假设这一结论的所有可能样本的取值范围,称为拒绝域。

拒绝域的边界点称为临界点。例7-2中,取$\alpha = 0.05$,此时拒绝域为$|Z| \geqslant Z_{\alpha/2} = 1.96$,而$Z = Z_{\alpha/2} = 1.96$和$Z = -Z_{\alpha/2} = -1.96$为临界点。

4. 计算检验统计量的值

实际抽样,并将样本观察值代入检验统计量中,求得其具体值。

5. 做出决策

依前三步建立的具体检验标准,用第四步提供的统计量的观察值作出统计决策。若样本统计量的值落入拒绝域,则拒绝原假设,接受备择假设;反之,接受原假设。

7.1.3 假设检验中的两类错误

前面的假设检验中,我们认为在原假设成立时,小概率事件发生了,就拒绝原假设。但是拒绝原假设,并不意味着原假设一定是假,所以假设检验也会犯错误,假设检验中的错误可以分为两种类型。

1. 第一类错误

定义 7.7 拒绝了一个本来是真实的假设称为犯第一类错误。

例如,厂方承诺次品率小于2%,这是真的。但在买方抽检时,小概率事件发生了,如抽了100件,有5件次品,于是买方拒绝了该产品,犯了第一类错误。犯第一类错误的概率通常记为 α,也就是前面讲到的显著性水平。

2. 第二类错误

定义 7.8 接受了一个本来不是真实的原假设称为犯第二类错误。

例如,厂方称次品率小于2%,实际为10%,但买方实际抽检时,随机抽了100件,抽到了1件次品,也就是说小概率事件没有发生,于是买方接受了这批本不该接受的产品,犯了第二类错误。犯第二类错误的概率通常记为 β。

人们希望犯这两类错误的概率越小越好,但统计理论发现,对于一定的样本容量,如果减小 α 的值,就会增大 β 的值,反之亦然。要令它们同时变小唯一的办法就是增加样本容量,而这是受很多实践因素限制的。所以人们只能在两类错误的发生概率之间进行平衡,假设检验可以将 α 和 β 控制在人们能够接受的范围内。一般来说,发生哪一类错误所促成的利害关系更为严重,就应该首先控制哪类错误发生,这似乎已成为一种约定俗成的原则,实际上它也是颇有缘由的,在这里我们不予深究。需要重视的是,人们事先指定的第一类错误发生概率 α 的最大允许值称为检验的"显著性水平",这一水平应该根据具体背景谨慎给出,它的大小体现了对原假设的"保护"程度:水平 α 越小,拒绝原假设要求的理由越充分,对原假设的保护就越严密。著名的英国统计学家罗纳德·费希尔(Ronal Fisher),在他的研究中把小概率的标准定为0.05,所以作为一个普遍适用的原则,人们通常选择显著性水平为0.05或比0.05更小的概率。常用的主要有 $\alpha=0.1, \alpha=0.05, \alpha=0.01, \alpha=0.001$ 等。

7.2 一个总体参数的假设检验

7.2.1 大样本情形下的总体均值检验

1. 总体方差 σ^2 已知的双侧检验

定义 7.9 当检验统计量的取值位于其抽样分布的任何一侧范围内拒绝原假设,也就是说抽样分布的左右两侧共同构成了拒绝域,这样的假设检验为双侧检验。

大样本条件下,无论总体是正态总体或非正态总体,只要总体方差 σ^2 已知,可以证明其样本均值 $\bar{x}$ 服从期望为 μ,方差为 σ^2/n 的正态分布,因此可以选择 Z 为检验统计量。

$$Z = \frac{\bar{x} - \mu_0}{\sigma/\sqrt{n}} \sim N(0,1) \tag{7-5}$$

检验统计量 Z 是服从均值为 0,方差为 1 的标准正态分布。在标准正态分布中,$|Z| \geqslant Z_{\alpha/2}$ 的概率很小,只有 α 大小。例如,$\alpha = 0.05$,临界值 $|Z_{\alpha/2}| = 1.96$,则 $|Z| \geqslant 1.96$ 的概率只有 5%。抽取一个样本,计算 $|Z|$ 的值,若大于 1.96,则小概率事件发生了,此时有理由认为该样本不是抽自假设的总体,所以拒绝原假设。综上所述,双侧检验中的决策规则:当 $|Z| \geqslant Z_{\alpha/2}$ 时,就拒绝 H_0;当 $|Z| < Z_{\alpha/2}$ 时,就接受 H_0。

决策规则如图 7-2 所示。

【例 7-6】 一种罐装饮料采用自动生产线生产,每罐的容量是 255mL,标准差为 5mL。为检验每罐容量是否符合要求,质检人员在某天生产的饮料中随机抽取了 40 罐进行检验,测得每罐平均容量为 255.8mL,取显著性水平 $\alpha = 0.05$,检验该天生产的饮料容量是否符合标准要求。

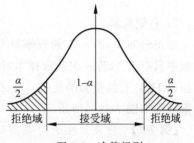

图 7-2 决策规则

解:(1) 依据题意建立 H_0 和 H_1。

$$H_0: \mu = 255, \quad H_1: \mu \neq 255$$

(2) 选择检验统计量并计算其值。

σ^2 已知,且 $n = 40$ 为大样本,选择 Z 为检验统计量,且检验统计量的值为

$$Z = \frac{\bar{x} - \mu_0}{\sigma/\sqrt{n}} = \frac{255.8 - 255}{5/\sqrt{40}} = 1.01$$

(3) 根据给定的显著性水平写出拒绝域。

已知 $\alpha = 0.05$,查标准正态分布表得 $Z_{\alpha/2} = Z_{0.025} = 1.96$。拒绝域为 $|Z| \geqslant Z_{\alpha/2} = 1.96$。

(4) 查看检验统计量的值是否落入拒绝域内,从而作出判断是否拒绝 H_0。

因为 $|Z| = 1.01 < Z_{\alpha/2} = 1.96$,没有落入拒绝域,所以,不拒绝 H_0。

(5) 检验结果表明,样本提供的证据还不足以推翻 H_0,因此不能证明该天生产的饮料不符合标准要求。

2. 总体方差 σ^2 已知的单侧检验

定义 7.10 当检验统计量的取值位于其抽样分布的某一侧范围内拒绝原假设,也就是说抽样分布的某一侧构成了拒绝域,这样的假设检验为单侧检验。

在大样本条件下,无论总体是正态总体还是非正态总体,只要总体方差 σ^2 已知,就都选择 $Z = \frac{\bar{x} - \mu_0}{\sigma/\sqrt{n}}$ 为检验统计量。

1) 左侧检验

在正态分布中,$Z \leqslant -Z_\alpha$ 的概率只有 α 大小。例如,$\alpha = 0.05$,临界值 $-Z_\alpha = -1.645$,$Z \leqslant -1.645$ 的概率只有 5%,若一次抽取样本,计算其 Z 值,是小于 -1.645 的,则小概率

事件发生了,所以拒绝原假设。左侧检验的规则:当 $Z \leqslant -Z_\alpha$ 时,拒绝原假设 H_0;当 $Z > -Z_\alpha$ 时,接受原假设 H_0。左侧检验的决策规则如图 7-3(a)所示。

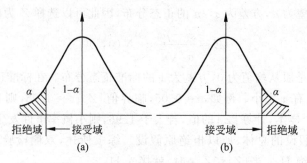

图 7-3 左侧检验和右侧检验决策规则

2) 右侧检验

正态分布中,$Z \geqslant Z_\alpha$ 的概率只有 α 大小。例如,$\alpha = 0.05$,临界值 $Z_\alpha = 1.645$,$Z \geqslant 1.645$ 的概率只有 5%,若一次抽取样本,计算其 Z 值,是大于 1.645 的,则小概率事件发生了,所以拒绝 H_0。右侧检验的规则:当 $Z \geqslant Z_\alpha$ 时,拒绝 H_0;当 $Z < Z_\alpha$ 时,接受 H_0。右侧检验的决策规则如图 7-3(b)所示。

【例 7-7】 微波炉在炉门关闭时的辐射量是一个重要的质量指标。根据过去的经验,某厂生产的微波炉在炉门关闭时的辐射量 X 服从正态分布,标准差为 0.018,且均值不超过 0.12,符合质量要求。为检查近期产品的质量,随机抽查了 36 台微波炉,得其炉门关闭时辐射量的均值 $\bar{x} = 0.1215$。

要求:在显著性水平为 0.05 的条件下,该厂微波炉在炉门关闭时辐射量是否升高了?

解:(1) 依题意建立 H_0 和 H_1。

$$H_0: \mu \leqslant 0.12, \quad H_1: \mu > 0.12$$

(2) 选择检验统计量,并计算其值。

σ^2 已知,$n = 36$,为大样本,因此选择 Z 为检验统计量。

$$Z = \frac{\bar{x} - \mu_0}{\sigma / \sqrt{n}} = \frac{0.1215 - 0.12}{0.018 / \sqrt{36}} = 0.5$$

(3) 根据给定的显著性水平写出拒绝域。

已知 $\alpha = 0.05$,查标准正态分布表得 $Z_\alpha = Z_{0.05} = 1.645$。拒绝域为 $Z \geqslant Z_\alpha = 1.645$。

(4) 查看检验统计量的值是否落入拒绝域内,从而作出判断是否拒绝 H_0。

由于 $Z = 0.5 < 1.645$,样本未落入拒绝域,不能拒绝原假设。

(5) 检验结果表明,不能证明近期生产的微波炉关闭时辐射量显著升高。

3. 总体方差 σ^2 未知的假设检验

在大样本,总体方差 σ^2 未知的情形下,不论总体是否服从正态分布,检验统计量依然服从标准正态分布。故仍采用 Z 检验法,只是在计算检验统计量 Z 时,以样本方差 S^2 代替总体方差 σ^2,其余方法相同。

现将大样本情形下总体均值的双侧检验、总体均值的左侧检验、总体均值的右侧检验的一般形式总结如表 7-1~表 7-3 所示。

表 7-1　大样本情形下总体均值的双侧检验的一般形式

原假设和备择假设	$H_0: \mu = \mu_0, H_1: \mu \neq \mu_0$
检验统计量：σ 已知	$Z = \dfrac{\bar{x} - \mu_0}{\sigma/\sqrt{n}}$
检验统计量：σ 未知	$Z = \dfrac{\bar{x} - \mu_0}{S/\sqrt{n}}$
显著性水平为 α 时的拒绝域	$\|Z\| \geqslant Z_{\alpha/2}$，拒绝 H_0

表 7-2　大样本情形下总体均值的左侧检验的一般形式

原假设和备择假设	$H_0: \mu \geqslant \mu_0, H_1: \mu < \mu_0$
检验统计量：σ 已知	$Z = \dfrac{\bar{x} - \mu_0}{\sigma/\sqrt{n}}$
检验统计量：σ 未知	$Z = \dfrac{\bar{x} - \mu_0}{S/\sqrt{n}}$
显著性水平为 α 时的拒绝域	$Z \leqslant -Z_\alpha$ 时，拒绝 H_0

表 7-3　大样本情形下总体均值的右侧检验的一般形式

原假设和备择假设	$H_0: \mu \leqslant \mu_0, H_1: \mu > \mu_0$
检验统计量：σ 已知	$Z = \dfrac{\bar{x} - \mu_0}{\sigma/\sqrt{n}}$
检验统计量：σ 未知	$Z = \dfrac{\bar{x} - \mu_0}{S/\sqrt{n}}$
显著性水平为 α 时的拒绝域	$Z \geqslant Z_\alpha$ 时，拒绝 H_0

7.2.2　小样本（假定正态总体）情形下的总体均值检验

1. 总体方差 σ^2 已知的均值检验

在小样本条件下，无法简单地构造出服从标准正态分布的检验统计量，因此以下检验都是在假定总体服从正态分布的前提下进行的。只有如此我们才能构造出合适的检验统计量，保证它们的抽样分布是已知的。

总体方差 σ^2 已知时，总体均值检验中使用的检验统计量为

$$Z = \frac{\bar{x} - \mu_0}{\sigma/\sqrt{n}} \tag{7-6}$$

如果有理由认为总体服从正态分布，那么当总体方差已知时检验统计量 Z 服从标准正态分布。

【例 7-8】　某电子元件批量生产的质量标准：平均使用寿命为 1 200h，标准差为 150h。某厂宣称它采用一种新工艺生产的元件质量大大超过这一标准。为了进行验证，质检人员随机抽取了 20 件作为样本，测得平均使用寿命为 1 245h，能否说该厂的元件质量显著地高于规定标准（$\alpha = 0.05$）？

解：(1) 依题意建立 H_0 和 H_1。

$$H_0: \mu \leq 1\,200, \quad H_1: \mu > 1\,200$$

(2) 选择检验统计量，并计算其值。

总体服从正态分布，且 σ^2 已知，n 为小样本，因此选择 Z 为检验统计量。

$$Z = \frac{\bar{x} - \mu_0}{\sigma/\sqrt{n}} = \frac{1\,245 - 1\,200}{150/\sqrt{20}} \approx 1.34$$

(3) 根据给定的显著性水平写出拒绝域。

对给定的 $\alpha = 0.05$，查标准正态分布表得 $Z_\alpha = Z_{0.05} = 1.645$。拒绝域为 $Z \geq Z_\alpha = 1.645$。

(4) 查看检验统计量的值是否落入拒绝域内，从而作出判断是否拒绝 H_0。

由于 $Z = 1.34 < 1.645$，样本未落入拒绝域，不能拒绝 H_0。

(5) 检验结果表明，不能证明新元件的质量高于老元件。

2. 总体方差 σ^2 未知的均值检验

在小样本条件下，总体方差未知时，以样本方差 S^2 代替总体方差 σ^2，得到的检验统计量 $t = \dfrac{\bar{x} - \mu_0}{S/\sqrt{n}}$，$t$ 服从自由度为 $n-1$ 的 t 分布。总体均值检验中使用的检验统计量为

$$t = \frac{\bar{x} - \mu_0}{S/\sqrt{n}} \tag{7-7}$$

如果是双侧检验，在 α 下的拒绝域为 $|t| \geq t_{\alpha/2}(n-1)$；如果是右侧检验，在显著性水平 α 下的拒绝域为 $t \geq t_\alpha(n-1)$；如果是左侧检验，在显著性水平 α 下的拒绝域为 $t \leq -t_\alpha(n-1)$。

【例 7-9】 经验表明，一个矩形的宽与长之比等于 0.618 时会给人们良好的感觉。某工艺厂生产的矩形工艺品框架的宽与长要求也按这一比例设计，假定其总体服从正态分布，现随机抽取了 20 个框架，测得其比值（分别如表 7-4），在 $\alpha = 0.01$ 时能否认为该厂生产的工艺品框架宽与长的平均比例为 0.618？

表 7-4 20 个框架宽与长的比值

0.699	0.749	0.654	0.670	0.612
0.672	0.615	0.606	0.690	0.628
0.668	0.611	0.606	0.609	0.601
0.533	0.570	0.844	0.576	0.933

解：(1) 根据题意建立 H_0 和 H_1。

$$H_0: \mu = 0.618, \quad H_1: \mu \neq 0.618$$

(2) 选择检验统计量，并计算其值。

总体分布为正态分布，σ^2 未知，且 $n = 20$，为小样本，因此选择 t 为检验统计量，由表 7-4 中的数据可以计算出 20 个框架的平均比值为 $\bar{x} = 0.657$，标准差为 $S = 0.094\,557$，那么检验统计量 $t = \dfrac{\bar{x} - \mu_0}{s/\sqrt{n}} = \dfrac{0.657 - 0.618}{0.094\,557/\sqrt{20}} = 1.844\,5$。

(3) 根据给定的显著性水平写出拒绝域。

对给定的 $\alpha = 0.01$，查 t 分布表得拒绝域为 $|t| \geq t_{\alpha/2}(n-1) = t_{0.005}(20-1) = 2.861$。

(4) 查看检验统计量的值是否落入拒绝域内,从而作出判断是否拒绝 H_0。

由于 $t=1.8445$,没有落入拒绝域,所以,不能拒绝 H_0。

(5) 检验结果表明,没有充分理由怀疑该厂生产的工艺品框架宽与长的平均比例不是 0.618。

现将小样本情形下总体均值的双侧检验、总体均值的左侧检验、总体均值的右侧检验的一般形式总结如表 7-5～表 7-7 所示。

表 7-5 小样本情形下总体均值的双侧检验的一般形式

$H_0: \mu = \mu_0, H_1: \mu \neq \mu_0$	检验统计量	显著性水平为 α 时的拒绝域
检验统计量:σ 已知	$Z = \dfrac{\bar{x} - \mu_0}{\sigma/\sqrt{n}}$	$\lvert Z \rvert \geqslant Z_{\alpha/2}$
检验统计量:σ 未知	$t = \dfrac{\bar{x} - \mu_0}{S/\sqrt{n}}$	$\lvert t \rvert \geqslant t_{\alpha/2}(n-1)$

表 7-6 小样本情形下总体均值的左侧检验的一般形式

$H_0: \mu \geqslant \mu_0, H_1: \mu < \mu_0$	检验统计量	显著性水平为 α 时的拒绝域
检验统计量:σ 已知	$Z = \dfrac{\bar{x} - \mu_0}{\sigma/\sqrt{n}}$	$Z \leqslant -Z_\alpha$
检验统计量:σ 未知	$t = \dfrac{\bar{x} - \mu_0}{S/\sqrt{n}}$	$t \leqslant -t_\alpha(n-1)$

表 7-7 小样本情形下总体均值的右侧检验的一般形式

$H_0: \mu \leqslant \mu_0, H_1: \mu > \mu_0$	检验统计量	显著性水平为 α 时的拒绝域
检验统计量:σ 已知	$Z = \dfrac{\bar{x} - \mu_0}{\sigma/\sqrt{n}}$	$Z \geqslant Z_\alpha$
检验统计量:σ 未知	$t = \dfrac{\bar{x} - \mu_0}{S/\sqrt{n}}$	$t \geqslant t_\alpha(n-1)$

7.2.3 总体成数的假设检验

总体成数的假设检验是检验总体单位中含有某种特征的单位数占的比例是否为某一假设值 P_0。可以证明,当 n 很大,且 np 和 $n(1-p)$ 都大于 5 时,二项分布近似服从正态分布。在 $n/N \leqslant 0.05$ 时的情形下,关于单个总体成数假设检验的统计量为

$$Z = \frac{p - P_0}{\sqrt{P_0(1-P_0)/n}} \tag{7-8}$$

式中,P_0 为假设的总体成数;p 为样本成数;P 为总体成数。检验统计量 Z 近似服从标准正态分布。如果 n 相对于 N 很大时,就要用有限总体修正系数对抽样平均误差进行修正。

实际上,上面两式计算的检验统计量是近似相等的。

总体成数假设检验的几种情形如表 7-8 所示。

表 7-8 总体成数假设检验的几种情形

检验法	条件	原假设	备择假设	检验统计量	拒绝域
Z 检验法	$np>5, n(1-p)>5$	$P=P_0$	$P\neq P_0$	$Z=\dfrac{p-P_0}{\sqrt{P_0(1-P_0)/n}}$	$\lvert Z\rvert>Z_{\alpha/2}$
		$P\leqslant P_0$	$P>P_0$		$Z>Z_\alpha$
		$P\geqslant P_0$	$P<P_0$		$Z<-Z_\alpha$

【例 7-10】 一般来说,如果能够证明某部电视剧在播出的前 13 周中观众的收视率超过了 25%,那么就可以认为它获得了成功。现针对一部关于农村生活题材的电视剧抽选了 400 个家庭组成了一个样本,发现前 13 周中有 112 个家庭看过这部电视剧。

要求:

(1) 建立适当的原假设与备择假设。

(2) 如果允许发生第一类错误的最大概率为 0.01,这些信息能否断定这部电视剧是成功的?

解:(1) 根据题意建立 H_0 和 H_1。

$$H_0: P \leqslant 0.25, \quad H_1: P > 0.25$$

(2) 选择检验统计量,并计算其值。

$$Z=\frac{p-P_0}{\sqrt{\dfrac{P_0(1-P_0)}{n}}}=\frac{\dfrac{112}{400}-0.25}{\sqrt{\dfrac{0.25(1-0.25)}{400}}}\approx 1.39$$

(3) 根据给定的显著性水平写出拒绝域。

对给定的 $\alpha=0.01$,查标准正态分布表得拒绝域为 $Z>z_{0.01}=2.33$。

(4) 查看检验统计量的值是否落入拒绝域内,从而作出判断是否拒绝 H_0。

$Z=1.39<2.33$ 没有落入拒绝域,不能拒绝 H_0。

(5) 检验结果表明,没有充分理由认为这部电视剧是成功的。

7.3 两个总体参数的假设检验

在许多情况下,人们需要比较两个总体的参数,比较它们是否有显著区别。例如,在相同年龄组中,高学历和低学历的职工收入是否有明显的差异;采用同一种教学方式,在不同的年级或不同的内容课程中是否会有不同的效果。对此,可以利用两个总体参数的假设检验寻找答案。

7.3.1 两个独立总体均值之差的检验

两个独立总体均值之差的检验的假设形式有如下三种形式。

双侧检验:$H_0: \mu_1-\mu_2=D_0, H_1: \mu_1-\mu_2\neq D_0$。

左侧检验:$H_0: \mu_1-\mu_2=(或\geqslant)D_0, H_1: \mu_1-\mu_2<D_0$。

右侧检验:$H_0: \mu_1-\mu_2=(或\leqslant)D_0, H_1: \mu_1-\mu_2>D_0$。

D_0 为指定的一个任意数,若只关心两个总体均值相等与否,则 $D_0=0$。

1. 大样本或小样本正态总体,体方差 σ_1^2,σ_2^2 已知

当两个总体均服从正态分布或虽然两个总体的分布形式未知,但抽自两个总体的样本容量均较大时,两个总体的均值分别为 μ_1,μ_2,方差 σ_1^2,σ_2^2 已知,可以证明,由两个独立样本算出的 $\bar{x}_1-\bar{x}_2$ 的抽样分布服从正态分布,其均值为 $\mu_1-\mu_2$,标准差为

$$\sigma_{\bar{x}_1-\bar{x}_2}=\sqrt{\frac{\sigma_1^2}{n_1}+\frac{\sigma_2^2}{n_2}}$$

此时,使用 Z 检验法检验统计量 Z 的计算公式为

$$z=\frac{(\bar{x}_1-\bar{x}_2)-(\mu_1-\mu_2)}{\sqrt{\frac{\sigma_1^2}{n_1}}+\sqrt{\frac{\sigma_2^2}{n_2}}} \tag{7-9}$$

【例 7-11】 有两种方法用于制造某种以抗拉强度为重要特征的产品。从以往的资料得知,第一种方法生产出的产品抗拉强度的标准差为 8kg,第二种方法的标准差为 10kg。从采用两种方法生产出的产品中各抽取一个随机样本,样本容量分别为 $n_1=32,n_2=40$,测得 $\bar{x}_1=50\text{kg},\bar{x}_2=44\text{kg}$。问这两种方法生产出来的产品平均抗拉强度是否有显著差别? $\alpha=0.05$。

解: 因为检验使用两种方法生产出的产品在抗拉强度上是否存在显著差别,并未涉及方向,所以是双侧检验,建立假设并进行检验。

(1) 根据题意建立 H_0 和 H_1。

$H_0: \mu_1-\mu_2=0$(没有显著差别),$H_1: \mu_1-\mu_2\neq0$(有显著差别)

(2) 选择检验统计量,并计算其值。

总体分布未知,但 σ_1^2,σ_2^2 已知,且 $n_1=32,n_2=40$,为大样本,选择 Z 为检验统计量。

$$z=\frac{(\bar{x}_1-\bar{x}_2)-(\mu_1-\mu_2)}{\sqrt{\frac{\sigma_1^2}{n_1}}+\sqrt{\frac{\sigma_2^2}{n_2}}}=\frac{50-44-0}{\sqrt{\frac{64}{32}+\frac{100}{40}}}\approx 2.83$$

(3) 根据给定的显著性水平写出拒绝域。

给定的 $\alpha=0.05$,查标准正态分布表得 $Z_{\alpha/2}=Z_{0.025}=1.96$。拒绝域为 $|Z|=2.83>1.96$。

(4) 查看检验统计量的值是否落入拒绝域内,从而作出判断是否拒绝 H_0。

由于 $|Z|=2.83>Z_{0.025}=1.96$,落入拒绝域,所以,拒绝 H_0。

(5) 检验结果表明,采用两种方法生产出来的产品其抗拉强度有显著差别。

2. 小样本(假定正态总体),总体方差 σ_1^2,σ_2^2 未知

在两个正态总体方差未知,且 n 较小的情况下,进行两个总体均值之差的检验需要使用 t 检验法,有两种情况:一种是虽然两个总体方差未知,但知道有 $\sigma_1^2=\sigma_2^2$;另外一种是没有理由判定 $\sigma_1^2=\sigma_2^2$,故认为 $\sigma_1^2\neq\sigma_2^2$。

1) 两总体方差相等时,即 $\sigma_1^2=\sigma_2^2$

$\sigma_1^2=\sigma_2^2$ 这个条件的成立往往是从已有大量经验中得到的,或者事先进行了关于两个方差的检验,并得到肯定的结论。这时,$\sigma_{\bar{x}_1-\bar{x}_2}$ 的估计为

$$\hat{\sigma}_{\bar{x}_1-\bar{x}_2}=s_p\sqrt{\frac{1}{n_1}+\frac{1}{n_2}} \qquad (7\text{-}10)$$

式中，$s_p^2=\dfrac{(n_1-1)S_1^2+(n_2-1)S_2^2}{n_1+n_2-2}$。 (7-11)

于是，检验统计量的计算公式为

$$t=\frac{(\bar{x}_1-\bar{x}_2)-(\mu_1-\mu_2)}{s_p\sqrt{\dfrac{1}{n_1}+\dfrac{1}{n_2}}} \qquad (7\text{-}12)$$

t 分布的自由度为 n_1+n_2-2。

2) 两总体方差不等时，即 $\sigma_1^2\neq\sigma_2^2$

当 $\sigma_1^2\neq\sigma_2^2$ 时，自然用样本方差 S_1^2 和 S_2^2 分别估计 σ_1^2 和 σ_2^2，$\sigma_{\bar{x}_1-\bar{x}_2}$ 的估计为

$$\hat{\sigma}_{\bar{x}_1-\bar{x}_2}=\sqrt{\frac{S_1^2}{n_1}+\frac{S_2^2}{n_2}} \qquad (7\text{-}13)$$

但此时抽样分布已不服从自由度为 (n_1+n_2-2) 的 t 分布，而是近似服从自由度为 f 的 t 分布，f 的计算公式为

$$f=\frac{\left(\dfrac{S_1^2}{n_1}+\dfrac{S_2^2}{n_2}\right)^2}{\dfrac{\left(\dfrac{S_1^2}{n_1}\right)^2}{n_1-1}+\dfrac{\left(\dfrac{S_2^2}{n_2}\right)^2}{n_2-1}} \qquad (7\text{-}14)$$

这时，检验统计量 t 的计算公式为

$$t=\frac{(\bar{x}_1-\bar{x}_2)-(\mu_1-\mu_2)}{\sqrt{\dfrac{S_1^2}{n_1}+\dfrac{S_2^2}{n_2}}} \qquad (7\text{-}15)$$

t 分布的自由度为 f。

需要注意的是，在讨论两个总体均值之差的检验时，假定两个总体方差相等或不相等。事实上，在许多情况下总体方差是否相等事先往往并不知道，因此在进行两个总体均值之差检验之前，也可以先进行两个总体方差是否相等的检验，由此获得所需的信息。具体检验方法见 7.3.3 小节。

【例 7-12】 劳动效率可以用平均装配时间来反映，现从采用第一种装配方法生产的部件中抽取 15 件产品，第二种装配方法生产的部件中抽取 20 件产品，记录各自的装配时间（单位：min），如表 7-9 所示，两总体为正态总体，在 $\alpha=0.05$ 的显著性水平，检验两种装配方法装配时间是否有显著差别？

表 7-9 两种方法的装配时间 单位：min

方法	时间				
第一种装配方法	568	681	636	607	555
	496	540	539	529	562
	589	646	596	617	584

续表

方　法	时　间				
第二种装配方法	650	569	622	630	596
	637	628	706	617	624
	563	580	711	480	688
	723	651	569	709	632

解：(1) 依题意建立 H_0 和 H_1。

第一种装配方法和第二种装配方法的平均装配时间用 μ_1 和 μ_2 表示。建立以下假设。

$$H_0: \mu_1 - \mu_2 = 0, \quad H_1: \mu_1 - \mu_2 \neq 0$$

(2) 选择检验统计量并计算出其值。

由于 n_1 和 n_2 均较小，且 σ_1^2 和 σ_2^2 未知，也无法断定 $\sigma_1^2 = \sigma_2^2$ 是否成立，故属于 n 较小，σ_1^2, σ_2^2 未知，且 $\sigma_1^2 \neq \sigma_2^2$ 的情况。据此，采用 t 分布，其自由度为 f。

经过计算，得到 $\bar{x}_1 = 589.67, \bar{x}_2 = 629.25, S_1^2 = 2\,431.429, S_2^2 = 3\,675.461, f = 32.34$，取 $f = 32$，根据式(7-15)得到，检验统计量 t 值为

$$t = \frac{(\bar{x}_1 - \bar{x}_2) - (\mu_1 - \mu_2)}{\sqrt{\frac{S_1^2}{n_1} + \frac{S_2^2}{n_2}}} = \frac{589.67 - 629.25 - 0}{\sqrt{\frac{2\,431.429}{15} + \frac{3\,675.461}{20}}} \approx -2.128$$

(3) 根据给定的显著性水平写出拒绝域。

已知 $\alpha = 0.05$，查 t 分布表得 $t_{\alpha/2}(n-1) = t_{0.025}(32) = 2.037$。拒绝域为 $|t| \geqslant t_{\alpha/2}(n-1) = 2.037$。

(4) 查看检验统计量的值是否落入拒绝域内，从而作出判断是否拒绝 H_0。

$|t| = 2.128 \geqslant 2.037$，落入拒绝域，故拒绝 H_0。

(5) 检验结果表明，两种装配方法有显著差别。

7.3.2 两个匹配总体均值之差的检验

检验两个总体均值之差时，有时两个样本不是独立的而是匹配的。例如，比较同一组学生在大一时和大四时体重有无显著变化，比较同一组工人使用两种操作方法的生产效率是否相同，比较同一群测试者对两个不同品牌产品的评分有何差异，等等。

这类检验问题可以转化为一个样本的均值检验问题。其方法如下：先计算出每一对样本数据的差值，$d_i = x_i^{(1)} - x_i^{(2)}, i = 1, 2, \cdots, n$；然后将这 n 个差值看作一个样本，将 $(\mu_1 - \mu_2)$ 看作待检验的一个总体参数(即成对差值的总体均值，记为 D)，原来的检验问题就转化为根据一个样本去检验 D 是否等于(或小于、大于)假设值 D_0。为了简便，通常取 $D_0 \geqslant 0$。

假定成对差值构成的总体服从正态分布，且成对样本差值是从差值总体中随机抽取的，则检验统计量及其分布为

$$t = \frac{\bar{d} - D_0}{\sqrt{\frac{S_d^2}{n}}} = \frac{\bar{d} - D_0}{S_d / \sqrt{n}} \sim t(n-1) \tag{7-16}$$

式中，$\bar{d} = \dfrac{\sum d_i}{n}$；$S_d = \sqrt{\dfrac{\sum(d_i - \bar{d})^2}{n-1}}$。

【例 7-13】 用某种药治疗 9 例再生障碍性贫血患者，治疗前后患者血红蛋白变化的数据如表 7-10 所示。问在 $\alpha=0.05$ 下，能否认为这种药物至少可以使血红蛋白数量增加 15 个单位？

表 7-10　治疗前后患者血红蛋白变化

时间	血红蛋白数量								
治疗前	69	67	76	61	70	76	65	66	72
治疗后	107	65	113	123	112	89	80	78	105

解：(1) 根据题意建立 H_0 和 H_1。

令治疗前后的总体均值分别为 μ_1 和 μ_2，H_0 和 H_1 如下。

$$H_0: \mu_1 - \mu_2 \leqslant 15, \quad H_1: \mu_1 - \mu_2 > 15$$

(2) 选择检验统计量，并计算其值。

成对数据的差值 d_i 分别为 38、-2、37、62、42、13、15、12、33。

于是可以计算出：

$$\bar{d} = \dfrac{\sum d_i}{n} = \dfrac{250}{9} = 27.778, \quad S_d^2 = \dfrac{3\,107.556}{8} = 388.444$$

检验统计量的值为

$$t = \dfrac{\bar{d} - D_0}{S_d / \sqrt{n}} = \dfrac{27.778 - 15}{\sqrt{388.444}/\sqrt{9}} \approx 1.945$$

(3) 根据给定的显著性水平写出拒绝域。

已知 $\alpha=0.05$，查 t 分布表可得临界值 $t_\alpha(n-1) = t_{0.05}(8) = 1.86$，拒绝域为 $t \geqslant t_\alpha(n-1) = 1.86$。

(4) 查看检验统计量的值是否落入拒绝域内，从而作出判断是否拒绝 H_0。

$t = 1.945 > 1.86$，落入拒绝域，所以在 0.05 的显著性水平下应该拒绝 H_0。

(5) 检验结果表明，可以认为这种药物至少能使患者的血红蛋白数量增加 15 个单位。

7.3.3　两个正态总体方差相等性的检验

如果要检验两个总体方差是否相等，可以通过两个方差之比是否等于 1 来进行。实际中会遇到关注两个总体方差是否相等的问题，如比较两个生产过程的稳定性，比较两种投资方案的风险等。前面讨论两个总体均值之差的检验时，假定两个总体方差相等或不相等。事实上，在许多情况下总体方差是否相等事先往往并不知道，因此在进行两个总体均值之差检验之前，也可以先进行两个总体方差是否相等的检验，由此获得所需的信息。

检验两个总体方差相等性（也称齐性）的假设有以下三种形式。

左侧检验：$H_0: \sigma_1^2 = \sigma_2^2$（或 $\sigma_1^2 \geqslant \sigma_2^2$），$H_1: \sigma_1^2 < \sigma_2^2$。

右侧检验：$H_0: \sigma_1^2 = \sigma_2^2$（或 $\sigma_1^2 \leqslant \sigma_2^2$），$H_1: \sigma_1^2 > \sigma_2^2$。

双侧检验：$H_0: \sigma_1^2 = \sigma_2^2$，$H_1: \sigma_1^2 \neq \sigma_2^2$。

为了比较两个未知的总体方差 σ_1^2 和 σ_2^2，我们用两个样本方差的比来判断，如果 S_1^2/S_2^2 接近 1，说明两个总体方差很接近，如果比值结果远离 1，说明 σ_1^2 和 σ_2^2 之间有较大差异。

根据第 5 章"抽样分布"的内容可知，在两个正态总体条件下，两个方差之比服从 F 分布，即

$$F=\frac{S_1^2/\sigma_1^2}{S_2^2/\sigma_2^2} \sim F(n_1-1, n_2-1)$$

在 $\sigma_1^2=\sigma_2^2$ 条件下，检验统计量 F 为 $F=S_1^2/S_2^2$，此时自由度分别为分子自由度 n_1-1，分母自由度 n_2-1。

左侧检验拒绝域在 F 分布的左侧，即 $[0, F_{1-\alpha}(n_1-1, n_2-1)]$；右侧检验拒绝域在 F 分布的右侧，即 $[F_\alpha(n_1-1, n_2-1), +\infty]$；双侧检验的拒绝域为 $[0, F_{1-\alpha/2}(n_1-1, n_2-1)]$ 和 $[F_{\alpha/2}(n_1-1, n_2-1), +\infty]$，$F$ 分布双侧检验如图 7-4 所示。

通常，F 分布表仅给出 $F_{\alpha/2}$ 的位置，可以用它来推算 $F_{1-\alpha/2}$ 的位置，推算公式为

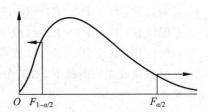

图 7-4　F 分布双侧检验

$$F_{1-\alpha/2}=\frac{1}{F_{\alpha/2}(n_2-1, n_1-1)} \tag{7-17}$$

注意在式(7-16)中，等号右边分母 $F_{\alpha/2}$ 的自由度要调换一下。单侧检验中，一般把较大的 S^2 放在分子位置，此时 $F>1$。

【例 7-14】　例 7-12 中，得到两个样本的方差分别为 $S_1^2=2\,431.429, S_2^2=3\,675.451$，现以 $\alpha=0.05$ 来检验两个总体的方差是否相等。

解：(1) 根据题意建立 H_0 和 H_1。

因为是检验 σ_1^2 和 σ_2^2 是否相等，所以采用双侧检验。

$$H_0: \sigma_1^2=\sigma_2^2, \quad H_1: \sigma_1^2 \neq \sigma_2^2$$

(2) 选择检验统计量，并计算其值。

检验统计量为

$$F=S_1^2/S_2^2=2\,431.429/3\,675.461=0.662$$

(3) 根据给定的显著性水平写出拒绝域。

查 F 分布表得 $F_{\alpha/2}(n_1-1, n_2-1)=F_{0.05/2}(14, 19)=2.62$（由于自由度 $n_1-1=14$ 在 F 分布表中是没有的，故取 15），$F_{0.05/2}(19, 14)=2.84$（由于自由度 $n_2-1=19$ 在 F 分布中是没有的，故取 20）。

由式(7-17)

$$F_{1-\alpha/2}(n_1-1, n_2-1)=\frac{1}{F_{\alpha/2}(n_2-1, n_1-1)}=\frac{1}{2.84}=0.352$$

拒绝域为 $[0, F_{1-\alpha/2}(n_1-1, n_2-1)]$ 和 $[F_{\alpha/2}(n_1-1, n_2-1), +\infty]$，即 $(0, 0.352)$ 和 $(2.62, +\infty)$。

(4) 查看检验统计量的值是否落入拒绝域内，从而作出判断是否拒绝 H_0。

样本统计量 F 的值为 0.662，没有落入拒绝域，故不能拒绝 H_0。

(5) 检验结果表明，可以认为这两个总体的方差没有显著差异。

7.3.4 两个总体成数之差的检验

设两个总体服从二项分布,这两个总体中具有某种特征单位数的成数分别为 P_1 和 P_2,但 P_1 和 P_2 未知,可以用样本成数 p_1 和 p_2 来代替,n_1 和 n_2 分别代表两个样本容量。对两个总体成数之差的假设检验的基本思路与一个总体成数的假设检验类似。这里也只介绍大样本条件下的检验。当 n_1p_1、$n_1(1-p_1)$、n_2p_2、$n_2(1-p_2)$ 都大于或等于 5 时,才能认为是大样本。

对两个总体成数之差的检验有三种形式的假设。

双侧检验:$H_0: P_1 - P_2 = D_0, H_1: P_1 - P_2 \neq D_0$。
左侧检验:$H_0: P_1 - P_2 = (或 \geqslant) D_0, H_1: P_1 - P_2 < D_0$。
右侧检验:$H_0: P_1 - P_2 = (或 \leqslant) D_0, H_1: P_1 - P_2 > D_0$。

在原假设成立的前提下,对两个总体成数之差的假设检验可近似采用 Z 检验法,检验统计量为

$$Z = \frac{(p_1 - p_2) - D_0}{\sqrt{\dfrac{p_1(1-p_1)}{n_1}} + \sqrt{\dfrac{p_2(1-p_2)}{n_2}}} \tag{7-18}$$

【例 7-15】 某公司准备采购的一种产品有 A 和 B 两家供应商,供应商 A 的产品价格较高,但 A 宣称其产品质量也较高。该公司决策者决定对两家供应商的产品次品率进行比较,若没有充分理由相信供应商 A 的产品质量较高,就会选择供应商 B 作为合作伙伴。从供应商 A 的产品中随机抽取 200 件,发现有 20 件次品;从供应商 B 的产品中随机抽取 250 件,发现有 30 件次品。试在 0.10 的显著性水平下对此问题进行检验,说明该公司决策者应该选择哪家供应商为合作伙伴?

解:(1) 根据题意建立 H_0 和 H_1。

设 P_1 和 P_2 分别代表 A 和 B 两家供应商的产品次品率,依题意有

$$H_0: P_1 - P_2 \geqslant 0, \quad H_1: P_1 - P_2 < 0$$

(2) 选择检验统计量,并计算其值。

根据已知数据可计算出两个样本成数分别为 $p_1 = 10\%, p_2 = 12\%$。

检验统计量的观测值为

$$Z = \frac{(p_1 - p_2) - 0}{\sqrt{\dfrac{p_1(1-p_1)}{n_1}} + \sqrt{\dfrac{p_2(1-p_2)}{n_2}}}$$

$$= \frac{0.1 - 0.12}{\sqrt{\dfrac{0.1 \times (1-0.1)}{200} + \dfrac{0.12 \times (1-0.12)}{250}}} = -0.677$$

(3) 根据给定的显著性水平写出拒绝域。

给定 $\alpha = 0.1$,临界值 $-Z_\alpha = -Z_{0.1} = -1.28$,拒绝域为 $Z \leqslant -Z_\alpha = -1.28$。

(4) 查看检验统计量的值是否落入拒绝域内,从而作出判断是否拒绝 H_0。

由于样本观察值 $Z = -0.667 > -Z_{0.1} = -1.28$,没有落入拒绝域,所以不能拒绝 H_0。

(5) 检验结果表明,该公司决策者不应选择供应商 B 作为合作伙伴。

7.4 多个总体参数的假设检验——单因素方差分析

有时需要对两个以上总体的均值同时进行检验。例如,多种施肥方案对某种农作物收获量是否有影响?多种不同包装的同类产品的平均销售量是否有显著差异?解决这类问题就可以运用方差分析法。

【例 7-16】 一个研究小组为了研究三种不同施肥方案对某种农作物收获量的影响,在 6 个地块上进行了试验。每个地块上的土质、农作物品种、播种量和播种方法等影响该农作物收获量的因素均相同。试根据表 7-11 的收获量数据分析不同施肥方案是否对收获量有显著影响?(显著性水平 α 为 0.05)

表 7-11 三种施肥方案的收获量数据

施肥方案	地块 1	地块 2	地块 3	地块 4	地块 5	地块 6
A1	55	62	76	68	60	63
A2	70	58	62	50	65	
A3	78	80	68	82	75	64

解:在这个问题中,"不同施肥量是否对收获量有显著影响"等价于"三种不同施肥方案的总体平均收获量是否相等",所要检验因素只有一个,即施肥方案,这里用方差分析来检验。

7.4.1 方差分析的基本思想

定义 7.11 方差分析又称为变异数分析,是通过对方差的比较来检验两个及两个以上总体均值之间差异的显著性。

从形式上看,方差分析是比较多个总体均值是否相等,但从本质上看,方差分析是研究一个或几个分类型自变量对一个数值型因变量有无显著影响的一种常用方法。

在例 7-16 中,影响收获量的因素有很多,当其他影响因素都相同或相近时,若不同施肥方案的收获量有显著差异,就说明施肥方案是影响收获量的一个显著因素;反之亦然。

定义 7.12 在方差分析中,所考察的分类型变量称为因素或因子。

在例 7-16 中可能影响收获量的"施肥方案"就称为因子。

定义 7.13 方差分析只考察一个因素(假定其他影响因素不变)对一个数值型变量的影响,即为单因素方差分析。

定义 7.14 方差分析若要同时考察两个因素对某个数值型变量的影响就是双因素方差分析。

本节只介绍单因素方差分析。

若用 μ_i 表示第 i 个总体均值 $(i=1,2,\cdots,k)$,方差分析就是要检验以下假设。

$H_0: \mu_1 = \mu_2 = \cdots = \mu_k$(所检验的因素对数值型变量没有显著影响)

$H_1: \mu_1, \mu_2, \cdots, \mu_k$ 不全相等(所检验的因素对数值型变量有显著影响)

7.4.2 单因素方差分析的基本原理

以例 7-16 来说明单因素方差分析中的一些基本概念。

所考察的不同状态或不同类别称为不同"水平"或不同"处理"。在例 7-16 中有三种不同的施肥方案,即"施肥方案"这个因素有三个水平(分别记为 A1、A2、A3)。方差分析中,每个水平下的所有可能结果构成一个总体,例 7-16 中每种施肥方案下所有地块的收获量就是一个总体,共有三个总体。通常不可能获得总体数据,因而总体均值只能根据样本数据(即观测值)获得,第 i 个水平的第 j 个观测值记为 $x_{ij}(i=1,2,\cdots,k,j=1,2,3,\cdots,n_i)$,$n_i$ 为从第 i 个水平中抽取的观测值个数。全部观测值的个数为 $n=n_1+n_2+\cdots+n_k$,在例 7-16 中,$n_1=n_3=6,n_2=5,n=17$。

每一个样本观测值 x_{ij} 都可表示为

$$x_{ij}=u_i+\varepsilon_{ij}, \quad i=1,2,\cdots; j=1,2,\cdots,n_i \tag{7-19}$$

式中,u_i 为第 i 个水平的总体均值;ε_{ij} 为随机误差。

由式(7-19)不难理解,样本观测值之间的差异来源于两种误差:一是 u_i 不尽相等而造成的误差。它源于所检验因素条件的改变(不同水平),这种误差称为系统误差或条件误差。在例 7-16 中,施肥方案不同可能造成收获量有差异。二是 ε_{ij} 不尽相等而引起的误差。它源于抽样的随机性或试验过程中各种随机因素,所以也称为随机误差或试验误差。在例 7-16 中,由于抽取地块的随机性或影响收获量的多种随机因素的影响,无论是同一种施肥方案下还是在不同施肥方案之间,不同地块上的收获量都存在随机波动。

方差分析就是检验各个总体均值 u_i 是否相等,也就是要鉴别观察值的差异性是否存在系统误差,为此就要对样本观测值之间的差异进行分析。

样本观测值之间的差异大小可用离差 $(x_{ij}-\bar{x})$ 来衡量,这个离差习惯上也称为总离差,因为它可以分解为两个离差之总和,即

$$(x_{ij}-\bar{x})=(x_{ij}-\bar{x}_i)+(\bar{x}_i-\bar{x}) \tag{7-20}$$

式中,$\bar{x}_i$ 为第 i 组观测值的平均数;$\bar{x}$ 为全部样本观测值的平均数。

$$\bar{x}_i=\frac{\sum_{j=1}^{n_i}x_{ij}}{n_i}, \quad i=1,2,\cdots,k$$

$$\bar{x}=\frac{\sum_{i=1}^{k}\sum_{j=1}^{n_i}x_{ij}}{n}=\frac{\sum_{i=1}^{k}n_i\bar{x}_i}{n}$$

要对全部观测值的离差进行综合分析,就需要计算全部观测值的离差平方总和并对它进行分解。将式(7-20)的两边平方再加总:

$$\sum_{i=1}^{k}\sum_{j=1}^{n_i}(x_{ij}-\bar{x})^2=\sum_{i=1}^{k}\sum_{j=1}^{n_i}[(x_{ij}-\bar{x}_i)+(\bar{x}_i-\bar{x})]^2$$

$$=\sum_{i=1}^{k}\sum_{j=1}^{n_i}(x_{ij}-\bar{x}_i)^2+\sum_{i=1}^{k}\sum_{j=1}^{n_i}(\bar{x}_i-\bar{x})^2+\sum_{i=1}^{k}\sum_{j=1}^{n_i}2(x_{ij}-\bar{x}_i)(\bar{x}_i-\bar{x})$$

由于上式中最后一项为 0,所以有

$$\sum_{i=1}^{k}\sum_{j=1}^{n_i}(x_{ij}-\bar{x})^2=\sum_{i=1}^{k}\sum_{j=1}^{n_i}(\bar{x}_i-\bar{x})^2+\sum_{i=1}^{k}\sum_{j=1}^{n_i}(\bar{x}_i-\bar{x})^2 \tag{7-21}$$

定义 7.15 $\sum_{i=1}^{k}\sum_{j=1}^{n_i}(x_{ij}-\bar{x})^2$ 称为总离差平方和(记为 SST)。它是全部观测值 x_{ij} 与总平均值 $\bar{x}$ 的离差平方和，反映了全部观测值的差异大小。

例 7-16 中，它反映样本 17 个观测值的差异。

定义 7.16 $\sum_{i=1}^{k}\sum_{j=1}^{n_i}(x_{ij}-\bar{x}_i)^2$ 称为组内平方和或误差平方和(记为 SSE)。它是同一水平下样本各观测值与其平均值之间的离差平方总和，反映了同一水平下样本观测值的差异状况。组内平方和反映的是随机误差。

例 7-16 中，组内平方和反映的是相同施肥方案下随机因素引起的不同地块上收获量的差异。

定义 7.17 $\sum_{i=1}^{k}\sum_{j=1}^{n_i}(\bar{x}_i-\bar{x})^2 = \sum_{i=1}^{k}n_i(\bar{x}_i-\bar{x})^2$ 称为组间平方和，也称为因素 A 的效应平方和(记为 SSA)。它是各水平的样本平均值与总平均值之间的离差平方总和。

实际上，组间平方和所反映的离差有两种可能：一是所检验因素水平的差异引起的系统误差，如例 7-16 中施肥方案不同可能造成收获量有差异(u_i 不尽相等)，使来自不同总体的样本均值之间有差异；二是随机误差，它是根据样本观测值计算的。例 7-16 中，即使施肥方案对收获量毫无影响(三个总体平均收获量完全相等)，抽样的随机性也会使来自不同施肥方案的样本均值之间存在差异。

为了说明观测值中有无系统误差，需要对组间平方和与组内平方和进行比较。因为平方和的大小受到数据项数多少的影响，所以可用各个平方和除以其自由度求得组间方差(MSA)和组内方差(MSE)来比较，计算公式为

$$\text{MSA} = \frac{\text{组间平方和}}{\text{自由度}} = \frac{\text{SSA}}{k-1} \tag{7-22}$$

$$\text{MSE} = \frac{\text{组内平方和}}{\text{自由度}} = \frac{\text{SSE}}{n-k} \tag{7-23}$$

若不存在系统误差，则 MSA 和 MSE 都反映的是随机误差，两者差异就不会很大；反之，若 MSA 显著地大于 MSE，就说明组间差异不仅包含随机误差，还存在系统误差。但是，MSA 要比 MSE 大多少才能断定有系统误差？这就需要构造一个检验统计量。

为了找到适当的检验统计量，方差分析还需要假定随机误差 $\varepsilon_{ij} \sim (0,\sigma^2)$。在此假定下，若原假设成立($H_0: \mu_1 = \mu_2 = \cdots = \mu_k$ 为真)，则 MSA 与 MSE 之比就是一个服从 F 分布的检验统计量，检验统计量 F 及其分布为

$$F = \frac{\text{MSA}}{\text{MSE}} = \frac{\text{SSA}/(k-1)}{\text{SSE}/(n-k)} \sim F(k-1, n-k) \tag{7-24}$$

根据样本数据可计算出检验统计量 F 的值。对于给定的 α，查 F 分布表可得对应的临界值 $F_\alpha(k-1,n-k)$，若 $F > F_\alpha(k-1,n-k)$，则拒绝 H_0，表明所检验因素对数值型变量有显著影响；反之，则不能拒绝 H_0，表明所检验因素对数值型变量没有显著影响。

通常将计算过程中的主要内容列在一个表格内，形成方差分析表，其基本形式如表 7-12 所示。

表 7-12 方差分析表的基本形式

差异来源	平方和(SS)	自由度(df)	方差(MS)	F 值	P 值	F 临界值
组间	SSA	$k-1$	MSA	MSA/MSE		
组内	SSE	$n-k$	MSE			
总计	SST	$n-1$				

应该注意的是：当 $F>F_a(k-1,n-k)$ 时，可认为各水平的总体均值不完全相同，所检验因素的影响是显著的。但不能据此认为各水平的总体均值全部不相同，方差分析的结果也无法判断其中哪些相同、哪些不相同。此外，各水平下的样本观测值个数 n_i 可以相等也可以不等，但是在总的样本量 n 相同的情况下，n_i 相等时的检验效率最高，所以 n_i 最好相等。

7.4.3 单因素方差分析的应用

下面以例 7-16 来说明单因素方差分析的具体计算和应用。

1. 提出原假设和备择假设

设三种施肥方案收获量的总体均值分别为 μ_1、μ_2、μ_3，检验施肥方案对收获量是否有影响，就等价于检验如下假设。

$H_0: \mu_1=\mu_2=\mu_3$（不同施肥方案对收获量没有显著影响）；

$H_1: \mu_1,\mu_2,\mu_3$ 不全相等（不同施肥方案对收获量有显著影响）。

2. 计算 F 统计量

(1) 计算各样本均值和总平均值。

$$\bar{x}_1=\frac{384}{6}=64,\quad \bar{x}_2=\frac{305}{5}=61,\quad \bar{x}_3=\frac{447}{6}=74.5,\quad \bar{x}=\frac{1\,136}{17}\approx 66.823$$

(2) 计算样本观测值的 SST、SSA、SSE。

$$SST=\sum_{i=1}^{k}\sum_{j=1}^{n_i}(x_{ij}-\bar{x})^2$$
$$=[(55-66.823)^2+\cdots+(63-66.823)^2]+[(70-66.823)^2+\cdots$$
$$+(65-66.823)^2]+[(78-66.823)^2+\cdots+(64-66.823)^2]\approx 1\,312.47$$

$$SSA=\sum_{i=1}^{k}\sum_{j=1}^{n_i}(\bar{x}_i-\bar{x})^2=\sum_{i=1}^{k}n_i(\bar{x}_i-\bar{x})^2$$
$$=6\times(64-66.823)^2+5\times(61-66.823)^2+6\times(74.5-66.823)^2\approx 570.97$$

$$SSE=\sum_{i=1}^{k}\sum_{j=1}^{n_i}(x_{ij}-\bar{x}_i)^2$$
$$=[(55-64)^2+\cdots+(63-64)^2]+[(70-61)^2+\cdots+(65-61)^2]$$
$$+[(78-74.5)^2+\cdots+(64-74.5)^2]\approx 741.5$$

(3) 检验统计量 F 的值。

$$F=\frac{MSA}{MSE}=\frac{SSA/(k-1)}{SSE/(n-k)}=\frac{570.97/(3-1)}{741.5/(17-3)}=\frac{285.485}{52.964}=5.39$$

3. F 检验

已知 $\alpha=0.05$,查 F 分布表得临界值 $F_\alpha(2,14)=3.74$。因为 $F=5.39>F_\alpha(2,14)=3.74$,所以应拒绝 H_0,即施肥方案对收获量有显著影响。

7.5 利用 SPSS 假设检验及方差分析

应用 SPSS 完成单样本 t 检验、独立样本 t 检验、匹配样本 t 检验、单因素方差分析,主要是利用 SPSS 中的"分析"菜单的"比较均值"子菜单功能来进行。

第 7 章介绍的假设检验的程序是根据检验统计量落入的区间作出是否拒绝原假设的决策。在确定 α 以后,拒绝域的位置也就确定了,其好处是进行决策的界限清晰,但缺点是进行决策面临的风险是笼统的。在例 7-2 中,计算的 $Z=2.2$,落入拒绝域内,于是拒绝原假设,并知道犯第一类错误的概率为 0.05,如果计算的 $Z=2.5$,同样落入拒绝域,拒绝原假设的风险也是 0.05。为了精确地反映决策的风险程度,可以利用 P 值进行决策。

P 值是指当原假设为真时,所得到的样本观察值极端结果出现的概率。P 值越小,说明这种情况发生的概率越小,而在抽检时这种小概率事件如果出现了,就有理由拒绝原假设。P 值越小,拒绝原假设的理由越充分。

使用例 7-2 的资料,已知在包装机正常时,总体均值为 0.5,抽检的样本均值为 0.511,两者之差绝对值为 0.011。如果原假设成立(包装机工作正常),这个差值绝对值应该与 0 非常接近,抽检结果表明差值绝对值为 0.011,差值绝对值大于 0.011 的概率即为 P 值。

P 值的长处是,它反映了观察到的实际数据与原假设之间不一致的概率值,与传统的拒绝域范围相比,P 值是一个具体的值,因此,可以使用 P 值与 α 值进行比较来作出判断。

例如,如果事先确定了 $\alpha=0.05$,那么在假设检验中,若 $P>\alpha$,不能拒绝原假设;反之,若 $P\leqslant\alpha$,则拒绝原假设。

P 值手工计算比较复杂,所以一般使用 SPSS 软件来计算。

7.5.1 单样本 t 检验

【例 7-17】 依据表 7-4 给出的数据,利用 SPSS 进行检验。

要求:在 $\alpha=0.01$ 时能否认为该厂生产的工艺品框架宽与长的平均比例为 0.618?

例 7-17

解:第 1 步,数据准备。定义变量并输入变量数据。

第 2 步,数据编辑器窗口中,依次选择"分析""比较均值""单样本 T 检验"选项,如图 7-5 所示。

第 3 步,在弹出的"单样本 T 检验"对话框中,单击 按钮,将变量"框架宽与长比值"传入"检验变量"列表框中,并在"检验值"的文本框中输入"0.618",如图 7-6 所示,完成后单击"选项"按钮。

第 4 步,在弹出的"单样本 T 检验:选项"对话框中的"置信区间"的文本框中输入"99",如图 7-7 所示,完成后单击"继续""确定"按钮。结果如表 7-13 所示。

图7-5 选择"单样本T检验"选项

图7-6 "单样本T检验"对话框

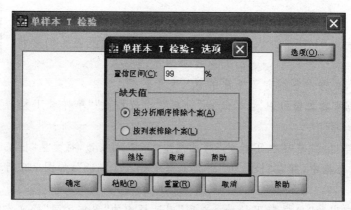

图7-7 "单样本T检验:选项"对话框

表 7-13 单个样本检验

	检验值＝0.618				
				差分的 99％置信区间	
	t	df	Sig.（双侧）	均值差值	下限	上限
框架宽与长比值	1.859	19	0.079	0.039 300	−0.021 19	0.099 79

由表 7-13 可知，$t=1.859$，$P=0.079$，$P>\alpha=0.01$，因此，没有充分理由拒绝原假设。即当 $\alpha=0.01$ 时，可以认为该厂生产的工艺品框架宽与长的平均比例为 0.618。

7.5.2 独立样本 t 检验

【例 7-18】依据表 7-9 中的数据，利用 SPSS 进行检验。

要求：在 $\alpha=0.05$ 下检验两种装配方法的装配时间是否有显著差别？

解：第 1 步，数据准备。打开 SPSS 后，按图 7-8 所示定义变量及输入数据。

例 7-18

图 7-8 定义变量并输入数据

第 2 步，方差相等性检验。

因为不知道两种装配方法所用时间数据的总体方差是否相等，所以，在独立样本 t 检验前先进行方差相等性（齐性）检验。方差相等性检验用于检验两个或两个以上方差是否相等的情况，要求样本之间是相互独立的。

首先，数据编辑器窗口中，依次选择"分析""描述统计""探索"选项，弹出"探索"对话框，将变量"装配时间"传入"因变量列表"列表框中，将"组别"传入"因子列表"列表框中，在"输出"选项组中点选"两者都"单选按钮,如图 7-9 所示,之后单击"绘制"按钮。

其次,弹出的"探索:图"对话框中,点选"按因子水平分组""未转换"单选按钮,如图 7-9 所示,完成后依次单击"继续""确定"按钮。

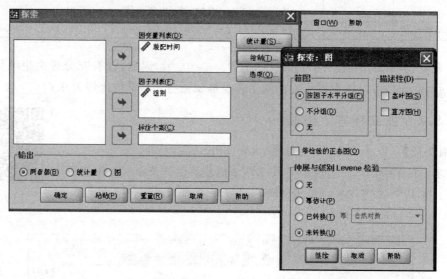

图 7-9 "探索"及"探索:图"对话框

输出结果如表 7-14 所示。从表 7-14 可以读出,$P=0.652>\alpha=0.05$,没有理由拒绝 H_0。因此可以得出两个总体方差相等的判断。

表 7-14 方差齐性检验

		Levene 统计量	df1	df2	Sig.
装配时间	基于均值	0.207	1	33	0.652
	基于中值	0.211	1	33	0.649
	基于中值和带有调整后的 df	0.211	1	30.181	0.649
	基于修整均值	0.226	1	33	0.638

第 3 步,独立样本 t 检验。

首先,在数据编辑器窗口中,依次选择"分析""比较均值""独立样本 T 检验"选项,如图 7-10 所示,弹出"独立样本 T 检验"对话框。

其次,在弹出的"独立样本 T 检验"对话框中,单击 按钮,将"装配时间"和"组别"分别传入"检验变量"和"分组变量"列表框中,如图 7-11 所示,完成后单击"定义组"按钮,弹出的"定义组"对话框(图 7-12),点选"使用指定值"单选按钮,分别在"组 1"和"组 2"的文本框中输入"1"和"2",完成后单击"继续"按钮。

最后,在"独立样本 T 检验"对话框中,单击"选项"按钮,在弹出的"独立样本 T 检验:选项"对话框中,在"置信区间"的文本框中输入"95",完成后依次单击"继续""确定"按钮,如图 7-13 所示。

输出的独立样本检验如表 7-15 所示。表 7-15 最后一行有两行数据,如果是等方差,那么看上面一行;如果是不等方差,那么看下面一行。根据第 1 步中已经得出方差相等的判

图 7-10　选择"独立样本 T 检验"选项

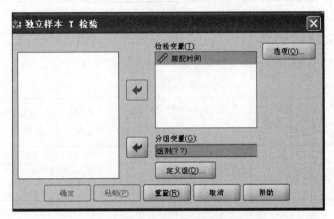

图 7-11　"独立样本 T 检验"对话框

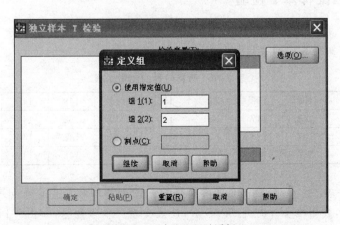

图 7-12　"定义组"对话框

断,所以此处可以读出 P 值为表 7-15 中的 Sig 值,即 $P=0.022$。由于 $P<\alpha=0.05$,所以拒绝 H_0,得出结论:在 $\alpha=0.05$ 下两种装配方法的装配时间有显著差别。

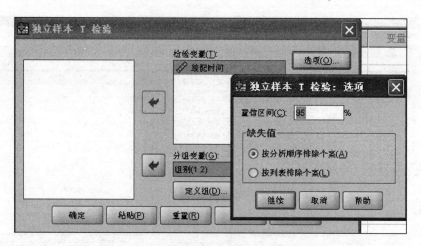

图 7-13 "独立样本 T 检验：选项"对话框

表 7-15 输出的独立样本检验

		方差方程的 Levene 检验		均值方程的 t 检验						
									差分的 95% 置信区间	
		F	Sig.	t	df	Sig.（双侧）	均值差值	标准误差值	下限	上限
装配时间	假设方差相等	0.207	0.652	−2.413	33	0.022	−46.250	19.163	−85.238	−7.262
	假设方差不相等			−2.487	32.736	0.018	−46.250	18.598	−84.099	−8.401

7.5.3 匹配样本 t 检验

【例 7-19】 用两套问卷测量 20 个管理人员的素质，两套问卷的满分都是 200 分。两套问卷的测量结果如表 7-16 所示。

例 7-19

表 7-16 两套问卷的测量结果

问卷 A	147	150	152	148	155	146	149	148	151	150
	147	148	147	150	149	149	152	147	154	153
问卷 B	146	151	154	147	152	147	148	146	152	150
	146	146	148	153	147	146	148	149	152	150

要求：在 $\alpha=0.05$ 下，检验两套问卷所得结果的平均值是否有显著差异。

解：第 1 步，数据准备。打开 SPSS 后，设置变量并输入数据，如图 7-14 所示。

第 2 步，数据编辑器窗口中，依次选择"分析""比较均值""配对样本 T 检验"选项，如图 7-15 所示。

图 7-14 设置变量并输入数据

图 7-15 选择"配对样本 T 检验"选项

第 3 步,在弹出的"配对样本 T 检验"对话框中,将变量"试卷 A"和变量"试卷 B"分别传入右侧"成对变量(V)"列表框中,如图 7-16 所示,完成后单击"选项"按钮。

第 4 步,在弹出的"配对样本 T 检验:选项"对话框中,在"置信区间"文本框中输入"95",如图 7-17 所示。完成后单击"继续""确定"按钮。

输出结果如表 7-17 所示。由表 7-17 可知,t 检验量统计值为 1.584,对应的 $P=0.130>\alpha=0.05$,所以接受 H_0。也就是说,没有足够的证据证明两套问卷所得结果有显著性差异。

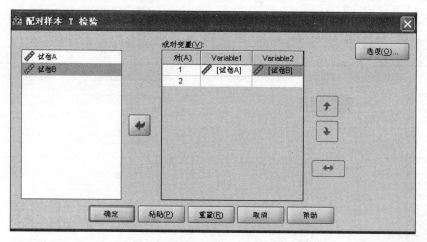

图 7-16 两个变量传入右侧"成对变量"列表框

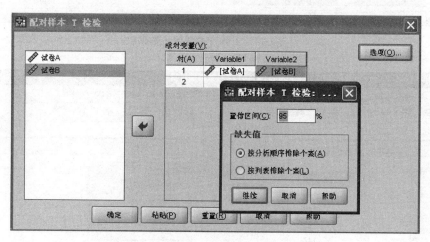

图 7-17 "配对样本 T 检验：选项"对话框

表 7-17 成对样本检验

		成对差分						Sig.（双侧）
		均值	标准差	均值的标准误	差分的95%置信区间		t	df
					下限	上限		
对1	试卷A-试卷B	0.700	1.976	0.442	−0.225	1.625	1.584	19	0.130

7.5.4 单因素方差分析

【例 7-20】根据第 7 章表 7-11 给出的数据，用 SPSS 完成检验。

要求：检验不同的施肥方案是否对收获量有显著影响。$\alpha=0.05$。

解：第 1 步，数据准备。打开 SPSS 后，设置变量并输入数据，如图 7-18 所示。在数据编辑器窗口中，选择"比较均值""单因素 ANOVA"选项，如图 7-19 所示。

例 7-20

图 7-18 设置变量并输入数据

图 7-19 选择"单因素 ANOVA"选项

第 2 步,在弹出的"单因素方差分析"对话框中,单击按钮将因变量"收获量"和自变量"方案"分别传入"因变量列表"和"因子"列表框中,如图 7-20 所示。之后单击"选项"按钮,弹出"单因素 ANOVA:选项"对话框,如图 7-21 所示,勾选"方差同质性检验"复选框,完成后依次单击"继续""确定"按钮。

输出结果如表 7-18 和表 7-19 所示。表 7-18 方差相等性检验中,$P=0.988>0.05$,接受 H_0,即 SPSS 单因素方差分析中,方差相等性检验的 H_0 是各水平下的观测变量总体方差无显著差异。所以可判定在 0.05 的显著性水平下不同方案收获量满足齐性要求。

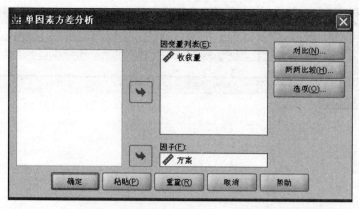

图 7-20　将两个变量分别传入"因变量列表"和"因子"列表框中

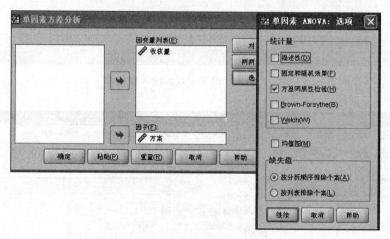

图 7-21　"单因素 ANOVA：选项"对话框

表 7-18　方差相等性检验

Levene 统计量	df1	df2	显著性
0.012	2	14	0.988

表 7-19　收获量的单因素方差分析

	平方和	df	均方	F	显著性
组间	570.971	2	285.485	5.390	0.018
组内	741.500	14	52.964		
总数	1 312.471	16			

在表 7-19 的收获量的单因素方差分析中，$P=0.018<0.05$，应拒绝 H_0。因此，可以认为在 0.05 的显著性水平下，不同施肥方案的收获量有显著差异，即不同施肥方案对收获量有显著影响。

小　结

对总体的概率分布或分布参数作出某种假设,然后根据抽样得到的样本观察值,运用数理统计的分析方法,检验这种假设是否正确,从而决定接受或拒绝假设,这样的统计推断过程就是假设检验,也称为显著性检验。

拒绝了一个本来是真实的假设称为犯第一类错误,接受了一个本来不是真实的原假设称为犯第二类错误。

假设检验主要包括一个总体参数的假设检验、两个总体参数的假设检验、多个总体参数的假设检验。

方差分析又称为变异数分析,是通过对方差的比较来检验两个及两个以上总体均值之间差异的显著性。

习　题

一、名词解释

假设检验　原假设　备择假设　第一类错误　第二类错误　显著性水平　拒绝域　检验统计量　单侧检验　双侧检验

二、单项选择题

1. 某厂生产的化纤的纤度服从正态分布,纤维的纤度标准均值为1.40。某天测得25根化纤的纤度的均值 $\bar{x}=1.39$,检验与原来设计的标准均值相比是否有所变化,要求 $\alpha=0.05$,则下列正确的假设形式是(　　)。

   A. $H_0: \mu=1.40, H_1: \mu \neq 1.40$　　　　B. $H_0: \mu \leq 1.40, H_1: \mu > 1.40$
   C. $H_0: \mu < 1.40, H_1: \mu \geq 1.40$　　　　D. $H_0: \mu \geq 1.40, H_1: \mu < 1.40$

2. 一项新的减肥计划声称:在计划实施的第一周内,参加者的体重平均至少可以减轻8磅(1磅≈0.454kg)。随机抽取40位参加该项计划的样本,结果显示:样本的体重平均减少7磅,标准差为3.2磅,则其原假设和备择假设是(　　)。

   A. $H_0: \mu \leq 8, H_1: \mu > 8$　　　　B. $H_0: \mu \geq 8, H_1: \mu < 8$
   C. $H_0: \mu \leq 7, H_1: \mu > 7$　　　　D. $H_0: \mu \geq 7, H_1: \mu < 7$

3. 下列假设检验中属于右侧检验的是(　　)。

   A. $H_0: \mu = \mu_0, H_1: \mu \neq \mu_0$　　　　B. $H_0: \mu \geq \mu_0, H_1: \mu < \mu_0$
   C. $H_0: \mu \leq \mu_0, H_1: \mu > \mu_0$　　　　D. $H_0: \mu > \mu_0, H_1: \mu \leq \mu_0$

4. 下列假设检验中属于左侧检验的是(　　)。

   A. $H_0: \mu = \mu_0, H_1: \mu \neq \mu_0$　　　　B. $H_0: \mu \geq \mu_0, H_1: \mu < \mu_0$
   C. $H_0: \mu \leq \mu_0, H_1: \mu > \mu_0$　　　　D. $H_0: \mu \geq \mu_0, H_1: \mu > \mu_0$

5. 下列假设检验中属于双侧检验的是(　　)。

   A. $H_0: \mu = \mu_0, H_1: \mu \neq \mu_0$　　　　B. $H_0: \mu \geq \mu_0, H_1: \mu < \mu_0$
   C. $H_0: \mu \leq \mu_0, H_1: \mu > \mu_0$　　　　D. $H_0: \mu > \mu_0, H_1: \mu \leq \mu_0$

6. 下列假设检验形式的写法中错误的是( )。
   A. $H_0: \mu = \mu_0, H_1: \mu \neq \mu_0$
   B. $H_0: \mu \geq \mu_0, H_1: \mu < \mu_0$
   C. $H_0: \mu \leq \mu_0, H_1: \mu > \mu_0$
   D. $H_0: \mu > \mu_0, H_1: \mu \leq \mu_0$

7. 某一贫困地区估计营养不良的人数高达20％,然而有人认为这个比例实际上还要高,要检验该说法是否正确,则假设形式为( )。
   A. $H_0: P \leq 0.2, H_1: P > 0.2$
   B. $H_0: P = 0.2, H_1: P \neq 0.2$
   C. $H_0: P \geq 0.3, H_1: P < 0.3$
   D. $H_0: P \leq 0.3, H_1: P > 0.3$

8. 在假设检验中,第一类错误是指( )。
   A. 当原假设正确时拒绝原假设
   B. 当原假设错误时拒绝原假设
   C. 当备择假设正确时拒绝备择假设
   D. 当备择假设不正确时未拒绝备择假设

9. 在假设检验中,第二类错误是指( )。
   A. 当原假设正确时拒绝原假设
   B. 当原假设错误时未拒绝原假设
   C. 当备择假设正确时未拒绝备择假设
   D. 当备择假设不正确时拒绝备择假设

10. 随机抽取一个 $n=100$ 的样本,计算得到 $\bar{x}=60, S=15$,要检验假设 $H_0: \mu = 65$, $H_1: \mu \neq 65$,检验的统计量为( )。
    A. -3.33 B. 3.33 C. -2.36 D. 2.36

11. 随机抽取一个 $n=50$ 的样本,计算得到 $\bar{x}=60, S=15$,要检验假设 $H_0: \mu = 65$, $H_1: \mu \neq 65$,检验的统计量为( )。
    A. -3.33 B. 3.33 C. -2.36 D. 2.36

12. 若检验的假设为 $H_0: \mu = \mu_0, H_1: \mu \neq \mu_0$,则拒绝域为( )。
    A. $z > Z_\alpha$
    B. $z < -Z_\alpha$
    C. $z > Z_{\alpha/2}$ 或 $z < -Z_{\alpha/2}$
    D. $z > Z_\alpha$ 或 $z < -Z_\alpha$

13. 若检验的假设为 $H_0: \mu \geq \mu_0, H_1: \mu < \mu_0$,则拒绝域为( )。
    A. $z > Z_\alpha$
    B. $z < -Z_\alpha$
    C. $z > Z_{\alpha/2}$ 或 $z < -Z_{\alpha/2}$
    D. $z > Z_\alpha$ 或 $z < -Z_\alpha$

14. 若检验的假设为 $H_0: \mu \leq \mu_0, H_1: \mu > \mu_0$,则拒绝域为( )。
    A. $z > Z_\alpha$
    B. $z < -Z_\alpha$
    C. $z > Z_{\alpha/2}$ 或 $z < -Z_{\alpha/2}$
    D. $z > Z_\alpha$ 或 $z < -Z_\alpha$

15. 一项调查表明,5年前每个家庭每天看电视的平均时间为6.7小时。而最近对200个家庭的调查结果显示:每个家庭每天看电视的平均时间为7.25小时,标准差为2.5小时。在 $\alpha = 0.05$ 下,检验假设 $H_0: \mu \leq 6.7, H_1: \mu > 6.7$,得到的结论为( )。
    A. 拒绝 H_0
    B. 不拒绝 H_0
    C. 可以拒绝也可以不拒绝 H_0
    D. 可能拒绝也可能不拒绝 H_0

16. 由49个观测数据组成的随机样本得到的计算结果为 $\sum x = 50.3, \sum x^2 = 68$,取 $\alpha = 0.01$,假设检验 $H_0: \mu \geq 1.18, H_1: \mu < 1.18$,得到的检验结论是( )。
    A. 拒绝 H_0
    B. 不拒绝 H_0
    C. 可以拒绝也可以不拒绝 H_0
    D. 可能拒绝也可能不拒绝 H_0

三、计算题

1. 一种罐装饮料采用自动生产线生产,每罐的容量是255mL,标准差为5mL。为检验每罐容量是否符合要求,质检人员在某天生产的饮料中随机抽取了40罐进行检验,测得每罐平均容量为 255.8mL。

要求：取 $\alpha=0.01$，检验当天生产的饮料容量是否符合标准要求。

2. 某一种小麦品种的平均产量为 5 200kg/公顷。一家研究机构对小麦品种进行了改良以期提高产量。为检验改良后的新品种产量是否有显著提高，随机抽取了 36 个地块进行试种，得到的样本平均产量为 5 275kg/公顷，标准差为 120kg/公顷。

要求：试检验改良后的新品种产量是否有显著提高（$\alpha=0.05$）。

3. 一种汽车配件的平均长度要求为 12cm，高于或低于该标准均被认为是不合格的。汽车生产企业在购进配件时，通常经过招标，然后对中标的配件提供商提供的样品进行检验，以决定是否购进。现对一个配件提供商提供的 10 个样本（单位：cm）进行了检验，结果如下：

12.2　10.8　12.0　11.8　11.9　12.4　11.3　12.2　12.0　12.3

假定该供应商生产的配件长度服从正态分布。

要求：在 $\alpha=0.05$ 下，检验该供货商提供的配件是否符合要求。

4. 某公司产品畅销于国内市场。据以往调查，消费该产品的顾客有 50% 是 30 岁以上的男性。该公司负责人关心这个比率是否发生了变化，于是委托一家咨询机构进行调查，这家咨询机构从众多的消费者中随机抽选了 400 名进行调查，结果有 210 名为 30 岁以上的男性。

要求：该公司负责人希望在 $\alpha=0.05$ 下，检验"50% 的顾客是 30 岁以上男性"这个假设。

5. 一种以休闲和娱乐为主题的杂志，声称其读者群中有 80% 为女性。为验证这一说法是否属实，某研究部门抽取了 200 人组成的一个随机样本，发现有 146 个女性经常阅读该杂志。

要求：分别取 $\alpha=0.05$ 和 $\alpha=0.01$，检验该杂志读者群中女性比率是否为 80%，它们的 P 值各是多少？

6. 装配一个部件时可以采用不同的方法，所关心的问题是哪一个方法的效率更高。劳动效率可以用平均装配时间来反映。现从不同的装配方法中各抽取 12 件产品，记录各自的装配时间（单位：min）如表 7-20 所示。两总体为正态总体，且方差相同。问这两种方法的装配时间有无显著差别（$\alpha=0.05$）？

表 7-20　两种方法的装配时间

方　法	时间/min											
A方法	31	34	29	32	35	38	34	30	29	32	32	26
B方法	26	24	28	29	30	29	32	26	31	29	32	28

7. 某制鞋厂为了比较两种材料制作的鞋跟的质量优劣，随机选择了 10 人，让他们每人试穿一双鞋跟厚度相同的新鞋，其中一只鞋用材料 A 制作，另一只鞋用材料 B 制作，试穿一个月后测量每人所穿的两只鞋的鞋跟厚度，测得数据如表 7-21 所示。设鞋跟服从正态分布，试问在 $\alpha=0.05$ 下，两种材料制作的鞋跟质量有无显著性差别？

表 7-21　两种材料厚度

试验者编号	1	2	3	4	5	6	7	8	9	10
材料 A	3.8	3.5	4.1	4	3.1	4.7	3.9	4.2	3.7	3.5
材料 B	3.5	3.1	4.3	3.8	3.3	4.5	3.3	3.7	3.5	3.4

8. 从 3 个总体中各抽取容量不同的样本数据,结果如表 7-22 所示,检验三个总体的均值之间是否有显著差异($\alpha=0.01$)?

表 7-22 三个样本数据

样品	样本 1	样本 2	样本 3
数据	158	153	169
	148	142	158
	161	156	180
	154	149	
	169		

四、上机题

1. 依据计算题的第 6 题给出的数据,利用 SPSS 进行检验这两种方法的装配时间有无显著差别($\alpha=0.05$)?

2. 依据计算题的第 7 题给出的数据,利用 SPSS 进行检验两种材料制作的鞋跟质量有无显著性差别($\alpha=0.05$)?

3. 依据计算题的第 8 题给出的数据,利用 SPSS 进行检验,3 个总体的均值之间是否有显著差异($\alpha=0.01$)?

五、分析题

根据第 6 章表 6-12 的数据,进行在 $\alpha=0.05$ 下的检验。
(1) 全校学生平均月生活费支出是否等于 500 元。
(2) 男、女学生的平均月生活费支出是否有显著差异?

拓 展 阅 读

1. 张雨宇,梁中耀,陆文涛,等.基于正态分布假设检验的湖泊营养盐浓度分级评价方法研究[J].环境科学学报,2017,37(6):2387-2393.
2. 金辉,邹莉玲.假设检验和 P 值的再认识[J].环境与职业医学,2017,34(2):95-98.
3. 仲晓波.关于假设检验的争议:问题的澄清与解决[J].心理科学进展,2016,24(10):1670-1676.
4. 夏佩伦,李本昌,李博.假设检验在军事工程应用中的若干问题[J].火力与指挥控制,2015(3):100-103.
5. 刘凯,廖志芳,杨波.假设检验在住户调查质量控制中的应用[J].调研世界,2015(7):52-54.
6. 赵清波,刘烁,吴克坚,等.应用假设检验需特别注意的几个问题[J].中华医学图书情报杂志,2017,26(5):53-55,71.
7. 刘维东,袁永生.一个新的基于多元线性回归模型的假设检验统计量[J].山东师范大学学报(自然科学版),2016,31(4):35-38.
8. 何常香.生活中的统计假设检验思想[J].科教文汇,2017(10):45-46.
9. 杨斌.彩票中奖号码公平性的假设检验[J].数学的实践与认识,2015,45(2):219-224.

第8章

时间序列分析

知识目标

了解时间序列的作用和编制原则;掌握时间序列的种类;掌握时间序列的水平分析和速度分析;灵活运用最小平方法测定时间序列的长期趋势;了解移动平均法;掌握季节变动的测定方法——按月(或季)平均法和趋势剔除法;能选择适当的预测方法对时间序列进行合理预测。掌握使用 SPSS 测定长期趋势的方法;掌握使用 SPSS 测定季节指数的方法,能选择适当方法对时间序列进行合理预测。

引导视频

能力目标

能够运用时间序列水平分析和速度分析的方法对社会经济现象变化情况进行分析;能够选择适当的方法对时间序列的长期趋势和季节性进行分析,并对未来发展趋势进行预测;能够利用 SPSS 对社会经济现象的变化趋势进行分析和预测。

8.1 时间序列概述

8.1.1 时间序列的概念

对于社会经济现象,不仅要从静态上研究它数量方面的特征,更要从动态上研究其发展变化的过程和规律性,这就是时间序列分析。它是统计分析的一种重要方法,主要用于研究现象的发展规律并预测最终发展趋势。

定义 8.1 时间序列是把同一现象在不同时间上的观察值相继排列而组成的数列。

表 8-1 反映的就是某企业产量的时间序列。

表 8-1 某企业历年产品产量情况　　　　　　　　　　　　　单位:辆

年份 类型	2009	2010	2011	2012	2013	2014	2015	2016	2017
摩托车	925	1 076	1 180	1 345	1 436	1 574	1 597	1 620	1 645
电动车	1 940	2 088	2 198	3 367	2 454	2 581	2 636	2 750	2 833

由表 8-1 可以看出,时间序列主要由两部分构成:一是现象所属的时间;二是各时间上对应的观察值,也就是现象的发展水平。

8.1.2 时间序列的种类

时间序列按统计指标的性质不同,可以分为绝对数时间序列、相对数时间序列和平均数时间序列三种。其中,绝对数时间序列是基本序列,相对数时间序列和平均数时间序列则是派生序列。

1. 绝对数时间序列

定义 8.2 绝对数时间序列是把一系列同类的绝对指标按时间顺序排列起来所组成的时间序列。

绝对数时间序列反映了社会经济现象在各期达到的总量水平及其发展变化的状况。按照绝对指标反映现象所属的时间不同,绝对数时间序列又可分为时期序列和时点序列两种。

1) 时期序列

定义 8.3 时期序列是由时期指标组成的序列,它反映现象在各个时期内发展过程的总量。

2012—2017 年某啤酒生产企业的销售量情况如表 8-2 所示。

表 8-2 2012—2017 年某啤酒生产企业的销售量情况

年份	2012	2013	2014	2015	2016	2017
销售量/万吨	120	140	153	157	164	169

时期序列的特点有以下几个方面。

(1) 指标数值可以相加。时期序列的各个指标都具有时期指标的特点,各个数值相加后具有一定的经济意义。

(2) 指标数值连续登记取得。时间序列中的每个指标数值,通常是通过连续不断的登记取得的,反映的是相应时期内发展变化的总量。

(3) 指标数值与所属时间长短有关。一般来说,时期越长,时期序列所对应的指标数值就越大;反之就越小。

2) 时点序列

定义 8.4 时点序列是由时点指标组成的序列,它的每个指标数值都反映了现象在某一时点上所达到的数量水平。

2012—2017 年某单位职工人数如表 8-3 所示。

表 8-3 2010—2017 年某单位职工人数

年份	2010	2011	2012	2013	2014	2016	2017
人数/人	1 190	1 100	1 086	1 753	1 801	1 820	1 825

时点序列的特点有以下几个方面。

(1) 指标数值不能相加。时点序列的各个指标也都具有相应时点指标的特点,各个指标数值相加不具有实际经济意义。

(2) 指标数值通过一次登记取得。时点序列的指标数值,不具有连续登记的特点,通常是间隔一段时间登记一次,一般在月末、季末或年末。

(3) 指标数值与其时间间隔无关。时点序列各指标数值只反映现象在某一时刻上的数量,与其相对应的时间间隔没有直接关系。

2. 相对数时间序列

定义 8.5 相对数时间序列是将一系列的相对指标按时间先后顺序排列而组成的时间序列。

相对数时间序列反映了现象之间的数量对比关系的发展变化过程,是根据两个绝对数时间序列对比计算得来的,其计算基础不同,因此不能直接相加。2013—2017 年某企业生产计划完成情况如表 8-4 所示。

表 8-4 2013—2017 年某企业生产计划完成情况

年份	2013	2014	2015	2016	2017
产量计划完成情况/%	100	103	109	110	112

3. 平均数时间序列

定义 8.6 平均数时间序列是将一系列平均指标按照时间先后顺序排列而组成的时间序列。

平均数时间序列反映了现象在一段时间内一般水平的发展趋势,它也是根据两个绝对数时间序列计算得来的。2010—2017 年某省职工年平均工资情况如表 8-5 所示。

表 8-5 2010—2017 年某省职工年平均工资情况

年份	2010	2011	2012	2013	2014	2015	2016	2017
职工年平均工资/元	125 360	135 230	145 660	165 530	178 590	192 210	200 150	221 540

8.1.3 时间序列的编制原则

保证序列中各个指标数值之间的可比性,是编制时间序列的基本原则。可比性是要求各观察值总体范围、所属时间、经济内容、计算方法等一致,具体含义如下。

(1) 各项观察值总体范围可比。这是就所属空间范围而言,如地区范围、隶属范围、分组范围等。当时间序列中某些观察值总体范围不一致时,必须进行适当调整使其一致,否则前后期指标数值不能直接对比。

(2) 各项观察值所属时间可比。各项观察值所属时间可比即要求各观察值所属时间一致。对时期序列而言,各观察值的大小与所属时期的长短直接相关,因此各观察值所属时间长短应该一致,否则不便于对比分析。对于时点序列,虽然两时点间隔长短与观察值无明显关系,但为了更好地反映现象的发展变化状况,两时点间间隔也应尽可能地相等。

(3) 各项观察值经济内容可比。指标的经济内容是由其理论内涵决定的,随着社会经济条件的变化,有些指标的经济内容发生了变化。对于名称相同而经济内容不一致的指标,尤其要注意这一点,务必使各时间上的观察值经济内容一致,否则不具备可比性。

(4)各项观察值计算方法可比。对于指标名称总体范围和经济内容都相同的指标,计算方法不同也会导致数值差异。例如,国内生产总值按照生产法、支出法、分配法计算的结果就有差异,因此,同一时间序列中,各时期(时点)指标值的计算方法要统一。

8.2 时间序列的水平分析

时间序列分析常用的方法有两种:一是指标分析法;二是因素分析法。指标分析法又包括水平分析指标和速度分析指标,本节主要讲述时间序列水平分析。

水平分析主要通过水平指标来对现象发展变化的规模进行分析,水平指标主要包括发展水平和平均发展水平、增长量和平均增长量两对。

8.2.1 发展水平和平均发展水平

1. 发展水平

定义 8.7 发展水平就是时间序列中各项具体的指标数值。

发展水平反映现象在各个时期(或时点)发展所达到的规模或水平,是计算其他分析指标的基础。

在时间序列中,我们用 t_i 表示现象所属的不同时间,用 a_i 表示对应的发展水平,2010—2017 年某省钢产量情况如表 8-6 所示。

表 8-6 2010—2017 年某省钢产量情况

年份	2010	2011	2012	2013	...	2017
	$t_1(t_0)$	t_2	t_3	t_4	...	t_n
钢产量/万吨	1 569	1 588	1 658	1 780	...	2 560
发展水平	$a_1(a_0)$	a_2	a_3	a_4	...	a_n

表 8-6 中,a_1 为最初发展水平;a_n 为最末发展水平;如果将所有发展水平与某个特定时期 t_0 作比较,则其对应的发展水平 a_0 为基期水平,a_n 为报告期水平。

2. 平均发展水平

定义 8.8 平均发展水平是将不同时期的发展水平加以平均而得到平均数,又称序时平均数。

平均发展水平是从动态上表明现象一般水平的。由于时间序列的种类不同,序时平均数的计算方法也相应不同。

1) 绝对数时间序列的序时平均数

绝对数时间序列序时平均数的计算方法是最基本的方法。由于绝对数时间序列又分为时期序列和时点序列,因而计算方法也不一样。

(1) 时期序列的序时平均数。因为时期序列具有可加性,所以序时平均数的计算方法采用简单算术平均法。

$$\bar{a} = \frac{a_1 + a_2 + a_3 + \cdots + a_n}{n} = \frac{\sum a}{n} \tag{8-1}$$

式中，$\bar{a}$ 为序时平均数；n 为时期项数。

【例 8-1】 请根据表 8-7，计算该企业 2019 年上半年的月平均产值。

表 8-7 某企业 2019 年上半年各月工业产值

月份	1月	2月	3月	4月	5月	6月
产值/万元	214	226	235	392	357	282

解：月平均产值 $= \bar{a} = \dfrac{\sum a}{n} = \dfrac{214+226+235+392+357+282}{6} = 284.33$（万元）

（2）时点序列的序时平均数。因为时点序列没有掌握现象发展过程中每一时点的指标数值，所以，对于时点序列序时平均数的计算，是假定在某一时间间隔内，现象的增减变动是均匀的前提下，推算得来的近似值。

在经济统计中，资料所属时间的最小统计单位一般是"日"，因此，对于逐日记录指标数值的时点序列，可以近似地看成连续序列。因此，对于时点序列，可以划分为两类：连续时点序列和间断时点序列。

① 连续时点序列的序时平均数。连续时点序列可以分为两种情况：连续变动和非连续变动。

a. 连续变动的连续时点序列求序时平均数。对于逐日登记的连续时点序列，如果每日登记的指标数值都是变化的，就是所谓的连续变动的连续时点序列。这种序列可以近似地看成时期序列，因此，对于序时平均数的计算也用简单算术平均法求得。

$$\bar{a} = \frac{\sum a}{n}$$

例如，商店本月每天商品的库存量都不同，要计算本月每天平均库存量，可将每天的库存量相加，除以该月天数。

b. 非连续变动的连续时点序列求序时平均数。在逐日记录时点序列的过程中，如果被调查对象的数值并不是每天都变化的，而是间隔几天才变动一次，那么这种时点序列就可认为是非连续变动的连续时点序列。

这种序列的序时平均数，运用加权算术平均法计算即可。

$$\bar{a} = \frac{\sum af}{\sum f} \tag{8-2}$$

式中，f 为非连续变动的时间长度。

【例 8-2】 某公司 5 月的职工人数情况如表 8-8 所示，计算该月的平均职工人数。

表 8-8 某公司 5 月职工人数情况

时间	1~4 日	5~13 日	14~21 日	22~28 日	29~31 日
职工人数/人	210	207	208	203	205

解:5月平均职工人数:

$$\bar{a} = \frac{\sum af}{\sum f}$$

$$= \frac{210 \times 4 + 207 \times 9 + 208 \times 8 + 203 \times 7 + 205 \times 3}{4+9+8+7+3}$$

$$= 206.55 \approx 207(人)$$

② 间断时点序列的序时平均数。在实际工作中,更多的时候不进行逐日记录,而是每隔一定的时间获取某些时点上的资料,如此便形成了间断时点序列。

间断时点序列根据间隔时间是否一致,分为间隔相等和间隔不等两种情况。

a. 间隔相等的间断时点序列求序时平均数。这种情况下的序时平均数的计算采用首末折半法。

$$\bar{a} = \frac{\dfrac{a_1+a_2}{2} + \dfrac{a_2+a_3}{2} + \cdots + \dfrac{a_{n-1}+a_n}{2}}{n-1}$$

$$= \frac{\dfrac{a_1}{2} + a_2 + \cdots + a_{n-1} + \dfrac{a_n}{2}}{n-1} \tag{8-3}$$

【例 8-3】 某企业 2019 年第三季度商品库存额如表 8-9 所示,计算该季度的平均库存额。

表 8-9　某企业 2019 年第三季度商品库存额

日期	7月1日	8月1日	9月1日	10月1日
库存额/万元	100	86	104	114

解:根据资料先计算各月的平均库存额:

$$7月平均库存额 = \frac{100+86}{2} = 93(万元)$$

$$8月平均库存额 = \frac{86+104}{2} = 95(万元)$$

$$9月平均库存额 = \frac{104+114}{2} = 109(万元)$$

依据各月平均库存额计算第三季度的平均库存额:

$$第三季度平均库存额 = \frac{93+95+109}{3} = 99(万元)$$

上述计算过程可简化为式(8-3)。

即第三季度的平均库存额为

$$\bar{a} = \frac{\dfrac{a_1}{2} + a_2 + \cdots + a_{n-1} + \dfrac{a_n}{2}}{n-1}$$

$$=\frac{\frac{100}{2}+86+104+\frac{114}{2}}{4-1}=99(万元)$$

b. 间隔不等的间断时点序列求序时平均数。在间断时点序列中,如果时点间隔不等,可以在首末折半的基础上加权计算。

$$\bar{a}=\frac{\frac{a_1+a_2}{2}f_1+\frac{a_2+a_3}{2}f_2+\cdots+\frac{a_{n-1}+a_n}{2}f_{n-1}}{\sum_{i=1}^{n-1}f_i} \tag{8-4}$$

式中,f 为时点间隔的长度。

【例 8-4】 某农场 2019 年的养牛数量如表 8-10 所示,计算该农场全年平均养牛数量。

表 8-10 某农场 2019 年的养牛数量

日期	1月1日	3月1日	8月1日	10月1日	12月31日
养牛数量/头	1 420	1 400	1 200	1 250	1 460

解:根据式(8-4)可计算全年平均养牛数量:

$$\bar{a}=\frac{\frac{a_1+a_2}{2}f_1+\frac{a_2+a_3}{2}f_2+\cdots+\frac{a_{n-1}+a_n}{2}f_{n-1}}{\sum_{i=1}^{n-1}f_i}$$

$$=\frac{\frac{1\,420+1\,400}{2}\times 2+\frac{1\,400+1\,200}{2}\times 5+\frac{1\,200+1\,250}{2}\times 2+\frac{1\,250+1\,460}{2}\times 3}{2+5+2+3}$$

$$=\frac{2\,820+6\,500+2\,450+4\,065}{12}\approx 1\,320(头)$$

2) 相对数时间序列的序时平均数

相对数时间序列是派生数列,是由两个有联系的绝对数时间序列对比得到的。因此,对于相对数时间序列的序时平均数的计算,需要分别计算出分子序列和分母序列的序时平均数,然后加以对比,即可求得。

$$\bar{c}=\frac{\bar{a}}{\bar{b}} \tag{8-5}$$

式中,$\bar{c}$ 为相对数时间序列的序时平均数;$\bar{a}$ 为分子序列的序时平均数;$\bar{b}$ 为分母序列的序时平均数。

在具体计算时,需要注意区分分子序列和分母序列的类型。将相对数时间序列分解成分子和分母两个绝对数时间序列后,需要判断分子和分母序列是时期序列还是时点序列,然后根据不同的序列类型使用不同的计算方法。

(1) 由两个时期序列对比形成的相对数时间序列求序时平均数。

【例 8-5】 某企业 2019 年第二季度生产计划完成情况如表 8-11 所示,计算该季度的平均计划完成程度。

表 8-11　某企业 2019 年第二季度生产计划完成情况

月份	4 月	5 月	6 月
a 实际产量/件	360	550	714
b 计划产量/件	400	500	700
c 计划完成/%	90	110	102

解：第二季度生产计划平均完成程度为

$$\bar{c}=\frac{\bar{a}}{\bar{b}}=\frac{\sum a}{\sum b}=\frac{360+550+714}{400+500+700}=101.5\%$$

（2）由两个时点序列对比形成的相对数时间序列求序时平均数。

【例 8-6】　某企业第四季度职工人数如表 8-12 所示，计算该季度的工人占全部职工的平均比重。

表 8-12　某企业第四季度职工人数

月份	9 月	10 月	11 月	12 月
b 全部职工/人	650	646	654	662
c 工人占全部职工比重/%	80.00	80.96	83.94	87.01

解：已知 c 相对数时间数列和 b 分母数列，需先通过变形求出 a 分子序列，如表 8-13 所示。

表 8-13　分子序列和分母序列

月末	9 月	10 月	11 月	12 月
$a=b\times c$ 工人/人	520	523	549	576
b 全部职工/人	650	646	654	662
c 工人占全部职工比重/%	80.00	80.96	83.94	87.01

因为分子分母都是间隔相等的间断时点序列，所以计算该企业四季度工人占全部职工的平均比重为

$$\bar{c}=\frac{\bar{a}}{\bar{b}}=\frac{\dfrac{\dfrac{a_1}{2}+a_2+\cdots+a_{n-1}+\dfrac{a_n}{2}}{n-1}}{\dfrac{\dfrac{b_1}{2}+b_2+\cdots+b_{n-1}+\dfrac{b_n}{2}}{n-1}}=\frac{\dfrac{520}{2}+523+549+\dfrac{576}{2}}{\dfrac{650}{2}+646+654+\dfrac{662}{2}}=82.82\%$$

（3）由一个时期序列和一个时点序列对比形成的相对数时间序列求序时平均数。

【例 8-7】　根据表 8-14 中的资料，计算该企业上半年平均月劳动生产率。

表 8-14　某企业产值与职工人数资料

月份	1 月	2 月	3 月	4 月	5 月	6 月	7 月
a 总产值/万元	360	300	340	340	360	400	410
b 月初职工人数/人	124	126	124	122	126	128	124

解：在本题中，分子产值是时期序列，分母职工人数是间隔相等的间断时点序列，因此平均月劳动生产率为

$$\bar{a} = \frac{\sum a}{n} = \frac{360+300+340+340+360+400}{6} = 350(万元)$$

$$\bar{b} = \frac{\frac{b_1}{2}+b_2+\cdots+b_{n-1}+\frac{b_n}{2}}{n-1} = \frac{\frac{124}{2}+126+124+122+126+128+\frac{124}{2}}{6} = 125(人)$$

平均月劳动生产率为

$$\bar{c} = \frac{\bar{a}}{\bar{b}} = \frac{350}{125} = 2.8(万元/人)$$

3) 平均数时间序列的序时平均数

平均数时间序列求序时平均数的计算方法和相对数时间序列的原理相同。平均数时间序列实际上也是由两个绝对数时间序列对比形成的，因此，先计算分子序列和分母序列的序时平均数，再对比即可求得。

8.2.2 增长量与平均增长量

1. 增长量

定义 8.9 增长量是社会经济现象在一定时期内增长的绝对数量，它是报告期水平与基期水平之差。

增长量即

$$增长量 = 报告期水平 - 基期水平$$

由于选择的基期不同，增长量可以分为逐期增长量和累计增长量。

1) 逐期增长量

逐期增长量是报告期水平与前一期水平之差，表明本期比上一期增长的绝对量。

$$逐期增长量 = a_n - a_{n-1} \tag{8-6}$$

2) 累计增长量

累计增长量是报告期水平与某一固定时期水平之差，表明本期比某一固定时期增长的绝对量，也就是某一较长时期内总的增长量。

$$累计增长量 = a_n - a_0 \tag{8-7}$$

3) 逐期增长量和累计增长量的关系

(1) 逐期增长量之和等于相应的累计增长量。

$$(a_1 - a_0) + (a_2 - a_1) + \cdots + (a_n - a_{n-1}) = a_n - a_0$$

(2) 相邻的累计增长量之差等于相应的逐期增长量。

$$(a_n - a_0) - (a_{n-1} - a_0) = a_n - a_{n-1}$$

2. 平均增长量

定义 8.10 平均增长量是指现象在较长时期内每期增长量的一般水平。

$$平均增长量 = \frac{\sum_{i=1}^{n}(a_i - a_{i-1})}{n-1} = \frac{a_n - a_0}{n-1} \tag{8-8}$$

【例 8-8】 根据表 8-15 中的资料,计算逐期增长量、累计增长量和平均增长量。

表 8-15　某企业产值与职工人数资料　　　　　　　　　　单位:万元

年份	2014	2015	2016	2017	2018	2019
销售额	100	109	113	119	126	130
逐期增长量		9	4	6	7	4
累计增长量		9	13	19	26	30

解:逐期增长量 $=a_n-a_{n-1}$,累计增长量 $=a_n-a_0$,已在表中求出。

$$\text{平均增长量} = \frac{\sum_{i=1}^{n}(a_i - a_{i-1})}{n-1} = \frac{9+4+6+7+4}{5} = 6(\text{万元})$$

或

$$\text{平均增长量} = \frac{a_n - a_0}{n-1} = \frac{30}{5} = 6(\text{万元})$$

8.3　时间序列的速度分析

速度分析主要通过速度指标对现象发展变化的速度进行分析。速度指标主要包括发展速度和平均发展速度、增长速度和平均增长速度两对。

8.3.1　发展速度和平均发展速度

1. 发展速度

定义 8.11　发展速度是反映社会经济现象发展变化情况的动态相对数,它根据两个不同时期发展水平对比求得。

发展速度即

$$\text{发展速度} = \frac{\text{报告期水平}}{\text{基期水平}}$$

由于采用的基期不同,发展速度可以分为环比发展速度和定基发展速度。

1) 环比发展速度

环比发展速度是报告期水平与前一期水平的比值。它说明报告期水平发展到了前一期水平的百分比,表明逐期发展速度。

$$\text{环比发展速度} = \frac{a_n}{a_{n-1}} \tag{8-9}$$

2) 定基发展速度

定基发展速度是报告期水平与某一固定时期水平的比值。它说明报告期水平发展到了某一固定时期水平的百分比,表明在较长时期内总的发展速度(总速度)。

$$\text{定基发展速度} = \frac{a_n}{a_0} \tag{8-10}$$

3) 环比发展速度与定基发展速度的关系

(1) 环比发展速度的连乘积等于对应的定基发展速度。

$$\frac{a_1}{a_0} \times \frac{a_2}{a_1} \times \cdots \times \frac{a_n}{a_{n-1}} = \frac{a_n}{a_0}$$

(2) 相邻的定基发展速度之比等于对应的环比发展速度。

$$\frac{a_n}{a_0} \div \frac{a_{n-1}}{a_0} = \frac{a_n}{a_{n-1}}$$

2. 平均发展速度

定义 8.12 平均发展速度是各期环比发展速度的动态平均数,说明现象逐年平均发展变化的程度。

环比发展速度是不同时期发展水平的动态相对数,所以不能应用前面所使用的方法来计算平均发展速度。在实际中,主要运用几何平均法和方程法来计算。

1) 几何平均法

平均发展速度是各期环比发展速度的平均数,但不是各期环比发展速度的算术平均相加的关系,而是几何平均相乘的关系。

$$\bar{x} = \sqrt[n]{x_1 \cdot x_2 \cdots x_n} = \sqrt[n]{\prod x} \tag{8-11}$$

经简化可得

$$\bar{x} = \sqrt[n]{\frac{a_1}{a_0} \cdot \frac{a_2}{a_1} \cdots \frac{a_n}{a_{n-1}}} = \sqrt[n]{\frac{a_n}{a_0}} \tag{8-12}$$

$$\bar{x} = \sqrt[n]{\frac{a_n}{a_0}} = \sqrt[n]{R} \tag{8-13}$$

式中,$\bar{x}$ 为平均发展速度;x 为各个环比发展速度;n 为环比发展速度的个数;$\prod$ 为连乘符号;R 为定基发展速度,也是总速度。在计算时,根据已知条件不同,可以分别使用相应的变形公式。

2) 方程法

方程法也叫累计法,是通过设立方程的形式,将按平均发展速度计算的各期水平的累计总和与实际各期水平的总和一致,建立方程式:

$$a_0\bar{x} + a_0\bar{x}^2 + a_0\bar{x}^3 + \cdots + a_0\bar{x}^n = \sum_{i=1}^{n} a_i$$

和

$$\bar{x} + \bar{x}^2 + \bar{x}^3 + \cdots + \bar{x}^n = \frac{\sum a}{a_0}$$

解此方程的正根就得平均发展速度,一般通过事前编制的"平均增长速度查对表"来计算。

通过比较可以看出,几何平均法侧重于考察最末一期发展水平,而方程法侧重于考察全期发展水平的累计总和。相对来说,几何平均法易懂易算,在实际工作中应用更为广泛。

【例 8-9】 根据表 8-16 中的资料,计算环比发展速度、定基发展速度和平均发展速度。

表 8-16 某公司职工工资总额

年份	2014	2015	2016	2017	2018	2019
工资总额/万元	122	187	225	276	301	324

解:环比发展速度 $= \dfrac{a_n}{a_{n-1}}$,定基发展速度 $= \dfrac{a_n}{a_0}$,已在表 8-17 中求出。

表 8-17　环比发展速度和定基发展速度

年份	2014	2015	2016	2017	2018	2019
工资总额/万元	122	187	225	276	301	324
环比发展速度/%		153.3	120.3	122.7	109.1	107.6
定基发展速度/%		153.3	184.4	226.2	246.7	265.6

平均发展速度为

$$\bar{x} = \sqrt[n]{\frac{a_n}{a_0}} = \sqrt[5]{\frac{324}{122}} = 121.57\%$$

8.3.2　增长速度和平均增长速度

1. 增长速度

定义 8.13　增长速度是反映社会经济现象增长程度的动态相对数,根据增长量与基期发展水平对比求得。

增长速度即

$$增长速度 = 增长量 / 基期发展水平$$

增长速度与发展速度之间有着密切的联系。发展速度说明报告期水平是基期水平的多少倍;增长速度说明报告期水平比基期水平增加了多少倍。所以增长速度的公式又可表示为

$$增长速度 = 发展速度 - 1$$

增长速度由于选择的基期不同,也有环比增长速度和定基增长速度之分。

1) 环比增长速度

定义 8.14　环比增长速度是逐期增长量与前一期发展水平的相对数,反映现象逐期的增长速度。

$$环比增长速度 = 逐期增长量 / 前一期水平$$
$$= 环比发展速度 - 1 \tag{8-14}$$

2) 定基增长速度

定义 8.15　定基增长速度是累计增长量与某一固定时期水平的相对数,反映较长时期内总的增长速度。

$$定基增长速度 = 累计增长量 / 固定基期水平$$
$$= 定基发展速度 - 1 \tag{8-15}$$

2. 平均增长速度

定义 8.16　平均增长速度是各期环比增长速度的动态平均数,说明现象逐年平均增长变化的程度。

根据增长速度与发展速度之间的运算关系,也可得出平均增长速度的计算公式:

$$平均增长速度 = 平均发展速度 - 1 \tag{8-16}$$

【例 8-10】　仍使用例 8-9 中的资料,在已计算出的指标基础上计算环比增长速度、定基增长速度和平均增长速度。

解:环比增长速度=环比发展速度-1,定基增长速度=定基发展速度-1,已在表 8-18 中求出。

表 8-18 环比增长速度和定基增长速度

年份	2014	2015	2016	2017	2018	2019
工资总额/万元	122	187	225	276	301	324
环比发展速度/%		153.3	120.3	122.7	109.1	107.6
定基发展速度/%		153.3	184.4	226.2	246.7	265.6
环比增长速度/%		53.3	20.3	22.7	9.1	7.6
定基增长速度/%		53.3	84.4	26.2	46.7	65.6

$$\text{平均增长速度} = \text{平均发展速度} - 1 = \sqrt[n]{\frac{a_n}{a_0}} - 1 = \sqrt[5]{\frac{324}{122}} - 1 = 21.57\%$$

3. 年度化增长率

增长速度也叫增长率。

定义 8.17 当增长率以年来表示时,则称为年度化增长率或年率。

通过将月或季增长率换算成年度化增长率,从而使各增长率具有相同的比较基础。

$$G_A = \left(\frac{a_i}{a_{i-1}}\right)^{\frac{m}{n}} - 1 \tag{8-17}$$

式中,G_A 为年度化增长率;m 为一年中的时期个数;n 为所跨的时期总数。

如果月份数据年度化,则 $m=12$;如果季度数据年度化,则 $m=4$。

【例 8-11】 某城市 2019 年 1 月商品零售额为 25 亿元,2019 年 7 月商品零售额为 30 亿元,计算年度化增长率。

解:由于是月份数据,所以 $m=12$,所跨时期总数 $n=6$,根据式(8-17)可得

$$G_A = \left(\frac{a_i}{a_{i-1}}\right)^{\frac{m}{n}} - 1 = \left(\frac{30}{25}\right)^{\frac{12}{6}} - 1 = 44\%$$

零售额年度化增长率为 44%。

【例 8-12】 某地区 2019 年第一季度完成工业增加值为 500 亿元,第二季度完成的工业增加值为 510 亿元,计算年度化增长率。

解:由于是季度数据,所以 $m=4$,所跨时期总数 $n=1$,根据公式可得

$$G_A = \left(\frac{a_i}{a_{i-1}}\right)^{\frac{m}{n}} - 1 = \left(\frac{510}{500}\right)^{\frac{4}{1}} - 1 = 8.24\%$$

工业增加值年度化增长率为 8.24%。

8.3.3 速度分析的注意事项

(1) 当时间序列的发展水平出现 0 或负值时,不宜计算速度。在这种情况下直接进行水平分析即可。

(2) 要将速度指标与水平指标结合运用。速度指标有其局限性,当对两个基本条件相同的现象进行时间序列的比较分析时,可能出现发展速度或增长速度数值很高,但绝对增长量不高的现象。因此,必须将两种指标结合起来运用,才能对时间序列进行有效的分析。

例如,两个基本条件相同的企业的利润及速度情况如表 8-19 所示。

表 8-19　两个基本条件相同的企业的利润及速度情况

年份	甲企业		乙企业	
	利润/万元	增长率/%	利润/万元	增长率/%
2018	100		1 000	
2019	200	100	1 500	50

如果仅从年度化增长率分析来看,甲企业比乙企业高出一倍,但实际上,乙企业的利润绝对增长量却远远高于甲企业。

8.4　时间序列的分解

8.4.1　时间序列的影响因素

时间序列反映现象的发展变化,它的形成是多种复杂因素共同作用的结果。不同的因素有不同的作用,它们直接影响着时间序列的发展方向,因此,对时间序列的影响因素进行分析,可以对时间序列进行有效的分解,从而对不同的影响因素进行测定,准确地预测时间序列的发展趋势。

时间序列的影响因素按照性质和作用大致可以分为以下四种。

1. 长期趋势(T)

定义 8.18　长期趋势是指现象在较长的一段时间内,持续呈现为同一方向发展变化的趋势,它是受某种起决定作用的因素的影响而形成的。

长期趋势是根本性的影响因素,它对于各个时期都起着普遍的、长期的、决定性的作用。研究长期趋势,可以掌握现象发展变化的基本规律。例如,科技进步是影响生产力发展的长期趋势因素。

2. 季节变动(S)

定义 8.19　季节变动是指现象受自然条件或社会因素的影响,在 1 年或更短时间内,随时序变化而呈现的有规律的周期性变动。

季节变动一般以一年为周期,呈现季节性的波动,如空调、羽绒服的销售,旅游地的客流量等。也有以月、周、日为周期波动的,如商场的客流量等。

3. 循环变动(C)

定义 8.20　循环变动是指现象以若干年为周期,涨落起伏周而复始的变动。

循环变动不同于单一方向变动的长期趋势,也不同于一年内周期的季节变动,它的周期常常在一年以上,各期变动的程度也不尽相同。例如,西方国家周期性的经济危机;国家人口周期性的生育高峰等。

4. 不规则变动(I)

定义 8.21　不规则变动是指现象由突发事件或偶然因素引起的无周期的波动。

不规则变动是序列中无法预知的因素,如地震、洪灾等因素引起的变动。

8.4.2　时间序列的分解模型

时间序列的影响因素综合在一起影响着时间序列的变化,如果用数学关系来表示这些因素与时间序列的关系,可以形成时间序列的分解模型。根据对四种因素相互关系的不同假设,分解模型主要有两种基本模式。

1. 加法模型

假定四种变动因素是相互独立的,时间序列各时期发展水平是各个构成因素的总和。

$$Y = T + S + C + I \tag{8-18}$$

式中,Y 为时间序列总变动,即发展水平。

2. 乘法模型

假定四种变动因素彼此间存在着交互作用,时间序列各时期发展水平是各个构成因素的乘积。

$$Y = T \times S \times C \times I \tag{8-19}$$

时间序列分析一般采用乘法模型,将受各个因素影响的变动分别测定出来,为决策提供依据。在这四个影响因素里,从长期来看,现象发展的长期趋势和周期性的季节变动,对于时间序列的影响更大,本书将重点对这两个影响因素的测定进行阐述。

8.4.3 长期趋势的测定

长期趋势是影响时间序列的首要因素。因此,对于长期趋势的测定,首先可以把握现象的趋势变化;其次为统计预测提供必要条件;最后为研究季节变动提供基础。

反映现象发展的长期趋势有两种基本形式:直线趋势和曲线趋势。直线趋势表明现象的发展呈现直线变化的趋势,其变化率或趋势线的斜率基本不变;曲线趋势线的斜率是不断变动的。长期趋势的测定方法有很多,这里主要研究移动平均法和最小平方法。

1. 移动平均法

移动平均法是对原来的时间序列进行修匀,来测定长期趋势的一种较为简单的方法。移动平均法采用逐项递推移动的方法,分别计算一系列移动的序时平均数,形成一个派生的序时平均数的时间序列,来代替原有的时间序列。这样,在这个派生的时间序列中,偶然的短期因素引起的变动被削弱了,从而呈现出明显的长期趋势。

移动平均法的关键在于选取移动平均的项数,也即移动时距。移动时距分为奇数和偶数两种情况。

【例 8-13】某厂各月生产机器台数的移动平均计算表如表 8-20 所示,采取 3 项和 4 项移动平均法测定其长期趋势。

表 8-20　某厂各月生产机器台数的移动平均计算表

月份	机器台数/台	3 项移动平均	4 项移动平均	
			一次移动平均	二次移动平均正位
1	210	—	—	
2	230	236.7	240.0	—
3	270	250.0	257.5	248.8
4	250	266.7	275.0	266.3
5	280	276.7	280.0	277.5
6	300	290.0	297.5	288.8

续表

月份	机器台数/台	3项移动平均	4项移动平均	
			一次移动平均	二次移动平均正位
7	290	303.3	315.0	306.3
8	320	320.0	322.5	318.5
9	350	333.3	345.0	333.8
10	330	353.3	355.0	350.0
11	380	356.7	—	
12	360	—		

解：当移动时距为3个月时，可以依次计算移动时距各项的算术平均数，对应移动到新序列移动时距的中点位置，从而得出新的序列。

当移动时距为4个月时，新序列不能与原序列的时期对应，所以需要进行二次移动，修正平均数的位置。

在使用移动平均法分析长期趋势时，需要注意两点。

(1) 选择合适的移动时距。移动时距的选择一般应选择奇数，奇数移动比较简单，一次即取得趋势值。但如果原有的时间序列有循环周期，则移动平均的项数应以循环周期的长度为准。这样可以把周期的波动抹去。

(2) 修匀后的序列，比原序列的项数减少。实践证明，移动时距越大，时间序列修匀的效果就越好，但是所得的趋势值的项数就越少，不利于分析长期趋势。它们之间的关系为趋势值项数=原序列项数-移动时距+1。因此，为了更完整地反映长期趋势，移动时距不宜太大。

2. 最小平方法

最小平方法是测定长期趋势较常用的方法。它是针对时间序列的发展变化，拟合出一条适当的趋势方程来对时间序列修匀，从而进行长期趋势的测定的。这种方法更加严谨合理，并可有效地对时间序列的未来变化作出科学预测。

最小平方法的核心在于建立趋势方程。按照最小平方法的原理，这条趋势方程必须满足两个条件。

第一，原有时间序列的指标值与拟合的趋势方程的趋势值的离差平方和为最小。

$$\sum(y-y_c)^2 = 最小值 \tag{8-20}$$

式中，y 为原有序列的指标值；y_c 为趋势方程的趋势值。

第二，原有时间序列的指标值与拟合的趋势方程的趋势值的离差之和等于零。

$$\sum(y-y_c) = 0 \tag{8-21}$$

因为长期趋势有直线趋势和曲线趋势，所以下面将运用最小平方法，针对不同的趋势拟合相应的趋势方程。

1) 直线方程

根据对原有时间序列的数值的分析，如果数值的逐期增长量大体相等，可考虑拟合直线趋势方程。直线方程的一般表达式为

$$y_c = a + bt$$

式中，a 为截距；b 为直线的斜率；t 为时间序列的时间。

此直线方程中的 a 和 b 为未知参数，因此，要想求出趋势方程，就需求出 a 和 b。

根据最小平方法的要求,趋势方程需满足式(8-20),将 $y_c = a + bt$ 代入式(8-20)得
$$\sum (y-a-bt)^2 = 最小值$$
欲实现此条件,需对 a 和 b 求偏导数并为零,可得
$$\begin{cases} \sum y = na + b\sum t \\ \sum ty = a\sum t + b\sum t^2 \end{cases}$$
式中,y 为原有序列的指标值;t 为时间序列的时间,可用序号表示,代替时间;n 为时间序列的项数。

为了计算方便,可以巧妙地对 t 进行序号编列,使 $\sum t = 0$,这样就可以极大地简化计算过程。当时间序列为奇数项时,可编列中间项为0,其他序号对称排列,依次为…,-3,-2,-1,0,1,2,3,…;当时间序列为偶数项时,可编列 t 依次为…,-5,-3,-1,1,3,5,…

这样,上述方程组可简化为
$$\begin{cases} \sum y = na \\ \sum ty = b\sum t^2 \end{cases}$$
$$a = \frac{\sum y}{n}, \quad b = \frac{\sum ty}{\sum t^2} \tag{8-22}$$

通过计算原有时间序列中的 $\sum y$、$\sum ty$ 和 $\sum t^2$,即可求出趋势方程。

【**例 8-14**】 使用最小平方法,对表 8-21 中的时间序列的长期趋势进行测定。

表 8-21 某服装厂近年产品的销售量情况   单位:万件

年份	2011	2012	2013	2014	2015	2016	2017
销售量	12.4	13.8	15.7	17.6	19.0	20.8	22.7
逐期增长量		1.4	1.9	1.9	1.4	1.8	1.9

解:应用最小平方法拟合直线趋势方程,计算如表 8-22 所示。

表 8-22 某服装厂近年产品销售量直线趋势方程计算表

年份	年序号 t	销售量 y/万件	ty	t^2	y_c
2011	-3	12.4	-37.2	9	12.27
2012	-2	13.8	-27.6	4	13.99
2013	-1	15.7	-15.7	1	15.71
2014	0	17.6	0	0	17.43
2015	1	19.0	19.0	1	19.15
2016	2	20.8	41.6	4	20.87
2017	3	22.7	68.1	9	22.59
合计	0	122.0	48.2	28	122.01

将表 8-22 中的数据代入式(8-22)得
$$a = \frac{\sum y}{n} = \frac{122}{7} = 17.43$$

$$b = \frac{\sum ty}{\sum t^2} = \frac{48.2}{28} = 1.72$$

直线趋势方程为 $y_c = 17.43 + 1.72t$。

将年序号 t 代入趋势方程,可得各年趋势值。

2) 抛物线方程

同样,根据原有时间序列的数值进行分析,如果各期数值的二级增长量大体相等,可考虑拟合曲线趋势,即抛物线方程。抛物线方程的一般表达式为

$$y_c = a + bt + ct^2$$

同样,求出未知参数 a、b 和 c,即可得到趋势方程。

按照相同的原理,满足 $\sum (y - y_c)^2 =$ 最小值的条件,求得偏导数,得出方程组:

$$\begin{cases} \sum y = na + b\sum t + c\sum t^2 \\ \sum ty = a\sum t + b\sum t^2 + c\sum t^3 \\ \sum t^2 y = a\sum t^2 + b\sum t^3 + c\sum t^4 \end{cases}$$

使 $\sum t = 0$,简化为

$$\begin{cases} \sum y = na + c\sum t^2 \\ \sum ty = b\sum t^2 \\ \sum t^2 y = a\sum t^2 + c\sum t^4 \end{cases}$$

从而求得 a、b 和 c,得到抛物线方程。

3) 指数方程

如果原有时间序列,各期数值的环比速度大体相同,可考虑拟合曲线趋势,即指数方程。指数方程的一般表达式为

$$y_c = ab^t$$

同样,求出未知参数 a、b,即可得到趋势方程。

先将指数方程转化为对数直线形式:

$$\lg y_c = \lg a + t \lg b$$

按照相同的原理,应用最小平方法求得联立方程组的简化形式:

$$\begin{cases} \sum \lg y = n \lg a \\ \sum t \lg y = \lg b \sum t^2 \end{cases}$$

求出求得 $\lg a$ 和 $\lg b$,再取反对数,即得 a 和 b。

8.4.4 季节变动的测定

季节变动是其他周期性变动的基础。分析季节变动,可以掌握季节变动的规律,进行季节预测,有效地消除时间序列中季节变动的影响,得到不含季节变动因素的数据,以便评价工作,分析经济。

季节变动的测定方法有很多,常用的有两种:一是不考虑长期趋势的影响,直接用原始

资料测定的按月(或按季)平均法;二是考虑时间序列中长期趋势的影响,先将原序列中长期趋势剔除以后,再测定季节变动的趋势剔除法。

1. 按月(或季)平均法

按月(或季)平均法的计算步骤如下。

第1步,计算各年同月(或同季)平均数,以消除偶然因素变动的影响。

第2步,计算总的月(或季)平均数。

第3步,计算季节比率S.I.。

$$S.I.=同月(或季)平均数 / 总的月(或季)平均数 \tag{8-23}$$

第4步,调整季节比率,使其和为1 200%或400%。

$$调整系数 = 1 200\%(或400\%)/ 各月(或季)实际季节比率之和 \tag{8-24}$$

$$调整后月(或季)季节比率 = 实际月(或季)季节比率 \times 调整系数 \tag{8-25}$$

【例8-15】 以表8-23中的数据应用按月(或季)平均法分析季节变动。

表8-23 某风景旅游城市旅游人数

年份	旅游人数/万人			
	第一季	第二季	第三季	第四季
2014	32	40	61	28
2015	41	51	74	36
2016	57	65	93	57
2017	60	67	99	60

解:应用按季平均法,得某风景旅游城市旅游人数季节比率计算表如表8-24所示。

表8-24 某风景旅游城市旅游人数季节比率计算表

年份	旅游人数/万人				
	第一季	第二季	第三季	第四季	合计
2014	32	40	61	28	161
2015	41	51	74	36	202
2016	57	65	93	57	272
2017	60	67	99	60	286
合计	190	223	327	181	921
同季平均	47.50	55.75	81.75	45.25	230.25
季节比率/%	82.52	96.85	142.02	78.61	400

按月(或季)平均法的优点是计算简便,容易掌握,缺点是没有考虑长期趋势的影响。

2. 趋势剔除法

当时间序列存在上升或下降趋势时,应先剔除长期趋势,再求季节比率,否则会影响季节比率的准确性。趋势剔除法的具体计算步骤如下。

第1步,对原序列作移动平均,求得时间序列的长期趋势值 y_c。

第2步,将序列实际水平除以相应时期的趋势值(y/y_c),以消除长期趋势的影响,得出各季修匀数据。

第3步,将修匀数据按月(或按季)排列,求同月(或同季)平均数,以消除不规则变动。

此同月(或同季)平均值即调整前的季节比率。

第4步,调整季节比率,使其和为1 200%或400%。

【例8-16】 仍以表8-23中的数据为例,使用趋势剔除法分析季节变动。

解:首先剔除长期趋势,得某风景旅游城市旅游人数剔除长期趋势计算表如表8-25所示。

表8-25 某风景旅游城市旅游人数剔除长期趋势计算表

年份	季度	顺序	旅游人数 y/人	四季移动平均	趋势值剔除 y/y_c
2014	1	1	32		
	2	2	40		
	3	3	61	41.4	1.473 4
	4	4	28	43.9	0.638 2
2015	1	5	41	46.9	0.874 7
	2	6	51	49.5	1.030 3
	3	7	74	52.5	1.409 5
	4	8	36	56.3	0.640 0
2016	1	9	57	60.4	0.944 1
	2	10	65	65.4	0.994 3
	3	11	93	68.4	1.359 6
	4	12	57	69.0	0.826 1
2017	1	13	60	70.0	0.857 1
	2	14	67	71.1	0.942 3
	3	15	99		
	4	16	60		

然后计算季节比率,得某风景旅游城市旅游人数季节比率计算表如表8-26所示。

表8-26 某风景旅游城市旅游人数季节比率计算表

年份	第一季	第二季	第三季	第四季	合 计
2014			1.473 4	0.638 2	
2015	0.874 7	1.030 3	1.409 5	0.640 0	
2016	0.944 1	0.994 3	1.359 6	0.826 1	
2017	0.857 1	0.942 3			
同季平均	0.892 0	0.989 0	1.414 5	0.701 4	3.996 9
季节比率/%	89.27	98.98	141.56	70.19	400

8.5 利用SPSS进行时间序列长期趋势及季节指数的测定

8.5.1 移动平均法测定长期趋势

【例8-17】 依据表8-20给出的时间序列数据,用SPSS完成长期趋势的测定。

要求:采取3项移动平均法测定其长期趋势。

解:第1步,数据准备。打开SPSS,在数据编辑器窗口中定义变量类

例8-17

型、变量宽度、小数位数并输入数据,如图 8-1 所示。

图 8-1 "数据编辑器"窗口

第 2 步,进行移动平均预测。在数据编辑器窗口下,选择"转换""创建时间序列(M)"选项,操作如图 8-2 所示,弹出的"创建时间序列"对话框如图 8-3 所示。

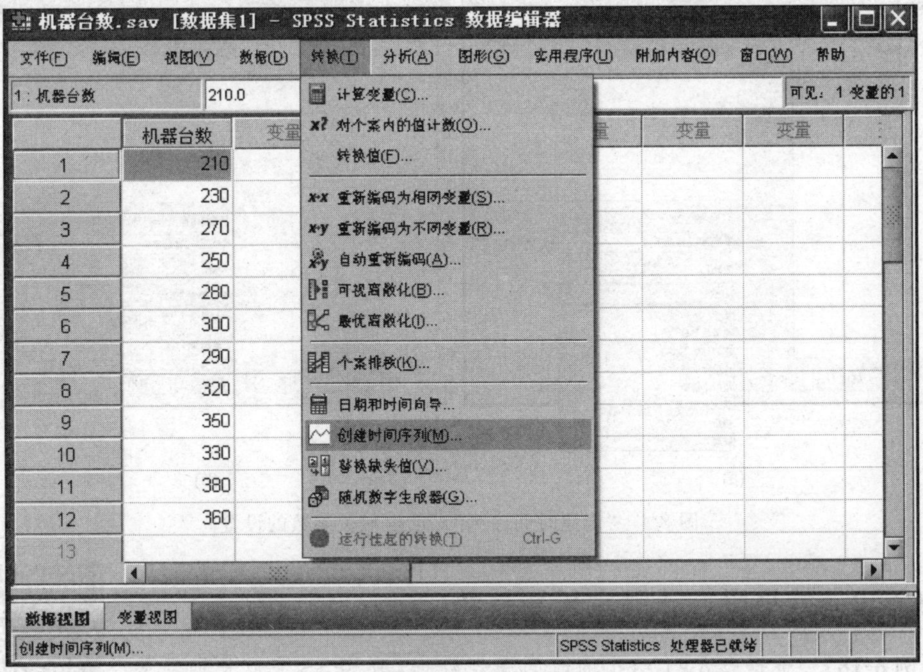

图 8-2 选择"创建时间序列"选项

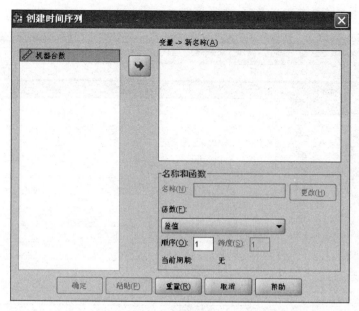

图 8-3 "创建时间序列"对话框

第 3 步,在"创建时间序列"对话框中,单击 按钮将变量"机器台数"移至右侧"变量新名称"列表框内,在"名称"文本框中输入"移动平均",在"函数"下拉列表中选择"中心移动平均"选项,"跨度"文本框中输入"3",处理过程如图 8-4 所示,完成后依次单击"更改""确定"按钮,输出结果如图 8-5 所示。

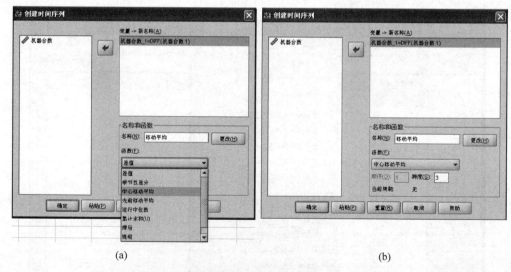

图 8-4 "创建时间序列"对话框相关参数的设置

8.5.2 最小平方法测定长期趋势

【例 8-18】根据表 8-21 给出的时间序列数据,用 SPSS 完成长期趋势的测定。

例 8-18

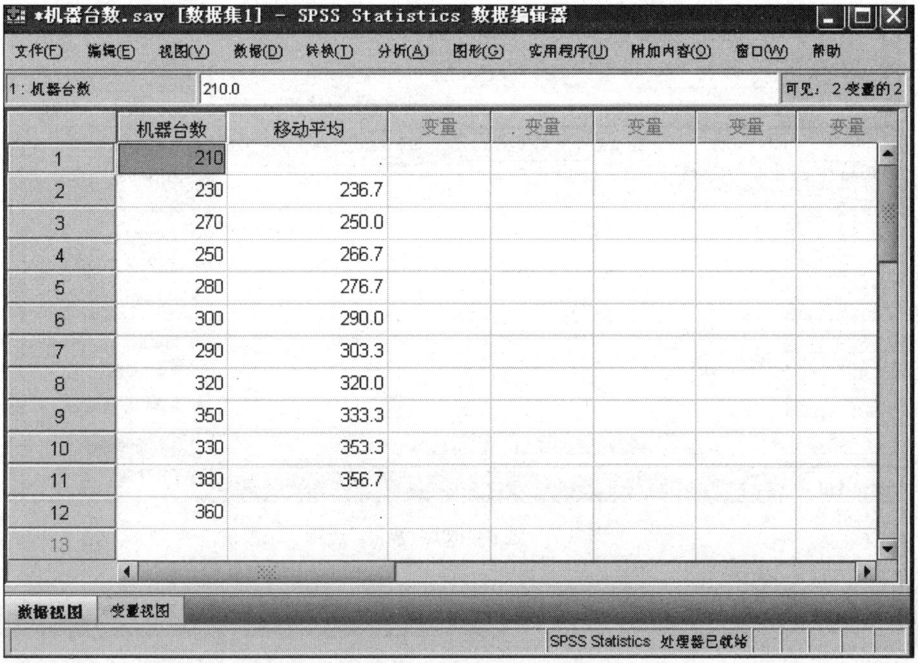

	机器台数	移动平均	变量	变量	变量	变量	变量
1	210	.					
2	230	236.7					
3	270	250.0					
4	250	266.7					
5	280	276.7					
6	300	290.0					
7	290	303.3					
8	320	320.0					
9	350	333.3					
10	330	353.3					
11	380	356.7					
12	360	.					
13							

图 8-5　3 项移动平均预测结果

要求：采取使用最小平方法测定其长期趋势。

解：第 1 步，数据准备。打开 SPSS，定义变量并输入数据，如图 8-6 所示。

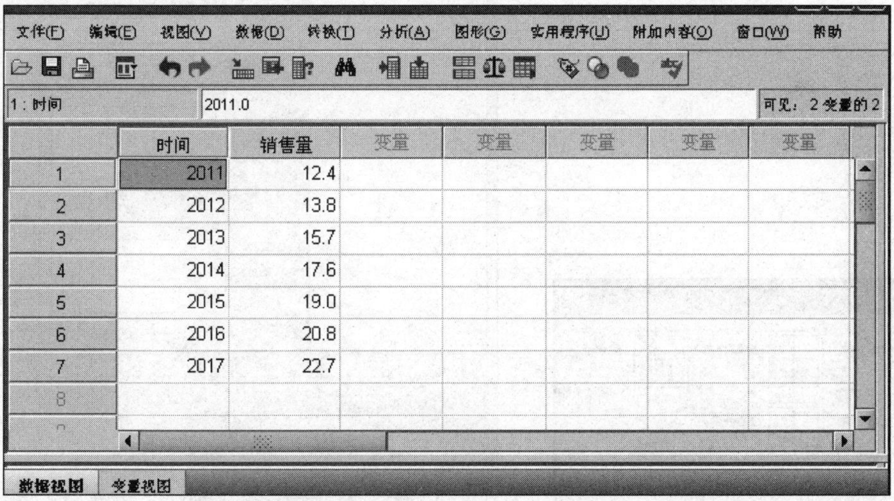

	时间	销售量	变量	变量	变量	变量	变量
1	2011	12.4					
2	2012	13.8					
3	2013	15.7					
4	2014	17.6					
5	2015	19.0					
6	2016	20.8					
7	2017	22.7					
8							

图 8-6　设置变量并输入数据

第 2 步，绘制散点图，观察时间序列的大致趋势。

在数据编辑器窗口中，依次选择"图形""旧对话框""散点/点状"选项，如图 8-7 所示，在弹出的"散点图/点图"对话框中，选择"简单分布"，如图 8-8 所示。完成后单击"定义"按钮。在弹出的"简单散点图"对话框中，将"销售量"传入"Y 轴"列表框中，将"时间"传入"X 轴"列表框中，如图 8-9 所示，完成后单击"确定"按钮。

图 8-7 选择"散点/点状"选项

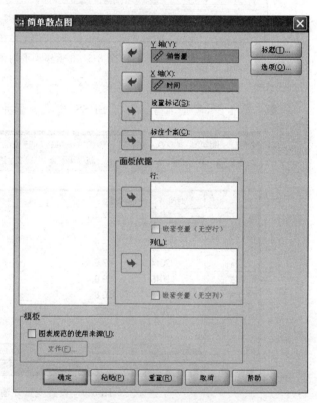

图 8-8 "散点图/点图"对话框　　　图 8-9 "简单散点图"对话框

输出的销售量与时间散点图如图 8-10 所示。从图 8-10 展示的销售量散点图可以观察出，时间数列大致呈线性趋势，因此，可以用最小平方法拟合直线方程。

第 3 步，应用最小平方法拟合直线趋势方程。

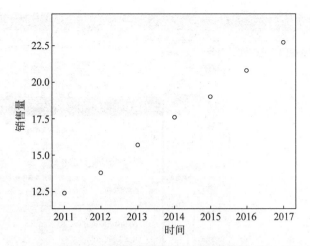

图 8-10　输出的销售量与时间散点图

首先，在数据编辑器窗口中，依次选择"分析""回归""线性"选项，如图 8-11 所示。

图 8-11　选择"线性"选项

其次，在"线性回归"对话框中，单击 ![按钮] 按钮，将"销售量"传入"因变量"列表框内，将"时间"移至"自变量"列表框中，完成后单击"统计量"按钮。在弹出的"线性回归：统计量"对话框中，勾选"估计""模拟拟合度"复选框，如图 8-12 所示，完成后单击"继续"按钮。

在"线性回归"对话框中，单击"绘制"按钮，弹出"线性回归：图"对话框，如图 8-13(a) 所示。

在弹出"线性回归：图"对话框中，单击 ![按钮] 按钮，将"DEPENDNT"传入"Y"列表框中，将"*ZPRED"传入"X"列表框中，如图 8-13(b) 所示，完成后单击"继续""确定"按钮。输出的系数如表 8-27 所示。

图 8-12 "线性回归：统计量"对话框

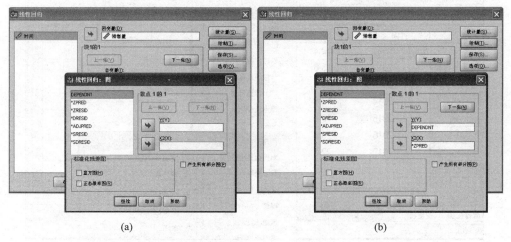

(a)　　　　　　　　　　　　　　(b)

图 8-13 "线性回归：图"对话框

表 8-27　系数[a]

模　　型		非标准化系数		标准系数试用版	t	Sig.
		B	标准误差			
1	（常量）	−3 449.529	59.314		−58.157	0.000
	时间	1.721	0.029	0.999	58.451	0.000

a. 因变量：销售量。

由表 8-27 可得直线趋势方程：
$$Y = -3\,449.529 + 1.721t$$

需要注意的是,由于坐标原点位置选择不同,SPSS 求出的趋势直线趋势方程与手工计算的趋势方程在 y 轴的截距不同,但两直线方程的斜率完全一致,并不影响最终预测结果。

8.5.3 趋势剔除法测定长期趋势

【例 8-19】 根据表 8-23 的时间序列数据,用 SPSS 完成季节指数的测定。

例 8-19

要求:采取趋势剔除法测定季节指数。

解:(1)画出趋势图,粗略判断一下序列的变动特点。

第 1 步,数据准备。定义变量并输入数据。

第 2 步,在数据编辑器窗口中,依次选择"分析""预测""序列图"选项,如图 8-14 所示;弹出的"序列图"对话框中将"旅游人数"传入"变量"列表框,将"时间"传入"时间轴标签"列表框,如图 8-15 所示,完成后单击"确定"按钮,则生成如图 8-16 所示的旅游人数序列。

图 8-14 选择"序列图"选项

从趋势图可以明显看出,时间序列的特点为呈线性趋势、有季节性变动,但季节波动随着趋势增加而加大,适宜采用趋势剔除法测定季节指数。

(2)模型的估计。根据时间序列特点,选择带线性趋势的季节性乘法模型作为预测模型。

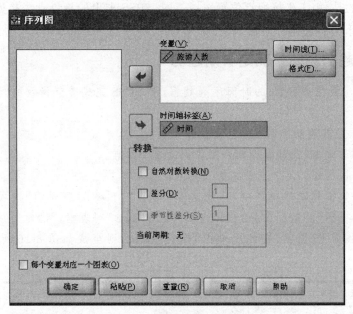

图 8-15 "序列图"对话框

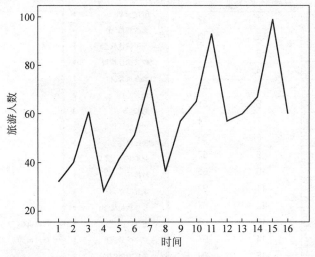

图 8-16 旅游人数序列

① 定义日期。

第 1 步,依次选择"数据""定义日期"选项,如图 8-17 所示,弹出"定义日期"对话框。

第 2 步,在"定义日期"对话框中(图 8-18),在"个案为"列表框选择"年份、季度"的日期格式,在对话框的右侧定义数据的起始年份、季度,定义完毕后,单击"确定"按钮,在"数据视图"集中生成日期变量。

② 季节分解。

第 1 步,依次选择"分析""预测""季节分解(S)"选项,如图 8-19 所示,弹出"季节性分解"对话框。

图 8-17 选择"定义日期"选项

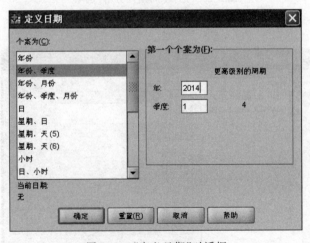

图 8-18 "定义日期"对话框

第 2 步, 如图 8-20 所示将待分析的序列变量名"旅游人数"传入"变量"列表框, 在"模型类型"选项组中点选"乘法"单选按钮, 在"移动平均权重"选项组中点选"结束点按 0.5 加权"单选按钮, 完成后单击"确定"按钮, 执行季节分解操作。

输出的季节分解如表 8-28 所示, 从表 8-28 的第 5 列中可以读出四季的季节指数分别为 89.3、101.5、143.9、65.3。

图 8-19　选择"周期性分解"选项

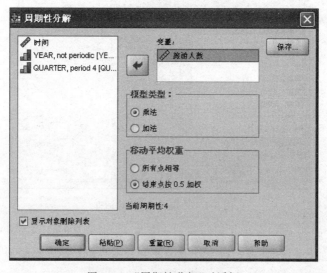

图 8-20　"周期性分解"对话框

表 8-28　输出的季节性分解

序列名称：旅游人数

DATE_	原始序列	移动平均数序列	原始序列与移动平均数序列的比率/%	季节性因素/%	季节性调整序列	平滑的趋势循环序列	不规则(误差)分量
Q1 2014	32.000			89.3	35.840	38.074	0.941
Q2 2014	40.000			101.5	39.411	39.215	1.005
Q3 2014	61.000	41.38	147.4	143.9	42.395	41.498	1.022
Q4 2014	28.000	43.88	63.8	65.3	42.858	43.874	0.977
Q1 2015	41.000	46.88	87.5	89.3	45.919	46.422	0.989
Q2 2015	51.000	49.50	103.0	101.5	50.249	49.267	1.020
Q3 2015	74.000	52.50	141.0	143.9	51.430	52.750	0.975
Q4 2015	36.000	56.25	64.0	65.3	55.103	56.682	0.972
Q1 2016	57.000	60.38	94.4	89.3	63.839	60.653	1.053
Q2 2016	65.000	65.38	99.4	101.5	64.042	65.714	0.975
Q3 2016	93.000	68.38	136.0	143.9	64.635	69.724	0.927
Q4 2016	57.000	69.00	82.6	65.3	87.247	72.829	1.198
Q1 2017	60.000	70.00	85.7	89.3	67.199	71.284	0.943
Q2 2017	67.000	71.13	94.2	101.5	66.013	72.126	0.915
Q3 2017	99.000			143.9	68.805	75.552	0.911
Q4 2017	60.000			65.3	91.839	77.265	1.189

小　结

时间序列是把同一现象在不同时间上的观察值相继排列而组成的数列；时间序列按统计指标的性质不同，可以分为绝对数时间序列、相对数时间序列和平均数时间序列三种。

时间序列水平分析主要通过水平指标对现象发展变化的规模进行分析，水平指标主要包括发展水平和平均发展水平、增长量和平均增长量两对；时间序列速度分析主要通过速度指标对现象发展变化的速度进行分析，速度指标主要包括发展速度和平均发展速度、增长速度和平均增长速度两对。

时间序列的影响因素按照性质和作用大致可以分为四种，即长期趋势、季节变动、循环变动、不规则变动；时间序列分解模型主要有两种基本模式，即加法模型和乘法模型。

对于长期趋势的测定，可以把握现象的趋势变化，为统计预测提供必要条件，并为最后研究季节变动提供基础；分析季节变动，可以掌握季节变动的规律，进行季节预测，有效地消除时间序列中季节变动的影响，得到不含季节变动因素的数据，以便评价工作，分析经济。

长期趋势测定的方法有很多，本章主要介绍了移动平均法和最小平方法。季节变动测定的方法有很多，常用的有两种：一是不考虑长期趋势的影响，直接用原始资料测定的按月（或按季）平均法；二是考虑时间序列中长期趋势的影响，先将原序列中长期趋势剔除以后，再测定季节变动的趋势剔除法。

习 题

一、名词解释

时间序列　时期序列　时点序列　发展水平　发展速度　逐期增长量　累计增长量　环比发展速度　定基发展速度　平均发展水平　平均增长量　平均发展速度　平均增长速度　环比增长速度　定基增长速度

二、单项选择题

1. 时间序列按其所采用的统计指标不同分为三类,其基本序列是(　　)。
   A. 绝对数时间序列　　　　　　　　B. 相对数时间序列
   C. 平均数时间序列　　　　　　　　D. 平均指标时间序列

2. 时间序列中各个指标数值不具有可加性的是(　　)。
   A. 时期序列　　　　　　　　　　　B. 时点序列
   C. 时期指标　　　　　　　　　　　D. 时期绝对数指标

3. 绝对数时间序列根据所反映的社会经济现象的时间性质不同,可分为(　　)。
   A. 时点指标和时期指标　　　　　　B. 静态指标和动态指标
   C. 时期序列与时点序列　　　　　　D. 定基序列和环比序列

4. 发展水平指标一般是指时间序列中的(　　)。
   A. 总量指标　　B. 统计相对数　　C. 统计平均数　　D. 序时平均数

5. 时间序列中,指标数值的大小与其时间长短有关的是(　　)。
   A. 相对数时间序列　　　　　　　　B. 绝对数时间序列
   C. 平均数时间序列　　　　　　　　D. 时期序列

6. 发展水平指标是时间序列计算和分析的(　　)。
   A. 派生指标　　　　　　　　　　　B. 基础指标
   C. 相对数分析指标　　　　　　　　D. 平均数分析指标

7. 用来进行比较的基础时期的发展水平称为(　　)。
   A. 报告期水平　　B. 中间水平　　C. 基期水平　　D. 最末水平

8. 某地 2019 年国内生产总值比上年增长 9.1%,这个指标是(　　)。
   A. 发展速度　　B. 增长速度　　C. 发展水平　　D. 增减量

9. 逐期增长量与累计增长量的关系是(　　)。
   A. 各逐期增长量的连乘积等于累计增减量
   B. 各逐期增长量相除的商是累计增减量
   C. 累计增长量是逐期增长量的代数和
   D. 累计增长量是逐期增长量相减的差数

10. 将基期固定在某一时期的发展水平上,计算出的一系列增减量为(　　)。
    A. 年距增长量　　B. 平均增减量　　C. 逐期增减量　　D. 累计增减量

11. 基期均为前一期的发展水平,计算出的发展速度为(　　)。
    A. 定基发展速度　　　　　　　　　B. 环比发展速度
    C. 同比发展速度　　　　　　　　　D. 平均发展速度

12. 累计增长量除以最初水平是(   )。
    A. 定基增长速度　　　　　　　　B. 环比增长速度
    C. 同比增长速度　　　　　　　　D. 平均发展速度

13. 定基发展速度等于相应的各个环比发展速度的(   )。
    A. 代数和　　　B. 相减差数　　　C. 乘积　　　D. 相除商数

14. 时间数列的基本构成要素(   )。
    A. 变量和次数　　　　　　　　　B. 时间和次数
    C. 指标和标志　　　　　　　　　D. 时间名称和指标数值

15. 某地城镇居民人均可支配收入2019年是2018年的109%,这个指标是(   )。
    A. 增长速度　　　　　　　　　　B. 发展速度
    C. 年距发展速度　　　　　　　　D. 平均发展速度

16. 某地农民人均纯收入比上年增长10%,这个指标是(   )。
    A. 增长速度　　　　　　　　　　B. 发展速度
    C. 年距增长速度　　　　　　　　D. 平均增长速度

17. 已知某公司3月末有职工2 510人,4月末2 590人,5月末2 614人,6月末2 608人,第二季度职工平均人数应是(   )。
    A. 26 082人　　　B. 2 614人　　　C. 2 590人　　　D. 2 588人

18. 平均增长速度的计算方法是(   )。
    A. $\bar{x}=\sqrt{\prod x}$ 　　　　　　　　B. $\bar{x}=\sqrt[n]{\dfrac{a_n}{a_0}}$
    C. 平均增长速度＝平均发展速度－1　　D. $\bar{x}=\sqrt[n]{R}$

19. 平均发展水平的计算中,"首尾折半法"运用于(   )。
    A. 间隔相等的时点序列资料
    B. 间隔不相等的时点序列资料
    C. 由两个时点序列构成的相对数时间序列
    D. 时期序列的资料

20. 采用对比基期不同,发展速度有(   )。
    A. 环比发展速度和环比增长速度　　B. 定基发展速度和定基增长速度
    C. 环比增长速度和定基增长速度　　D. 定基发展速度和环比发展速度

21. 增长速度是(   )。
    A. 时间序列各项水平之差
    B. 时间序列各项水平之比
    C. 增长量与相应的基期发展水平之比
    D. 增长量与相应的报告期发展水平之比

22. 某地财政收入,今年较上年增加2 787亿元,这是(   )。
    A. 发展水平指标　　　　　　　　B. 增长量指标
    C. 发展速度指标　　　　　　　　D. 增长速度指标

23. 已知定基发展速度和包含的时期数,平均发展速度的计算公式是( )。

　　A. $\bar{x}=\sqrt[n]{R}$　　B. $\bar{x}=\sqrt[n]{\dfrac{a_n}{a_0}}$　　C. $\bar{x}=\sqrt[n]{\prod x}$　　D. $\bar{x}=\dfrac{R}{n}$

24. 已知各时期发展水平、最初发展水平和时期数,平均发展速度的计算方法是( )。

　　A. 水平法　　B. 累计法　　C. 加权算术平均法　　D. 序时平均法

25. 采用几何平均法计算平均发展速度是因为( )。

　　A. 各期环比增长速度之积等于总速度
　　B. 各期环比增长速度之和等于总速度
　　C. 各期环比发展速度之积等于总速度
　　D. 各期环比发展速度代数和等于总速度

26. 计算平均增长速度的方法是( )。

　　A. 各期环比增长速度的算术平均数　　B. 各期环比增长速度的调和平均数
　　C. 各期环比增长速度的几何平均数　　D. 平均发展速度减100%

27. 2016年某地地区生产总值达到11.67万亿元,比2002年增长2.54倍,则平均每年增长速度为( )。

　　A. 9.44%　　B. 109.44%　　C. 25.26%　　D. 125.26%

28. 几何平均数所计算的平均发展速度的数值大小( )。

　　A. 不受最初水平和最末水平的影响
　　B. 只受最初水平和最末水平的影响
　　C. 只受中间各期发展水平的影响
　　D. 受时间序列中的所有发展水平的影响

29. 已知总速度和平均发展速度,求所需要实现的时间的计算公式是( )。

　　A. $n=\dfrac{R}{\bar{x}}$　　B. $n=\dfrac{\prod x}{\bar{x}}$　　C. $n=\dfrac{\lg R}{\lg \bar{x}}$　　D. $n=\dfrac{\sqrt{R}}{\bar{x}}$

30. 用最小平方法配合直线趋势方程 $y_c=a+bx$,其中参数 b 为负值,则这条直线是( )。

　　A. 上升趋势　　　　　　　　B. 下降趋势
　　C. 平稳趋势　　　　　　　　D. 发展趋势不明显

31. 对于直线趋势方程 $y_c=20+3x$,若 x 每增加1,则 y_c 增加( )。

　　A. 20　　B. 23　　C. 3　　D. 17

三、计算题

1. 某厂某年各月产量资料(单位:台)如下:1月185,2月190,3月236,4月240,5月230,6月255,7月272,8月270,9月275,10月280,11月278,12月285。

要求:

(1) 计算各季度的平均每月产量。
(2) 计算全年的平均每月产量。
(3) 计算全年平均每季度产量。
(4) 计算全年总产量。

2. 某城市2019年的各时点人口情况:1月1日215,6月1日213.5,8月1日213.6,

12 月 31 日 215。计算该市全年平均人口数。

3. 某基本单位职工和工人数量情况如表 8-29 所示。

表 8-29 某单位职工和工人数量情况　　　　　　　　单位：万人

职工	上年末	1月末	2月末	3月末	4月末	5月末	6月末
全部职工	4 000	4 040	4 050	4 080	4 070	4 090	4 100
工人	3 276	3 324	3 368	3 386	3 404	3 424	3 440

要求：
(1) 计算第一季度工人比重。
(2) 计算第二季度非工人比重。
(3) 计算上半年工人比重。

4. 根据已知资料，将表 8-30 空格部分填齐。

表 8-30 各年度生产情况

年度	2011	2012	2013	2014	2015	2016	2017
产量/万吨	4.1						
累计增长量/万吨		0.5					1.8
定基发展速度/%	100.0		121.9			136.6	
定基增长速度/%				31.7	31.7		
工业增加值/万元	952						
逐期增长量/万元		48			50		
环比发展速度/%			104.4			106.1	
环比增长速度/%				5.8			5.2

5. 某种产品产量，2013 年比 2012 年提高 2%，2014 年为 2013 年的 95%，2015 年是 2012 年的 1.2 倍，2016 年的产量是 25 万台，比 2015 年多 10%，2017 年产量为 30 万台，2018 年产量为 37 万台。

要求：
(1) 计算各年环比发展速度。
(2) 计算以 2012 年为基期的定基发展速度。
(3) 计算历年的产量。
(4) 计算 2012—2018 年的年平均发展速度。
(5) 若按此年平均发展速度发展，用多少时间实现比 2018 年的产量增加一倍？
(6) 若按 2018 年比 2017 年的产量增长速度，实现在 2018 年的基础上提高一倍需要多少年？

6. 某企业 2018 年第一季度职工人数及产值资料如表 8-31 所示。

表 8-31 某企业 2018 年第一季度职工人数及产值资料

月份	1月	2月	3月	4月
产值/100 元	4 000	4 200	4 500	
月初人数/人	60	64	68	67

要求：

(1) 编制第一季度各月劳动生产率的动态序列。

(2) 计算第一季度的月平均劳动生产率。

(3) 计算第一季度的劳动生产率。

7. 某公司 2009—2017 年的销售收入如表 8-32 所示。

表 8-32　某公司 2009—2017 年的销售收入　　　　　　　　单位：万元

年份	2009	2010	2011	2012	2013	2014	2015	2016	2017
销售收入	225	225	265	272	273	276	281	289	300

要求：用最小平方法进行销售收入的预测。

8. 某市集市贸易 2015—2018 年各月猪肉销售量如表 8-33 所示。

表 8-33　某市集市贸易 2015—2018 年各月猪肉销售量　　　单位：万千克

年份	1月	2月	3月	4月	5月	6月	7月	8月	9月	10月	11月	12月
2015	40	50	41	39	45	53	68	73	50	48	43	38
2016	43	52	45	41	48	65	79	86	64	60	45	41
2017	40	64	58	56	67	74	84	95	76	68	56	52
2018	55	72	62	60	70	86	98	108	87	78	63	58

要求：分别用按月平均法和趋势剔除法计算季节比率。

9. 2008—2017 年某日用化工厂洗衣粉产量如表 8-34 所示。

表 8-34　2013—2017 年某日用化工厂洗衣粉产量

年份	产量/万千克	年份	产量/万千克
2008	230	2013	257
2009	236	2014	262
2010	241	2015	266
2011	246	2016	271
2012	252	2017	276

要求：

(1) 检查该厂洗衣粉产量的发展趋势是否接近直线型？

(2) 用最小平方法预测洗衣粉产量。

10. 某种产品某月各日产量资料如表 8-35 所示。

表 8-35　某种产品某月各日产量资料　　　　　　　　　　单位：吨

日期	产量	日期	产量	日期	产量
1	301	5	298	9	315
2	302	6	310	10	310
3	304	7	305	11	308
4	291	8	312	12	319

续表

日期	产量	日期	产量	日期	产量
13	320	19	334	25	339
14	323	20	333	26	345
15	296	21	336	27	342
16	290	22	334	28	356
17	328	23	338	29	350
18	330	24	338	30	351

要求：

运用移动平均法（时距为 5 日的逐项移动）编制时间序列。

四、上机题

1. 2009—2018 年某地区粮食总产量如表 8-36 所示。

表 8-36　2009—2018 年某地区粮食总产量

年份	2009	2010	2011	2012	2013	2014	2015	2016	2017	2018
产量/万吨	230	236	241	246	252	257	262	276	281	286

要求：

(1) 试检查该地区粮食生产发展趋势是否接近于直线型？
(2) 如果是直线型，用最小二乘法配合直线趋势方程。
(3) 预测 2019 年的粮食产量。

2. 利用 SPSS 对表 8-37 中某企业电视机销售量进行季节分解。

表 8-37　某企业电视机销售量情况

时期	第一季度	第二季度	第三季度	第四季度
第一年	4.8	4.1	6.0	6.5
第二年	5.8	5.2	6.8	7.4
第三年	6.0	5.6	7.5	7.8
第四年	6.3	5.9	8.0	8.4

五、分析题

农作物受季节性的影响，所以农民的现金收入也受到季节因素的影响，表 8-38 是 1994—2006 年我国农村居民现金收入的季度数据。

表 8-38　1994—2006 年我国农村居民现金收入的季度数据　　　　单位：元

时间	农村居民现金收入	时间	农村居民现金收入
1994 第一季度	311	1995 第二季度	759.9
1994 第二季度	551.7	1995 第三季度	1 127.4
1994 第三季度	838.1	1995 第四季度	1 595.6
1994 第四季度	1 233.5	1996 第一季度	533
1995 第一季度	438.5	1996 第二季度	921

续表

时间	农村居民现金收入	时间	农村居民现金收入
1996第三季度	1 350	2001第四季度	2 534.7
1996第四季度	1 927.1	2002第一季度	682.2
1997第一季度	564	2002第二季度	1 122.6
1997第二季度	980	2002第三季度	1 721.4
1997第三季度	1 445	2002第四季度	2 713
1997第四季度	2 131.2	2003第一季度	737.1
1998第一季度	570	2003第二季度	1 158.5
1998第二季度	977	2003第三季度	1 801.5
1998第三季度	1 416	2003第四季度	2 929.5
1998第四季度	2 163.6	2004第一季度	834.3
1999第一季度	587.4	2004第二季度	1 344.5
1999第二季度	997.3	2004第三季度	2 109.5
1999第三季度	1 459.9	2004第四季度	3 234.2
1999第四季度	2 206.6	2005第一季度	967
2000第一季度	593.5	2005第二季度	1 586
2000第二季度	1 036.5	2005第三季度	2 450
2000第三季度	1 558.9	2005第四季度	3 255
2000第四季度	2 381.6	2006第一季度	1 094
2001第一季度	640.9	2006第二季度	1 797
2001第二季度	1 036	2006第三季度	2 762
2001第三季度	1 641.2	2006第四季度	3 587

要求：

(1) 利用 SPSS 分析季节因素对农村居民现金收入的影响。

(2) 预测 2007 年、2010 年度农村居民现金收入。

拓 展 阅 读

1. 刘焕军,康苒,等.基于时间序列高光谱遥感影像的田块尺度作物产量预测[J].光谱学与光谱分析,2016,36(8)：2585-2589.

2. 张珊.2004—2012 年档案馆与图书馆人员数发展比较[J].档案管理,2015(2)：62-63.

3. 刘洋.基于季节指数的入院患者变动规律分析[J].中国卫生统计,2017,34(4)：644-645.

4. 张标,张领先,傅泽田,等.基于季节指数的蔬菜价格变动趋势分析及预测[J].北方园艺,2017(18)：185-191.

5. 陈玉爽,闫寒,孙雪蕊.吉林省旅游业季节变动分析：以月度数据为例[J].经济研究导刊,2015(7)：247-248.

6. 牛文燕.利用季节指数法分析医院门诊量的变化[J].中国医院统计,2015(1)：39-40.

第9章

相关与回归分析

知识目标

掌握相关关系的含义及相关关系的种类;掌握相关系数的计算公式,并能根据相关系数的取值确定相关程度;掌握一元线性回归分析的理论和方法;了解多元线性回归模型的基本原理和计算方法;掌握使用 SPSS 进行相关分析及一元线性回归分析的方法。

引导视频

能力目标

能够正确判断社会经济现象各个变量之间的关系类型,能够运用相关分析方法对社会经济现象各个变量之间的关系密切程度进行测量;能够利用回归分析方法对经济现象各个变量之间的数量伴随关系进行测定;能够利用 SPSS 对社会经济现象各变量之间的关系强度及相关系数进行显著性检验;能够利用 SPSS 对社会经济现象各变量数量伴随关系进行测定,并进行拟合优度检验及回归模型的显著性检验。

9.1 相关分析

9.1.1 相关关系的概念

无论是在自然界还是社会经济领域,一种现象与另一种现象之间往往存在着依存关系,当我们用变量来反映这些现象的特征时,便表现为变量之间的依存关系。如某种商品的销售额(y)与销售量(x)之间的关系、身高(y)与体重(x)之间的关系,以及粮食亩产量(y)与施肥量(x_1)、降雨量(x_2)、温度(x_3)之间的关系等。统计学的主要研究对象是随机变量,在多个变量的时候,至少有一个变量是随机变量,因此对变量之间关系的分析是随机变量之间的关系或随机变量与确定变量之间的关系。

通过实践,发现变量之间的依存关系可以分为两种。

1. 函数关系

定义 9.1 函数关系反映客观事物之间存在着严格的依存关系。在这种关系中,对于某一变量的每一个数值,都有另一变量的确定的值与之对应,并且这种关系可以用一个数学表达式反映出来。

例如,圆的面积(S)与半径(R)之间的关系可表示为 $S = \pi R^2$,当圆的半径 R 的值确定后,其圆的面积也随之确定。又如,正方形的面积(S)对于边长(d)的依存关系,边长 d_1 一且确定,就可以得到正方形的面积 S_1 的确定的值等。

在经济现象中也存在这种函数关系,如在税率一定的条件下,销售税金=销售收入×税率,产品的总价值=单位产品价格×产品总产量等。

2. 相关关系

定义 9.2 相关关系反映的是客观事物之间的非严格、不确定的依存关系。

这种相关关系的特征如下：第一,客观事物之间在数量上确实存在着一定的内在联系。表现在一个变量发生数量上的变化,会影响另一个变量也相应地发生数量上的变化。例如,施肥量的增加会对产量产生一定的影响。第二,客观事物之间的数量依存关系不是确定的,具有一定的随机性。表现在给定自变量一个数值,因变量会有若干个数值和它对应,并且,因变量总是遵循一定规律,即围绕这些数值的平均数上下波动。其原因是影响因变量的因素不止一个。例如,影响工业总产值的因素除了职工人数外,还有固定资产原值、流动资金、生产技术水平和能耗等因素,以至于职工人数相同的企业可以有不同的工业总产值。变量间的这种不严格的依存关系就构成了相关与回归分析的对象。

统计在研究变量的相关关系时,应当首先根据有关的科学理论,通过观察和实验,建立这种联系,并且要通过理论与实践的检验。只有这样,才能得出科学的、有意义的结论。函数关系和相关关系是两种不同类型的关系,但是它们之间并不存在严格的界限。由于在观察或实验中出现误差,函数关系有时也通过相关关系反映出来,而当对现象之间的内在联系和规律性了解得更加清楚的时候,相关关系也可能转化为函数关系。

9.1.2 相关关系的种类

1. 按相关的程度可分为完全相关、不完全相关和不相关

定义 9.3 当一个变量的变化完全由另一个变量决定时,称变量间的这种关系为完全相关关系,这种严格的依存关系实际上就是函数关系。

定义 9.4 当两个变量的变化相互独立、互不影响时,即自变量变动,因变量完全不随之作相应的变动,称这两个变量不相关。实际上,这里的不相关就是(概率中的)独立,即变量间没有任何关系。

定义 9.5 当变量之间存在不严格的依存关系时,称为不完全相关。不完全相关关系是现实当中相关关系的主要表现形式,也是相关分析的主要研究对象。

2. 按相关的方向可分为正相关和负相关

定义 9.6 当一个变量随着另一个变量的增加(减少)而增加(减少),即两者同向变化时,称为正相关。

例如,家庭收入与家庭支出之间的关系,一般随着家庭收入的增加,家庭支出也会增加。

定义 9.7 当一个变量随着另一个变量的增加(减少)而减少(增加),即两者反向变化时,称为负相关。

例如,产品产量与单位成本之间的关系,单位成本会随着产量的增加而减少。

3. 按相关的形式可分为线性相关和非线性相关

定义 9.8 当自变量发生变动,因变量随之发生大致均等的变动,两者之间的关系近似地表现为一条直线,就称为线性相关。

定义 9.9 当自变量发生变动,因变量随之发生不均等的变动,两者的关系近似表现为各种不同的曲线形式,就称为非线性相关。

上述的这些相关关系可以用图 9-1 来示意。

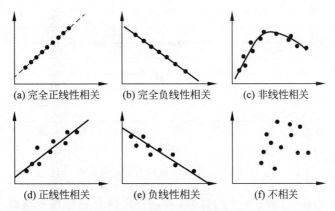

图 9-1 相关关系分类示意图

4. 按研究变量的多少可分为单相关、复相关和偏相关

两个变量之间的相关关系称为单相关,即只有一个自变量和一个因变量。三个或三个以上变量之间的相关关系称为复相关,即一个因变量与两个或两个以上自变量之间的相关关系。研究多个变量之间的相关关系时,假定其他变量不变,只研究其中两个变量的相关关系,称为偏相关。

变量之间的相关关系需要用相关分析方法来识别和判断。相关分析,就是借助于图形和若干分析指标(如相关系数)对变量之间的依存关系的密切程度进行测定的过程。

9.1.3 相关分析

定义 9.10 相关分析是根据实际观察的数据资料,在具有相关关系的变量之间,对现象之间的依存关系的表现形式和密切程度的研究。

可以用两种方法来表现变量间的关系:一种方法是通过比较直观的散点图来表现;另一种方法是通过相关系数来反映。通过图形和数值两种方式,能够有效地揭示变量之间关系的强弱程度。

1. 散点图

定义 9.11 用坐标的水平轴代表变量 x,纵轴代表因变量 y,每组数据(x_i,y_i),在坐标系中用一个点表示,n 组数据在坐标系中形成的 n 个点称为散点,由坐标及其散点形成的二维数据图称为散点图。

【例 9-1】 某种商品的需求量与人均收入如表 9-1 所示。

表 9-1 某种商品的需求量与人均收入

人均收入 x/元	700	800	900	1 000	1 100	1 200	1 260	1 340
需求量 y/万元	9.0	9.6	10.2	11.6	12.4	13.0	13.8	14.6

要求：根据以上数据绘制散点图，并判断人均收入与该种商品需求量之间的相关关系。

解：根据表 9-1 中的数据，画出 (x_i, y_i)，$i = 1, 2, \cdots, 8$ 的散点图，如图 9-2 所示。

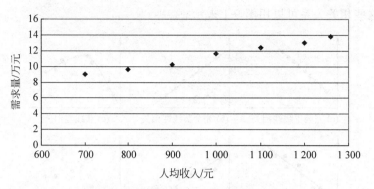

图 9-2 人均收入与需求量的散点图

从图 9-2 中可以看到，例 9-2 中的数据 (x_i, y_i) 大致分别落在一条直线附近，这说明变量 x 与 y 之间具有明显的线性相关关系。另外，所绘制的散点图呈现出从左至右的上升趋势，它表明 x 与 y 之间存在着一定的正相关关系，即随着人均收入的增加，对该种商品的需求量也会增加。

图形法虽然有助于识别变量间的相关关系，但它无法对这种关系进行精确的计量。因此在初步判定变量间存在相关关系的基础上，通常还要计算相关关系的度量指标。下面缩小研究的范围，仅研究两个变量间的线性相关关系。两个变量间线性相关关系的度量指标有很多，应用最广泛的是相关系数。

2. 相关系数

定义 9.12 相关系数是度量两个变量间线性关系密切程度的数量指标。

相关系数在相关关系中具有很重要的作用，在统计研究的许多领域得到了广泛的应用。

按研究对象范围的不同，相关系数可分为总体相关系数和样本相关系数两种。总体相关系数通常以 ρ 表示；但是在一般情况下，是从总体中抽取部分单位来计算的，这样得到的相关系数就称为样本相关系数，通常以 r 表示。本节仅介绍样本相关系数的意义及计算方法。

1) 积差法

1890 年，英国统计学家卡尔·皮尔生 (Karl Pearson) 提出了相关系数的公式。

$$r = \frac{\sigma_{xy}^2}{\sigma_x \sigma_y} \tag{9-1}$$

式中，r 为相关系数；σ_{xy}^2 为变量 x 与变量 y 的协方差。

$$\sigma_{xy}^2 = \frac{\sum (x - \bar{x})(y - \bar{y})}{n}$$

式中，σ_x 为变量 x 的标准差。

$$\sigma_x = \sqrt{\frac{1}{n} \sum (x - \bar{x})^2}$$

式中，σ_y 为变量 y 的标准差。

$$\sigma_y = \sqrt{\frac{1}{n}\sum(y-\bar{y})^2}$$

将以上各式代入式(9-1),可得

$$r = \frac{\sum(x-\bar{x})(y-\bar{y})}{\sqrt{\sum(x-\bar{x})^2 \sum(y-\bar{y})^2}} \tag{9-2}$$

式(9-2)为相关系数 r 的基本计算公式。在式(9-2)中,因为相关系数是通过将各个离差相乘来说明现象直线相关程度的,所以这一计算相关系数的方法被称为积差法。

需要说明的是,σ_{xy}^2 为正,意味着变量 x 与变量 y 呈正相关关系;σ_{xy}^2 为负,意味着变量 x 与变量 y 呈负相关关系。

从式(9-1)和式(9-2)可知,r 与 σ_{xy}^2 同符号,即 r 为正,意味着变量 x 与变量 y 呈正相关关系,r 为负,意味着变量 x 与变量 y 呈负相关关系。

2) 相关系数的简捷计算方法

用积差法计算相关系数时计算量比较大,因此根据平均数的数学性质将其简化为

$$r = \frac{n\sum xy - \sum x \sum y}{\sqrt{n\sum x^2 - (\sum x)^2}\sqrt{n\sum y^2 - (\sum y)^2}} \tag{9-3}$$

可以证明,相关系数 $|r|\leqslant 1$。$r>0$,表明变量之间呈正相关关系;$r<0$,表明变量之间呈负相关关系。那么,相关关系的强弱如何通过 r 体现呢?

$|r|=1$,表明变量之间为完全的线性相关关系;$|r|=0$,表明变量之间没有线性关系;当 $0<|r|<1$ 时,变量之间有不同程度的线性关系,且当 r 的绝对值越接近1,表示线性关系越密切。由此可以确定一个对相关程度评价的标准。

$0<|r|\leqslant 0.3$ 为弱相关;$0.3<|r|\leqslant 0.5$ 为低度相关;$0.5<|r|\leqslant 0.8$ 为显著相关;$0.8<|r|\leqslant 1$ 为高度相关。

需要注意的是,相关系数是说明变量之间线性相关程度的,相关系数很小甚至等于零时,只能说明变量间的线性关系很弱,不能表示它们之间不存在其他关系。

【例 9-2】 根据例 9-1 中的资料,计算人均收入(x)与需求量(y)之间的相关系数。

解:根据表 9-1 中的数据及相关公式可以得到表 9-2。

表 9-2 相关系数计算表

序 号	人均收入 x/元	需求量 y/万元	x^2	y^2	xy
1	700	9	490 000	81	6 300
2	800	9.6	640 000	92.16	7 680
3	900	10.2	810 000	104.04	9 180
4	1 000	11.6	1 000 000	134.56	11 600
5	1 100	12.4	1 210 000	153.76	13 640
6	1 200	13	1 440 000	169	15 600
7	1 260	13.8	1 587 600	190.44	17 388
8	1 340	14.6	1 795 600	213.16	19 564
合计	8 300	94.2	8 973 200	1138.12	100 952

$$r = \frac{n\sum xy - \sum x \sum y}{\sqrt{n\sum x^2 - (\sum x)^2}\sqrt{n\sum y^2 - (\sum y)^2}}$$

$$= \frac{8 \times 100\,952 - 8\,300 \times 94.2}{\sqrt{8 \times 8\,973\,200 - (8\,300)^2}\sqrt{8 \times 1\,138.12 - (94.2)^2}}$$

$$\approx 0.995$$

计算结果表明,人均收入和该商品的需求量之间存在着较为密切的正相关关系,即随着人均收入的增加,需求量也会相应增加。

3. 相关系数的显著性检验

在例 9-2 中,从 8 组数据中得出人均收入和需求量之间的样本相关系数 r 是很高的,但因为存在抽样的随机性和样本数量较少等情况,总体是否存在线性关系是不能肯定的。所以要用样本相关系数 r 去检验总体相关系数 ρ 是否为零,如果检验结果 ρ 为零,则总体变量间线性关系微弱,或不存在线性关系;若 ρ 不为零,总体变量之间存在显著的线性关系。

可以用 t 统计量检验,也可以用 F 统计量检验,最简单的方法是直接查相关系数临界值表。只要根据样本资料算出相关系数 r,再查相关系数临界值表即可得到结果。查表时,要根据备择假设的情况(原假设:$H_0:\rho=0$)和自由度 $n-2$ 与显著性水平 α 的值,查出相应的临界值。

(1) 对备择假设 $H_1:\rho \neq 0$,若 $|r| \geqslant r_{\alpha/2}(n-2)$,则拒绝原假设,接受备择假设,否则不能拒绝原假设。

(2) 对备择假设 $H_1:\rho > 0$,若 $r \geqslant r_\alpha(n-2)$,则拒绝原假设,接受备择假设,否则不能拒绝原假设。

(3) 对备择假设 $H_1:\rho < 0$,若 $r \leqslant -r_\alpha(n-2)$,则拒绝原假设,接受备择假设,否则不能拒绝原假设。

【例 9-3】 根据例 9-2 所得结果,检验在 $\alpha=0.05$ 下,人均收入与需求量之间是否具有线性相关关系。

解:$n=8$,$\alpha=0.05$;因为是双边检验,查得 $r_{\alpha/2}(n-2)=r_{0.025}(6)=0.706\,7$,$|r|=0.995 > 0.706\,7$,所以人均收入与需求量之间确实存在线性相关关系。

9.2 一元线性回归分析

9.2.1 回归分析的概念

通过相关分析可以说明变量之间相关关系的方向和程度,但是不能说明变量之间具体的数量因果关系。当自变量给出一个数值时,因变量可能取值是多少,这是相关分析不能解决的。这需要通过新的方法,即回归分析来解决。

定义 9.13 回归分析,就是建立一个数学方程来反映变量之间具体的相互依存关系,并最终通过给定的自变量数值来估计或预测因变量可能的数值,该数学方程称为回归模型。

"回归"意思源于 19 世纪英国生物学家高尔登(Francis Galton)对人体遗传学的研究,他发现父亲的身高和儿子的身高之间存在着某种给定的关系。他通过进一步研究发现,事实上子辈的平均身高是其父辈平均身高及他们所处族群平均身高的加权平均和。高尔登的学生,统计学家皮尔逊把这一概念和数理统计方法结合,最终形成了回归分析的理论体系。

9.2.2 一元线性回归

定义 9.14 在回归分析中,如果变量之间的回归模型是直线方程,那么这类回归分析称为线性回归分析(直线回归),该直线方程称为线性回归方程。若直线方程中只有一个自变量和一个因变量,则称为一元线性回归分析;若存在两个或两个以上的自变量和一个因变量,则称为多元线性回归分析。

线性回归分析是整个回归分析的基础,因此本章重点介绍。而一元线性回归分析又是线性回归分析的基础,因此本节先介绍一元线性回归分析。

设因变量为 Y,自变量为 X,为进一步探讨变量 Y 与 X 之间的统计规律性,用下面的数学模型来描述它。

$$Y = \beta_0 + \beta_1 X + \varepsilon \tag{9-4}$$

式(9-4)将问题中变量 Y 与 X 之间的关系用两个部分描述:一部分是 X 的变化引起 Y 线性变化的部分,即 $\beta_0 + \beta_1 X$;另一部分是由其他一切随机因素引起的,记为 ε。式(9-4)表达了变量 X 与 Y 之间密切相关,但其密切程度又没有到由 X 唯一确定 Y 的这种特殊关系。式(9-4)称为变量 Y 对 X 的总体一元线性回归模型。一般称 Y 为被解释变量,或因变量;X 为解释变量,或自变量。式中,β_0 和 β_1 为未知参数;β_0 为回归常数;β_1 为回归系数;ε 为其他随机因素的影响。一般假定 ε 是不可观测的随机误差,它是一个随机变量,通常假定 ε 服从期望为 0,方差为 σ^2 的正态分布。在这个假定下,进一步有 $Y|X \sim N(\beta_0 + \beta_1 X, \sigma^2)$,它表示在 X 给定时,随机变量 Y 也服从正态分布,且 $E(Y|X) = \beta_0 + \beta_1 X$,$\mathrm{Var}(Y) = \sigma^2$。

式(9-4)从平均意义上表达了变量 Y 与 X 的统计规律性。这一点在应用上非常重要,因为人们经常关心的正是这个平均值。由式(9-4)可知,只要估计出参数 β_0 和 β_1 就可以算出当 X 已知时 $E(Y) = \beta_0 + \beta_1 X$ 的值。通常

$$E(Y | X) = \beta_0 + \beta_1 X \tag{9-5}$$

式(9-5)称为总体一元线性回归方程。它在图形上表示一条截距为 β_0、斜率为 β_1 的直线,这条直线称为一元线性回归直线。如果 $X = 0$,那么 β_0 是 $X = 0$ 时 Y 概率分布的均值;β_1 表示 X 每变动一个单位时 Y 概率分布的均值的变化,即当 X 每变化一个单位时,Y 平均变化 β_1 个单位。

在实际生活中,总体的真值在多数情况下是未知的,这时就只能从总体中抽取部分单位作为样本,依据样本回归模型来推断总体回归模型。

样本回归模型为

$$y = \hat{\beta}_0 + \hat{\beta}_1 x + e \tag{9-6}$$

样本回归方程为

$$\hat{y} = \hat{\beta}_0 + \hat{\beta}_1 x \tag{9-7}$$

式中,y 为样本的因变量;x 为样本的自变量;$\hat{\beta}_0, \hat{\beta}_1$ 分别为总体参数 β_0, β_1 的估计值;e 为样本回归模型的随机误差;$\hat{y}$ 为因变量的 y 的估计值,又称理论值。实际观测值 y 和理论值 $\hat{y}$ 的关系:$y = \hat{y} + e$。

9.2.3 参数 β_0, β_1 的最小二乘估计

对实际数据配合一条回归直线来表明两个现象之间数量关系的统计方法有很多。从数学上看,利用普通最小二乘估计(ordinary least square estimation,OLSE)配合的直线是最合理的直线回归方程表达式。最小二乘法,又称为最小平方法,是通过要求各散点到回归直线的距离平方和最小来求得回归直线,即

$$Q = \sum_{i=1}^{n} (y_i - \hat{y}_i)^2 = \text{最小值} \tag{9-8}$$

将回归方程 $\hat{y} = \hat{\beta}_0 + \hat{\beta}_1 x$ 代入式(9-8),有

$$Q = \sum_{i=1}^{n} (y_i - \hat{\beta}_0 - \hat{\beta}_1 x_i)^2 = \text{最小值} \tag{9-9}$$

求式(9-9)中的 $\hat{\beta}_0$ 和 $\hat{\beta}_1$ 是一个求极值点的问题。Q 是关于 $\hat{\beta}_0$ 和 $\hat{\beta}_1$ 的非负二次函数,因而它的最小值总是存在的。根据微积分中求极值的原理,让 Q 分别对 $\hat{\beta}_0$ 和 $\hat{\beta}_1$ 求偏导,且令这两个偏导等于 0,得

$$\begin{cases} \dfrac{\partial Q}{\partial \hat{\beta}_0} = -2 \sum_{i=1}^{n} [y_i - (\hat{\beta}_0 + \hat{\beta}_1 x_i)] = 0 \\ \dfrac{\partial Q}{\partial \hat{\beta}_1} = -2 \sum_{i=1}^{n} [y_i - (\hat{\beta}_0 + \hat{\beta}_1 x_i)] x_i = 0 \end{cases}$$

经整理后,得正规方程组:

$$\begin{cases} n\hat{\beta}_0 + (\sum x_i)\hat{\beta}_1 = \sum y_i \\ (\sum x_i)\hat{\beta}_0 + (\sum x_i^2)\hat{\beta}_1 = \sum x_i y_i \end{cases}$$

求解正规方程组,得

$$\hat{\beta}_1 = \frac{n\sum x_i y_i - \sum x_i \sum y_i}{n\sum x_i^2 - (\sum x_i)^2} = \frac{\sum (x_i - \bar{x})(y_i - \bar{y})}{\sum (x_i - \bar{x})^2} \tag{9-10}$$

$$\hat{\beta}_0 = \frac{\sum y_i}{n} - \hat{\beta}_1 \frac{\sum x_i}{n} = \bar{y} - \hat{\beta}_1 \bar{x} \tag{9-11}$$

为以后计算及使用方便,给出以下符号:

$$L_{xx} = \sum (x_i - \bar{x})^2 = \sum x_i^2 - \frac{1}{n}(\sum x_i)^2$$

$$L_{xy} = \sum (x_i - \bar{x})(y_i - \bar{y}) = \sum x_i y_i - \frac{1}{n}(\sum x_i)(\sum y_i)$$

$$L_{yy} = \sum (y_i - \bar{y})^2 = \sum y_i^2 - \frac{1}{n}(\sum y_i)^2$$

于是,

$$\hat{\beta}_1 = L_{xy}/L_{xx} \tag{9-12}$$

可以看出 $\hat{\beta}_1$ 与相关系数 r 的关系

$$r = \frac{L_{xy}}{\sqrt{L_{xx}L_{yy}}} = \hat{\beta}_1 \sqrt{\frac{L_{xx}}{L_{yy}}} \tag{9-13}$$

【例 9-4】 根据例 9-1 中的资料,建立人均收入与需求量之间的回归方程。

解:回归系数估计值计算表如表 9-3 所示。

表 9-3 回归系数估计值计算表

序 号	人均收入 x/元	需求量 y/万元	x^2	y^2	xy
1	700	9	490 000	81	6 300
2	800	9.6	640 000	92.16	7 680
3	900	10.2	810 000	104.04	9 180
4	1 000	11.6	1 000 000	134.56	11 600
5	1 100	12.4	1 210 000	153.76	13 640
6	1 200	13	1 440 000	169	15 600
7	1 260	13.8	1 587 600	190.44	17 388
8	1 340	14.6	1 795 600	213.16	19 564
合计	8 300	94.2	8 973 200	1 138.12	100 952

将表 9-3 中的数据代入式(9-10)和式(9-11),可得

$$\hat{\beta}_1 = \frac{n\sum x_i y_i - \sum x_i \sum y_i}{n\sum x_i^2 - (\sum x_i)^2} = \frac{8 \times 100\,952 - 8\,300 \times 94.2}{8 \times 8\,973\,200 - 8\,300^2} = 0.008\,895$$

$$\hat{\beta}_0 = \frac{\sum y_i}{n} - \hat{\beta}_1 \frac{\sum x_i}{n} = \frac{94.2}{8} - 0.008\,895 \times \frac{8\,300}{8} = 2.55$$

所以,人均收入与需求量之间的回归方程为 $\hat{y} = 2.55 + 0.008\,895x$,表示人均收入每增加 1 元,对该商品的需求量将平均增加 88.95 元。

9.2.4 一元回归方程的评价

获得样本回归方程 $\hat{y} = \hat{\beta}_0 + \hat{\beta}_1 x$ 后,不能就用它直接作分析和预测,因为 $\hat{y} = \hat{\beta}_0 + \hat{\beta}_1 x$ 是依据实际观察资料建立起来的,方程是否真正描述了 y 与 x 之间的统计规律,所以还必须做出进一步地分析和评价。一元线性回归模型的评价分为拟合优度检验和方程的显著性检验,它是利用统计学中的抽样理论来检验回归方程的可靠性。

1. 一元线性回归模型拟合优度检验

定义 9.15 回归方程的拟合优度检验是检验样本观测点与回归直线的接近程度。

如果各观测点聚集在回归直线附近,那么说明回归直线对观测值的拟合程度好,因而评价回归方程对样本数据的代表性高,用回归方程对实际问题进行分析和预测的效果好。判断回归模型拟合程度的常用的指标是可决系数 r^2,又称为判定系数,它是建立在对总变差平方和进行分解的基础上的。

1) 离差平方和的分解

从一个样本来看,因变量 y 有 n 个观察值,每个观察值 y_i 与其平均值 $\bar{y}$ 的离差平方和称为 SST,或者总变差。

$$\text{SST} = \sum_{i=1}^{n}(y_i - \bar{y})^2 \qquad (9\text{-}14)$$

为了分析清楚起见,通过图 9-3 来说明。

从图 9-3 可以看出,任意一点 y_i 与平均数 $\bar{y}$ 的沿 Y 轴的距离均可以分为两个部分:一部分是该点到回归直线的距离 $(y_i - \hat{y})$,另一部分是直线上对应点 $\hat{y}$ 到平均数 $\bar{y}$ 的距离 $(\hat{y} - \bar{y})$ 即

$$y - \bar{y} = (y_i - \hat{y}) + (\hat{y} - \bar{y})$$

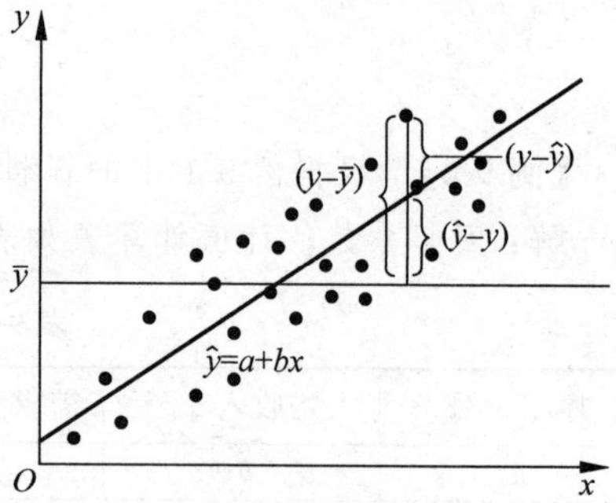

将上式两边平方,然后对所有几个点求和,则有

图 9-3 离差平方和的分解

$$\sum_{i=1}^{n}(y_i - \bar{y})^2 = \sum_{i=1}^{n}(y_i - \hat{y}_i + \hat{y}_i - \bar{y})^2$$

$$= \sum_{i=1}^{n}(y_i - \hat{y}_i)^2 + 2\sum_{i=1}^{n}(y_i - \hat{y}_i)(\hat{y}_i - \bar{y}) + \sum_{i=1}^{n}(\hat{y}_i - \bar{y})^2$$

式中,$\sum_{i=1}^{n}(y_i - \hat{y}_i)^2(\hat{y}_i - \bar{y}) = 0$,这样有

$$\sum_{i=1}^{n}(y_i - \bar{y})^2 = \sum_{i=1}^{n}(y_i - \hat{y}_i)^2 + \sum_{i=1}^{n}(\hat{y}_i - \bar{y})^2 \qquad (9\text{-}15)$$

式中,$\sum_{i=1}^{n}(\hat{y}_i - \bar{y})^2$ 为回归平方和(regression sum of squares,SSR)或回归变差,$\sum_{i=1}^{n}(y_i - \hat{y}_i)^2$ 为残差平方和(residual sum of squares,SSE)或剩余变差。这样,就得到了总变差、回归变差和剩余变差的关系:

总变差 = 回归变差 + 剩余变差

简记为

$$\text{SST} = \text{SSR} + \text{SSE} \qquad (9\text{-}16)$$

根据上面的公式计算 SST、SSR、SSE 烦琐,因此,可以对其进行整理得到较简便的计算公式:

$$\text{SST} = \sum_{i=1}^{n}(y_i - \bar{y})^2 = L_{yy}$$

$$\text{SSR} = \sum_{i=1}^{n}(\hat{y}_i - \bar{y})^2 = \hat{\beta}_1^2 L_{xx} = \hat{\beta}_1 L_{xy}$$

$$\text{SSE} = \sum_{i=1}^{n}(y_i - \hat{y}_i)^2 = \text{SST} - \text{SSR}$$

2) 判定系数

通过上述离差平方和的分解,可以进一步计算判定系数,将式(9-14)两边同除以 SST,得

$$\frac{\text{SSR}}{\text{SST}} + \frac{\text{SSE}}{\text{SST}} = 1 \qquad (9\text{-}17)$$

显然,在总的离差平方和中回归平方和所占的比重越大,回归效果越好,说明回归直线与样本观察值拟合得好;如果残差平方和所占的比重大,说明回归直线与样本观察值拟合得不理想。将回归平方和与总离差平方和之比定义为可决系数,又称判定系数,即

$$r^2 = \frac{\text{SSR}}{\text{SST}} = \frac{\sum (\hat{y}_i - \bar{y})^2}{\sum (y_i - \bar{y})^2} \tag{9-18}$$

判定系数 r^2 的变动范围在 0 与 1 之间，它的主要作用在于，反映已判明因素在总变差中所占的比率，即自变量对因变量的影响程度。这一影响程度，也就是衡量所配合的回归方程是否合适的重要尺度。这一尺度通称为拟合优度。可决系数 r^2 越大，回归模型拟合优度越高。等价地，$1 - r^2 = \dfrac{\text{SSE}}{\text{SST}}$ 也可以作为反映回归直线与样本观察值拟合优度的一个指标。不同于可决系数的是，拟合优度的值越小，说明回归方程的代表性越好。

r^2 越大，说明因变量与自变量之间的线性相关程度越高，在 9.1 节中提到，相关系数 r 也是反映两个变量之间线性关系密切程度的重要指标，那么相关系数与判定系数之间是什么关系呢？可以证明，它们之间的关系为

$$r = \pm \sqrt{r^2} \tag{9-19}$$

2. 一元线性回归方程的显著性检验

样本回归方程反映了在观察数据范围内变量之间的线性依存关系，统计研究的目的在于，通过样本来推断总体，但因为抽样的随机性，不同的样本所得结果各有不同，所以由样本变量反映的关系与总体之间必然有差异。判定系数 r^2 反映了方程拟合的程度，但是 r^2 仍然是在样本范围内计算出来的，至于总体变量之间是否存在线性关系则仍然是不能肯定的，因此需要有检验的方法，线性回归的显著性检验就是用来解决这类问题的。

数理统计学中选取统计量 $F = \dfrac{\text{SSR}/1}{\text{SSE}/(n-2)}$，即回归变差与剩余变差的比例大小来体现 x 和 y 的线性相关关系的相对大小。统计量 F 服从自由度为 $1, n-2$ 的 F 分布。根据 F 值的大小来判定回归直线的斜率 β_1 是否等于 0，基本步骤如下：

第 1 步，提出假设 $H_0: \beta_1 = 0$；$H_1: \beta_1 \neq 0$。

第 2 步，根据样本观测值计算 F 值。

第 3 步，给定显著性水平 α，查自由度为 $1, n-2$ 的 F 分布表，确定临界值 $F_\alpha(1, n-2)$。

第 4 步，若 $F \geq F_\alpha(1, n-2)$，则拒绝 H_0，说明总体回归系数 $\beta \neq 0$，即线性关系是显著的，否则线性关系不显著。

3. 估计标准误差

估计标准误差从另一个角度说明回归直线拟合程度的度量值，对于给定的 x_i，根据回归模型就可以求出 y_i 的预测值。但是用 $\hat{y}_i$ 来预测 y_i 的精度如何，产生的误差有多大是统计上所关心的。统计上用估计标准误差这个指标来度量回归方程的可靠性，对回归方程进行评价。估计标准误差是根据观察值与回归直线的偏离来计算的。一个回归模型的估计标准误差由式(9-20)定义：

$$S_y = \sqrt{\frac{1}{n-2} \sum_{i=1}^{n} (y_i - \hat{y}_i)^2} \tag{9-20}$$

值得注意的是，式(9-20)中分母是用 $(n-2)$ 而不是 $(n-1)$ 或 n 去除，这是因为 n 个观察值的数据点用于计算参数 a 与 b 时失去了 2 个自由度，还余下 $(n-2)$ 个自由度。

从定义上看，是 S_y 观察值 y 对估计值 $\hat{y}$ 的平均离差。与在一般变量数列中通过标准

差来反映变量 x 与其平均数之间的平均变异程度相似,在回归分析中,S_y 反映了所有观察值 y 与 $\hat{y}$ 之间的平均变异程度。因为在回归的过程中,对给定的自变量 x 值,变量 y 并非总是分布在回归直线上,而是分布在它的周围,这样在 y 与 $\hat{y}$ 之间必然形成一定的离差。如果离差的值很小,那么说明估计值 $\hat{y}$ 与观察值 y 比较接近,在图形中,观察点靠近回归直线,说明回归方程较好地反映了两个变量之间的关系,其代表性较强;相反,如果离差的值较大,即观察值 y 与估计值 $\hat{y}$ 的差距很大,在图形中,观察点远离直线,这说明除已知自变量之外,尚有其他重要因素在影响着因变量的变动,方程的精确度就低,代表性差。由此可见,通过估计标准误差可以反映回归方程的代表性与精确程度。

估计标准误差从定义上计算所需工作量大,可将其变换,简化为

$$S_y = \sqrt{\frac{\sum y^2 - \hat{\beta}_0 \sum y - \hat{\beta}_1 \sum xy}{n-2}} \tag{9-21}$$

4. 区间估计

建立回归模型的目的就是用它进行预测,经过检验的回归方程可以用以区间估计。区间估计是指对于给定的 x 值,求出 y 的平均值的置信区间或 y 的一个个别值的预测区间。

当自变量给定,要预测因变量时,先将 $x = x_0$ 代入式(9-7),得 $\hat{y}_0$。$\hat{y}_0$ 是对应于 x_0 的点估计值,但往往更希望能给出因变量的一个预测值范围。

1) Y 的平均值 $E(Y|x_0)$ 的置信区间估计

统计理论已经证明,$\hat{y}_0$ 是服从以 $E(Y|x_0)$ 为中心,$\sigma^2 \left[\dfrac{1}{n} + \dfrac{(x_0 - \bar{x})^2}{\sum\limits_{i=1}^{n}(x_i - \bar{x})^2} \right]$ 为方差的正态分布,从而用 $\hat{y}_0$ 估计 $E(Y|x_0)$ 的抽样平均误差的公式为

$$S_{\hat{y}_0} = \sigma \sqrt{\frac{1}{n} + \frac{(x_0 - \bar{x})^2}{\sum\limits_{i=1}^{n}(x_i - \bar{x})^2}}$$

式中,σ 通常为未知的,可用 S_y 代替 σ,且 $n \leqslant 30$ 时,宜用 t 分布计算置信区间,则 $E(Y|x_0)$ 的 $1-\alpha$ 的置信区间为

$$\hat{y}_0 \pm t_{\alpha/2}(n-2) S_y \sqrt{\frac{1}{n} + \frac{(x_0 - \bar{x})^2}{\sum\limits_{i=1}^{n}(x_i - \bar{x})^2}} \tag{9-22}$$

2) Y 的个别值 y_0 的置信区间估计

以上是按照给定的 x_0 估计的总体条件平均值,而实际中应用较多的情况是,依据给定的 x_0 估计总体因变量中的具体数值 y_0。通过证明已得出,用 $\hat{y}_0$ 估计 y_0 的抽样平均误差为

$$S_{y_0} = \sigma \sqrt{1 + \frac{1}{n} + \frac{(x_0 - \bar{x})^2}{\sum\limits_{i=1}^{n}(x_i - \bar{x})^2}}$$

σ 未知,用 S_y 代替 σ,则抽样平均误差为

$$S_{y_0} = S_y \sqrt{1 + \frac{1}{n} + \frac{(x_0 - \bar{x})^2}{\sum_{i=1}^{n}(x_i - \bar{x})^2}}$$

当 $n \leqslant 30$ 时,宜用 t 分布计算置信区间,则 y_0 的 $1-\alpha$ 的置信区间为

$$\hat{y}_0 \pm t_{\alpha/2}(n-2) S_y \sqrt{1 + \frac{1}{n} + \frac{(x_0 - \bar{x})^2}{\sum_{i=1}^{n}(x_i - \bar{x})^2}} \tag{9-23}$$

【例 9-5】 根据例 9-1 中的资料,假如现在人均收入是 2 000 元,求对该商品的需求量 95% 的置信区间。

解: 将 $x_0 = 2\,000$ 代入回归方程,得 y 的点估计值为

$$\hat{y}_0 = 2.55 + 0.008\,895 \times 2\,000 = 20.34 \text{(万元)}$$

估计标准误差:

$$S_y = \sqrt{\frac{\sum y^2 - \hat{\beta}_0 \sum y - \hat{\beta}_1 \sum xy}{n-2}} = \sqrt{\frac{1\,138.12 - 2.55 \times 94.2 - 0.008\,895 \times 100\,952}{6}}$$

$$\approx 0.272\,86$$

查表得 $t_{\alpha/2}(6) = 2.447$,商品需求量 95% 的置信区间:

$$\hat{y}_0 \pm t_{\alpha/2} \cdot S_y \sqrt{1 + \frac{1}{n} + \frac{(x_0 - \bar{x})^2}{\sum_{i=1}^{n}(x_i - \bar{x})^2}} = 20.34 \pm 2.447 \times 0.272\,86 \times \sqrt{1 + \frac{1}{8} + \frac{(2\,000 - 1\,037.5)^2}{361\,950}}$$

$$= 20.34 \pm 1.28 = 19.06 \sim 21.62 \text{(万元)}$$

9.3 多元线性回归分析

在实际中,通常影响因变量的因素不是一个,而是很多个。因此,必须应用两个或更多的自变量来估计因变量。在统计中,研究一个因变量与多个自变量之间相互关系的理论和方法,称为多元回归分析。多元回归分析可分为多元线性回归与多元非线性回归。本节只讨论最一般的多元线性回归问题。

多元线性回归分析的步骤、方法和一元线性回归分析基本上是相同的,不过在计算上比较复杂。

9.3.1 多元线性回归模型

多元线性回归分析是研究一个因变量与多个自变量之间线性相关关系的统计分析方法。事实上,大量社会经济现象总是多个因素共同作用的结果。多元线性回归考虑到多个自变量对因变量的影响,能够更真实地反映现象之间的相互关系,因此在实践中应用得更广。

假设一个随机变量 Y 与 m 个非随机变量 X 之间存在线性相关关系,则它们之间的关系可以用以下的线性回归模型来表示:

$$Y = \beta_0 + \beta_1 X_1 + \beta_2 X_2 + \cdots + \beta_m X_m + \varepsilon \tag{9-24}$$

式中,Y 为因变量;$X_i(i=1,2,\cdots,m)$ 为自变量;$\beta_i(i=0,1,2,\cdots,m)$ 为模型的未知参数;

ε 为随机误差。

对于上述模型中的非随机变量 X_i 的第 j 个取值 X_{ij}，Y 的观察值 Y_j 由两个部分组成：$(\beta_0 + \beta_1 X_1 + \beta_2 X_2 + \cdots + \beta_m X_m)$ 和 ε_j。前者是个常数，后者是个随机变量，所以 Y_j 也是个随机变量。

与一元线性回归模型相同，也必须假设多元线性回归模型中的误差项必须满足正态性、无偏性、共方差性和独立性的条件。假设 $\varepsilon \sim N(0, \sigma^2)$，则有

$$E(Y) = (\beta_0 + \beta_1 X_1 + \beta_2 X_2 + \cdots + \beta_m X_m + \varepsilon)$$
$$= \beta_0 + \beta_1 X_1 + \beta_2 X_2 + \cdots + \beta_m X_m$$
$$\sigma^2(Y) = \sigma^2(\beta_0 + \beta_1 X_1 + \beta_2 X_2 + \cdots + \beta_m X_m + \varepsilon)$$
$$= 0 + \sigma^2(\varepsilon) = \sigma^2$$

由此可见：

$$Y \sim N(\beta_0 + \beta_1 X_1 + \beta_2 X_2 + \cdots + \beta_m X_m, \sigma^2) \tag{9-25}$$

9.3.2 多元线性回归模型的参数估计

多元线性回归模型的参数 $\beta_i (i = 0, 1, 2, \cdots, m)$ 及 σ^2 在一般情况下是未知数，必须根据样本数据 $(y_i, x_{1j}, x_{2j}, \cdots, x_{mj})$ 来估计。

回归参数 $\beta_i (i = 0, 1, 2, \cdots, m)$ 的估计方法是最小二乘法。根据样本数据 $(y_j, x_{1j}, x_{2j}, \cdots, x_{mj})$ 来估计 $\beta_i (i = 0, 1, 2, \cdots, m)$ 时使残差的平方和取最小值，即

$$Q = \sum (y_j - \hat{y}_j)^2$$
$$= \sum [y_j - (\beta_0 + \beta_1 x_{1j} + \cdots + \beta_m x_{mj})]^2 = 最小值 \tag{9-26}$$

为此，对 Q 分别求 $\beta_i (i = 0, 1, 2, \cdots, m)$ 的偏导数，并令其等于零，由此，可以得到 $m+1$ 个方程。

$$\frac{\partial Q}{\partial \beta_0} = 0 \quad \frac{\partial Q}{\partial \beta_1} = 0 \quad \cdots \quad \frac{\partial Q}{\partial \beta_k} = 0$$

因书写较烦琐，此处不一一列出。

若对于自变量 $X_1, X_2, \cdots, X_m$ 和因变量 Y 共有 n 组观察数据。x_{ik} 表示自变量 X_i 的第 k 次观察值，y_k 表示因变量 Y 的第 k 次观察值。

令

$$l_{ij} = \sum_{k=1}^{n} (x_{ik} - \bar{x}_i)(x_{jk} - \bar{x}_j), \quad i, j = 1, 2, \cdots, m$$

$$l_{i0} = \sum_{k=1}^{n} (x_{ik} - \bar{x}_i)(y_k - \bar{y}), \quad i = 1, 2, \cdots, m$$

$$l_{00} = \sum_{k=1}^{n} (y_k - \bar{y})^2$$

$$\bar{x}_i = \frac{1}{n} \sum_{k=1}^{n} x_{ik}, \quad i = 1, 2, \cdots, m$$

$$\bar{y} = \frac{1}{n} \sum_{k=1}^{n} y_k$$

则回归系数 $\beta_i(i=0,1,2,\cdots,m)$ 可以由下列方程组求出：

$$l_{11}\beta_1 + l_{12}\beta_2 + \cdots + l_{1m}\beta_m = l_{10}$$
$$l_{21}\beta_1 + l_{22}\beta_2 + \cdots + l_{2m}\beta_m = l_{20}$$
$$\cdots$$
$$l_{m1}\beta_1 + l_{m2}\beta_2 + \cdots + l_{mm}\beta_m = l_{m0}$$

(9-27)

常数项 $\beta_0 = \overline{Y} - \sum \beta_1 \overline{X}_i$ （9-28）

多元线性回归模型中的另一个未知参数是 Y_j 的方差 σ^2。因为多元线性回归模型中有 $m+1$ 个回归参数要估计，所以 σ^2 的无偏估计量应当是

$$\hat{\sigma}^2 = \sum (y_j - \hat{y}_j)^2 / (n-m-1)$$

(9-29)

9.3.3 多元线性回归模型的评价

与一元线性回归模型相同，在得到多元线性回归模型以后也需要对模型中所包含的自变量是否确实与因变量之间存在线性相关关系，以及回归模型的拟合效果进行分析检验。

1. 拟合优度检验

与一元线性回归时一样，也可以定义多元线性回归的总离差平方和为 SST，并把它分解为 SSR 和 SSE 两部分。

$$\text{SST} = \sum (\overline{Y}_j - \overline{Y}_j)^2$$
$$= \sum (\hat{Y}_j - \overline{Y}_j)^2 + \sum (Y_j - \hat{Y}_j)^2$$

(9-30)

与一元线性回归一样也把式(9-30)记作

$$\text{SST} = \text{SSR} + \text{SSE}$$

(9-31)

式中，$\hat{Y}_j = \hat{\beta}_0 + \hat{\beta}_1 x_{1j} + \hat{\beta}_2 x_{2j} + \cdots + \hat{\beta}_m x_{mj}$。

根据上述分解式也可以定义多元判定系数 r^2：

$$r^2 = \frac{\text{SSR}}{\text{SST}} = \sum (\hat{Y}_j - \overline{Y}_j)^2 / \sum (Y_j - \overline{Y}_j)^2$$
$$= 1 - \sum (\overline{y}_i - \hat{y}_i)^2 / \sum (\overline{y}_i - \hat{y}_i)^2$$
$$= 1 - \frac{\text{SSR}}{\text{SST}}$$

(9-32)

SSR 越大，r^2 越大，说明 Y 与 X 之间的线性相关程度越高，说明线性模型的拟合优度越高；反之，SSR 越小，r^2 越小，说明 Y 与 m 个 X 的线性相关度越低，说明线性模型的拟合优度越低。

r^2 的计算公式说明 $0 \leqslant r^2 \leqslant 1$，若 $\hat{Y} = Y$，则 SST=SSR，SSE=0，$r^2 = 1$。说明用估计模型 $\hat{Y}_j$ 估计 $E(\hat{Y}_j)$ 解释了所有的 SST，拟合值与实际值无差异，此时变量间完全线性相关。

如果 $\hat{Y}_i = \overline{Y}$，则 SST=SSE，SSR=0，$r^2 = 0$。说明回归模型 $\hat{Y}_j$ 估计 Y 不能解释任何的 SST，拟合模型无效，说明变量间完全线性无关。

在一元线性回归的情形下，$r = \pm \sqrt{r^2}$，但在多元线性回归的情形下，自变量的个数

$m \geq 2$ 时,回归系数的符号可能有正有负,难以确定,因此,规定多元相关系数总是为正的,即

$$r = \pm \sqrt{r^2} \tag{9-33}$$

由此说明多元相关系数不能说明 Y 与 k 个 X 之间的线性相关方向,仅说明了它们之间的线性相关程度。

2. 多元线性回归模型的显著性检验

多元线性回归模型的显著性检验包括两个方面的内容:一是对整个回归方程的显著性检验(F 检验),另一个是对各回归系数的显著性检验(t 检验)。在对一元线性回归方程的检验时,这两个检验是等价的,但在多元线性回归模型的检验时两者不同。

(1) 整个回归模型的显著性检验(F 检验)

第 1 步,提出假设:$H_0:\beta_1=\beta_2=\cdots=\beta_m=0$;$H_1:\beta_i$ 不全为 $0(i=1,2,\cdots,m)$。

第 2 步,根据表 9-3 构建 F 统计量,多元线性回归模型的方差分析表如表 9-4 所示。

表 9-4 多元线性回归模型的方差分析表

方差来源	平方和	自由度	均方和	F 值
回归	SSR	m	$\text{MSR}=\dfrac{\text{SSR}}{m}$	$F=\dfrac{\text{MSR}}{\text{MSE}}$
误差	SSE	$n-m-1$	$\text{MSR}=\dfrac{\text{SSE}}{n-m-1}$	
总计	SST	$n-1$		

第 3 步,给定显著性水平 α,查 F 分布表,得临界值 $F_\alpha(m,n-m-1)$。

第 4 步,若 $F \geq F_\alpha(m,n-m-1)$,则拒绝 H_0,接受 H_1,说明总体回归系数 β_i 不全为零,即回归方程是显著的;反之,则认为回归方程不显著。

(2) 回归系数的显著性检验(t 检验)

第 1 步,提出假设:$H_0:\beta_i=0$;$H_1:\beta_i \neq 0 (i=1,2,\cdots,m)$。

第 2 步,t 检验的计算公式为

$$t_{\beta i}=\frac{\hat{\beta}_i}{S_i}$$

式中,$S_i=\sqrt{\text{Var}(\hat{\beta}_i)}=\sqrt{c_{ii}}\hat{\sigma}$ 为回归系数标准差;c_{ii} 为 $(X^T X)^{-1}$ 中第 $i+1$ 个主对角线元素。t 值应该有 m 个对每一个 $i=1,2,\cdots,m$ 可以计算一个 t 值。

第 3 步,给定显著性水平 α,确定临界值 $t_{\alpha/2}(n-m-1)$。

第 4 步,若 $|t_{\beta_i}| \geq t_{\alpha/2}(n-m-1)$,则拒绝 H_0,接受 H_1,即总体回归系数 $\beta_i \neq 0$。

可见,有多少个回归系数,就要做多少次 t 检验。

9.4 SPSS 相关分析和回归分析

9.4.1 SPSS 相关分析

SPSS 的相关分析功能被集中在 Statistics(分析)菜单的 Correlate(相关)子菜单中,最

常用的是 Bivariate(双变量)过程,此过程用于进行两个或多个变量间的参数/非参数相关分析,如果是多个变量,则给出变量间两两相关的相关系数。这是 Correlate(相关)子菜单中最为常用的一个过程,实际上此过程的使用率可能占到相关分析的 95% 以上。

例 9-6

【例 9-6】 某部门 10 个企业产品销售额和销售利润数据如表 9-5 所示。

要求:作产品销售额与销售利润的相关分析。

表 9-5　某部门 10 个企业产品销售额和销售利润数据　　　单位:万元

编　号	1	2	3	4	5	6	7	8	9	10
销售额	74	66	88	69	91	73	66	96	58	73
销售利润	13	10	13	11	16	9	7	14	5	10

解:第 1 步,数据准备。打开 SPSS 后,定义变量名:"销售额 X""销售利润 Y",按顺序输入相应数值,如图 9-4 所示。

(a) 变量的设置

(b) 变量数据的输入

图 9-4　变量的设置和变量数据的输入

第 2 步，统计分析。

首先，依次选择"分析""相关""双变量"选项，弹出"双变量相关"对话框，如图 9-5 和图 9-6 所示。

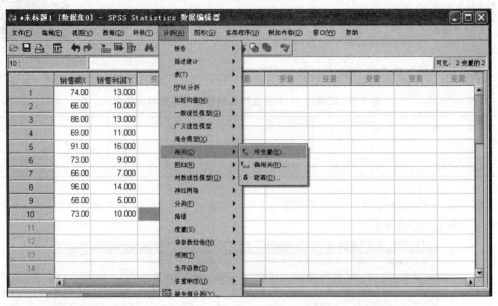

图 9-5 选择"双变量"选项

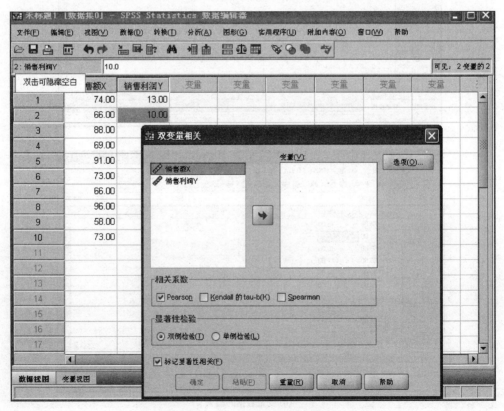

图 9-6 "双变量相关"对话框

第3步,在"双变量相关"对话框中左侧的列表框中选中"销售量X""销售额Y",单击 ➡ 按钮,使其进入右侧"变量"列表框。

第4步,在"双变量相关"对话框中,在"相关系数"选项组中勾选相关系数的类型。其共有3种:①"Pearson"(皮尔逊积矩相关系数,即协方差与两变量标准差乘积的比值,没有量纲、标准化的协方差),为通常所指的样本相关系数(r);②"Kendell 的 tau-b(K)"为非参数资料的相关系数;③"Spearman"为非正态分布资料的 Pearson 相关系数替代值。本例选用 Pearson 项,如图9-7所示。

第5步,在"双变量相关"对话框中,在"显著性检验"选项组中点选"双侧检验"单选按钮,如图9-7所示。

图9-7 "双变量相关"对话框的操作

第6步,在"双变量相关"对话框中,单击"选项"按钮,弹出"双变量相关:选项"对话框,如图9-8所示,可选有关统计项目。本例要求输出 X、Y 的均值与标准差,以及 XY 交叉乘

图9-8 "双变量相关性:选项"对话框

积的标准差与协方差,故勾选"均值和标准差""叉积偏差和均方差"复选框,而后单击"继续"按钮返回"双变量相关"对话框,再单击"确定"按钮即可。输出的相关性分析结果如表 9-6 所示。

表 9-6 相关性分析结果

		销售额 X	销售利润 Y
销售额 X	Pearson 相关性	1	0.872**
	显著性(双侧)		0.001
	平方与叉积的和	1 360.400	320.800
	协方差	151.156	35.644
	N	10	10
销售利润 Y	Pearson 相关性	0.872**	1
	显著性(双侧)	0.001	
	平方与叉积的和	320.800	99.600
	协方差	35.644	11.067
	N	10	10

注:** 表示在 0.01 水平(双侧)上显著相关。

第 7 步,结果解释。

在结果输出窗口中将看到如下统计数据:变量 X、Y 交叉乘积的标准差与协方差;XY 两两对应的相关系数及其双侧检验的概率。本例中,相关系数 $r=0.872$,$P=0.001$。

9.4.2 SPSS 一元线性回归分析

回归分析是统计分析中的常用方法之一,这类方法不仅可以提供变量之间相互关系的数学表达式,还可以利用统计理论对这种关系进行统计检验,并进一步利用所得的公式进行预测和决策。本节重点研究 SPSS 一元线性回归分析。

【例 9-7】 随机抽取某班级 10 名同学的身高和体重数据如表 9-7 所示,试根据表 9-7 中数据进行回归分析。

例 9-7

表 9-7 某班级 10 名同学的身高和体重数据

编号	1	2	3	4	5	6	7	8	9	10
身高 x/cm	158	160	162	164	166	168	170	172	174	176
体重 y/kg	47	50	48	55	62	60	52	61	70	65

解:(1) 作散点图,进行线性趋势判定。

第 1 步,数据准备,如图 9-9 所示。

第 2 步,依据例 8-18 介绍的方法绘制散点图,如图 9-10 所示,只有当点大致呈线性分布时,才能进行线性回归。

(2) 回归分析的步骤。

第 1 步,定义变量,如图 9-11 所示,依次选择"分析""回归""线性"选项,弹出"线性回归"对话框。然后选中"身高",将其移入右侧"自变量"列表框中;选中"体重",将其传入右侧"因变量"列表框中,如图 9-12 所示。

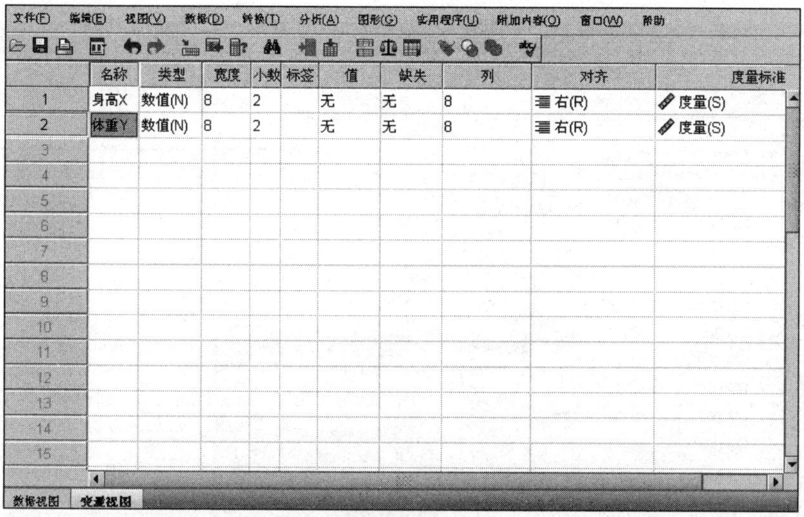

第9章 相关与回归分析

(a) 变量的定义

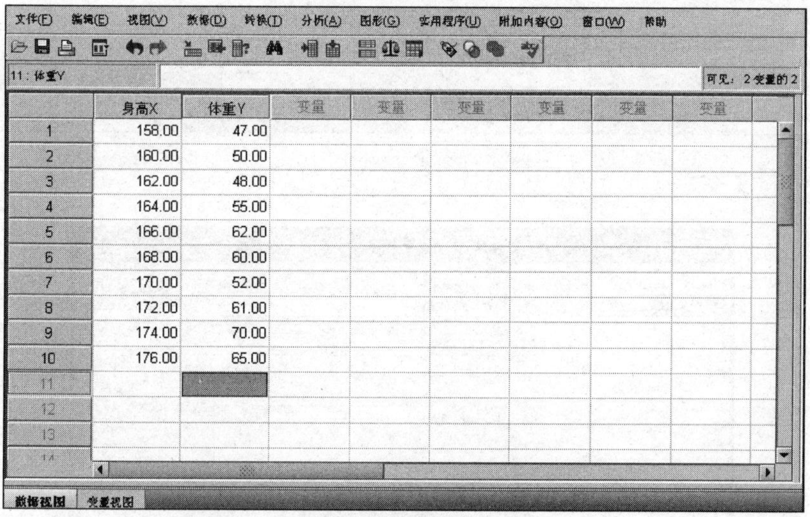

(b) 变量数据的输入

图 9-9 定义变量并输入变量数据

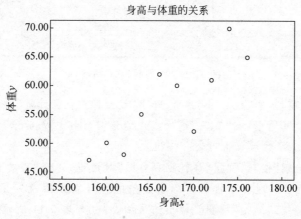

图 9-10 绘制出的散点图

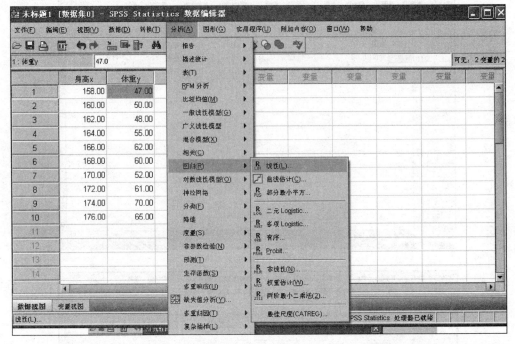

图 9-11 选择"线性"选项

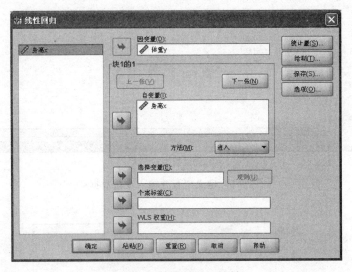

图 9-12 "线性回归"对话框

第 2 步，回归选项，单击"统计量"按钮，弹出"线性回归：统计量"对话框，在"回归系数"选项组中勾选"估计"复选框，在"残差"选项组中勾选"Durbin-Watson"复选框，其余可以取默认值，如图 9-13 所示，然后单击"继续"按钮。

第 3 步，单击"绘制"按钮，弹出"线性回归：图"对话框，勾选"直方图"和"正态概率图"复选框，如图 9-14 所示。这两项将给出标准残差的频率直方图及其正态分布的累计概率图，然后依次单击"继续""确定"按钮。输出结果如表 9-8～表 9-11 所示。

图 9-13 "线性回归：统计量"对话框

图 9-14 "线性回归：图"对话框

表 9-8 系数[a]

模型		非标准化系数		标准系数	t	Sig.
		B	标准误差	试用版		
1	（常量）	−123.158	40.873		−3.013	0.017
	身高 X	1.079	0.245	0.842	4.410	0.002

a. 因变量：体重 Y。

表 9-9　模型汇总[b]

模型	R	R^2	调整 R^2	标准估计的误差	Durbin-Watson
1	0.842[a]	0.709	0.672	4.443 42	2.091

a. 预测变量：(常量)，身高 X。
b. 因变量：体重 Y 累积图。

表 9-10　Anova[b]

模型		平方和	df	均方	F	Sig.
1	回归	384.048	1	384.048	19.451	0.002[a]
	残差	157.952	8	19.744		
	总计	542.000	9			

a. 预测变量：(常量)，身高 X。
b. 因变量：体重 Y。

表 9-11　残差统计量[a]

	极小值	极大值	均值	标准偏差	N
预测值	47.290 9	66.709 1	57.000 0	6.532 39	10
残差	−8.236 36	6.078 79	0.000 00	4.189 29	10
标准预测值	−1.486	1.486	0.000	1.000	10
标准残差	−1.854	1.368	0.000	0.943	10

a. 因变量：体重 Y。

(3) 阅读参数。

① 回归系数。

在表 9-8 中，容易读出回归系数：截距 $a=-123.158$，斜率 $b=1.079$。

② 检验。

a. 拟合优度检验。

在模型汇总表中，如表 9-9 所示，可以读得相关系数 $r=0.842$，判定系数 $R^2=0.709$。

另外，在表 9-10 中可以查到 SST=542.000，SSE=157.952，SSR=384.048，由 $R^2=$ SSR/SST 可以算出判定系数 $R^2=0.709$。

b. F 检验。

在表 9-10 中可以读到 F 值：$F=19.451$，查表检验。

c. t 检验。

在系数表中可以读到回归系数的 t 值，$t=4.410$，查表检验。

d. DW 检验。

在模型汇总表中可以发现 DW=2.091。

e. 标准离差检验。

在模型汇总表中可以读出标准离差(误差)$S=4.443\ 42$；在残差统计表(表 9-9)中给出了因变量 y 的均值：$\bar{y}=57$。于是由公式可得检验系数：

$$\delta=\frac{S}{\bar{y}}=\frac{4.443\ 42}{57}=0.077\ 95$$

显然小于10%～15%，检验可以通过。

最后，通过有关图表可以对残差进行更多的分析，在"直方图"中可以观察残差分布的正态概率图（应该呈正态分布特征，如图9-15所示）及其累积图（应该形成对角直线，如图9-16所示）。

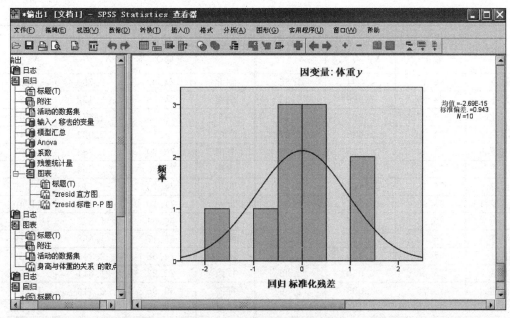

图9-15　残差分布的正态概率图

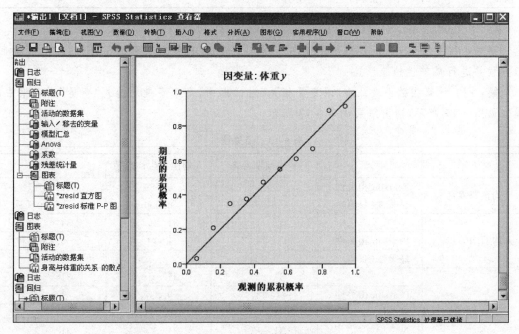

图9-16　残差分布累积图

9.4.3 SPSS多元回归分析

【例9-8】 2010年我国各地区人口平均预期寿命、人均GDP（Gross Domestic Product，国内生产总值）和文盲率的数据如表9-12所示。

例9-8

表9-12 2010年我国各地区人口平均预期寿命、人均GDP和文盲率

地区	平均预期寿命 Y/岁	人均GDP X_1/万元	文盲率 X_2/%	地区	平均预期寿命 Y/岁	人均GDP X_1/万元	文盲率 X_2/%
北京	80.18	7.594	1.86	湖北	74.87	2.790	5.32
天津	78.89	7.299	2.33	湖南	74.70	2.472	3.24
河北	74.97	2.867	3.14	广东	76.49	4.474	2.41
山西	74.92	2.628	2.57	广西	75.11	2.022	3.46
内蒙古	74.44	4.735	4.73	海南	76.30	2.383	5.07
辽宁	76.38	4.235	2.18	重庆	75.70	2.760	5.08
吉林	76.18	3.160	2.18	四川	74.75	2.118	6.55
黑龙江	75.98	2.707	2.34	贵州	71.10	1.312	11.40
上海	80.26	7.607	3.00	云南	69.54	1.575	7.60
江苏	76.63	5.284	4.36	西藏	68.17	1.698	32.29
浙江	77.73	5.171	6.47	陕西	74.68	2.713	4.39
安徽	75.08	2.045	9.90	甘肃	72.23	1.611	1.062
福建	75.76	4.005	2.89	青海	69.96	2.410	12.94
江西	74.33	2.125	4.02	宁夏	73.38	2.686	7.82
山东	76.46	4.111	5.89	新疆	72.35	2.504	3.01
河南	74.57	2.445	5.37				

资料来源：《中国统计年鉴2012》及《第六次全国人口普查》资料。

要求：利用SPSS分析人口平均预期寿命与人均GDP和文盲率的相关性，建立线性回归方程并进行显著性检验。

解：(1) 计算相关系数。在"双变量相关"对话框中，多个变量均传入"变量"列表框中，操作如图9-17所示，输出结果如表9-13所示。

表9-13 相关性

		平均预期寿命	人均国内生产总值	文盲率
平均预期寿命	Pearson相关性	1	0.789**	−0.637**
	显著性（双侧）		0.000	0.000
	N	31	31	31
人均GDP	Pearson相关性	0.789**	1	−0.337
	显著性（双侧）	0.000		0.064
	N	31	31	31
文盲率	Pearson相关性	−0.637**	−0.337	1
	显著性（双侧）	0.000	0.064	
	N	31	31	31

注：** 表示在0.01水平（双侧）上显著相关。

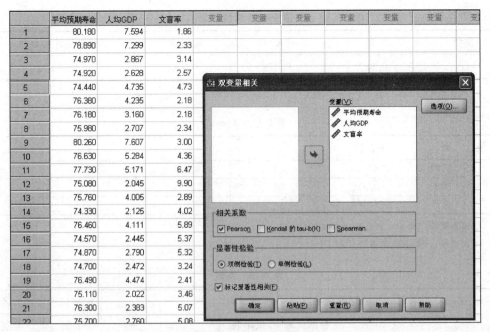

图 9-17 SPSS 多变量相关分析

由表 9-13 可知,我国各地区人口平均预期寿命与人均 GDP 呈线性正相关关系,相关系数高达 0.789,平均预期寿命与文盲率呈线性负相关关系,相关系数为 −0.641。同时,人均 GDP 和文盲率之间的线性相关性很弱(相关系数为 −0.337)。因此,可建立人口平均预期寿命关于人均 GDP 和文盲率的二元线性回归方程。

(2) 回归分析。多元回归 SPSS 操作方法与一元回归 SPSS 操作方法类似。在"线性回归"对话框中,"自变量"项输入多个自变量,如图 9-18 所示。并在"线性回归:统计量"对话框中勾选"区间估计"复选框。回归分析的结果如表 9-14～表 9-16 所示。

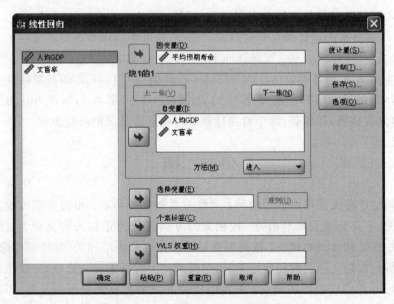

图 9-18 SPSS 多元线性回归分析

表 9-14　模型汇总

模型	R	R^2	调整 R^2	标准估计的误差
1	0.882[a]	0.778	0.762	1.340 73

a. 预测变量：(常量)，文盲率，人均 GDP。

表 9-15　Anova[b]

模型		平方和	df	均方	F	Sig.
1	回归	176.140	2	88.070	48.994	0.000[a]
	残差	50.332	28	1.798		
	总计	226.472	30			

a. 预测变量：(常量)，文盲率，人均 GDP。
b. 因变量：平均预期寿命。

表 9-16　系数[a]

模型		非标准化系数		标准系数	t	Sig.	B 的 95.0%置信区间	
		B	标准误差	试用版			下限	上限
1	(常量)	72.616	0.680		106.804	0.000	71.223	74.008
	人均 GDP	1.027	0.150	0.648	6.848	0.000	0.720	1.334
	文盲率	−0.202	0.046	−0.419	−4.425	0.000	−0.296	0.109

a. 因变量：平均预期寿命。

(3) 由表 9-14 可知，复相关系数 $R=0.882$，多重判定系数 $R^2=0.778$，修正的判定系数 $\bar{R}^2=0.762$，估计的标准 $S_e=1.340\,7$。表明平均预期寿命与两个自变量之间的线性相关程度很高，回归方程的拟合效果较好。

由表 9-15 可知，对回归方程的结果，$F=48.994$，对应的显著性水平(即 Sig. F)为 0，表明上述变量之间的总体线性回归模型是显著的。

根据表 9-16 给出的回归模型参数的估计值，可写出样本线性回归方程为

$$\hat{y}=72.616+1.027X_1-0.202X_2$$

表 9-16 还给出了与各参数估计值对应的 t 检验值、P 值，以及 95% 置信度下的置信区间。本例中，t 值的绝对值都比较大，相应的 P 值(P-value)都为 0，从而可认为回归模型中的三个参数(含常数项)都显著，两个自变量都对因变量有显著的线性影响。

小　结

变量之间的依存关系可以分为两种：函数关系和相关关系；相关关系按相关的程度可分为完全相关、不完全相关和不相关；按相关的方向可分为正相关和负相关；按相关的形式可分为线性相关和非线性相关；按研究变量的多少可分为单相关、复相关和偏相关。

相关分析是根据实际观察的数据资料，在具有相关关系的变量之间，对现象之间的依存关系的表现形式和密切程度的研究；可以用两种方法来表现变量间的关系，即散点图和相关系数。

第9章 相关与回归分析

回归分析,就是建立一个数学方程来反映变量之间具体的相互依存关系,并最终通过给定的自变量数值来估计或预测因变量可能的数值。该数学方程称为回归模型。在回归分析中,如果变量之间的回归模型是直线方程,则这类回归分析称为线性回归分析(直线回归),该直线方程称为线性回归方程。若直线方程中只有一个自变量和一个因变量,称为一元线性回归分析;若存在两个或两个以上的自变量和一个因变量,称为多元线性回归分析;一元线性回归模型的评价分为拟合优度检验和方程的显著性检验。

习 题

一、填空题

1. 现象之间的相关关系,从变量间相互关系的方向看,可分为_____相关与_____相关。
2. 相关系数等于0,说明两变量之间_____;直线相关系数等于1,说明两变量间_____;直线相关系数等于-1,说明两变量之间_____。
3. 相关系数是在_____相关条件下,用来说明两个变量相关_____的统计分析指标。
4. 回归直线方程 $y=\beta_0+\beta_1 x$ 中的参数 β_1 称为_____。
5. 估计标准误差是用来说明_____代表性大小的统计分析指标。

二、单项选择题

1. 单价与其需求量的相关、单位产品成本与单位产品原材料消耗( )。
   A. 前者正相关,后者负相关
   B. 前者负相关,后者正相关
   C. 两者均是正相关
   D. 两者均是负相关
2. 下面现象间的关系属于相关关系的是( )。
   A. 圆的周长和它的半径之间的关系
   B. 价格不变条件下,商品销售额与销售量之间的关系
   C. 家庭收入增多,其消费支出也有增长的趋势
   D. 正方形面积和它的边长之间的关系
3. 每一吨铸铁成本(单位:元)倚铸件废品率(单位:%)变动的回归方程为 $\hat{y}=56+8x$,这意味着( )。
   A. 废品率每增加1%,成本每吨增加64元
   B. 废品率每增加1%,成本每吨增加8%
   C. 废品率每增加1%,成本每吨增加8元
   D. 废品率每增加1%,则每吨成本为56元
4. 变量 x 与 y 之间的负相关是指( )。
   A. x 增大时 y 也随之增大
   B. x 减少时 y 也随之减少
   C. x 增大(或减少)时 y 随之减少(或增大)
   D. y 几乎不受 x 的影响
5. 下列各直线回归方程中,不正确的是( )。
   A. $\hat{Y}=15+7X, r=0.92$
   B. $\hat{Y}=20-5X, r=0.85$

C. $\hat{Y}=-10+2X, r=0.78$ D. $\hat{Y}=5-3X, r=-0.69$

6. 在回归直线 $E(Y)=\beta_0+\beta_1 x$ 中,回归系数 β_1 表示( )。
   A. 当 $x=0$ 时,y 的期望值 B. x 变动一个单位时 y 的变动总额
   C. y 变动一个单位时 x 的平均变动量 D. x 变动一个单位时 y 的平均变动量

7. 说明回归直线拟合程度的统计量主要是( )。
   A. 相关系数 B. 回归系数 C. 判定系数 D. 估计标准误差

8. 已知 $\sum(x-\bar{x})^2$ 是 $\sum(y-\bar{y})^2$ 的两倍,$\sum(x-\bar{x})(y-\bar{y})$ 是 $\sum(y-\bar{y})^2$ 的 1.2 倍,相关系数 $r=($)。
   A. $\sqrt{2}/1.2$ B. $1.2/\sqrt{2}$ C. 0.92 D. 0.65

9. 计算估计标准误差的依据是因变量的( )。
   A. 数列 B. 总变差 C. 回归变差 D. 剩余变差

10. 如果变量 x 与 y 之间的相关系数 $\rho=1$,则说明两个变量之间是( )。
    A. 完全不相关 B. 完全正相关 C. 完全正线性相关 D. 高度相关

11. 多元线性回归模型 $Y=\beta_0+\beta_1 x_1+\beta_2 x_2+\cdots+\beta_p x_p+\varepsilon$ 中的回归系数 β_2 表示( )。
    A. 当 $x_2=0$ 时,y 的期望值
    B. x_2 变动一单位时 y 的变动额
    C. x_2 变动一单位时 y 的平均变动量
    D. 在其他条件不变的情况下,x_2 变动一个单位时 y 的平均变动量

12. 对整个多元线性回归模型的显著性检验,应采用( )。
    A. z 检验 B. t 检验 C. F 检验 D. χ^2 检验

13. 设某种产品产量为 1 000 件时,其生产成本为 30 000 元,其中固定成本为 6 000 元。则总生产成本对产量的一元线性回归方程为( )。
    A. $Y=6+0.24x$ B. $Y=6 000+24x$
    C. $Y=24 000+6x$ D. $Y=24+6 000x$

14. 估计标准误差值越小,说明各相关点与回归直线的平均距离( )。
    A. 越远 B. 越近 C. 越离中 D. 无关

三、多项选择题

1. 某产品的单位成本与工人劳动生产率之间的回归直线方程为 $Y=30-0.6x$,则( )。
   A. 0.6 为回归系数
   B. 30 是回归直线的起点纵坐标
   C. 劳动生产率每增加一个单位,单位成本平均上升 0.6 元
   D. 劳动生产率每增加一个单位,单位成本平均下降 0.6 元
   E. -0.6 为回归系数

2. 相关关系具有的特点是( )。
   A. 现象之间确实存在数量上的依存关系 B. 现象之间是确定的函数关系
   C. 现象之间毫无关系 D. 现象之间是一一对应关系

E. 现象之间数量依存关系的具体关系值是不确定的

3. 单位产品成本对产量的一元线性回归方程为 $Y=85-5.6x$,x 单位为千件,Y 单位是元,这意味着(　　)。

  A. 单位成本与产量之间存在着负相关

  B. 单位成本与产量之间是正相关

  C. 产量为 1 000 件时单位成本为 79.4 元

  D. 产量每增加 1 000 件单位成本平均增加 5.6 元

  E. 产量每增加 1 000 件单位成本平均减少 5.6 元

4. 如果两个变量之间的线性相关程度很高,则其相关系数应接近于(　　)。

  A. 0.5   B. -0.5 C. 0   D. 1

  E. -1

5. 线性回归分析中的回归平方和是指(　　)。

  A. 实际值与平均值的离差平方和 B. 估计值与平均值的离差平方和

  C. 受自变量变动影响所引起的变差 D. 受随机变量变动影响所产生的误差

  E. 总变差与残差平方和之差

6. 关于相关关系和函数关系正确的是(　　)。

  A. 函数关系是相关关系的一种特例 B. 相关关系是函数关系的一种特例

  C. 函数关系就是完全相关关系   D. 相关关系就是线性相关关系

  E. 完全不相关就是独立

7. 如果变量 x 与 y 之间没有线性相关关系,则(　　)。

  A. 相关系数为 0   B. 线性回归系数为 0

  C. 可决系数为 0   D. 估计标准误差为 0

  E. 变量 x 与 y 不一定独立

8. 如果两个变量之间完全线性相关,则以下结论中正确的有(　　)。

  A. 相关系数 $|r|=1$ B. 可决系数 $r^2=1$

  C. 估计标准误差 $S_y=1$ D. 估计标准误差 $S_y=0$

  E. 回归系数 $\beta_1>0$

9. 下列属于负相关的现象是(　　)。

  A. 商品流转的规模越大,流通费水平越低

  B. 流通费用率随商品销售额的增加而减少

  C. 国民收入随投资额的增加而增长

  D. 生产单位产品所耗工时随劳动生产率的提高而减少

  E. 某产品产量随工人劳动生产率的提高而增加

四、简答题

1. 什么是相关关系？它与函数关系有何区别与联系？
2. 什么是回归分析？相关分析与回归分析有何区别与联系？
3. 如何计算相关系数？怎样通过相关系数判断现象之间相关的方向和程度？
4. 直线回归方程中的两个参数 β_0、β_1 有何意义？
5. 什么是估计标准误差？它有何作用？

五、计算题

1. 8家企业的产品销售资料如表9-17所示。

表9-17　8家企业的产品销售资料　　　　　　　　　　　　单位：万元

企业编号	产品销售额	销售利润
1	170	8.1
2	220	12.5
3	390	18.0
4	430	22.0
5	480	26.5
6	650	40.0
7	850	64.0
8	1 000	69.0

要求：

(1) 画出相关图，并判断销售额与销售利润之间的相关方向。

(2) 计算相关系数，指出产品销售额和利润之间的相关方向和相关程度。

(3) 确定自变量和因变量，求出直线回归方程。

(4) 计算估计标准误差。

(5) 对方程中回归系数的经济意义作出解释。

(6) 在95%的概率保证下，求当销售额为1 200万元时利润额的置信区间。

2. 某种商品的需求量 y（单位：kg）和商品价格 x（单位：元）有关，现取得10对观测数据经计算得如下数据：

$$\sum x = 60, \quad \sum y = 800, \quad \sum x^2 = 390, \quad \sum y^2 = 67\,450, \quad \sum xy = 4\,500$$

要求：

(1) 计算相关系数。

(2) 求 y 对 x 的线性回归方程。

(3) 解释 b 的意义。

3. 某连锁经营公司所属5个零售店某月的销售额和利润额资料如表9-18所示。

表9-18　零售店某月的销售额和利润额

商店名称	A	B	C	D	E
销售额/1 000万元	3	5	6	7	9
利润额/1 000万元	2	3	3	4	5

要求：

(1) 计算销售额和利润额之间的相关系数。

(2) 用最小平方法计算利润额 y 对销售额 x 的回归直线方程。

4. 某企业某种产品与单位成本如表 9-19 所示。

表 9-19　某企业某种产品与单位成本

月份	产量/件	单位成本/(元/件)
1	2 000	73
2	3 000	72
3	4 000	71
4	3 000	73
5	4 000	69
6	5 000	68

要求：
(1) 计算产量与单位成本的相关系数。
(2) 确定单位成本(y)对产量(x)的直线回归方程，说明回归系数的含义。
(3) 计算产量为 6 000 件时，单位成本为多少？

5. 从某市抽查 10 家百货商店得到销售额和利润率如表 9-20 所示。

表 9-20　10 家百货商店得到销售额和利润率

商店编号	每人月平均销售额 x/元	利润率 y/%
1	6 000	12.6
2	5 000	10.4
3	8 000	18.5
4	1 000	3.0
5	4 000	8.1
6	7 000	16.3
7	6 000	12.3
8	3 000	6.2
9	3 000	6.6
10	7 000	16.8

要求：
(1) 计算每人月平均销售额与利润率的简单相关系数。
(2) 推断利润率对每人月平均销售额的回归直线方程。
(3) 若某商店每人月平均销售额为 2 000 元，试估计其利润率。
(4) 计算估计标准误差。

6. 有 10 个同类企业的生产性固定资产年平均价值和工业总产值如表 9-21 所示。

表 9-21　10 个同类企业的生产性固定资产年平均价值和工业总产值　　单位：万元

企业编号	生产性固定资产价值 x	工业总产值 y
1	318	524
2	910	1 019
3	200	638
4	409	815

续表

企业编号	生产性固定资产价值 x	工业总产值 y
5	415	913
6	502	928
7	314	605
8	1 210	1 516
9	1 022	1 219
10	1 225	1 624
合计	6 525	9 801

要求:
(1) 说明两变量之间的相关方向。
(2) 建立直线回归方程。
(3) 计算估计标准误差。
(4) 估计生产性固定资产(自变量)为 1 100 万元时工业总产值(因变量)的可能值。

7. 某地高校教育经费(x)与高校学生人数(y)连续 6 年的统计资料如表 9-22 所示。

表 9-22 某地高校教育经费(x)与高校学生人数(y)连续 6 年的统计资料

教育经费 x/万元	在校学生数 y/万人
316	11
343	16
373	18
393	20
418	22
455	25

要求:
(1) 建立回归直线方程,估计教育经费为 500 万元的在校学生数。
(2) 计算估计标准误差。

8. 某种产品的产量与单位成本如表 9-23 所示。

表 9-23 某种产品的产量与单位成本

产量 x/1 000 件	单位成本 y/(元/件)
2	73
3	72
4	71
3	73
4	69
5	68

要求:
(1) 计算相关系数 r,判断其相关方向和程度。
(2) 建立直线回归方程。

(3) 指出产量每增加 1 000 件时，单位成本平均下降多少元？

六、上机题

1. 从某一行业中随机抽取 12 家企业，所得产量与生产费用的数据如表 9-24 所示。

表 9-24　12 家企业产量与生产费用的数据

企业编号	产量/台	生产费用/万元	企业编号	产量/台	生产费用/万元
1	40	130	7	84	165
2	42	150	8	100	170
3	50	155	9	116	167
4	55	140	10	125	180
5	62	150	11	130	175
6	78	154	12	140	185

要求：

(1) 绘制产量与生产费用的散点图，判断二者之间的关系形态。

(2) 计算产量与生产费用之间的线性相关系数。

2. 表 9-25 是 20 个城市写字楼出租率和每平方米月租金的数据。设月租金为自变量，出租率为因变量，进行回归分析，并对结果进行解释和分析。

表 9-25　20 个城市写字楼出租率和每平方米月租金的数据

地区编号	出租率/%	每平方米月租金/元
1	70.6	99
2	69.8	74
3	73.4	83
4	67.1	70
5	70.1	84
6	68.7	65
7	63.4	67
8	73.5	105
9	71.4	95
10	80.7	107
11	71.2	86
12	62.0	66
13	78.7	106
14	69.5	70
15	68.7	81
16	69.5	75
17	67.7	82
18	68.4	94
19	72.0	92
20	67.9	76

七、分析题

人均可支配收入指个人收入扣除向政府缴纳的个人所得税、遗产税和赠与税、不动产税、人头税、汽车使用税,以及交给政府的非商业性费用等后的余额。个人可支配收入被认为是消费支出的最重要的决定性因素。表 9-26 给出 2008 年我国 31 个省(自治区、直辖市)的人均可支配收入和消费支出数据。

表 9-26 2008 年我国 31 个省(自治区、直辖市)的人均可支配收入和消费支出数据

单位:元

省市区	可支配收入	消费支出	省市区	可支配收入	消费支出
北京	24 724.9	16 460.3	河南	13 231.1	8 837.5
天津	19 422.5	13 422.5	湖北	13 152.9	9 477.5
河北	13 441.1	9 086.7	湖南	13 821.2	9 945.5
山西	13 119.1	8 806.6	广东	19 732.9	15 528
内蒙古	14 432	10 828.6	广西	14 146	9 627.4
辽宁	14 392.7	11 231.5	海南	12 607.8	9 408.5
吉林	12 929.5	9 729.1	重庆	14 367.6	11 146.8
黑龙江	11 581.3	8 623	四川	12 633.4	9 679.1
上海	26 674.9	19 397.9	贵州	11 758.8	8 349.2
江苏	18 679.5	11 977.6	云南	13 250.2	9 076.6
浙江	22 726.7	15 158.3	西藏	12 481.5	8 323.5
安徽	12 990.4	9 524	陕西	12 857.9	9 772.1
福建	17 961.5	12 501.1	甘肃	10 969.4	8 308.6
江西	12 886.4	8 717.4	青海	11 640.4	8 192.6
山东	16 305.4	11 006.6	宁夏	12 931.5	9 558.3
新疆	11 432.1	8 669.4			

资料来源:《中国统计年鉴 2008》。

要求:

(1) 分析可支配收入与消费支出是否存在定量关系。
(2) 分析可支配收入对消费支出的决定作用。

拓 展 阅 读

1. 梁吉业,冯晨娇,宋鹏.大数据相关分析综述[J].计算机学报,2016(1):1-18.
2. 夏秀忠,张宗琼,杨行海,等.广西水稻地方品种耐冷性鉴定及相关分析[J].植物遗传资源学报,2016,17(6):969-975.
3. 程鑫,石洪波.大数据时代传统相关分析的局限与拓展[J].统计与决策,2015(5):73-75.
4. 肖建能,杜国明,施益强,等.厦门市环境空气污染时空特征及其与气象因素相关分析[J].环境科学学报,2016,36(9):3363-3371.
5. 魏瑜,马开平.相关分析的误用表现与解决方案[J].统计与决策,2015(2):86-88.
6. 徐长生,张泽栋.城镇化、老龄化及经济发展对我国医疗费用影响回归分析[J].中国卫生经济,2015,34(6):54-55.

7. 鹿佳,朱燕波,索艳风,等.成年人腹型肥胖与健康相关生命质量关系的Logistic回归分析[J].中华行为医学与脑科学杂志,2016,25(5):446-451.
8. 田生昌.最小二乘法的统计学原理及在农业试验分析中的应用[J].数学的实践与认识,2015,45(4):124-133.
9. 闫丽,曹烨,汪秋实,等.高血压患者脑卒中发病影响因素Cox回归分析[J].中国公共卫生,2016,32(6):748-752.
10. 杨宏,李跃建,王长林,等.南瓜口感评价与营养成分的相关性和回归分析[J].中国蔬菜,2016(11):25-32.
11. 周向科,杨国军,谭锴.基于SPSS的回归分析在云南冬瓜林金矿床微量元素分析中的应用[J].中国矿业,2016,25(9):148-153.
12. 孙清娟,师军良.回归分析在大桥沉降监测预测中的应用[J].测绘通报,2016(7):90-93.

第 10 章

指 数

知识目标

理解统计指数的含义,明确指数的分类和作用;熟练掌握综合指数和平均指数的编制方法及其在现实中的应用;能运用指数体系进行指数间的推算,以及利用指数体系进行因素分析;了解几种常见的价格指数。

能力目标

能正确利用指数编制方法测定常见社会经济现象的变动;能运用指数体系对社会经济现象统计数据进行指数间的推算,以及利用指数体系进行因素分析。

引导视频

10.1 指数的概念和种类

10.1.1 指数的概念

统计指数是一种特殊的相对数,它产生于 18 世纪后半期欧洲资本主义迅速发展时期,最早用于测定物价的变动。此后的 200 多年,其应用逐步扩大到工业生产、进出口贸易、股票证券等各个领域。统计指数已成为社会经济统计中历史最悠久、应用最广泛,同社会经济生活关系最密切的一个组成部分。随着统计指数应用的发展,统计指数的理论也在不断地发展完善。

为了阐明指数的概念,将所要研究的现象总体区分为简单现象总体和复杂现象总体。前者是指总体中的单位数或标志值可以直接相加以总计,如某产品产量、成本、产值、利税;某作物的播种面积及其收获量;工人及其工资;等等。后者是指构成现象总体的单位及其标志值不能直接相加,如不同使用价值的产品产量、成本和价格等。

定义 10.1 从广义上讲,凡是表明以上两类现象总体数量变动的相对数都是指数。

因此,前面讨论过的动态相对数、比较相对数、计划完成程度相对数等相对指标都可以称为指数。

定义 10.2 从狭义上讲,指数仅是反映复杂现象总体数量综合变动的相对数。

例如,零售物价指数,是说明全部零售商品价格总变动的相对数;股票价格指数,是指某一交易所内某个类别的所有股票价格总变动的相对数;工业产品产量指数,是指一定范围内全部工业产品实物量总变动的相对数;等等。

本章主要阐述狭义指数的基本计算原理、原则和方法,以及在分析中的应用。

10.1.2 指数的作用

指数是反映经济情况变化的指示器。在西方发达国家,指数已成为最受公众认可和应用最广泛的测量经济条件变化的方法。指数的作用有很多,概括起来主要有以下几个方面。

1. 综合反映事物的变动方向和变动程度

这是总指数的主要作用。指数的计算结果如果大于100%,说明现象的数量在报告期比基期有所增加;小于100%,则说明现象的数量在报告期比基期有所减少。例如,股票价格指数为103.28%,说明报告期与基期相比,各种股票价格可能有升有降,但总的来说是上升的,上升幅度为3.28%。此外,还可以利用综合指数或综合指数变形形式从它的分子与分母指标的比较中,分析由于指数的变动而产生的实际效果。

2. 分析多因素影响现象的总变动中各个因素的影响程度

在许多情况下,现象的总量指标是若干因素的乘积。例如,商品销售额=商品销售量×单位商品价格,产品总成本=产品产量×单位产品成本,生产费用总额=产量×单位产品的消费量×单位价格。社会经济现象的数量变动,是很多因素共同影响的结果。例如,商品销售额的变动取决于销售量和价格的变动;工业产品产量的变动取决于工人人数和工人劳动生产率的变动;农作物收获量的变动,取决于播种面积和单位面积产量的变动等。统计指数是利用各因素之间的联系编制的,各个因素指数又相互构成指数体系。因此,可以利用指数体系来分析现象总变动中各个因素变动的影响。

3. 研究事物在长时间内的变动趋势

运用编制的动态指数所形成的连续指数数列,可以反映事物的发展变化趋势。这种方法特别适合于对比分析有联系而性质又不同的动态数列之间的变动关系,因为用指数的变动进行比较,可以解决不同性质数列之间不能对比的困难。

10.1.3 指数的种类

为了满足理论研究和实际应用的需要,有必要区分指数的不同种类。指数的种类可以从不同的角度加以划分。

1. 按指数所反映对象的范围不同分类

1)个体指数

定义 10.3 个体指数是指现象总体中各个个别现象数量对比关系的相对数。它反映个别现象在不同时间上的变动程度。

例如,个别商品的销售量指数、价格指数等。个体指数的计算比较简单,只要将个别现象的报告期水平与基期水平直接对比即可。其计算公式如下:

$$个体指数 = \frac{报告期个体水平}{同一个体基期水平}$$

2)总指数

定义 10.4 总指数是反映复杂现象总体数量综合变动或差异程度的相对数。它综合反映不能同度量的多种事物动态变化的程度和方向。

零售物价总指数、工业总产值指数、全部工业产品的产量总指数等都是总指数。

个体指数和总指数的划分具有重要的意义。从方法论角度看,个体指数的计算可以用一般相对数的方法解决,而总指数的计算需要用专门的方法。因此,指数方法论,主要是研究总指数的编制问题。

2. 按指数所反映的统计指标的性质不同分类

1)数量指标指数

定义 10.5 数量指标指数(简称数量指数),是根据数量指标计算的,综合反映现象的规模、水平发展变化的指数。

产品产量指数、商品销售量指数等都是数量指标指数。

2)质量指标指数

定义 10.6 质量指标指数(简称质量指数),是根据质量指标计算的,反映管理水平、工作质量等变动情况的指数。

单位成本指数、物价指数、劳动生产力指数等都是质量指标指数。

3. 按指数计算时采用的基期不同分类

在编制指数数列时,基期的选取有两种方法,由此形成两种指数,分别是定基指数和环比指数。

1)定基指数

定义 10.7 定基指数是指在编制各期指数时,以某一固定时期为基期计算的统计指数。

2)环比指数

定义 10.8 环比指数是指在编制各期指数时,均以报告期的前一期作为基期编制的指数。

编制环比指数数列是为了反映某种现象的逐期变动情况。

10.2 综合指数

综上所述,狭义的统计指数就是总指数,计算总指数有两种方法:一种是综合指数方法,另一种是平均指数方法。综合指数方法是计算总指数的基本方法。凡是一个复杂因素受两个或两个以上因素影响时,要研究其中一个因素对复杂因素的影响方向和影响程度,就要把影响复杂因素变动的其他因素固定下来,假定它们不变,单看其中一个因素对复杂因素的影响,这样计算出来的相对数就称为综合指数。它的特点是,先综合,后对比。因此,如何设计综合指数的形式,关键在于寻找同度量因素,而后将它固定不变,以反映我们所要研究总体的某种现象的变化情况。

同度量因素是将不能直接相加的指标过渡为可以相加的因素。例如,要求计算社会商品零售价格总指数,由于商品的单价不能相加而无法计算,用同度量因素将单价过渡为销售额就可以相加了。又如,要计算社会商品销售量指数,由于实物量计量单位不同不能相加,用同度量因素将它过渡为销售额就可以相加了。同度量因素不是随意选定的,而是从它们的经济联系考虑。例如,商品销售额=商品销售量×商品销售价格。所以计算商品销售价格总指数时以商品销售量为同度量因素;计算商品销售量总指数时,以商品销售价格为同度量因素。经济关系式中的三个指标各自独立而又相互联系,既可以把销售额作为销售量与销售价格的综合,又可以把销售量、销售价格视为销售额的分解。

综合指数有两种,数量指标指数和质量指标指数。两种综合指数在计算形式上基本是一样的,但是在处理方法上既有联系又有区别。

10.2.1 数量指标指数的计算

数量指标指数是说明总体规模变动情况的相对指标指数。例如,商品销售量指数、工业产品生产量指数、农业产品生产量指数、职工人数指数、货物运输量指数等。下面我们以商品销售量指数为例,说明数量指标指数的编制方法三种商品的销售量及价格表如 10-1 所示。

表 10-1 三种商品的销售量及价格

商品名称	计量单位	销售量		价格/元	
		基期 q_0	报告期 q_1	基期 p_0	报告期 p_1
甲	台	1 000	1 150	100	100
乙	件	2 000	2 200	50	55
丙	kg	3 000	3 150	20	25
合计	—				

从表 10-1 中的资料可以看出,三种商品的销售量均有不同程度的提高,为了反映每种商品销售量的变动程度,需要计算个体销售量指数。

1. 销售量个体指数计算

销售量个体指数的计算公式如下:

$$k_q = \frac{q_1}{q_0} \tag{10-1}$$

式中,k_q 为数量指标个体指数;q_1 为报告期数量指标;q_0 为基期数量指标。

三种商品的销售量个体指数分别为

$$k_甲 = \frac{1\ 150}{1\ 000} = 115\%$$

$$k_乙 = \frac{2\ 200}{2\ 000} = 110\%$$

$$k_丙 = \frac{3\ 150}{3\ 000} = 105\%$$

通过计算个体指数可以看到,三种商品的销售量的变动幅度是不同的:甲商品的销售量增加了 15%,乙商品的销售量增加了 10%,丙商品的销售量增加了 5%。

现在需要进一步研究的是,三种商品的销售量总的变动程度如何,这就需要计算总指数。

2. 销售量总指数计算

在计算商品销售总指数时,首先遇到的困难是怎样将各种商品的销售量进行综合的问题。三种商品的计量单位是不同的,它们的销售量不能直接相加。这时就需要引入同度量因素,使不能直接相加的指标过渡到能够相加的指标。我们将各个商品销售量乘以商品

价格就可以得到商品销售额,即

$$商品销售量 \times 商品销售价格 = 商品销售额$$

如果以 p 表示商品单位价格,q 表示销售量,pq 代表销售额,上式可以表示为

$$q \cdot p = qp$$

这里,商品价格就是同度量因素,起着媒介的作用,将不能直接相加的商品销售量过渡到能够相加的商品销售额,因而可以形成总销售额 $\sum qp$。为了比较,需要分别计算两个时期的总销售额。

为了说明商品销售量的变动,同度量因素必须固定在同一时期。用公式表示就是

$$\overline{K}_q = \frac{\sum q_1 p}{\sum q_0 p} \tag{10-2}$$

式中,$\overline{K}_q$ 为销售量总指数;p 为同一时期的价格。

这时就出现了另一个问题,同度量因素 p 使用哪一时期的,是报告期还是基期?关于同度量因素的固定时期的选择在理论上有两种方法。

1)拉氏数量指标指数公式

定义 10.9 1864 年,德国经济学家埃蒂恩·拉斯贝尔(Etienne Laspeyres)指出,无论是编制商品销售量综合指数(数量指标综合指数),还是编制商品价格综合指数(质量指标综合指数),都应当将同度量因素固定在基期,这样计算的指数称为拉氏数量指标指数。

拉氏数量指标指数公式为

$$\overline{K}_q = \frac{\sum q_1 p_0}{\sum q_0 p_0} \tag{10-3}$$

2)派氏数量指标指数公式

定义 10.10 1874 年,德国另一位经济学家哈曼·派许(Herman Paasche)指出,无论是编制商品销售量综合指数(数量指标综合指数),还是编制商品价格综合指数(质量指标综合指数),都应当将同度量因素固定在报告期,这样计算的指数称为派氏数量指标指数。

派氏数量指标指数公式为

$$\overline{K}_q = \frac{\sum q_1 p_1}{\sum q_0 p_1} \tag{10-4}$$

【**例 10-1**】根据表 10-2 的资料计算拉氏和派氏销售量总指数。

表 10-2 综合指数计算表

商品名称	计量单位	销售量		价格/元		$q_0 p_0$	$q_1 p_1$	$q_1 p_0$	$q_0 p_1$
		基期 q_0	报告期 q_1	基期 p_0	报告期 p_1				
甲	台	1 000	1 150	100	100	100 000	115 000	115 000	100 000
乙	件	2 000	2 200	50	55	100 000	121 000	110 000	110 000
丙	kg	3 000	3 150	20	25	60 000	78 750	63 000	75 000
合计	—	—	—	—	—	260 000	314 750	288 000	285 000

解：拉氏销售量总指数：

$$\overline{K}_q = \frac{\sum q_1 p_0}{\sum q_0 p_0} = \frac{288\,000}{260\,000} \approx 110.77\%$$

结果表明，在将价格固定在基期的条件下，三种商品销售量总指数为110.77%，即销售量增加了10.77%。

派氏销售量总指数：

$$\overline{K}_q = \frac{\sum q_1 p_1}{\sum q_0 p_1} = \frac{314\,750}{285\,000} \approx 110.44\%$$

结果表明，在将价格固定在报告期的条件下，三种商品销售量总指数为110.44%，即销售量增加了10.44%。

通过此例可以看出，使用两种公式计算所得的结果不同，其原因就在于同度量因素的固定时期不同。

从理论上讲，上述两个公式都有其实际的经济含义，都能从一定的角度反映数量指标的变动程度，都是可行的。但在实践中，我们编制数量指标综合指数的一般原则是采用基期的质量指标做同度量因素，即一般选择拉式公式。这一原则有两层含义：一是编制数量指标指数应以质量指标为同度量因素；二是将同度量因素固定在基期。

10.2.2 质量指标指数的计算

质量指标综合指数是综合反映复杂经济现象性质变动或差异程度的总指数。例如，价格指数、单位产品成本指数、工资水平指数、劳动生产率指数等。

下面以商品价格指数为例来说明质量指标综合指数的编制方法，仍使用表10-1中的资料。

为了反映每种产品价格的变动程度，需要计算价格个体指数。

1. 价格个体指数计算

价格个体指数的计算公式如下：

$$k_p = \frac{p_1}{p_0} \tag{10-5}$$

式中，k_p 为价格个体指数；p_1 为报告期价格；p_0 为基期价格。

三种商品的价格个体指数分别为

$$k_甲 = \frac{100}{100} = 100\%$$

$$k_乙 = \frac{55}{50} = 110\%$$

$$k_丙 = \frac{25}{20} = 125\%$$

通过计算价格个体指数可以看到，三种商品的价格上涨幅度是不同的：甲商品的价格没有发生变化，乙商品的价格提高了10%，丙商品的价格提高了25%。

要反映三种商品价格变化的总动态,就要计算价格总指数。

2. 价格总指数计算

为了计算价格总指数,首先就需要分别把基期和报告期三种商品的价格综合起来,而后进行对比。三种商品的价格虽然都是以元为单位,但是简单地将不同商品的价格进行合计是没有什么意义的。因此,和前面数量指标指数的情形一样,首先需要依据指标之间的客观经济联系,乘以另一个有联系的因素,使其转化为可以综合计量的指标。各个商品的价格与销售量、销售额是紧密联系在一起的,如果以 p 表示商品单位价格,q 表示销售量,pq 代表销售额,则三者之间的关系为

$$q \cdot p = qp$$

上式反映了商品价格、销售量与销售额之间的客观经济联系。现在我们要研究的是商品价格的总动态,根据上述的经济联系,可以将每种商品的价格分别乘以相应的销售量,这样就转化为销售额,从而也就可以相加了。这时,我们引入的商品销售量就是同度量因素。

与销售量指数的计算一样,为反映价格变化的动态,也需要将同度量因素(销售量)固定在某一时期的水平上。用公式表示就是

$$\bar{K}_p = \frac{\sum p_1 q}{\sum p_0 q} \tag{10-6}$$

式中,$\bar{K}_p$ 为价格总指数;q 为同一时期的销售量。

与前面的销售量总指数一样,价格总指数也有两种计算方法:①将销售量固定在基期水平上;②将销售量固定在报告期水平上。这样就得到了两个公式,即拉氏公式和派氏公式。

1) 拉氏质量指标指数公式

拉氏质量指标指数公式为

$$\bar{K}_p = \frac{\sum p_1 q_0}{\sum p_0 q_0} \tag{10-7}$$

2) 派氏质量指标指数公式

派氏质量指标指数公式为

$$\bar{K}_p = \frac{\sum p_1 q_1}{\sum p_0 q_1} \tag{10-8}$$

【例 10-2】 根据表 10-2 中的资料,计算拉氏和派氏价格总指数。

解:根据表 10-2 的计算结果,有以下两种指数。

拉氏价格总指数:

$$\bar{K}_p = \frac{\sum p_1 q_0}{\sum p_0 q_0} = \frac{285\,000}{260\,000} = 109.62\%$$

结果表明,在将销售量固定在基期的条件下,三种商品价格指数为 109.62%,即价格提高了 9.62%。

派氏价格总指数:

$$\overline{K}_p = \frac{\sum p_1 q_1}{\sum p_0 q_1} = \frac{314\,750}{288\,000} = 109.29\%$$

结果表明,在将销售量固定在报告期的条件下,三种商品价格指数为109.29%,即价格提高了9.29%。

以上关于价格总指数的计算方法,也适用于其他质量指标指数。

通过上例可以看出,使用拉式公式和派氏公式计算所得结果不同,其原因就在于同度量因素的固定时期不同。

在实践中,编制质量指标综合指数的一般原则是,采用报告期的数量指标作为同度量因素,即一般选择派式质量指标指数公式。这一原则有两层含义:一是编制质量指标指数应以数量指标作为同度量因素;二是将同度量因素固定在报告期。

10.2.3 综合指数的其他编制方法

拉氏指数和派氏指数是两种基本的指数。由于同度量因素的固定方法不同,两种指数通常存在差异,这种差异有时比较显著。为了调和拉氏指数和派氏指数的矛盾,一些统计学家试图对已有的这些指数进行改造,由此形成了各种新的综合指数公式。

1. 马歇尔-埃奇沃斯指数

1887年,英国经济学家马歇尔(Marshall)和埃奇沃斯(Edgeworth)提出,将基期数量和报告期数量的平均数作为权重的价格指数,这一指数被称为马歇尔-埃奇沃斯指数,其计算公式为

$$\overline{K}_p = \frac{\sum p_1 \left(\frac{q_0 + q_1}{2}\right)}{\sum p_0 \left(\frac{q_0 + q_1}{2}\right)} = \frac{\sum p_1 (q_0 + q_1)}{\sum p_0 (q_0 + q_1)} \tag{10-9}$$

此公式的思想又可用于计算综合物量指数,其计算公式为

$$\overline{K}_q = \frac{\sum q_1 \left(\frac{p_0 + p_1}{2}\right)}{\sum q_0 \left(\frac{p_0 + p_1}{2}\right)} = \frac{\sum q_1 (p_0 + p_1)}{\sum q_0 (p_0 + p_1)} \tag{10-10}$$

2. 费雪理想指数公式

1911年,美国统计学家费雪(Irving Fisher)提出了交叉计算公式,即拉氏与派氏公式的几何平均公式。

质量指标指数:

$$\overline{K}_p = \sqrt{\frac{\sum p_1 q_0}{\sum p_0 q_0} \times \frac{\sum p_1 q_1}{\sum p_0 q_1}} \tag{10-11}$$

数量指标指数:

$$\overline{K}_q = \sqrt{\frac{\sum q_1 p_0}{\sum q_0 p_0} \times \frac{\sum q_1 p_1}{\sum q_0 p_1}} \tag{10-12}$$

式(10-11)和式(10-12)之所以被费雪称为"理想公式",是因为能满足他提出的对指数公式测验的一些重要要求。这个方法在国际对比中得到了广泛应用。

10.3 平均指数

在总指数中,除综合指数外,还经常采用平均指数。平均指数的主要特点是,它是以个体指数为基础,通过将个体指数进行平均得到的总指数,即先对比,后综合。从计算方法上看,平均指数与一般平均数的计算方法相同。不同的是,平均指数是以个体指数为变量求平均数,指数具有平均数的性质,在平均指数中表现得最为清楚。总体中的不同个体的重要程度不同,因此,在平均指数的编制中需要对个体指数进行加权。根据平均指数的形式不同,平均指数可以分为加权算术平均指数和加权调和平均指数,下面分别予以介绍。

10.3.1 加权算术平均指数

定义 10.11 加权算术平均指数是以个体指数为基础,按加权算术平均法计算的总指数,一般以基期总值加权的算术平均指数最为常用。

加权算术平均指数的计算公式如下。

数量指标指数:

$$\bar{K}_q = \frac{\sum k_q q_0 p_0}{\sum q_0 p_0} = \frac{\sum q_1 p_0}{\sum q_0 p_0} \tag{10-13}$$

质量指标指数:

$$\bar{K}_p = \frac{\sum k_p q_0 p_0}{\sum q_0 p_0} = \frac{\sum p_1 q_0}{\sum p_0 q_0} \tag{10-14}$$

式中,$k_q = \frac{q_1}{q_0}$ 为数量指标的个体指数;$k_p = \frac{p_1}{p_0}$ 为个体价格指数;p 为价格;q 为销售量;$p_0 q_0$ 为基期销售额。

10.3.2 加权调和平均指数

定义 10.12 加权调和平均指数是以个体指数为基础,按加权调和平均法计算的总指数,一般以报告期总值加权的调和平均指数最为常用。

加权调和平均指数的计算公式如下。

数量指标指数:

$$\bar{K}_q = \frac{\sum q_1 p_1}{\sum \frac{1}{k_q} q_1 p_1} = \frac{\sum q_1 p_1}{\sum q_0 p_1} \tag{10-15}$$

质量指标指数:

$$\bar{K}_p = \frac{\sum q_1 p_1}{\sum \frac{1}{k_p} q_1 p_1} = \frac{\sum q_1 p_1}{\sum q_1 p_0} \tag{10-16}$$

从式(10-13)~式(10-16)可以看出,平均指数是综合指数的变形。根据一般原则确定的数量指标综合指数公式和质量指标综合指数公式如下。

数量指标综合指数:

$$\overline{K}_q = \frac{\sum q_1 p_0}{\sum q_0 p_0}$$

质量指标综合指数:

$$\overline{K}_p = \frac{\sum p_1 q_1}{\sum p_0 q_1}$$

为了使平均指数与相应的综合指数一致,在计算数量指标平均指数时,一般使用式(10-13);在计算质量指标平均指数时,一般使用式(10-16)。

综上可以得出作为综合指数变形的平均指数应用的一般法则:计算数量指标指数,应采用以基期的总量指标($p_0 q_0$)为权数的加权算术平均指数形式;计算质量指标指数,应采用以报告期的总量指标($p_1 q_1$)为权数的加权调和平均指数形式。

【例10-3】 已知某商店四种主要商品的价格个体指数和销售量个体指数及有关销售额资料如表10-3所示。求四种商品价格和销售量的平均指数。

表10-3 主要商品个体指数及销售额资料

商品名称	个体物价指数 $k_p = \frac{p_1}{p_0}/\%$	个体物量指数 $k_q = \frac{q_1}{q_0}/\%$	销售额/元 基期 $p_0 q_0$	销售额/元 报告期 $p_1 q_1$
甲	125.00	120.00	7 600	11 400.0
乙	110.00	110.00	1 200	1 452.0
丙	90.00	150.00	1 600	2 160.0
丁	105.00	90.00	1 500	1 417.5
合计			11 900	16 429.5

解:四种商品销售量平均指数,采用加权算术平均法来计算。

$$\overline{K}_q = \frac{\sum k_q p_0 q_0}{\sum p_0 q_0}$$

$$= \frac{120\% \times 7\,600 + 110\% \times 1\,200 + 150\% \times 1\,600 + 90\% \times 1\,500}{11\,900} \approx 119.24\%$$

计算表明,四种商品销售量报告期比基期平均增长19.24%。

四种商品物价平均指数,采用加权调和平均法来计算。

$$\overline{K}_p = \frac{\sum q_1 p_1}{\sum \frac{1}{k_p} q_1 p_1}$$

$$= \frac{16\,429.5}{\frac{11\,400}{125\%} + \frac{1\,452}{110\%} + \frac{2\,160}{90\%} + \frac{1\,417.5}{105\%}}$$

$$\approx 115.78\%$$

计算表明,四种商品价格报告期比基期平均上升15.78%。

可见,采用平均指数的形式来计算总指数,可以在很大程度上方便统计分析工作。只要有反映某种商品价格或数量的个体变动程度数据及其总量指标数据时,即可计算总指数,而不必毫无遗漏地掌握每一种商品基期和报告期的价格和数量。采用平均指数方法计算总指数可以使资料搜集和计算过程简化,因此平均指数方法应用得较普遍。

10.3.3 固定权数的平均指数

作为综合指数变形的加权算术平均指数和调和加权平均指数,分别以 p_0q_0 和 p_1q_1 作为权数。在实践中,还经常使用固定权数 ω,它是经过调整计算的不变权数(常用比重表示)。固定权数的平均指数公式如下。

数量指标指数:

$$\bar{K}_q = \frac{\sum k_q \omega}{\sum \omega} \tag{10-17}$$

质量指标指数:

$$\bar{K}_p = \frac{\sum k_p \omega}{\sum \omega} \tag{10-18}$$

固定权数的平均指数形式,在国内外的指数实践中得到广泛的应用。我国的商品零售价格指数、农副产品收购价格指数、职工生活费指数,以及西方国家的工业生产指数、消费品价格指数等,都是用固定权数的平均指数形式编制的。固定权数的平均指数形式应用起来比较方便,一经取得权数资料,便可以在相对较长时间(一年、五年甚至十年)内使用,这就大大减少了工作量。同时,在不同时期内采用同样的权数,可比性强,有利于指数数列的分析。固定权数资料可以根据有关的普查或抽样调查或全面统计报表资料调整计算确定。

10.4 指数体系与因素分析

10.4.1 指数体系的概念

指数之间的联系是社会经济现象联系的反映,可以表现为指标之间的数量关系。

指数体系的概念有广义和狭义两种理解。

定义10.13 从广义上说,指数体系是指由若干个经济上具有一定联系的指数所构成的一个整体。

现象之间的联系是多种多样的,因此,指数间相互联系的形式也是多种多样的。

定义10.14 从狭义上说,指体系是指若干个有联系的指数之间存在的某种数量关系式。

一般来说,一个总量指标指数等于若干个(两个或以上)因素指数的乘积。常见的指数体系如下:

销售额指数=销售量指数×销售价格指数
产品总成本指数=单位产品成本指数×产量指数
材料消耗总额指数=产品产量指数×材料单耗指数×材料单价指数

从以上列举的指数体系中可以看出,它是由三个指数构成的。等式左边的指数,如销售额指数、产品总成本指数和材料消耗总额指数,都用于反映某种可以直接合计的总量指标的变动,这类指数称为总量指标指数,总量指标指数是指数体系分析的对象之一。等式右边是由两个或两个以上指数构成的,这些指数是影响总量指标指数变动的主要因素,也称为因素指数。

指数体系中各指数之间的数量对等关系的依据是现象间客观上存在的经济联系,这种经济联系表现为指标间的数量对等关系。上述三个指数的依据是如下三组指标间的关系。

销售额=销售量×销售价格

产品总成本=产品单位成本×产量

材料消耗总额=产品产量×材料单耗×材料单价

可见,指数体系都是建立在相关指标之间的内在联系上的,因而具有明显的经济意义。

10.4.2 指数体系的作用

指数体系的主要作用表现在以下三个方面。

(1) 对经济现象进行因素分析,测定某一现象的总变动中各相关因素影响作用的方向、影响的程度,分析现象变动的具体原因。无论是简单经济现象总体的总变动还是复杂经济现象总体的总变动,无论是总量指标的总变动还是平均指标或相对指标的总变动,都可以利用指数体系的方法进行因素分析。

(2) 根据指数体系推算指数。出于各种原因,我们有时很难直接获得某些指数,这就需要根据该项指数与其他相关指数所形成的指数体系,根据已知的相关指数的数值,进行间接推算。

(3) 指数体系对编制单个综合指数有指导意义。在编制综合指数时,在确定同度量因素的时期时,就应考虑指数体系的要求。例如,在编制质量指标指数时,确立了以报告期数量指标为同度量因素,那么,考虑到指数体系的要求,在编制数量指标指数时,则应选取基期质量指标为同度量因素。

10.4.3 总量变动的因素分析

总量变动因素分析的方法有多种,一般应用较多的是通过建立指数体系进行因素分析的方法。分析的对象是总量指标,它是若干个因素指标的乘积,分析的依据是指数体系,分析的目的是测定几个因素的变动对总量指标影响的方向与影响程度。按照指数体系包含因素的多少,因素分析可以分为两因素分析法和多因素分析法。本节仅介绍两因素分析法,下面通过例题来说明总量变动两因素分析的步骤和方法。

【例 10-4】 某企业商品销售量、价格及销售额资料如表 10-4 所示,计算销售额的变动程度,并分析销售量与价格的变动分别对销售额变动的影响。

表 10-4 某企业商品销售量、价格及销售额计算表

商品名称	计量单位	销售量		价格/元		销售额/元		
		q_0	q_1	p_0	p_1	$q_0 p_0$	$q_1 p_1$	$q_1 p_0$
帽子	顶	200	140	68	70	13 600	9 800	9 520
上衣	件	460	500	300	320	138 000	160 000	150 000
皮鞋	双	120	180	240	200	28 800	36 000	43 200
合计	—	—	—	—	—	180 400	205 800	202 720

解：商品销售额指数可分解为销售量指数和价格指数。三者的关系为

$$\frac{\sum p_1q_1}{\sum p_0q_0}=\frac{\sum p_0q_1}{\sum p_0q_0}\times\frac{\sum p_1q_1}{\sum p_0q_1}$$

$$\sum p_1q_1-\sum p_0q_0=\left(\sum p_0q_1-\sum p_0q_0\right)+\left(\sum p_1q_1-p_0q_1\right)$$

运用这个指数体系对上述的销售额变动分析如下。

(1) 计算销售额指数。

$$销售额指数=\frac{\sum q_1p_1}{\sum q_0p_0}=\frac{205\,800}{180\,400}\approx 114.08\%$$

销售额报告期比基期增加的绝对额：

$$\sum q_1p_1-\sum q_0p_0=205\,800-180\,400=25\,400(元)$$

计算结果表明,销售额的变动是销售量和价格两因素变动作用的结果。

(2) 销售量变动的影响：

$$销售量指数=\frac{\sum q_1p_0}{\sum q_0p_0}=\frac{202\,720}{180\,400}=112.37\%$$

销售量的增长使销售额增加的绝对额：

$$\sum q_1p_0-\sum q_0p_0=202\,720-180\,400=22\,320(元)$$

(3) 计算价格变动的影响。

$$价格指数=\frac{\sum p_1q_1}{\sum p_0q_1}=\frac{205\,800}{202\,720}=101.52\%$$

价格提高使销售额增加的绝对额：

$$\sum p_1q_1-\sum p_0q_1=205\,800-202\,720=3\,080(元)$$

(4) 三个指数之间的联系如下。

相对数分析：

$$114.08\%=112.37\%\times 101.52\%$$

绝对数分析：

$$25\,400(元)=22\,320(元)+3\,080(元)$$

以上指数体系说明了该商场三种商品销售额报告期比基期增加14.08%,是销售量提高12.37%和销售价格提高1.52%两个因素共同影响的结果。由于销售量的增加而增加的销售额为22 320元,由于价格提高而增加的销售额为3 080元,两个因素共同作用使销售额总共提高25 400元。

以上分析方法可以推广到多个因素指数的分析方面,具体内容在此从略。

10.4.4 平均指标变动的因素分析

平均指标指数是两个平均指标在不同时间上对比的相对指标指数。平均工资指数、平均单位成本指数和平均劳动生产率指数等都属于平均指标指数。

在分组条件下,平均指标的大小取决于各变量值(x)与权数(f)的大小,其中权数的作

用实质上是由各组单位数在总体单位数中所占的比重决定的,即由 $\dfrac{f}{\sum f}$ 决定。平均指标因素分析,就是分析这两个因素对总平均指标变动的影响。平均指标指数可用计算公式表示为

$$\overline{K}_{\bar{x}} = \dfrac{\bar{x}_1}{\bar{x}_0} = \dfrac{\dfrac{\sum x_1 f_1}{\sum f_1}}{\dfrac{\sum x_0 f_0}{\sum f_0}} = \dfrac{\sum x_1 \dfrac{f_1}{\sum f_1}}{\sum x_0 \dfrac{f_0}{\sum f_0}} \tag{10-19}$$

式中,$\overline{K}_{\bar{x}}$ 为平均指标指数(可变构成指数);$\bar{x}_1, \bar{x}_0$ 分别为报告期和基期的平均指标;x_1, x_0 分别为报告期和基期的变量值;f_1, f_0 分别为报告期和基期的组次数或权数。

从式(10-19)中可以看出,在平均指标指数中,同时包括各组变量值(x)和组的权数比重 $\left(\dfrac{f}{\sum f}\right)$ 这两个因素的变动。统计上将包括这两个因素变动的平均指标指数,称为可变构成指数,简称可变指数。可变构成指数包含各组变量值(x)和组的权数比重 $\left(\dfrac{f}{\sum f}\right)$ 两个因素,要观察其中一个因素的变动情况,只有将另一个因素固定下来。如何来固定?应固定在哪个时期?要解决这些问题,我们首先得明确各组变量值(x)和组的权数比重 $\left(\dfrac{f}{\sum f}\right)$ 的性质。在实际工作中,在统计资料分组条件下,x 所代表的是各组的标志值,应是质量指标;而(f)代表的是各组的次数或权数,应是数量指标。各组次数的结构,即组的权数比重 $\left(\dfrac{f}{\sum f}\right)$ 虽然是一个结构相对数,但它是次数(f)的变形,在可变构成指数分析中作为数量指标来考虑是不容置疑的,且符合实际情况。根据综合指数的编制原则,编制质量指标指数时要以报告期的数量指标作为同度量因素;编制数量指标指数时要以基期的质量指标为同度量因素。因此,可以将构成可变构成指数的因素指数编制如下。

为了反映各组变量水平(x)的变动程度,消除各组单位数在总体中所占比重 $\left(\dfrac{f}{\sum f}\right)$ 的变化影响,则应将比重因素 $\left(\dfrac{f}{\sum f}\right)$ 固定在报告期,即固定在 $\dfrac{f_1}{\sum f_1}$。这种将总体的结构因素固定不变来测定各组变量值的变动程度的指数就叫作固定构成指数。其编制方法与上述编制质量指标指数相同,计算公式为

$$\text{固定构成指数} = \dfrac{\dfrac{\sum x_1 f_1}{\sum f_1}}{\dfrac{\sum x_0 f_1}{\sum f_1}} = \dfrac{\sum x_1 \dfrac{f_1}{\sum f_1}}{\sum x_0 \dfrac{f_1}{\sum f_1}} \tag{10-20}$$

如果使各组变量水平(x)固定不变,反映总体结构变动,即各组单位数占总体的比重 $\left(\dfrac{f}{\sum f}\right)$ 的变动程度,则应将变量值(x)固定在基期,即固定在 x_0。这种将各组变量水平固

定不变来测定总体结构变动程度的指数,就叫作结构影响指数。其编制方法同编制数量指标指数的方法相同。其计算公式为

$$结构影响指数 = \frac{\frac{\sum x_0 f_1}{\sum f_1}}{\frac{\sum x_0 f_0}{\sum f_0}} = \frac{\sum x_0 \times \frac{f_1}{\sum f_1}}{\sum x_0 \times \frac{f_0}{\sum f_0}} \tag{10-21}$$

从上述可变构成指数、固定构成指数和结构影响指数的编制中,可以看出三个指数的数量对比关系具有密切的联系,它们组成了平均指标指数的指数体系,即

$$\frac{\bar{x}_1}{\bar{x}_0} = \frac{\frac{\sum x_1 f_1}{\sum f_1}}{\frac{\sum x_0 f_0}{\sum f_0}} = \frac{\frac{\sum x_1 f_1}{\sum f_1}}{\frac{\sum x_0 f_1}{\sum f_1}} \times \frac{\frac{\sum x_0 f_1}{\sum f_1}}{\frac{\sum x_0 f_0}{\sum f_0}}$$

可变构成指数 = 固定构成指数 × 结构影响指数

三种指数的绝对数,也存在以下的关系:

$$\bar{x}_1 - \bar{x}_0 = \frac{\sum x_1 f_1}{\sum f_1} - \frac{\sum x_0 f_0}{\sum f_0}$$

$$= \left(\frac{\sum x_1 f_1}{\sum f_1} - \frac{\sum x_0 f_1}{\sum f_1} \right) + \left(\frac{\sum x_0 f_1}{\sum f_1} - \frac{\sum x_0 f_0}{\sum f_0} \right)$$

总平均数的增长额 = 各组变量值的变动对总平均数的影响额
　　　　　　　　 + 结构的变动对总平均数的影响额

下面举例说明平均指标指数因素分析方法的应用。

【例 10-5】 某企业的职工人数及工资资料如表 10-5 所示,试分析该企业职工总平均工资的变动及受各因素的影响。

表 10-5　某企业的职工人数及工资资料

职工组别	职工人数/人		平均工资/元		工资总额/元		
	f_0	f_1	x_0	x_1	$x_0 f_0$	$x_1 f_1$	$x_0 f_1$
甲	400	1 000	1 000	1 150	400 000	1 150 000	1 000 000
乙	600	600	1 200	1 300	720 000	780 000	720 000
合计	1 000	1 600	—	—	1 120 000	1 930 000	1 720 000

解:

(1) 总平均工资变动:

$$总平均工资指数 = \frac{\frac{\sum x_1 f_1}{\sum f_1}}{\frac{\sum x_0 f_0}{\sum f_0}} = \frac{\frac{1\,930\,000}{1\,600}}{\frac{1\,120\,000}{1\,000}} = \frac{1\,206.25}{1\,120} \approx 107.7\%$$

总平均工资变动的绝对额：

$$\frac{\sum x_1 f_1}{\sum f_1} - \frac{\sum x_0 f_0}{\sum f_0} = 1\,206.25 - 1\,120 = 86.25(元)$$

(2) 组平均工资变动对总平均工资的影响：

$$固定构成指数 = \frac{\dfrac{\sum x_1 f_1}{\sum f_1}}{\dfrac{\sum x_0 f_1}{\sum f_1}} = \frac{\dfrac{1\,930\,000}{1\,600}}{\dfrac{1\,720\,000}{1\,600}} = \frac{1\,206.25}{1\,075.0} \approx 112.2\%$$

组平均工资的增长使总平均工资增加的绝对额：

$$\frac{\sum x_1 f_1}{\sum f_1} - \frac{\sum x_0 f_1}{\sum f_1} = 1\,206.25 - 1\,075.0 = 131.25(元)$$

(3) 职工人数结构变动对总平均工资的影响：

$$结构影响指数 = \frac{\dfrac{\sum x_0 f_1}{\sum f_1}}{\dfrac{\sum x_0 f_0}{\sum f_0}} = \frac{\dfrac{1\,720\,000}{1\,600}}{\dfrac{1\,120\,000}{1\,000}} = \frac{1\,075}{1\,120} \approx 95.98\%$$

职工人数内部结构(比重)的变动,即工资水平较低的甲组工人数的比重从40%增加到62.5%,而工资水平较高的乙组工人数的比重从60%降到37.5%,从而影响该企业的总平均工资相对下降4.02%。其下降的绝对额为

$$\frac{\sum x_0 f_1}{\sum f_1} - \frac{\sum x_0 f_0}{\sum f_0} = 1\,075 - 1\,120 = -45(元)$$

(4) 三个指数之间的联系：
相对数
$$107.7\% = 112.2\% \times 95.98\%$$
绝对数
$$86.25(元) = 131.25(元) + (-45)(元)$$

以上计算结果表明：该企业职工总的平均工资上升7.7%,增加绝对额是86.25元。其中,组平均工资上升12.2%使总平均工资增加131.25元；工人内部结构发生变动使总平均工资下降4.02%,其下降的绝对额为45元。从分析中可以看出,该企业总平均工资的上升,主要是组平均工资上升导致的。

10.5 几种常用的价格指数

统计指数在现实经济生活中的用途非常广泛,本节将介绍几种常见的价格指数。

10.5.1 商品零售价格指数

商品零售价格指数是反映城乡商品零售价格变动趋势的一种经济指数,它从侧面对上述经济活动进行观察和分析。

商品零售价格指数采用固定权数的加权算术平均指数公式计算。每年根据住户调查资料调整一次权数。每种商品的个体指数采用代表规格品的平均价格计算,其加权算术平均指数公式为

$$\overline{K}_p = \sum k_p \frac{\omega}{\sum \omega}$$

式中,$k_p = \frac{p_1}{p_0}$,为各种代表规格品个体物价指数;$\frac{w}{\sum w}$ 为各种代表规格品所代表的商品零售额的比重(固定权数)。

我国编制商品零售价格指数时,全国统一规定了商品分类。全部商品分为十四大类,分别是食品类、饮料烟酒类、服装鞋帽类、纺织品类、中西药类、化妆品类、书报杂志类、文体用品类、日用品类、家用电器类、首饰类、燃料类、建材类、机电类。每个大类又分若干中类,中类再分若干小类,每个小类包括若干商品。各大类、中类、小类中各部分零售额比重之和均等于100%。这样,各小类的加权平均指数便是中类的指数,各中类的加权平均指数便是大类的指数,各大类的加权平均指数就是总指数,即商品零售价格指数。

10.5.2 居民消费价格指数

居民消费价格指数是反映一定时期内,城乡居民所购买的生活消费品价格和服务项目价格变动趋势和程度的相对数,是对城乡居民消费价格指数进行综合汇总计算的结果,通常简记为 CPI(Consumer Price Index)。该指数可以用于分析市场物价的基本动态,对于各级部门研究并制定居民消费价格政策、工资政策,以及测定通货膨胀等,具有重要的现实意义。

编制居民消费价格指数所使用的商品是由居民用于日常生活消费的全部商品和服务项目构成。具体包括食品、衣着、家庭设备及用品、医疗保健、交通和通信、娱乐教育和文化用品、居住、服务项目八大类商品及服务项目。在每大类中又分为若干中类,在每中类中又可分为若干小类,在每小类中又可分为具体商品。目前,国家统计局规定的统计调查消费品和服务项目有325种,各地可以根据实际情况适当增加调查品种,但增选商品不得超过45种。

编制居民消费价格指数的类权数和大部分商品与服务项目的权数是根据住户调查中居民的实际消费构成计算的。

居民消费价格指数的编制与零售价格指数的计算公式相同,也是采用固定权数的加权算术平均指数来编制的。但两者也有区别,主要表现在以下几个方面。

(1) 编制的角度不同。零售价格指数是从商品卖方的角度出发,着眼于零售市场,观察零售商品的平均价格水平及其对社会经济的影响;居民消费价格指数是从商品买方的角度出发,着眼于人民生活,观察居民生活消费品及服务项目价格的变动对城乡居民生活的影响。

(2) 包括范围不同。它主要体现在两者所包括的项目和具体商品的不同上。零售价格指数分 14 个大类,它既包括生活消费品,又包括建筑装潢材料和机电产品等,但它不包括非商品形态的服务项目。居民消费价格指数分八大类,它既包括生活消费品,又包括服务项目。

10.5.3 股票价格指数

股票价格指数(简称股价指数),是反映挂牌交易的多种股票价格综合变动程度与趋势的经济指数,不仅可以作为股票投资者证券投资决策的重要依据,还能正确地反映一个国家或地区经济的变动发展趋势。

在同一个证券交易所,根据入编股价指数的样本股的范围和类型不同,可编制多种类型的股票价格指数,编制方法上,都是采用综合指数的形式编制,其计算公式为

$$\overline{K}_p = \frac{\sum p_1 q}{\sum p_0 q}$$

式中,p 为样本股票价格;q 为相应股票的发行量,它可以固定在基期,也可以固定在报告期,还可以采用一个固定的权数资料。例如,中国香港恒生指数包括从香港 500 多家上市公司中挑选出来的 33 家有代表性并且经济实力雄厚的大公司股票作为成分股,具有较强的代表性。恒生股票价格指数的编制是以 1964 年 7 月 31 日为基期,基点为 100 点。其计算方法是将 33 种股票按每天的收盘价乘以各自的发行股数为计算日的市值,再与基期的市值相比,乘以 100 就得到当天的股票价格指数。恒生股票价格指数所选择的基期恰当,因此,无论股票市场的起伏多大,恒生股票价格指数基本上都能反映整个股市的运行状况。

10.5.4 农副产品收购价格指数

农副产品收购价格指数是用来反映各种农副产品收购价格综合变动程度与趋势的指数。农副产品收购价格的高低直接关系到农民收入的增减,影响到农业生产的发展。农副产品收购价格的变动对工业生产、市场物价总水平及居民生活都会产生影响。

我国农副产品收购价格指数的编制方法:从粮食、经济作物、竹木材、工业用油漆、禽畜产品、蚕茧蚕丝、干鲜果、干鲜菜及调味品、药材、土副产品和水产品 11 大类农副产品中选择 276 种主要产品,以它们各自的报告期收购额作为权数,经过加权调和平均计算得到各类别的农副产品收购价格指数和农副产品收购价格总指数,计算公式如下:

$$K_p = \frac{\sum q_1 p_1}{\sum \frac{1}{k_p} q_1 p_1}$$

式中,k_p 为入编指数的各种农副产品的价格个体指数。

小　　结

从广义上讲,凡是表明简单现象和复杂现象总体数量变动的相对数都是指数;从狭义上讲,指数仅是反映复杂现象总体数量综合变动的相对数。

按指数所反映对象的范围不同,分为个体指数和总指数;按指数所反映的统计指标的性质不同,分为数量指标指数和质量指标指数;按指数计算时采用的基期不同分为定基指数和环比指数。

狭义的统计指数就是总指数,计算总指数有两种方法:一种是综合指数方法;另一种是平均指数方法。综合指数方法是计算总指数的基本方法,特点是先综合,后对比。平均指数方法的主要特点是,它是以个体指数为基础,通过将个体指数进行平均得到的总指数,即先对比,后综合,根据平均指数的形式不同,又可以分为算术平均指数和调和平均指数。

指数体系的概念有广义和狭义两种理解。从广义上说,指数体系是指由若干个经济上具有一定联系的指数所构成的一个整体;从狭义上说,指数体系是指若干个有联系的指数之间存在的某种数量关系式。按照指数体系包含因素的多少,因素分析可以分为两因素分析法和多因素分析法。

统计指数在现实经济生活中的用途非常广泛,常见的几种价格指数有商品零售价格指数、居民消费价格指数、股票价格指数、农副产品收购价格指数。

习 题

一、填空题

1. 某百货公司 2019 年与 2018 年相比,各种商品零售总额上涨了 25%,零售量上涨了 10%,则零售价格增长了_____。
2. 编制数量指标指数时,通常要以_____为同度量因素;而编制质量指标指数时,通常要以_____为同度量因素。
3. 统计指数按其反映对象的范围不同,可分为_____和_____。
4. 只有当加权算术平均指数的权数为_____时,才与拉氏质量指标指数等价。
5. 只有当加权调和平均指数的权数为_____时,才与派氏质量指标指数等价。
6. 物价上涨后,同样多的人民币只能购买原有商品的 80%,则物价上涨了_____。
7. 可变构成指数既受_____变动的影响,也受_____变动的影响。

二、单项选择题

1. 当平均工资指数下降 1.72%,各组工资水平提高 9.62%时,工人结构影响指数为(   )。
   A. 增长 11.54%   B. 增长 18.11%   C. 下降 11.34%   D. 下降 10.34%
2. 同度量因素的使用时期必须是(   )。
   A. 报告期   B. 基期   C. 同一时期   D. 计划期
3. 在使用基期价格为同度量因素计算商品销售量指数时,(   )。
   A. 消除了价格变动的影响
   B. 包含了价格变动的影响
   C. 包含了价格与销售量共同变动的影响
   D. 消除了价格与销售量共同变动的影响
4. 某销售公司销售额 2019 年较 2018 年上升 21%,同期销售量指数为 116%,则销售价格指数是(   )。
   A. 5%   B. 115%   C. 104%   D. 105%

5. 以报告期价值总量为权数的加权平均数指数在计算形式上采取（ ）。
   A. 算术平均数形式 B. 调和平均数形式
   C. 综合指数形式　 D. 几何平均形式

6. 下列指数中（ ）为拉氏物量指数。
   A. $\dfrac{\sum p_0 q_1}{\sum p_0 q_0}$ B. $\dfrac{\sum p_1 q_1}{\sum p_1 q_0}$ C. $\dfrac{\sum p_1 q_0}{\sum p_0 q_0}$ D. $\dfrac{\sum p_1 q_1}{\sum p_0 q_1}$

7. 下列指数中（ ）为派氏价格指数。
   A. $\dfrac{\sum p_0 q_1}{\sum p_0 q_0}$ B. $\dfrac{\sum p_1 q_1}{\sum p_1 q_0}$ C. $\dfrac{\sum p_1 q_0}{\sum p_0 q_0}$ D. $\dfrac{\sum p_1 q_1}{\sum p_0 q_1}$

8. 某工厂总生产费用，今年比上年上升50%，产量增加25%，那么产品单位成本平均提高了（ ）。
   A. 2%　　B. 25%　　C. 75%　　D. 20%

9. 只有以（ ）作动态比较才能分解出固定构成指数和结构影响指数。
   A. 简单算术平均数　 B. 加权几何平均数
   C. 加权调和平均数　 D. 加权算术平均数

10. 若某企业报告期生产费用为1 000万元，比上期增长18%，扣除产量因素，单位产品成本比基期下降了5%，则产量比基期上涨（ ）。
    A. 24.2%　 B. 23%　 C. 13%　 D. 9%

11. 如果产值增加50%，职工人数增加20%，则全员劳动生产率将增长（ ）。
    A. 25%　　B. 30%　　C. 70%　　D. 150%

12. 某商品价格发生变化，现在的100元只值原来的90元，则价格指数为（ ）。
    A. 10%　　B. 90%　　C. 110%　　D. 111%

13. 编制综合指数数量指标指数时，其同度量因素最好固定在（ ）。
    A. 报告期　 B. 基期　 C. 计划期　 D. 任意时期

14. 在分析总平均指标变动时，若各组单位数的比重没有变化，则结构影响指数的数值（ ）。
    A. 与固定构成指数的值一样　 B. 与可变构成指数的值一样
    C. 等于0　 D. 等于100%

15. 编制商品零售价格指数的基本方法是采用（ ）。
    A. 固定权数的算术平均指数形式　 B. 不固定权数的算术平均指数形式
    C. 固定权数的调和平均指数形式　 D. 不固定权数的调和平均指数形式

三、多项选择题

1. 在由两个因素构成的综合指数体系中，为使总量指数等于各因素指数的乘积，两个因素指数（ ）。
   A. 必须都是数量指数　 B. 必须都是质量指数
   C. 数量指数和质量指数各为一个　 D. 权数必须是同一时期
   E. 权数必须是不同时期

2. 在指数体系中,总指数与各因素指数之间的关系是（　　）。
   A. 总指数等于各因素指数之和
   B. 总指数等于各因素指数之商
   C. 总指数等于各因素指数之积
   D. 总量的变动差额等于各因素变动差额之和
   E. 总量的变动差额等于各因素变动差额之积

3. 某商业企业2019年与2018年相比,各种商品价格总指数为110%,这说明（　　）。
   A. 商品零售价格平均上涨了10%
   B. 商品零售额平均上涨了10%
   C. 商品零售量平均上涨了10%
   D. 价格提高使商品销售额上涨了10%
   E. 价格提高使商品销售额下降了10%

4. 平均指标指数体系是由（　　）组成。
   A. 调和平均指数　　B. 总指数　　C. 可变构成指数　　D. 固定构成指数
   E. 结构影响指数

5. 职工平均工资上调8%,职工人数减少了10%,则（　　）。
   A. 平均工资指数为108%　　　　　　B. 职工人数指数为90%
   C. 工资总额少支付2.8%　　　　　　D. 工资总额减少2%
   E. 工资总额指数＝8%×10%＝0.8%

6. 加权调和平均数指数是一种（　　）。
   A. 平均指数　　　　　　　　　　　B. 平均指标指数
   C. 综合指数　　　　　　　　　　　D. 个体指数的平均数
   E. 总指数

7. 某企业2019年与2018年相比,各种产品的单位成本指数为114%,这一个相对数属于（　　）。
   A. 总指数　　　　B. 个体指数　　C. 数量指标指数　　D. 价值总量指数
   E. 质量指标指数

8. 根据五种产品基期和报告期的生产费用、单位产品成本的个体指数资料编制的五种产品成本指数属于（　　）。
   A. 综合指数　　　　　　　　　　　B. 加权平均数指数
   C. 总指数　　　　　　　　　　　　D. 加权调和平均数指数
   E. 加权算术平均数指数

9. 如果用某企业职工人数和劳动生产率的分组资料进行分析,那么该企业总平均劳动生产率变动主要受（　　）。
   A. 企业各类职工人数构成变动的影响
   B. 企业全部职工人数变动的影响
   C. 企业各类职工劳动生产率变动的影响
   D. 企业劳动生产率变动的影响
   E. 企业平均劳动生产率的影响

10. 属于数量指标指数的公式有（　　）。

A. $\dfrac{\sum p_0 q_1}{\sum p_0 q_0}$ B. $\dfrac{\sum \frac{q_1}{q_0} p_0 q_0}{\sum p_0 q_0}$ C. $\dfrac{\sum p_1 q_1}{\sum p_1 q_0}$ D. $\dfrac{\sum p_1 q_1}{\sum \frac{p_1 q_1}{\frac{q_1}{q_0}}}$

E. $\dfrac{\sum p_1 q_1}{\sum p_0 q_1}$

四、简答题

1. 指数通常可以划分为哪几类？
2. 综合指数的特点及编制原则是什么？在编制过程中如何确定同度量因素？
3. 平均指数的特点与综合指数有何不同？
4. 怎样编制平均指数？
5. 简述指数体系的作用。
6. 利用指数因素分析方法如何评价平均指标的变动？

五、计算题

1. 某企业生产四种产品,报告期产量依次为甲产品 1 500 件,乙产品 1 200 套,丙产品 1 200 个,丁产品 1 000 台,基期产量依次为 1 200 件、1 000 套、1 100 个、800 台；报告期出厂价格依次为甲产品 20 元/件、乙产品 30 元/套、丙产品 50 元/个、丁产品 100 元/台,基期出厂价格依次为 25 元/件、36 元/套、60 元/个、150 元/台。

要求：

(1) 计算产量个体指数。

(2) 计算出厂价格个体指数。

2. 某类产品生产实际耗用三种原材料,三种原材料单位产品耗用量和原材料单价分别如下：报告期甲种材料是 10kg、100 元/kg,乙种材料是 15kg、120 元/kg,丙种材料 5kg、200 元/kg；基期依次为甲种材料 8kg、80 元/kg,乙种材料 12kg、110 元/kg,丙种材料 6kg、210 元/kg。

要求：

(1) 计算原材料单耗个体指数。

(2) 计算原材料单价个体指数。

3. 某企业生产情况如表 10-6 所示。

表 10-6　三种原材料单位产品耗用量和原材料单价

产品	价格/千元		产量/台	
	基期	报告期	基期	报告期
甲	5.2	5.6	100	120
乙	6.9	7.2	400	500

要求：

(1) 计算产量个体指数和价格个体指数。

(2) 计算产量总指数和价格总指数。

4．某企业产品成本情况如 10-7 所示。

表 10-7　某企业产品成本情况

产品	计量单位	产量		单位成本/元	
		报告期	基期	报告期	基期
甲	个	350	300	120	100
乙	件	800	720	100	80
丙	台	500	400	105	90

要求：

(1) 计算单位成本个体指数和综合指数。

(2) 计算分析全厂产品总成本变动的原因。

5．三种商品的销售价格比及其销售总额如表 10-8 所示，要求计算销售量总指数。

表 10-8　三种商品的销售价格比及其销售总额

商品名称	单位	销售量指数（2019 年销售量比 2018 年销售量）	2018 年销售额
甲	kg	1.33	30 000
乙	m	1.20	1 000
丙	辆	0.80	10 000

6．三种食品的销售情况如表 10-9 所示，计算三种食品的价格总指数。

表 10-9　三种食品的销售情况

食品	计量单位	本月销售额/元	价格个体指数 $k_p = \dfrac{p_1}{p_0}/\%$
鸡蛋	只	5 000	110
鲤鱼	条	11 000	100
海参	kg	40 000	95

7．某企业技术工人、普通工人月平均工资及工人数如表 10-10 所示，试利用可变构成指数体系进行因素分析。

表 10-10　某企业工人月平均工资及工人数

工人类别	工人数/人		月平均工资/元	
	基期	报告期	基期	报告期
技术工人	33	35	4 000	4 500
普通工人	42	43	2 800	3 100

拓 展 阅 读

1. 王文举,孙菲.我国城乡消费价格指数的关联性分析[J].北京工商大学学报(社会科学版),2017(3):121-126.
2. 王文举,李峰.中国碳市场统一价格指数编制研究[J].学习与探索,2016(7):132-137.
3. 顾海兵,王树娟.国内粮食价格指数的波动性分析和"十三五"预测[J].经济与管理研究,2015(12):26-31.
4. 黄杰敏.基于价格指数及增长率的公司债券利差影响因素实证分析[C]//第十二届中国软学术年会论文集.北京,2016.
5. 翟铁民.我国卫生服务价格指数构建方法与实践[J].中国卫生经济,2017,36(1):63-66.
6. 方来英,桑国卫,岳小林,等.北京市药品价格指数及相关统计分析[J].中华医院管理杂志,2015,31(11):801-808.
7. 王保军.我国消费价格指数与生产价格指数关系研究[J].商业经济研究,2015(23):41-43.
8. 周卫华,董昕.会计盈余、股票指数与经济增长[J].首都经济贸易大学学报,2016(3):11-20.
9. 刘宇桦.我国GDP与股票指数的关系分析[J].现代经济信息,2015(5):1.
10. 陈丽莎,唐旭,马岩.中、美两国股票指数联动性的实证研究[J].金融经济(理论版),2017(2):121-123.

参考文献

[1] 岳朝龙.统计学学习指导[M].北京:中国科学技术大学出版社,2006.
[2] 祝刚.统计学基础[M].四川:西南财经大学出版社,2009.
[3] 陈在余,陶应虎.统计学原理与实务[M].北京:清华大学出版社,2009.
[4] 卜小玲,李洁.统计学原理与实务[M].北京:清华大学出版社,2010.
[5] 龚有容.应用统计学[M].2版.北京:机械工业出版社,2010.
[6] 刘惠,朱启保.新编统计学原理[M].北京:中国科学技术大学出版社,2009.
[7] 袁卫,庞皓,曾五一,等.统计学[M].3版.北京:高等教育出版社,2009.
[8] 卢黎霞,杨厚学,董洪清.统计学[M].四川:西南财经大学出版社,2009.
[9] 贾俊平,何晓群,等.统计学[M].5版.北京:中国人民大学出版社,2012.
[10] 刘思峰,等.应用统计学[M].北京:高等教育出版社,2007.
[11] 胡波,等.新编统计学教程[M].北京:科学出版社,2007.
[12] 向蓉美,王青华,等.统计学[M].北京:机械工业出版社,2013.
[13] 淑芬.应用统计学[M].北京:中国林业出版社,北京大学出版社,2007.
[14] 管于华.统计学[M].北京:高等教育出版社,2009.
[15] 赵振伦,姚文颖.统计学:理论·实务·案例[M].上海:立信会计出版社,2005.
[16] 黄书田,刘娟.国民经济统计概论[M].北京:中国人民大学出版社,2004.
[17] 张德存.统计学[M].2版.北京:科学出版社,2009.
[18] 梁前德.基础统计习题集[M].3版.北京:高等教育出版社,2009.
[19] 李洁明,祁新娥.统计学原理[M].4版.上海:复旦大学出版社,2008.
[20] 赵振伦.统计学——理论·实务·案例[M].上海:立信会计出版社,2005.
[21] 陈晓坤,魏长升.现代统计学[M].北京:清华大学出版社,北京交通大学出版社,2009.
[22] 贾俊平.统计学[M].3版.北京:中国人民大学出版社,2008.
[23] 邓红.统计学基础[M].北京:北京理工大学出版社,2009.
[24] 黄长凌.工商管理统计学[M].北京:清华大学出版社,2009.
[25] 管于华.统计学[M].2版.北京:高等教育出版社,2009.
[26] 陈嗣成,黄书田.《新编统计学原理》指导与题解[M].北京:北京首都经济贸易大学出版社,2005.
[27] 贾俊平.统计学学习指导书[M].3版.北京:中国人民大学出版社,2009.
[28] 贾俊平,郝静,等.统计学案例与分析学习指导书[M].北京:中国人民大学出版社,2010.

附录

有关统计的应用数据

附录1 标准正态分布表

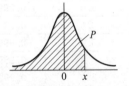

$$\phi(x)=\int_{-\infty}^{x}\frac{1}{\sqrt{2\pi}}\mathrm{e}^{-\frac{x}{2}}\mathrm{d}x=P(X\leqslant x)$$

x	0.00	0.01	0.02	0.03	0.04
0.0	0.500 000	0.503 989	0.507 978	0.511 966	0.515 953
0.1	0.539 828	0.543 795	0.547 758	0.551 717	0.555 670
0.2	0.579 260	0.583 166	0.587 064	0.590 954	0.594 835
0.3	0.617 911	0.621 720	0.625 516	0.629 300	0.633 072
0.4	0.655 422	0.659 097	0.662 757	0.666 402	0.670 031
0.5	0.691 462	0.694 974	0.698 468	0.701 944	0.705 401
0.6	0.725 747	0.729 069	0.732 371	0.735 653	0.738 914
0.7	0.758 036	0.761 148	0.764 238	0.767 305	0.770 350
0.8	0.788 145	0.791 030	0.793 892	0.796 731	0.799 546
0.9	0.815 940	0.818 589	0.821 214	0.823 814	0.826 391
1.0	0.841 345	0.843 752	0.846 136	0.848 495	0.850 830
1.1	0.864 334	0.866 500	0.868 643	0.870 762	0.872 857
1.2	0.884 930	0.886 861	0.888 768	0.890 651	0.892 512
1.3	0.903 200	0.904 902	0.906 582	0.908 241	0.909 877
1.4	0.919 243	0.920 730	0.922 196	0.923 641	0.925 066
1.5	0.933 193	0.934 478	0.935 745	0.936 992	0.938 220
1.6	0.945 201	0.946 301	0.947 384	0.948 449	0.949 497
1.7	0.955 435	0.956 367	0.957 284	0.958 185	0.959 070
1.8	0.964 070	0.964 852	0.965 620	0.966 375	0.967 116
1.9	0.971 283	0.971 933	0.972 571	0.973 197	0.973 810
2.0	0.977 250	0.977 784	0.978 308	0.978 822	0.979 325
2.1	0.982 136	0.982 571	0.982 997	0.983 414	0.983 823
2.2	0.986 097	0.986 447	0.986 791	0.987 126	0.987 455

续表

x	0.00	0.01	0.02	0.03	0.04
2.3	0.989 276	0.989 556	0.989 830	0.990 097	0.990 358
2.4	0.991 802	0.992 024	0.992 240	0.992 451	0.992 656
2.5	0.993 790	0.993 963	0.994 132	0.994 297	0.994 457
2.6	0.995 339	0.995 473	0.995 604	0.995 731	0.995 855
2.7	0.996 533	0.996 636	0.996 736	0.996 833	0.996 928
2.8	0.997 445	0.997 523	0.997 599	0.997 673	0.997 744
2.9	0.998 134	0.998 193	0.998 250	0.998 305	0.998 359
3.0	0.998 650	0.998 694	0.998 736	0.998 777	0.998 817
3.1	0.999 032	0.999 065	0.999 096	0.999 126	0.999 155
3.2	0.999 313	0.999 336	0.999 359	0.999 381	0.999 402
3.3	0.999 517	0.999 534	0.999 550	0.999 566	0.999 581
3.4	0.999 663	0.999 675	0.999 687	0.999 698	0.999 709
3.5	0.999 767	0.999 776	0.999 784	0.999 792	0.999 800
3.6	0.999 841	0.999 847	0.999 853	0.999 858	0.999 864
3.7	0.999 892	0.999 896	0.999 900	0.999 904	0.999 908
3.8	0.999 928	0.999 931	0.999 933	0.999 936	0.999 938
3.9	0.999 952	0.999 954	0.999 956	0.999 958	0.999 959
4.0	0.999 968	0.999 970	0.999 971	0.999 972	0.999 973
4.1	0.999 979	0.999 980	0.999 981	0.999 982	0.999 983
4.2	0.999 987	0.999 987	0.999 988	0.999 988	0.999 989
4.3	0.999 991	0.999 992	0.999 992	0.999 993	0.999 993
4.4	0.999 995	0.999 995	0.999 995	0.999 995	0.999 996
4.5	0.999 997	0.999 997	0.999 997	0.999 997	0.999 997
4.6	0.999 998	0.999 998	0.999 998	0.999 998	0.999 998
4.7	0.999 999	0.999 999	0.999 999	0.999 999	0.999 999
4.8	0.999 999	0.999 999	0.999 999	0.999 999	0.999 999
4.9	1.000 000	1.000 000	1.000 000	1.000 000	1.000 000
x	0.05	0.06	0.07	0.08	0.09
0.0	0.519 939	0.523 922	0.527 903	0.531 881	0.535 856
0.1	0.559 618	0.563 559	0.567 495	0.571 424	0.575 345
0.2	0.598 706	0.602 568	0.606 420	0.610 261	0.614 092
0.3	0.636 831	0.640 576	0.644 309	0.648 027	0.651 732
0.4	0.673 645	0.677 242	0.680 822	0.684 386	0.687 933
0.5	0.708 840	0.712 260	0.715 661	0.719 043	0.722 405
0.6	0.742 154	0.745 373	0.748 571	0.751 748	0.754 903
0.7	0.773 373	0.776 373	0.779 350	0.782 305	0.785 236
0.8	0.802 337	0.805 105	0.807 850	0.810 570	0.813 267
0.9	0.828 944	0.831 472	0.833 977	0.836 457	0.838 913
1.0	0.853 141	0.855 428	0.857 690	0.859 929	0.862 143
1.1	0.874 928	0.876 976	0.879 000	0.881 000	0.882 977
1.2	0.894 350	0.896 165	0.897 958	0.899 727	0.901 475
1.3	0.911 492	0.913 085	0.914 657	0.916 207	0.917 736
1.4	0.926 471	0.927 855	0.929 219	0.935 630	0.931 888

续表

x	0.05	0.06	0.07	0.08	0.09
1.5	0.939 429	0.940 620	0.941 792	0.942 947	0.944 083
1.6	0.950 529	0.951 543	0.952 540	0.953 521	0.954 486
1.7	0.959 941	0.960 796	0.961 636	0.962 462	0.963 273
1.8	0.967 843	0.968 557	0.969 258	0.969 946	0.970 621
1.9	0.974 412	0.975 002	0.975 581	0.976 148	0.976 705
2.0	0.979 818	0.980 301	0.980 774	0.981 237	0.981 691
2.1	0.984 222	0.984 614	0.984 997	0.985 371	0.985 738
2.2	0.987 776	0.988 089	0.988 396	0.988 696	0.988 989
2.3	0.990 613	0.990 863	0.991 106	0.991 344	0.991 576
2.4	0.992 857	0.993 053	0.993 244	0.993 431	0.993 613
2.5	0.994 614	0.994 766	0.994 915	0.995 060	0.995 201
2.6	0.995 975	0.996 093	0.996 207	0.996 319	0.996 427
2.7	0.997 020	0.997 110	0.997 197	0.997 282	0.997 365
2.8	0.997 814	0.997 882	0.997 948	0.998 012	0.998 074
2.9	0.998 411	0.998 462	0.998 511	0.998 559	0.998 605
3.0	0.998 856	0.998 893	0.998 930	0.998 965	0.998 999
3.1	0.999 184	0.999 211	0.999 238	0.999 264	0.999 289
3.2	0.999 423	0.999 443	0.999 462	0.999 481	0.999 499
3.3	0.999 596	0.999 610	0.999 624	0.999 638	0.999 651
3.4	0.999 720	0.999 730	0.999 740	0.999 749	0.999 758
3.5	0.999 807	0.999 815	0.999 822	0.999 828	0.999 835
3.6	0.999 869	0.999 874	0.999 879	0.999 883	0.999 888
3.7	0.999 912	0.999 915	0.999 918	0.999 922	0.999 925
3.8	0.999 941	0.999 943	0.999 946	0.999 948	0.999 950
3.9	0.999 961	0.999 963	0.999 964	0.999 966	0.999 967
4.0	0.999 974	0.999 975	0.999 976	0.999 977	0.999 978
4.1	0.999 983	0.999 984	0.999 985	0.999 985	0.999 986
4.2	0.999 989	0.999 990	0.999 990	0.999 991	0.999 991
4.3	0.999 993	0.999 993	0.999 994	0.999 994	0.999 994
4.4	0.999 996	0.999 996	0.999 996	0.999 996	0.999 996
4.5	0.999 997	0.999 997	0.999 998	0.999 998	0.999 998
4.6	0.999 998	0.999 998	0.999 998	0.999 999	0.999 999
4.7	0.999 999	0.999 999	0.999 999	0.999 999	0.999 999
4.8	0.999 999	0.999 999	0.999 999	0.999 999	0.999 999
4.9	1.000 000	1.000 000	1.000 000	1.000 000	1.000 000

注：本表对于 x 给出的正态分布函数 $\phi(x)$ 的数值。

例如，对于 $x=1.33$，$\phi(x)=0.908\ 241$。

附录2 t 分布表

$P\{t(n) > t_{\alpha(n)}\} = \alpha$

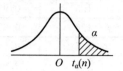

自由度 n	α=2.5	α=0.10	α=0.05	α=0.025	α=0.01	α=0.005
1	1.000 0	3.077 7	6.313 8	12.706 2	31.820 7	63.657 4
2	0.816 5	1.885 6	2.920 0	4.302 7	6.964 6	9.924 8
3	0.764 9	1.637 7	2.353 4	3.182 4	4.540 7	5.840 9
4	0.740 7	1.533 2	2.131 8	2.776 4	3.746 9	4.604 1
5	0.726 7	1.475 9	2.015 0	2.570 6	3.364 9	4.032 2
6	0.717 6	1.439 8	1.943 2	2.446 9	3.142 7	3.707 4
7	0.711 1	1.414 9	1.894 6	2.364 6	2.998 0	3.499 5
8	0.706 4	1.396 8	1.859 5	2.306 0	2.896 5	3.355 4
9	0.702 7	1.383 0	1.833 1	2.262 2	2.821 4	3.249 8
10	0.699 8	1.372 2	1.812 5	2.228 1	2.763 8	2.169 3
11	0.697 4	1.363 4	1.795 9	2.201 0	2.718 1	3.105 8
12	0.695 5	1.356 2	1.782 3	2.178 8	2.681 0	3.054 5
13	0.693 8	1.350 2	1.770 9	2.160 4	2.650 3	3.012 3
14	0.692 4	1.345 0	1.761 3	2.144 8	2.624 5	2.976 8
15	0.691 2	1.340 6	1.753 1	2.131 5	2.602 5	2.946 7
16	0.690 1	1.368 8	1.745 9	2.119 9	2.583 5	2.920 8
17	0.689 2	1.333 4	1.739 6	2.109 8	2.566 9	2.898 2
18	0.688 4	1.330 4	1.734 1	2.100 9	2.552 4	2.878 4
19	0.687 6	1.327 7	1.729 1	2.093 0	2.539 5	2.860 9
20	0.687 0	1.325 3	1.724 7	2.086 0	2.528 0	2.845 3
21	0.684 6	1.323 2	1.720 7	2.079 6	2.517 7	2.831 4
22	0.685 8	1.321 2	1.717 1	2.073 9	2.508 3	2.818 8
23	0.685 3	1.319 5	1.713 9	2.068 7	2.499 9	2.807 3
24	0.684 8	1.317 8	1.710 9	2.063 9	2.492 2	2.796 9
25	0.684 4	1.316 3	1.708 1	2.059 5	2.485 1	2.787 4
26	0.684 0	1.315 0	1.705 6	2.055 5	2.478 6	2.778 7
27	0.683 7	1.313 7	1.703 3	2.051 8	2.472 7	2.770 7
28	0.683 4	1.312 5	1.701 1	2.048 4	2.467 1	2.763 3
29	0.683 0	1.311 4	1.699 1	2.045 2	2.462 0	2.756 4
30	0.682 8	1.310 4	1.697 3	2.042 3	2.457 3	2.750 0
31	0.682 5	1.309 5	1.695 5	2.039 5	2.452 8	2.744 0

续表

自由度 n	$\alpha=2.5$	$\alpha=0.10$	$\alpha=0.05$	$\alpha=0.025$	$\alpha=0.01$	$\alpha=0.005$
32	0.6822	1.3086	1.6939	2.0369	2.4487	2.7385
33	0.6820	1.3077	1.6924	2.0345	2.4448	2.7333
34	0.6818	1.3070	1.6909	2.0322	2.4411	2.7284
35	0.6816	1.3062	1.6896	2.0301	2.4377	2.7238
36	0.6814	1.3055	1.6883	2.0281	2.4543	2.7195
37	0.6812	1.3049	1.6871	2.0262	2.4314	2.7154
38	0.6810	1.3042	1.6860	2.0244	2.4286	2.7116
39	0.6808	1.3036	1.6849	2.0227	2.4258	2.7079
40	0.6807	1.3030	1.6839	2.0211	2.4233	2.7045
41	0.6805	1.3025	1.6829	2.0195	2.4208	2.7012
42	0.6804	1.3020	1.6820	2.0181	2.4185	2.6981
43	0.6802	1.3016	1.6811	2.0167	2.4163	2.6951
44	0.6801	1.3011	1.6802	2.0154	2.4141	2.6923
45	0.6800	1.3006	1.6794	2.0141	2.4121	2.6896

附录3 相关系数 $\rho=0$ 临界值表

$n-2$	5%	1%	$n-2$	5%	1%	$n-2$	5%	1%
1	0.997	1.000	16	0.468	0.590	35	0.325	0.418
2	0.950	0.990	17	0.456	0.575	40	0.304	0.393
3	0.878	0.959	18	0.444	0.561	45	0.288	0.372
4	0.811	0.917	19	0.433	0.549	50	0.273	0.354
5	0.754	0.874	20	0.423	0.537	60	0.250	0.325
6	0.707	0.834	21	0.413	0.526	70	0.232	0.302
7	0.666	0.798	22	0.404	0.515	80	0.217	0.283
8	0.632	0.765	23	0.396	0.505	90	0.205	0.267
9	0.602	0.735	24	0.388	0.496	100	0.195	0.254
10	0.576	0.708	25	0.381	0.487	125	0.174	0.228
11	0.553	0.684	26	0.374	0.478	150	0.159	0.208
12	0.532	0.661	27	0.367	0.470	200	0.138	0.181
13	0.514	0.641	28	0.361	0.463	300	0.113	0.148
14	0.497	0.623	29	0.355	0.456	400	0.098	0.128
15	0.482	0.606	30	0.349	0.449	10000	0.062	0.081

附录 4 F 分布表

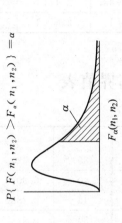

$P\{F(n_1,n_2) > F_\alpha(n_1,n_2)\} = \alpha$

$\alpha\,(\alpha = 0.05)$

n_2 \ n_1	1	2	3	4	5	6	7	8	9	10	12	15	20	24	30	40	60	120	∞
1	161.45	199.50	215.71	224.58	230.16	233.99	236.77	238.88	240.54	241.88	243.91	245.95	248.01	249.05	250.10	251.14	252.20	253.25	254.31
2	18.513	19.000	19.164	19.247	19.296	19.330	19.353	19.371	19.385	19.396	19.413	19.429	19.446	19.454	19.462	19.471	19.479	19.487	19.496
3	10.128	9.5521	9.2766	9.1172	9.0135	8.9406	8.8867	8.8452	8.8123	8.7855	8.7446	8.7029	8.6602	8.6385	8.6166	8.5944	8.5720	8.5494	8.5264
4	7.7086	6.9443	6.5914	6.3882	6.2561	6.1631	6.0942	6.0410	5.9988	5.9644	5.9117	5.8578	5.8025	5.7744	5.7459	5.7170	5.6877	5.6581	5.6281
5	6.6079	5.7861	5.4095	5.1922	5.0503	4.9503	4.8759	4.8183	4.7725	4.7351	4.6777	4.6188	4.5581	4.5272	4.4957	4.4638	4.4314	4.3985	4.3650
6	5.9874	5.1433	4.7571	4.5337	4.3874	4.2839	4.2067	4.1468	4.0990	4.0600	3.9999	3.9381	3.8742	3.8415	3.8082	3.7743	3.7398	3.7047	3.6689
7	5.5914	4.7374	4.3468	4.1203	3.9715	3.8660	3.7870	3.7257	3.6767	3.6365	3.5747	3.5107	3.4445	3.4105	3.3758	3.3404	3.3043	3.2674	3.2298
8	5.3177	4.4590	4.0662	3.8379	3.6875	3.5806	3.5005	3.4381	3.3881	3.3472	3.2839	3.2184	3.1503	3.1152	3.0794	3.0428	3.0053	2.9669	2.9276
9	5.1174	4.2565	3.8625	3.6331	3.4817	3.3738	3.2927	3.2296	3.1789	3.1373	3.0729	3.0061	2.9365	2.9005	2.8637	2.8259	2.7872	2.7475	2.7067
10	4.9646	4.1028	3.7083	3.4780	3.3258	3.2172	3.1355	3.0717	3.0204	2.9782	2.9130	2.8450	2.7740	2.7372	2.6996	2.6609	2.6211	2.5801	2.5379
11	4.8443	3.9823	3.5874	3.3567	3.2039	3.0946	3.0123	2.9480	2.8962	2.8536	2.7876	2.7186	2.6464	2.6090	2.5705	2.5309	2.4901	2.4480	2.4045
12	4.7472	3.8853	3.4903	3.2592	3.1059	2.9961	2.9134	2.8486	2.7964	2.7534	2.6866	2.6169	2.5436	2.5055	2.4663	2.4259	2.3842	2.3410	2.2962
13	4.6672	3.8056	3.4105	3.1791	3.0254	2.9153	2.8321	2.7669	2.7144	2.6710	2.6037	2.5331	2.4589	2.4202	2.3803	2.3392	2.2966	2.2524	2.2064
14	4.6001	3.7389	3.3439	3.1122	2.9582	2.8477	2.7642	2.6987	2.6458	2.6021	2.5342	2.4630	2.3879	2.3487	2.3082	2.2664	2.2229	2.1778	2.1307
15	4.5431	3.6823	3.2874	3.0556	2.9013	2.7905	2.7066	2.6408	2.5876	2.5437	2.4753	2.4034	2.3275	2.2878	2.2468	2.2043	2.1601	2.1141	2.0658
16	4.4940	3.6337	3.2389	3.0069	2.8524	2.7413	2.6572	2.5911	2.5377	2.4935	2.4247	2.3522	2.2756	2.2354	2.1938	2.1507	2.1058	2.0589	2.0096
17	4.4513	3.5915	3.1968	2.9647	2.8100	2.6987	2.6143	2.5480	2.4943	2.4499	2.3807	2.3077	2.2304	2.1898	2.1477	2.1040	2.0584	2.0107	1.9604
18	4.4139	3.5546	3.1599	2.9277	2.7729	2.6613	2.5767	2.5102	2.4563	2.4117	2.3421	2.2686	2.1906	2.1497	2.1071	2.0629	2.0166	1.9681	1.9168

续表

n_1\n_2	1	2	3	4	5	6	7	8	9	10	12	15	20	24	30	40	60	120	∞
19	4.3807	3.5219	3.1274	2.8951	2.7401	2.6283	2.5435	2.4768	2.4227	2.3779	2.3080	2.2341	2.1555	2.1141	2.0712	2.0264	1.9795	1.9302	1.8780
20	4.3512	3.4928	3.0984	2.8661	2.7109	2.5990	2.5140	2.4471	2.3928	2.3479	2.2776	2.2033	2.1242	2.0825	2.0391	1.9938	1.9464	1.8963	1.8432
21	4.3248	3.4668	3.0725	2.8401	2.6848	2.5727	2.4876	2.4205	2.3660	2.3210	2.2504	2.1757	2.0960	2.0540	2.0102	1.9645	1.9165	1.8657	1.8117
22	4.3009	3.4434	3.0491	2.8167	2.6613	2.5491	2.4638	2.3965	2.3419	2.2967	2.2258	2.1508	2.0707	2.0283	1.9842	1.9380	1.8894	1.8380	1.7831
23	4.2793	3.4221	3.0280	2.7955	2.6400	2.5277	2.4422	2.3748	2.3201	2.2747	2.2036	2.1282	2.0476	2.0050	1.9605	1.9139	1.8648	1.8128	1.7570
24	4.2597	3.4028	3.0088	2.7763	2.6207	2.5082	2.4226	2.3551	2.3002	2.2547	2.1834	2.1077	2.0267	1.9838	1.9390	1.8920	1.8424	1.7896	1.7330
25	4.2417	3.3852	2.9912	2.7587	2.6030	2.4904	2.4047	2.3371	2.2821	2.2365	2.1649	2.0889	2.0075	1.9643	1.9192	1.8718	1.8217	1.7684	1.7110
26	4.2252	3.3690	2.9752	2.7426	2.5868	2.4741	2.3883	2.3205	2.2655	2.2197	2.1479	2.0716	1.9898	1.9464	1.9010	1.8533	1.8027	1.7488	1.6906
27	4.2100	3.3541	2.9604	2.7278	2.5719	2.4591	2.3732	2.3053	2.2501	2.2043	2.1323	2.0558	1.9736	1.9299	1.8842	1.8361	1.7851	1.7306	1.6717
28	4.1960	3.3404	2.9467	2.7141	2.5581	2.4453	2.3593	2.2913	2.2360	2.1900	2.1179	2.0411	1.9586	1.9147	1.8687	1.8203	1.7689	1.7138	1.6541
29	4.1830	3.3277	2.9340	2.7014	2.5454	2.4324	2.3463	2.2783	2.2229	2.1768	2.1045	2.0275	1.9446	1.9005	1.8543	1.8055	1.7537	1.6981	1.6376
30	4.1709	3.3158	2.9223	2.6896	2.5336	2.4205	2.3343	2.2662	2.2107	2.1646	2.0921	2.0148	1.9317	1.8874	1.8409	1.7918	1.7396	1.6835	1.6223
40	4.0847	3.2317	2.8387	2.6060	2.4495	2.3359	2.2490	2.1802	2.1240	2.0772	2.0035	1.9245	1.8389	1.7929	1.7444	1.6928	1.6373	1.5766	1.5089
60	4.0012	3.1504	2.7581	2.5252	2.3683	2.2541	2.1665	2.0970	2.0401	1.9926	1.9174	1.8364	1.7480	1.7001	1.6491	1.5943	1.5343	1.4673	1.3893
120	3.9201	3.0718	2.6802	2.4472	2.2899	2.1750	2.0867	2.0164	1.9588	1.9105	1.8337	1.7505	1.6587	1.6084	1.5543	1.4952	1.4290	1.3519	1.2539
∞	3.8415	2.9957	2.6049	2.3719	2.2141	2.0986	2.0096	1.9384	1.8799	1.8307	1.7522	1.6664	1.5705	1.5173	1.4591	1.3940	1.3180	1.2214	1.0000

($\alpha = 0.25$)

n_1\n_2	1	2	3	4	5	6	7	8	9	10	12	15	20	24	30	40	60	120	∞
1	647.79	799.50	864.16	899.58	921.85	937.11	948.22	956.66	963.28	968.63	976.71	984.87	993.10	997.25	1001.4	1005.6	1009.8	1014.0	1018.3
2	38.506	39.000	39.166	39.248	39.298	39.332	39.355	39.373	39.387	39.398	39.415	39.431	39.448	39.456	39.465	39.473	39.481	39.490	39.498
3	17.443	16.044	15.439	15.101	14.885	14.735	14.624	14.540	14.473	14.419	14.337	14.253	14.167	14.124	14.081	14.037	13.992	13.947	13.902
4	12.218	10.649	9.9792	9.6045	9.3645	9.1973	9.0741	8.9796	8.9047	8.8439	8.7512	8.6565	8.5599	8.5109	8.4611	8.411	8.360	8.309	8.257
5	10.007	8.4336	7.7636	7.3879	7.1464	6.9777	6.8531	6.7572	6.6811	6.6192	6.5245	6.4277	6.3285	6.2780	6.227	6.175	6.123	6.069	6.015
6	8.8131	7.2599	6.5988	6.2272	5.9876	5.8197	5.6955	5.5996	5.5234	5.4613	5.3662	5.2687	5.1684	5.1172	5.065	5.012	4.959	4.904	4.849
7	8.0727	6.5415	5.8898	5.5226	5.2852	5.1186	4.9949	4.8993	4.8232	4.7611	4.6658	4.5678	4.4667	4.4150	4.362	4.309	4.254	4.199	4.142
8	7.5709	6.0595	5.4160	5.0526	4.8173	4.6517	4.5286	4.4333	4.3572	4.2951	4.1997	4.1012	3.9995	3.9472	3.894	3.840	3.784	3.728	3.670
9	7.2093	5.7147	5.0781	4.7181	4.4844	4.3197	4.1971	4.1020	4.0260	3.9639	3.8682	3.7694	3.6669	3.6142	3.560	3.505	3.449	3.392	3.333
10	6.9367	5.4564	4.8256	4.4683	4.2361	4.0721	3.9498	3.8549	3.7790	3.7168	3.6209	3.5217	3.4185	3.3654	3.311	3.255	3.198	3.140	3.080

续表

n_1 \ n_2	1	2	3	4	5	6	7	8	9	10	12	15	20	24	30	40	60	120	∞
11	6.724 1	5.255 9	4.630 0	4.275 1	4.044 0	3.880 7	3.758 6	3.663 8	3.587 9	3.525 9	3.429 6	3.329 9	3.226 1	3.172 5	3.118	3.061	3.004	2.944	2.883
12	6.553 8	5.095 9	4.474 2	4.121 2	3.891 1	3.728 3	3.606 5	3.511 8	3.435 8	3.373 6	3.277 3	3.177 2	3.072 8	3.018 7	2.963	2.906	2.848	2.787	2.725
13	6.414 0	4.965 3	4.347 2	3.995 9	3.766 7	3.604 3	3.482 7	3.388 0	3.312 0	3.249 7	3.153 2	3.052 7	2.947 7	2.893 2	2.837	2.780	2.720	2.659	2.595
14	6.297 9	4.856 7	4.241 7	3.891 9	3.663 4	3.501 4	3.379 3	3.285 3	3.209 3	3.146 9	3.050 2	2.949 3	2.843 7	2.788 8	2.732	2.674	2.614	2.552	2.487
15	6.199 5	4.765 0	4.152 8	3.804 3	3.576 4	3.414 7	3.293 4	3.198 7	3.122 7	3.060 2	2.963 3	2.862 1	2.755 9	2.700 6	2.644	2.585	2.524	2.461	2.395
16	6.115 1	4.686 7	4.076 8	3.729 4	3.502 1	3.340 6	3.219 4	3.124 8	3.048 8	2.986 2	2.889 0	2.787 5	2.680 8	2.625 2	2.568	2.509	2.447	2.383	2.316
17	6.042 0	4.618 9	4.011 2	3.664 8	3.437 9	3.276 7	3.155 6	3.061 0	2.984 9	2.922 2	2.824 9	2.723 0	2.615 5	2.559 8	2.502	2.442	2.380	2.315	2.247
18	5.978 1	4.559 7	3.953 9	3.608 3	3.382 0	3.220 9	3.099 9	3.005 3	2.929 1	2.866 4	2.768 8	2.666 7	2.559 0	2.502 7	2.445	2.384	2.321	2.256	2.187
19	5.921 6	4.507 5	3.903 4	3.558 7	3.332 7	3.171 8	3.050 9	2.956 3	2.880 1	2.817 2	2.719 6	2.617 1	2.508 9	2.452 3	2.394	2.333	2.270	2.203	2.133
20	5.871 5	4.461 3	3.858 7	3.514 7	3.289 1	3.128 3	3.007 4	2.912 8	2.836 5	2.773 7	2.675 8	2.573 1	2.464 5	2.407 6	2.349	2.287	2.223	2.156	2.085
21	5.826 6	4.419 9	3.818 8	3.475 4	3.250 1	3.089 5	2.968 7	2.874 0	2.797 7	2.734 8	2.636 6	2.533 8	2.424 7	2.367 5	2.308	2.246	2.182	2.114	2.042
22	5.786 3	4.382 8	3.782 9	3.440 1	3.215 1	3.054 6	2.938 8	2.839 9	2.762 8	2.699 9	2.601 7	2.498 4	2.389 0	2.331 5	2.272	2.210	2.145	2.076	2.003
23	5.749 8	4.349 2	3.750 5	3.408 3	3.183 5	3.023 2	2.902 3	2.807 7	2.731 3	2.668 2	2.569 9	2.466 5	2.356 7	2.298 9	2.239	2.176	2.111	2.041	1.968
24	5.716 6	4.318 7	3.721 1	3.379 4	3.154 8	2.994 6	2.873 8	2.779 1	2.702 7	2.639 6	2.541 1	2.437 4	2.327 3	2.269 3	2.209	2.146	2.080	2.010	1.935
25	5.686 4	4.290 9	3.694 3	3.353 0	3.128 7	2.968 5	2.847 7	2.753 1	2.676 6	2.613 5	2.514 9	2.410 9	2.300 5	2.242 2	2.182	2.118	2.052	1.981	1.906
26	5.658 6	4.265 5	3.669 7	3.328 9	3.104 8	2.944 7	2.824 0	2.729 3	2.652 8	2.589 6	2.490 8	2.386 7	2.275 9	2.217 4	2.157	2.093	2.026	1.954	1.878
27	5.633 1	4.242 1	3.647 2	3.306 7	3.082 5	2.922 8	2.802 1	2.707 4	2.630 9	2.567 6	2.468 8	2.364 4	2.253 3	2.194 6	2.133	2.069	2.002	1.930	1.853
28	5.609 6	4.220 5	3.626 4	3.286 3	3.062 6	2.902 7	2.782 0	2.687 2	2.610 6	2.547 3	2.448 3	2.343 8	2.232 4	2.173 5	2.112	2.048	1.980	1.907	1.829
29	5.587 8	4.200 6	3.607 2	3.267 4	3.043 8	2.884 0	2.763 3	2.668 6	2.591 9	2.528 6	2.429 5	2.324 8	2.213 1	2.154 0	2.092	2.028	1.959	1.886	1.807
30	5.567 5	4.182 1	3.589 4	3.249 9	3.026 5	2.866 7	2.746 0	2.651 3	2.574 6	2.511 2	2.412 0	2.307 2	2.195 2	2.135 9	2.074	2.009	1.940	1.866	1.787
40	5.423 9	4.051 0	3.463 3	3.126 1	2.903 7	2.744 4	2.623 8	2.528 8	2.451 9	2.388 2	2.288 2	2.181 9	2.067 7	2.006 9	1.943	1.875	1.803	1.724	1.637
60	5.285 6	3.925 3	3.342 5	3.007 7	2.786 3	2.627 4	2.506 8	2.411 7	2.334 4	2.270 2	2.169 2	2.061 3	1.944 5	1.881 7	1.815	1.744	1.667	1.581	1.482
120	5.152 3	3.804 6	3.226 9	2.894 3	2.674 0	2.515 4	2.394 8	2.299 4	2.221 7	2.157 0	2.054 8	1.945 0	1.824 9	1.759 7	1.690	1.614	1.530	1.433	1.310
∞	5.023 9	3.688 9	3.116 1	2.785 8	2.566 5	2.408 2	2.287 5	2.191 8	2.113 6	2.048 1	1.944 7	1.832 6	1.708 5	1.640 2	1.566	1.484	1.388	1.268	1.000

($\alpha = 0.01$)

n_1 \ n_2	1	2	3	4	5	6	7	8	9	10	12	15	20	24	30	40	60	120	∞
1	4 052.2	4 999.5	5 403.4	5 624.6	5 763.7	5 859.0	5 928.4	5 981.1	6 022.5	6 055.8	6 106.3	6 157.3	6 208.7	6 234.6	6 260.6	6 286.8	6 313.0	6 339.4	6 365.9
2	98.503	99.000	99.166	99.249	99.299	99.333	99.356	99.374	99.388	99.399	99.416	99.433	99.449	99.458	99.466	99.474	99.482	99.491	99.499
3	34.116	30.817	29.457	28.710	28.237	27.911	27.672	27.489	27.345	27.229	27.052	26.872	26.690	26.598	26.505	26.411	26.316	26.221	26.125
4	21.198	18.000	16.694	15.977	15.522	15.207	14.976	14.799	14.659	14.546	14.374	14.198	14.020	13.929	13.838	13.745	13.652	13.558	13.463
5	16.258	13.274	12.060	11.392	10.967	10.672	10.456	10.289	10.158	10.051	9.888	9.722	9.553	9.466	9.379	9.291	9.202	9.112	9.020

续表

n_1 \ n_2	1	2	3	4	5	6	7	8	9	10	12	15	20	24	30	40	60	120	∞
6	13.745	10.925	9.780	9.148	8.746	8.466	8.260	8.102	7.976	7.874	7.718	7.559	7.396	7.313	7.229	7.143	7.057	6.969	6.880
7	12.246	9.547	8.451	7.847	7.460	7.191	6.993	6.840	6.719	6.620	6.469	6.314	6.155	6.074	5.992	5.908	5.824	5.737	5.650
8	11.259	8.649	7.591	7.006	6.632	6.371	6.178	6.029	5.911	5.814	5.667	5.515	5.359	5.279	5.198	5.116	5.032	4.946	4.859
9	10.561	8.022	6.992	6.422	6.057	5.802	5.613	5.467	5.351	5.257	5.111	4.962	4.808	4.729	4.649	4.567	4.483	4.398	4.311
10	10.044	7.559	6.552	5.994	5.636	5.386	5.200	5.057	4.942	4.849	4.706	4.558	4.405	4.327	4.247	4.165	4.082	3.996	3.909
11	9.646	7.206	6.217	5.668	5.316	5.069	4.886	4.744	4.632	4.539	4.397	4.251	4.099	4.021	3.941	3.860	3.776	3.690	3.602
12	9.330	6.927	5.953	5.412	5.064	4.821	4.640	4.499	4.388	4.296	4.155	4.010	3.858	3.780	3.701	3.619	3.535	3.449	3.361
13	9.074	6.701	5.739	5.205	4.862	4.620	4.441	4.302	4.191	4.100	3.960	3.815	3.665	3.587	3.507	3.425	3.341	3.255	3.165
14	8.862	6.515	5.564	5.035	4.695	4.456	4.278	4.140	4.030	3.939	3.800	3.656	3.505	3.427	3.348	3.266	3.181	3.094	3.004
15	8.683	6.359	5.417	4.893	4.556	4.318	4.142	4.004	3.895	3.805	3.666	3.522	3.372	3.294	3.214	3.132	3.047	2.959	2.868
16	8.531	6.226	5.292	4.773	4.437	4.202	4.026	3.890	3.780	3.691	3.553	3.409	3.259	3.181	3.101	3.018	2.933	2.845	2.753
17	8.400	6.112	5.185	4.669	4.336	4.102	3.927	3.791	3.682	3.593	3.455	3.312	3.162	3.084	3.003	2.920	2.835	2.746	2.653
18	8.285	6.013	5.092	4.579	4.248	4.015	3.841	3.705	3.597	3.508	3.371	3.227	3.077	2.999	2.919	2.835	2.749	2.660	2.566
19	8.185	5.926	5.010	4.500	4.171	3.939	3.765	3.631	3.523	3.434	3.297	3.153	3.003	2.925	2.844	2.761	2.674	2.584	2.489
20	8.096	5.849	4.938	4.431	4.103	3.871	3.699	3.564	3.457	3.368	3.231	3.088	2.938	2.859	2.778	2.695	2.608	2.517	2.421
21	8.017	5.780	4.874	4.369	4.042	3.812	3.640	3.506	3.398	3.310	3.173	3.030	2.880	2.801	2.720	2.636	2.548	2.457	2.360
22	7.945	5.719	4.817	4.313	3.988	3.758	3.587	3.453	3.346	3.258	3.121	2.978	2.827	2.749	2.667	2.583	2.495	2.403	2.305
23	7.881	5.664	4.765	4.264	3.939	3.710	3.539	3.406	3.299	3.211	3.074	2.931	2.781	2.702	2.620	2.535	2.447	2.354	2.256
24	7.823	5.614	4.718	4.218	3.895	3.667	3.496	3.363	3.256	3.168	3.032	2.889	2.738	2.659	2.577	2.492	2.403	2.310	2.211
25	7.770	5.568	4.675	4.177	3.855	3.627	3.457	3.324	3.217	3.129	2.993	2.850	2.699	2.620	2.538	2.453	2.364	2.270	2.169
26	7.721	5.526	4.637	4.140	3.818	3.591	3.421	3.288	3.182	3.094	2.958	2.815	2.664	2.585	2.503	2.417	2.327	2.233	2.131
27	7.677	5.488	4.601	4.106	3.785	3.558	3.388	3.256	3.149	3.062	2.926	2.783	2.632	2.552	2.470	2.384	2.294	2.198	2.097
28	7.636	5.453	4.568	4.074	3.754	3.528	3.358	3.226	3.120	3.032	2.896	2.753	2.602	2.522	2.440	2.354	2.263	2.167	2.064
29	7.598	5.420	4.538	4.045	3.725	3.499	3.330	3.198	3.092	3.005	2.868	2.726	2.574	2.495	2.412	2.325	2.234	2.138	2.034
30	7.562	5.390	4.510	4.018	3.699	3.473	3.304	3.173	3.067	2.979	2.843	2.700	2.549	2.469	2.386	2.299	2.208	2.111	2.006
40	7.314	5.179	4.313	3.828	3.514	3.291	3.124	2.993	2.888	2.801	2.665	2.522	2.369	2.288	2.203	2.114	2.019	1.917	1.805
60	7.077	4.977	4.126	3.649	3.339	3.119	2.953	2.823	2.718	2.632	2.496	2.352	2.198	2.115	2.028	1.936	1.836	1.726	1.601
120	6.851	4.787	3.949	3.480	3.174	2.956	2.792	2.663	2.559	2.472	2.336	2.192	2.035	1.950	1.860	1.763	1.656	1.533	1.381
∞	6.635	4.605	3.782	3.319	3.017	2.802	2.639	2.511	2.407	2.321	2.185	2.039	1.878	1.791	1.696	1.592	1.473	1.325	1.000